U0052792

φιλοσοφια
知識論・邏輯

先有雞還是先有蛋？

電腦如何幫助我們推理？

「記憶」在解決問題的過程中，扮演什麼樣的角色？

說「有」某樣東西是什麼意思？

「心靈」是什麼？

所謂的「不可說，不可說」，真的什麼都沒有說嗎？

思想方法導論

何秀煌　著

三民書局

國家圖書館出版品預行編目資料

思想方法導論／何秀煌著.－－七版二刷.－－臺北市：
三民，2015
　　面；　公分

　　ISBN 978－957－14－5424－5　（平裝）
　　1.思維方法

176.4　　　　　　　　　　　　　　　　　　99024541

© 　思想方法導論

著 作 人	何秀煌
發 行 人	劉振強
著作財產權人	三民書局股份有限公司
發 行 所	三民書局股份有限公司
	地址　臺北市復興北路386號
	電話　(02)25006600
	郵撥帳號　0009998－5
門 市 部	（復北店）臺北市復興北路386號
	（重南店）臺北市重慶南路一段61號
出版日期	初版一刷　1974年2月
	七版一刷　2011年1月
	七版二刷　2015年4月
編　　　號	S 110030

行政院新聞局登記證局版臺業字第○二○○號

有著作權‧不准侵害

ISBN　978-957-14-5424-5　（平裝）

http://www.sanmin.com.tw　三民網路書店

再版說明

　　這是一本關於思想方法、語言哲學、真理與邏輯的入門書，由前香港中文大學文學院院長何秀煌教授為一般讀者所設計。本書首要特色在於說理清晰、行文流暢、舉例平實簡單，令讀者在瀏覽之際，便能快速的掌握內容。其二特色是何秀煌教授所精心設計的「問題與討論」，將正文中需要提醒或是強調的重點，以趣味的提問方式拋出，促使讀者自我檢視與反思。看似艱澀的「思想方法」，在此雙重特色的配合下，即以輕鬆的面貌與讀者見面。

　　適值本書再版之際，除重新設計版式外，更修正了舊版文字的訛誤及疏漏，相信對讀者在閱讀的便利及舒適上，都有很大的助益。誠邀讀者諸君，依循著何秀煌教授精準而輕快的筆觸，一起進行思想的解放與重構。

三民書局編輯部　謹識

前　言

　　這本書所討論的是思想方法。它的目的在於幫助讀者，使他們能夠運用書中介紹和討論的原理，做出合理有效的思考。

　　思考的目的，在於解決問題。因此本書對於思考與問題之間的關聯，問題的意義和種類，各種不同的解答問題的辦法，做了詳細的分析和討論。由於一般的問題是用語言文字加以表達的，解答問題時，我們也是出諸語文方式的，甚至有許多問題是寄伴在我們的語言上，應運而生；因此書中討論了語言的用法，意義的性質，有義性和無義性的分界；並且基於語文意義，劃分不同性質的真理，以及相應於這些不同性質的真理的不同種類的科學。最後我們論及推理的性質與內容，介紹邏輯的特性與邏輯的方法。尤其注意闡明邏輯解析的目的和限制，介紹邏輯上的演證技巧。

　　因為本書的主要目的，是想奉獻給每一位愛好思考的人士閱讀的。所以我沒有假定讀者方面具備有任何的專門知識。書中的正文部分，盡可能用淺出深入的處理方式寫成。尤其是開頭幾節，簡短淺顯，易讀易懂；然後逐漸加深，篇幅也慢慢增長。當然，以這種方式來寫書，不可避免地碰到一些難題。比方，在開頭的時候，我們對於許多細節避免詳做細分，以免節外生枝，妨礙純樸。許多從哲學的觀點看，應該有的分際和細膩，也只有等待在隨後的章節裏逐步補充。這完全是為了方便學習，令讀者容易接受而做的。

　　本書的特點之一，就是習題豐富。這雖然只是一本二十五萬字的小書。可是由於每節之後都有「問題與討論」，作者一共發問了一千零八十一個問題。這些問題深淺不同。有的只是正文中所標明的原則的簡單應用，有的卻需要動用一些思考，更有一些是要細細思索，才能獲得結論的。其中有許多的問題，作者並不是直截了當地發問就算了事。常常在發問問題時，作者先提出一些簡單的討論。甚至在發了問題之後，也常常為讀者提供一些線索，做為

解答的「提示」。

　　我希望每位讀者都能設法做一做書中的每一個習題。就是一開頭就存心不做習題的人，我也希望他在每讀過一節之後，瀏覽一下緊隨其後的「問題與討論」。作者把它當做這本書的「本體」的一部分處理，而不是把它當做可有可無，不關緊要的枝節。我甚至希望讀者——尤其是初學的人——讀完全書之後，能夠從頭回顧一下以前試做過的問題。我相信他們會發覺以前不會做的，現在會做了；以前做不好的，現在做得更好；以前不甚有把握的，現在較有把握了。這是一種心智成長的表徵。在人生的過程裏，還有比發覺自己的智慧增長更快樂的事嗎？

　　討論思想方法的著作，當然不是寫來供人風騷玩賞的。它是寫來供人練習，精進思想的。因此，讀者在閱讀的時候，實際動用腦子，進行思索，參與解答問題是很重要的。也因此，寫此書時，作者有意地在不損傷容易領會的原則之下，力求表達的嚴格與精確，有時甚至運用不是慣常通俗的表現方式，來陳述論點和表構論證；希望讀者能夠在研讀和演作之間，潛移默化，加強思想方法的訓練。

　　作者雖然不相信思想方法是完全獨立於哲學學派之外，儼然中立的。但是在本書裏頭，除了對於意義的討論之外，作者卻盡可能地避免灌輸給讀者他自己所信持的哲學成見。在「問題與討論」裏頭，尤其如此。長久以來，我是站在教室的黑板前面的人，我時常感覺到我應該對學生說：「有時候我只能為你們提出問題，而不能獨斷地給與解答；因為當我這麼做的時候，無異置你們於死巷之中」。現在在本書裏，當我發問某些問題時，也懷著類似的心情。

　　前面已經說過，這本書是要寫給一般對思考有興趣的人士閱讀的。我尤其希望那些有興趣並且有志於哲學思索的初學者，有機會閱讀一過。願它能在他們的心靈裏，泛起一些思緒與漪漣。至於那些對於邏輯有興趣的學生，我希望他們能夠細心領會本書對於邏輯和邏輯解析的闡釋。有許多人學邏輯與教邏輯，只一味地盲目沉溺於符號的演算，而忽略了對於邏輯性質的考察和領會。這是一件極為遺憾的事。

　　當然讀者在讀過本書之後，還應該不斷前進，繼續登高。書只是一座橋樑，它本身不是目的。它是路，不是天堂。

　　雖然我相信好讀書永遠是種美德，可是好寫書卻往往是種罪惡。但願這本書的性質與寫法，不要為這個美德貧乏的世界，增加一分多餘的罪惡。

　　書成之日，我望著一大堆原稿，祈望它對初學者富有啟發和引導的功用。如果這本書對於其他的人士，也有所助益；那雖非完全出乎意外，卻是一分額外的喜悅。

何　秀　煌

寫於香港中文大學崇基學院哲學系

思想方法導論

目次

第三部分： 語言與意義

第四部分： 語言與真理

第一部分: 問題與思考

1. 思想與思考

　　我們要在這本書裏，討論一些方法和原則。由於這些方法和原則，有助於啟發思想和有助於精進思考；因此，我們可以把它們稱為「思想方法」與「思考原則」。

　　從積極的意義言之，這些思考的原則和思想的方法，可用來為我們提示合理的思想應該具備的條件，以及有效的思考所可以遵循的步驟。因此熟悉了這些方法與原則之後，我們能夠更自覺，而且更有把握地引導我們自己的思考，決定它的取向和進路。另一方面，從消極意義言之，這些方法的應用，以及原則的遵循，可以幫助我們體認許多常見的思想陷阱，提醒我們避免踏入思考上的錯誤之中。

　　雖然我們所要處理的是可以分開的兩件事: 方法和原則。可是由於方法常常寓於原則，它才有正確的理論根據；同時，原則又必須伴之以方法，它才能發揮實效。因此，方法和原則是密切相關的。對於思考或思想而言，此種關係特別顯著，也特別重要。因此，我們也就簡單地將本書所要討論的題材與內容，稱為「思想方法」。又因為本書的目的是以初學的人為主要對象的，所以稱為「導論」。

　　可是我們並不是要枝枝節節地，討論種種思考運作方式；而是要有系統，有主題地考察思考的邏輯與技術。因此，我們不把此書當做是用來介紹「思想技藝」(art of thinking) 的，而是用來陳示「一般方法論」(general methodology)。

　　可是在由淺入深，分門別類地討論思想方法之前，也許首先我們應該追問，思想到底是什麼。它是不是有許多種不同的類型？如果是的話，我們所

要探討研究的，到底是一般性的思想，或是某種特定的思想類別？

依據平常的用法，‘思想’一詞所指的，可以是我們心靈或心理的運作過程；也可以是這樣的運作過程所得的結果。我們現在首先談論前者。

我們的心靈可以有主動和被動兩種作用或功能。廣義地說，這種主動的作用，就是「思想」。思想的範圍很廣，種類複雜；只要是心靈的運作活動，就是思想的過程。依此想法，那麼猜測，懷疑，計劃，考慮，分析，比較，求證，推理，無一不是思想。不僅如此，懷念，期望，追求，嚮往；甚至閒暇時，心靈的自由奔放，都可算做是思想。不過，並不是每一種思想，都得講求方法，注意程序。有些閒思暇想並沒有特定的目的，因而也不必講究是否有效。比如，不是為了立論持說，不是為了尋求行為的依據，沒有特別原因，也沒有特定目的地編織夢想，通常是不必考慮正確與否的。因此這一類的思想，也就不必考慮有效與否，不必講究方法，注意程序。只要順乎一時的靈感，因情而發，適意而止即可。

但是，另外還有一類的思想，卻有其特定的目的。或是為了發掘事實，追求真理；或是為了權衡比較，決定最可採取的行動方向。像這一類的思想，是由感受問題出發；分析，計慮，推理，證明；直到問題解決了，才可正式算是思想的終止。這類具有目的，為了解決問題的思想，就必須講求步驟，重視方法，注意有效與否。這樣的思想，我們將稱之為「思考」。因此，思考是種存心解決問題的思想活動。當我們討論思想方法的時候，我們所要考慮的，主要就是這一類的思想。

所以，思想方法所要研究的，可以說就是有效合理的「思考方式」。

【　問題與討論　】

(1)試指出下列各項，何者為思想，何者不是。並說出你以為是或不是的理由：

解謎，寄語，感時，恨別，喜愛，懷恨，疼痛，感激，察顏觀色，心花怒放。

(2)舉出五個在日常生活中的思考的例子。並說明它們分別如何起始，

怎樣進行，接著怎樣中止。它們分別解決（或存心解決）些什麼問題？

　　(3)我們說，一個思考要等解決了問題，才算終止。可是在實際的生活裏，往往未等到問題的解決，思考就休止。這是為什麼？我們可不可以說，就理論上講，那樣的思考仍未休止？理由何在？

　　(4)我們在正文裏說，‘思想’一詞所指的，可以是心靈活動的過程，也可以是這種過程所得的結果。可是至今我們只道及前者。今試以後者為標準，觀察一般性的思想，和為了解決問題的思考，兩者之間的重大區別。

　　(5)思考是要解決問題的。但試問在什麼情況下，問題才算解決？（提示：為了討論的方便，我們不妨將問題分為兩類：有關事實的問題，和有關行動的問題。亦即「理論問題」與「實際問題」。）

2. 思考的分析

　　思考是解決問題的心靈活動。我們在上一節裏，曾經說過，它是由感受問題而生，因解決問題而止。現在讓我們對這樣的心靈活動，稍做分析。

　　舉例來說，當我們外出郊遊，迷了路，又感到飢餓的時候，忽然看見路邊有一棵果樹，上面結滿了果實。於是我們就想：可否拿這些果實充飢？這是我們所面臨的問題。

　　接著我們這樣推想：這些果實與平常我們在水果攤上，所看到的蘋果，並沒有兩樣。只是外表略欠光澤，不夠鮮艷。我們心想，這大約是些野生的蘋果。當可用來果腹無疑。這樣我們也就初步地解決了我們當初的疑問，亦即：那些果實可否用來充飢？我們得到的答案是肯定的。

　　這個例子雖然極為簡單，但它卻包含了完整的思考，所具備的三個主要部分。它們是：㈠問題的形成與陳構，㈡試圖解決問題的思考活動，以及㈢問題的解決與答案的獲得。

　　讓我們繼續以上面的例子來說，我們所面臨的問題是：「那些果實可否拿來充飢？」這個問題的意義不一定很清楚，尤其是‘可否’一詞所意指的，有

時可以是道德上的意義，有時卻是與道德無關的事實意義。當然在上面的例子裏，該問題的意義顯然很明白，那就是：「那些果實是不是能夠拿來食用?」也就是說，吃了是不是安全，會不會中毒等等。把問題用語文方式明白地表達出來，稱為問題的陳構 (formulation)，對於許多問題而言，語文陳構是很重要的。因為不同的陳構常常代表不同的問題實質，因而有不同的解答方式和答案。這是上列思考的第一步驟。

上列思考的第二步驟是，我們認識了那些果實，與一般我們所熟悉的蘋果完全相似。於是我們接著判斷它們是野生蘋果。再進一步，我們推論野生蘋果是可食的，因為我們經常食用蘋果；而兩者的分別只不過一種是人工所栽植，一種是野地自生而已。因此我們推測，它們基本上的性質——至少可食性——應該是一樣的。於是我們解決了問題，我們決定那些果實是可以拿來食用的❶。這是上列思考的第三步驟。

當然，並不是每一個人都這麼細心和謹慎。碰到上面所說的情況時，通常我們只訴諸直覺，很少從長考慮。不過，那是因為這樣的情況也許對我們來說，已經不覺陌生（比如，以前郊遊時，曾經隨手採摘了一隻野蘋果，吃了沒事）；或者該事件的可能後果，猜想並不太嚴重（比如，最多吃壞了肚子，回家服幾瓶胃腸藥了事）；或者情況急迫，管不了那麼多（比如，寧可毒死，不願餓死）。雖然如此，至少在理想上，尤其是在遇到較為陌生，或較為困難的情境時，我們可以將我們試圖解決問題的步驟，區分為上述三者。

又如，上幾何課時，老師要我們證明兩個三角形的面積相等。於是我們就根據已知的條件，已經成立的定理，以及一些公理和界說（定義）等，向前推演，直到證明出來為止。這也是思考的典型例子。

不過，並不是每一次的思考，都含有上述那三個成分或步驟。也就是說，並不是每一回的思考，都是個完整的思考。

---

❶　至於我們這樣的推論對不對，合理不合理；我們吃了以後是不是肚子痛，會不會中毒；那是另外的問題。我們將來再加以討論。

【 問題與討論 】

⑴在日常生活裏，舉出五個完整的思考的例子。並且進一步指出我們在做那些思考時，所依循的步驟。而且標明它們分別解決了一些什麼問題。

⑵正文裏所提出的兩個思考例子，亦即決定是否吃食野蘋果，和證明幾何問題，在性質上有沒有不同？在什麼意義之下，我們可以說，前者是個「實際問題」，而後者是個「理論問題」？

⑶實際問題與理論問題有無關聯？若有，其關係為何？試申論並例釋之。（提示：是不是實際問題總假定著一些理論問題？）

⑷平時常有人區分「理論」與「實際」，彷彿這兩者是完全對立，彼此無關的。試問這樣的想法是否合理？其故安在？

⑸我們在正文之末，提到不完整的思考，那是指什麼樣的思考？不完整的思考，可以區分為幾種類別？試舉例說明之。（提示：把上列三步驟或三成分，看成是完整的思考的必備條件，缺少某一條件的思考，當然就是不完整的。）

3. 思考與信念：理論問題與實際問題

我們在上一節裏說過，完整的思考可以分為三個步驟或要素。就是問題的察覺，尋求解決問題的努力，以及解決辦法的獲得。

問題的解決，首先在於信念的建立。比方，我們為了決定樹上的野果，是否可做食用，就是要建立「該果實可食」或「該果實不可食」這樣的信念。又如，當我們要設法解答素數是否有無窮多個時，目的就在於成立「有無窮多素數」或「不是有無窮多素數」這樣的信念。因此，我們可以說，思考的第一目的在於建立信念。因為思考是解決問題的思想活動，而問題的解決，首先在於信念的建立。

假如信念一經建立，則問題就算解決，那麼該類的問題，可以稱為「理

論問題」(theoretical question)。可是，如果信念的建立，只是進一步採取行動的基礎或依據；必須等到明瞭如何採取行動之後，問題才算解決。那麼那樣的問題，可以稱為「實際問題」(practical question)。

舉例來說，如果我們是要瞭解蛋白質的化學結構，那麼一經我們研究出它的分子結構式時，問題就可算解決，這是個理論問題。此一問題可以陳構為：「蛋白質的化學結構到底如何?」可是，假若我們的目的，是要人工合成蛋白質。雖然首先我們得瞭解蛋白質的化學結構，解決這一理論問題。可是這個理論問題的解決，並不足以告訴我們，如何人工合成蛋白質。這是一個實際問題。它可以陳構為：「我們要怎樣人工合成蛋白質?」

再舉一些簡單的例子來說：瞭解了樹上的野果無毒，可供食用，這一理論問題，並不就自動解決了如何拿它來充飢果腹，這一實際問題。決定了樓房的建築藍圖，並不就自動解決了怎樣進行搭蓋的問題。知道了氫彈的原理，以及它的反應方程式，並不一定製造得出氫彈來。

我們應該注意的是，每一個實際問題，都預先假定一個（主要的）理論問題。因此，要解決某一實際問題，必先解決該一相應的理論問題。這就是說，某一（主要）信念的建立，成了解決某一實際問題的必要條件。當然信念的成立，不是解決實際問題的充分條件。相反地，對於理論問題而言，（主要）信念的建立，就是解決某一問題的充分條件。

現在讓我們解釋一下，什麼是充分條件，什麼是必要條件。若 A 與 B 為事態或事件，假若 A 成立，則 B 也一定成立，那麼 A 是 B 的「充分條件」(sufficient condition)。反之，如果 A 不成立，則 B 也一定不成立，那麼 A 是 B 的「必要條件」(necessary condition)。還有，倘若 A 成立，則 B 也一定成立；而且假若 A 不成立，B 也一定不成立；那麼 A 是 B 的「充分而又必要條件」（簡稱「充要條件」）。

例如，依照通常的法律規定，會駕車是領有駕駛執照的必要條件；但非充分條件。因為凡領有駕駛執照者，皆會駕車；可是，並不是凡會駕車者，都領有駕駛執照。相反地，領有駕駛執照，就是會駕車的充分條件。

對於一個理論問題而言，如果它有解答可尋，而且只有一解（參見問題⑧的答案），那麼主要信念的建立，不只如上所述，是解決該一問題的充分條

件，而且也是必要條件。它是解決該一理論問題的充分而又必要條件。

【　問題與討論　】

(1)我們說，思考的第一目的在於建立信念。試問信念的建立，是不是思考的唯一目的？（提示：思考是否也在於建立知識？知識與信念有何分別？除此而外，思考是否還有其他更進一步的功用？）

(2)我們如何區分理論問題與實際問題？這樣的區別嚴不嚴格？妥不妥當？如果不妥，理由何在？應如何加以改進？（提示：可不可以對某一實際問題 B 而言，A 是理論問題，可是對另一實際問題 C 而言，B 卻是理論問題？也就是說，理論問題與實際問題之分，是不是相對的？）

(3)舉出五組互相關聯的理論問題與實際問題。並對各該問題加以嚴格的陳構。指出為什麼它們分別是理論問題與實際問題。

(4)為什麼我們要說，每一個實際問題，都預先假定著一個「主要的」理論問題？'主要的'一詞在此有何重要性？試申論之。

(5)什麼是必要條件？什麼是充分條件？什麼是充分而又必要條件（充要條件）？試舉五個例子，分別說明之。

(6)決定下列的陳述，何者為真，何者為假：

(i)若 A 是 B 的必要條件，則 B 是 A 的充分條件。

(ii)若 A 是 B 的充分條件，則 B 是 A 的必要條件。

(iii)若 A 是 B 的必要條件，則 B 也是 A 的必要條件。

(iv)若 A 是 B 的充分條件，則 B 也是 A 的充分條件。

(v)若 A 是 B 的充要條件，則 B 也是 A 的充要條件。

(7)我們曾經引介了另一個區別理論問題與實際問題的判準，那是什麼？試比較此兩判準之不同與優劣。

(8)是不是凡問題都有解答可尋？是不是每一個問題，只有一個正確的解答？試討論之。（提示：首先界定什麼是一個問題的解答。）

4. 不完整的思考

　　我們一直強調，思考是解決問題的思想活動。可是這只是就完整的思考而言。有時，我們的思想並非由某一問題的覺察開始。同時，也並不是每一次思想，都可望獲致問題的解決。甚至在問題的解決過程當中，有時我們幾乎可以不假思索，輕易進行；即使加以思考，也是微不足道。也就是說，思考的實際過程，常常是不完整的。現在讓我們對這些不完整的思考，加以簡單的分析。

　　依據完整思考的三要素的欠缺情形加以觀察，不完整的思考可以大略區分為底下三種：

（一）非起於問題的思考

　　這類的思考，不是起於事先發覺問題，進而設想試圖加以解決。它常常是無意間發生的，可是往往卻有著不很確定的目的。例如，我們郊遊時，無意間為某種野花所吸引。我們定神觀察，發覺它們全是些五瓣的花，而且其中只有一瓣有著異色的斑點。我們本來並沒有問題，存乎心中，等待解決。我們的觀察和比較——這些活動都含有思考的因素——也並沒有特定的目的。然而，這樣的思考活動，也能產生信念。有時甚至產生極為重要的信念。科學上的許多重大的發現，往往是在意外間獲取的。那些常常就是這類思考的例子。

　　有時，這類思考是在解決其他問題的過程中，所得的副產物。比如，我們本來想要尋求，如何計算第某個素數是什麼。（比如，第五個素數是 11，但是第九萬零六個素數為何？）可是，在試圖解決這個問題的過程中，卻發現素數的某種分佈情形等等。

（二）微不足道的思考

　　我們常常不待多想，就可以解決一個問題。也就是說，完整思考的第二要素，省去或簡略化了。比方，目前我們要知道時間，只要望一望牆上的掛

鐘，或腕上的手錶就行；要知道 537 的二十次方，到底是多少，只要查一查對數表就可。這類的問題，已經有了方便的解決辦法，不必多費我們的心思，去發掘去察考。

可是，我們要注意，在鐘錶或其他計時儀器，尚未發明以前；在對數表或其他計算器械，還沒有製作出來以前，那樣的問題，也是需要花費思考，才可望解決的。

現在有個極有趣的問題要發問：是不是對於每一個問題，我們都可以有這種不假思索的解決方式呢？這樣的問題，也許陳構得不夠嚴格，因而無法加以解答。不過，在往後的討論裏，我們將會重新回顧這個問題，並且在比較清晰和比較明確的陳構下，舉例說明什麼樣的問題，可以有這一種的解答方式。

（三）半途而廢的思考

這一類的思考，不是因為解決了問題而休止。有時我們是因為窮加思索，但卻未能解決問題，於是停住往前作想；另外有時是因為我們對於某一問題（尤其是實際問題），已不再發生興趣，因此將之擱置一旁，自然也就不必繼續思考下去了。

不過，只要解決問題的可能性，略有轉機；只要我們對於問題的興趣，重新恢復；已經中止的思考，仍然可以起死回生，滋長繁發起來。

【　問題與討論　】

⑴為什麼觀察和比較都含有思考的成分在內？舉例說明之。有沒有不假思索的觀察或比較？

⑵分別為正文裏所說的三種不完整的思考，各舉出五個例子來。第一類的不完整思考，雖然沒有特定的問題，與之相應，可是它卻可以用來應付一些可能產生的問題。試舉例說明此點。

⑶什麼樣的問題，可以有不假思索的解決辦法？是不是對於每一個問題，我們都可以設計出這樣的解決辦法呢？（提示：首先明白陳述，這

種解決辦法的基本條件如何。比如，我們可以設計「九九乘法表」，來解決乘法的計算問題，試想使用該乘法表，計算乘積的辦法，有何特性。）

　　(4)像利用「九九乘法表」計算乘積，這種「不假思索」的解題法，稱為解決某問題或判定某性質的「判定程序」(decision procedure)。在數學裏，它稱為解決某問題或判定某性質的「算法」(algorithm)。試圖設計用做下列功能的幾種判定程序：

　　　　(i)判定此刻可不可以跨越馬路。

　　　　(ii)判定兩個正方形是否面積相等。

　　　　(iii)判定康熙字典第四頁的字數。

　　　　(iv)判定兩個正整數 m 和 n，何者較大。

　　　　(v)判定某一整數，是否為一素數。

並且試圖比較上述五種判定程序，看看它們有何共同的特徵。

　　(5)在正文裏，以及上述的(4)中，所謂‘不假思索’是什麼意思？試加詳細解析。

　　(6)是不是凡屬不假思索的解題法，都是一種「判定程序」或「算法」？試試界定‘判定程序’（或‘算法’）。（提示：先設法解答上列的(3)—(5)，然後參考其答案。）

　　(7)從另一角度看，半途而廢的思考，可以稱為「未曾休止的思考」。試言其故。（提示：首先決定在什麼情況下，某一思考才算休止。）

　　(8)為什麼有些問題，在某一時代裏，人們已經不再發生興趣，可是過了一些時候，人們的興趣又澎湃盎然起來？試舉出一些原因或理由。

5. 問題的分析

　　在人生的許多情境裏，我們常常發覺困難，感到疑惑；需要應用各種方法或手段去加以克服和解決。這樣的困難或疑惑就是我們一般所謂的「問題」(problem)❷。比方，某一個學生懷疑他是不是應該主修哲學，或者對於數學

❷　有時我們也把‘問題’當做更廣泛的用途。比如我們說「政治問題」，「社會問題」，

上的「無窮」感到疑惑，或是不知為什麼燦爛的黃昏是一美景，可是颱風的黑夜卻不是，甚至無法決定應不應幫助一個自己瞧不起的人。這些都為他帶來疑惑與困難，因此都是他所遭遇的問題。

　　依據這樣的瞭解，那麼所謂問題是經由人們的感受和遭遇才發生，至少才為人們所體會或覺察。因此，並非處在某一種情境之下，必定就發生某些問題；必須等我們具有了某種心理狀態時，某某問題才發生。我們甚至可以說，有發問才有問題。換句話說：問題之產生是因為我們發問的結果。比如，自古以來多少人看過實物墜地，可是直等到牛頓才發問為何蘋果往下掉落；因為對以前的人而言，這樣的事件沒有引起他們的疑惑，可是在牛頓的心中，它卻引起了困難。問題的察覺是與一個人的心性敏感和思想銳利有關的。粗劣的弦發不出美妙的音響。

　　雖然我們可以說問題的產生（或察覺）是個人心靈活動的產物，但是這並不表示所有的問題因而都是純粹主觀而且是私有的。因為藉著人與人之間的經驗交換，尤其假賴語言的相傳，我們可以不由親身體驗而認識問題的存在❸。事實上，教育的一大功能（不一定是主要功能）就在於為我們提供一些被認為是重要的問題，告訴我們一般公認的解答；同時也指出一些尚未獲致圓滿解答的問題，要我們繼續去思索。

　　上面我們提到發問問題，我們也提到藉著語言傳遞問題。使用語言將問題表達出來，我們稱之為「疑問」（question）❹。我們經常是以疑問的方式（使用問句）來發表我們所感受到的問題。比如：'蘋果為什麼往下掉落?' '為什麼 $2 + 3 = 5$?' '人死了沒有靈魂繼續存在嗎?'。

　　以前我們曾經將問題分為兩種：理論問題和實際問題。有系統地分析問題，以及設法解決問題就是科學的本務。如果所處理的是理論問題，則它是理論科學；如果所處理的是實際問題，則它是應用科學。在這麼廣義的界說

　　　「人口問題」，「婚姻問題」等等。這時所謂「某方面的問題」約略等於「某方面的事務」之意。

❸　也因為這樣，常常有許多問題對我們而言並沒有親切感。直到有一天，我們自己體認到同樣的問題，於是舊有的文字才忽然產生了鮮明的色彩。

❹　平時，我們也把疑問稱為「問題」，但這是'問題'的另一意義。

（定義）之下，不但物理、化學、生物、地理等等屬於科學；就是哲學、數學、邏輯、歷史、心理等等也是科學。可是諸科學所處理的問題，往往在不同的層次上。有時候，某些問題預先假定其他某些問題，比如物理、化學等科學假定了許多數學問題，生物、心理等科學假定了許多物理、化學的問題。而所有的其他科學都假定著哲學和邏輯學裏的許多問題。

思想方法是獨立於某一特殊的科學的。

【　問題與討論　】

(1)我們在文中所界定的「問題」，和❷裏提指的廣義之「問題」有無關聯？試申論之。

(2)下列兩個觀點是不同的，你贊同那一個？為什麼？

　(i)沒有發問，就沒有問題。

　(ii)沒有發問，還是有問題，只是我們沒有察覺而已。

(3)為什麼我們不是以情境界定問題，而是以心理狀態來界定？（提示：如果我們想要界定‘問題情境’，會遭遇到什麼困難？）

(4)問題的察覺與個人的心性敏感和思想銳利有關。這就是為什麼「傻人多福」的緣故。試說明之。

(5)我們所指的問題與疑問（問句）有什麼分別。試加以詳細說明。（提示：那一個是語文項目，那一個不是？）

(6)可不可以有問題而無疑問？可不可以有疑問而無問題？（提示：有沒有無意義的疑問？同時參考(5)的答案。）

(7)我們如何區分理論科學與應用科學？這樣的區分有什麼困難？（提示：參見第2節問題(3)，關於理論問題與實際問題之區分的討論。）

(8)舉出一些應用科學的例子。它們分別解決什麼樣的實際問題？它們有沒有假定什麼理論科學？

(9)除了理論科學與應用科學的區分外，還有沒有其他的區分科學的辦法？它們的根據為何？（提示：試考慮經驗科學與形式科學之分；以及數理科學、物理科學與社會科學之分等等。）

6. 問題的有解與無解

在上一節裏，我們區別了問題和疑問（問句）。現在讓我們發問：它們之間是不是具有一一對應關係。也就是說：(i)是不是每一個問句都表達一個問題？並且(ii)是不是每一個問題都表達在一個問句裏？這樣的問題顯然並不是沒有歧義的。可是目前我們暫時把它們當做意義清楚的問題來處理。

首先我們要考察(i)，而將(ii)留待以後論及語言的時候，才加以討論和設法解答。

很顯然地，並不是每當我們使用問句的時候，內心裏都有疑難等待解決。比如：‘我昨天才給了你一塊錢，不是嗎?’‘當縣官的難道就可以隨意放火?’‘微斯人吾誰與歸?’。這些都不是用來表達存在內心的難題。它們有的是用來發抒感嘆，有的是用來加強語氣。因此，並不是每一個問句都代表一個問題。不過，我們知道有些問句的確是表達問題的，到底那些問句是呢?

一個語句到底是不是問句，那是文法分類的結果。可是我們心中到底有沒有問題，那卻要看我們的知識程度和心理狀態而定。這兩者並沒有一定的關聯。因為這樣，我們無法在語文的層次上，決定有沒有問題存在，而必須做較深入的考察和分析才能決定。所以當我們看到一個問句時，它也許是某一問題的指引，可是卻不是必定有問題存在的保證。

有時候一個問句的確表達著某一問題，可是該問題卻是無法加以解答的。這樣的問題是個「無解」的問題。比方，底下的問題就是無解的問題的例子：「你的名字是不是比他的更準時?」「你幾歲時，你母親才出生?」「春光為什麼依偎著秋日午睡?」。很顯然地，在第一個例子裏，「名字」與「準時」是沒有任何關聯的，因此，那樣的問題無法加以解答。我們也可以說「名字」與「準時性」分別屬於彼此無法關聯的範疇裏，所以該問題之無解在於「範疇的不相干」。第二個例子之無解則是因為在我們的計歲系統裏，並沒有「負歲數」這東西，正如在物理系統裏，我們沒有「負質量」一樣。所以，我們可以說這類問題的無解，在於「冒犯系統規則」。要注意的是冒犯此一系統的，不一定就冒犯另一系統；冒犯某一系統的，不一定就冒犯包含該系統的更大

系統。比如,在物理系統裏無解的問題,在其他系統裏不一定無解。「你的思想是否比他的輕?」就是一例。又如「1 減去 3 等於幾?」在正整數系統裏無解,可是在整數系統裏卻有解。

第三個令問題無解的理由是「不當的假定」。比如,我們若發問:「第三次世界大戰是幾時停止的?」或是「聖誕老人住在北極的那一個角落?」這是些無解的問題;因為它們分別含有不當的「存在假定」。假定發生過第三次世界大戰,和假定有聖誕老人住在北極。又如下列的問題也是沒法解答的:「為什麼 2 加 3 等於 8?」,或者「是誰為白居易代筆寫下長恨歌?」因為它們分別含有 2 加 3 等於 8,以及有人替白居易代寫長恨歌這樣的「假前設」。此外,像底下這樣的問題也可能無解:「你幾時停止偷竊搶劫?」因為受話者也許根本未曾有過這樣的行為。它含有「未加檢證的前設」。當一個問題含有未經檢證的前設時,我們必須首先回答其前設所含的問題,然後再回答原來的問題。因為那問題並非一個單純問題,而是一個「交疊問題」或「複合問題」。比如,對於上面所舉的問題,我們必須先發問下列兩個問題:

　⒜你是否曾經偷竊搶劫?

　⒝你是否已經停止偷竊搶劫?

如果對前兩問題的答案都是肯定的,那麼我們才能發問原來的問題。所以交疊問題並不是一定有解的。

【　問題與討論　】

　⑴為什麼我們說下列這樣的問題是有歧義的:「是不是每一個問句都表達一個問題;是不是每一個問題都表達在一個問句裏」?(提示: 所謂歧義是指可以有不同的解釋,因而有不同的意義。)

　⑵試述下列問句,那一個是用來表達問題,那一個不是。那些不表達問題的,各做何用途? ——說明之:

　　⑴微斯人吾誰與歸?

　　⑵人為什麼不能為所欲為?

　　⑶不知天上宮闕,今夕是何年?

(iv)假如氣節只是塗繪在「飯碗」瓷釉上的花標，一旦飯碗跌落，那能有道德不粉碎，氣節不掃地的？

(v)情懷絕妙之處，人間哪有言語？

(vi)正整數有無窮多個，可是實數不是更多嗎？

(3)有了問句不足以保證問題的存在，但試問文法上的其他分類有沒有助於增進我們的思考或對事物的瞭解？

(4)試舉出十個無解的問題，並說明它們為何無解。

(5)表達無解的問題之問句，是不是沒有意義的？細論之。

(6)我們舉出了下列使得問題無解的原因：

(i)範疇的不相干

(ii)冒犯系統規則

(iii)不當的假定：(a)不當的存在假定，(b)假的前設，(c)未加檢證的前設。

試各舉五個例子，分別說明上述各類的無解問題。

(7)還有沒有其他令問題無解的原因？舉例說明之。（提示：比較(4)與(6)的答案。）

(8)下列問題有無解答，何故？

(i)先有雞或先有蛋？

(ii)$\frac{12}{0}$ 比 $\frac{13}{0}$ 大多少？

(iii)精神支配物質，或物質支配精神？

(iv)香港的天空比澳門的天空藍幾倍？

(9)是不是每一個問題只有一個解答？不同的問題可不可以有同樣的解答？舉例說明之。（提示：是不是問題決定答案，但是答案並不決定問題？）

(10)試舉三個交疊問題的例子，並設法分析其中所含的前設問題。又交疊問題在何種情況之下有解，何種情況之下無解？（提示：設 A_1, A_2, ……, A_n 為交疊問題 A_i 的交疊次序，試想若 A_i 無解則 A_{i+1} 是否也無解。再試想若 A_i 有解則 A_{i+1} 是否一定有解。）

7. 問題與方法：試誤法，模仿法，定規法和運思法

　　一般言之，我們平時所謂的知識是對於問題——理論問題和實際問題——的有系統的解答。它奠基於我們試圖解決問題的過程中所建立起來的信念。人類若不知發問問題，則成立不了知識；若不能試圖解決問題，則建立不起文明。人類的特徵之一，就是知道發問，並且能夠尋求解答。

　　解答問題的方式很多，其中最值得我們注意的，有下列幾種：

　　(1)試誤法　當我們心中存有疑難，而又找不出一種通常用來解決的辦法時，我們就試著使用自己以為可行的辦法。如果失敗，再嘗試另一種辦法；假若成效不理想，設法將它改善，使之趨於理想。比如，以前的人發覺他們飲用的水質不好，於是開始試想是否可加改善，以及如何加以改善。也許經過許多次的失敗，終於產生了沉澱法，過濾法，消毒法。起先是自然沉澱法，後來改良為化學沉澱法；起先是沙石過濾法，接著進步成活性碳過濾法等等。像這樣「嘗試——失敗——改良——成功」的辦法，一般稱為「試誤法」。試誤法的例子很多，在發明家的故事裏，尤其多見。不過我們要注意，試誤並不是盲目的碰撞，只是在沒有把握的情況之下，藉著實際的運用，觀其成效，以決定某一辦法是否可行，以便用來解決問題。通常在設想種種或許可行的辦法，以便將之付諸檢證之前，我們早已假定那樣的辦法可能與我們心目中懷有的問題相干。沒有具備多多少少的指導原則的話，只憑純粹的運氣，那是很難找出解決問題的辦法的。好在我們並不是老從知識上的一窮二白的境地出發，對於我們所要解決的問題，我們可能早已獲有不少與之相干的知識。比方，為了改良水質，很少人只是多打幾場籃球；或是為了解決飢餓問題，只在牆上彩畫一塊大餅。

　　(2)模仿法　對於許多問題，歷來已經有了解決的辦法。因此當我們重新遭遇同樣的問題時，除非我們不滿意原有的解法，否則可以依循原來的方式，照著辦理。比方，歷來裝設避雷針都有助於防止建築物遭受雷擊；當我們新蓋樓房，憂慮雷打的時候，也就直截了當地裝置避雷針則可。同樣地，模仿法也不是完全死板，一成不變的。首先，我們必須決定目前的疑難是不是屬

於我們知悉如何解決的「老問題」。此點決定之後，我們才可望拿原有的辦法依樣施行。比如，我們知道某藥物可以醫治胃炎；但在施用該藥之前，我們必須確定（至少認定）病者係患胃炎。

模仿法之不是一成不變，另有一個更重要的原因。我們不只拿同一辦法來解決同一問題；我們也用同一辦法，試圖解決類似的問題；甚至運用類似的辦法，解決同一問題或類似的問題。比如，當天文學家發覺天王星的運行軌道與原來計算的軌道有所偏差的時候，有人設想那是另一顆未經知曉的行星的引力所致；依此想法尋索下去，於是發現了海王星。後來又發覺海王星的運行也有類似的偏差現象，於是有人依樣假定另有一顆行星，終於發現了冥王星。但是水星的運行軌道亦與計算的有所偏差，這時人們又想起原來的解決辦法來。假定還有另一顆行星，並且已將之取名為「火神星」。可是這顆星至今沒有找到。後來這一偏差現象是應用愛因斯坦的相對論加以解答的。

又如紫外線與紅內線之發現的例子也是。

(3)**定規法**　有時候我們可以運用很有系統，很有條理，很有次序和很有規律的辦法來解決問題。比如對於算術中加減乘除的解答，我們有一套定規制式的辦法；又如對於利息的算法，我們有一組很確定的公式。在解決這類問題時，我們幾乎不必動用聰明才智，只要應用最簡單的思考運作，依照定規，亦步亦趨，終必得出問題的解答來。這樣得到的解答，可以稱為「定規解」。具有定規解的問題，可以稱為定規問題。

定規法是種極為值得我們注意的解題法。同時它也具有很重要的時代意義。因此，我們將在下一節裏，加以詳細的討論。

(4)**運思法**　常常在解決問題的過程當中，我們找不出定規可以套用，也沒有範例可資模仿。我們必須發揮思考，動用聰明才智，考察問題的性質，進而創制解決的方案。可是我們早已說過思考有正確與錯誤之分，有效與無效之別。考察思想方法的目的之一，就在於排除錯誤無效的思考，增進正確有效的思想。也可以說，思想方法論是要研究正確的思考原則的學科。它是我們討論問題和解決問題的理論基礎。

【　問題與討論　】

　　⑴我們常說「人是理性的動物」，我們是不是也可以說「人是知道發問問題，並且試圖尋求解答的動物」？試討論之。

　　⑵舉出三個試誤法解決問題的例子，並且詳細說明為什麼它們不只是單憑運氣的盲撞瞎碰而已。

　　⑶為什麼模仿法並不是死板不變的？試舉出三個應用模仿法解決問題的例子，並說明它們的應用並非一成不變的死模式。

　　⑷模仿法與試誤法是不是常常交互使用？在什麼情況之下，兩者的交互使用特別有利於解決問題？（提示：設想我們如何肯定——並且是否永遠可以直截了當地肯定——問題之類同性或相似性。）

　　⑸試舉出五個運用定規法解決問題的例子。

　　⑹試想定規法的基本特性為何。什麼樣的問題可以用定規法來加以解決？（什麼樣的問題具有定規解？）

　　⑺在什麼意義之下，我們可以說定規解法是不必運用我們的聰明才智的？我們可否應用機器來解決定規問題？非定規問題呢？

　　⑻敘述定規法和運思法的最大不同。舉出三個可用定規法也可用運思法解答的問題。事實上，試誤法和模仿法或多或少都含有運思法的成分，為什麼？試舉例說明之。

　　⑼問題的性質是否決定解答的方法？解答的方法有沒有決定（或限制）可解的問題的性質？

　　⑽人腦解題與電腦解題有何重大分別？有何相似之處？試詳加比較。

---

8. 電腦會不會思考?

　　首先讓我們談一談定規法解題的特性。假定我們要比較兩個正整數 a 和 b 看看誰大誰小。這時我們可以依照下列的規則進行：

　　⑴從 a, b 兩數各減去 1（或是：分別寫下 a 與 b 的前位數，比如 3 的前位

數是 2；5 的前位數是 4 等）；令其結果分別為 a_1 和 b_1。

　　(2)判定 a_1 是不是等於零。

　　(3)判定 b_1 是不是等於零。

　　(4)如果(2)與(3)均為肯定，則 a 與 b 同大小。

　　(5)如果(2)是否定而(3)是肯定，則 a 大於 b。

　　(6)如果(2)是肯定而(3)是否定，則 b 大於 a。

　　(7)如果(2)(3)均為否定，則返回步驟(1)，重新依次進行(2)，(3)，(4)等等。
（只是這時將 a 和 b 的標數分別提高一等，a 變成 a_1，b_1 變成 b_2 等）。直到上述的(2)與(3)至少有一為肯定。

　　我們知道，不管 a 與 b 是多大的數，上述的程序終有休止的時候，那時我們也就一定獲知所要尋求的答案。不僅如此，拿來任何兩個正整數，依據上述的規則，我們馬上知道如何開始這種比較的程序，而不必多加探究，多加思索。同樣地，當我們進行過了某一步驟時，我們不必疑慮就知道下一步驟應該如何繼續進行，直到最後一步完成為止。這樣的解題法，就是我們在上一章裏所謂的定規法，也就是以前我們所說的不假思索，或者只需運用微不足道的思考的解決問題的辦法。像上述這種嚴密的指導如何解題的步驟，通常稱為「機械程序」(mechanical procedure)，或稱「有效程序」(effective procedure)。它之所以稱為機械程序，是因為它不賴我們的聰明才智，只要依循其規則就成；它之所以稱為有效程序，因為依此法解題，萬無一失，不會中途發生疑惑，令問題懸而不決。現在我們可以比較嚴格地說：符合下列條件的解題規則，就叫做「有效程序」；運用有效程序的解題法，就叫做「定規法」：

　　(i)該規則規定如何開始解題步驟（第一步驟）。

　　(ii)每當完成第 n 步時，該規則規定如何跟著進行第 n + 1 步。

　　(iii)解題步驟的總和是有限的（因而一定會中止的）。

我們常常使用這種有效程序解題，比如計算兩數相除的商數和餘數就是。而電腦則完全使用這種程序解題（當然不是完全使用這種程序運作。有些問題電腦可加演作，但卻無解）。

　　現在讓我們發問：電腦會不會思考？

　　以前我們把思考界定為解決問題的思想活動，電腦是會解決問題的。可是我們又說，定規法解決問題，可以說是不假思索的，而電腦正是運用定規法解決問題的。所以，如果我們認為當人類運用定規法（比方）計算乘積，或套用公式解題時，他並沒有運用思考；那麼電腦的那種解題活動，也不是一種思考活動。反之，若人類的套用公式也是思考的一部分（不管多麼微不足道），那麼電腦也會進行思考活動。

　　也許有些人會說，電腦當然不會思考，因為它沒有心靈，它只是一部機器——高度精密的機器——而已。可是要注意，這樣的回答是倒果為因的；因為我們要決定某物是否具有心靈，正是要看它是否產生心靈活動，而思考正是一種很重要的心靈活動。

　　當然即使我們同意電腦會思考，這也並不表示它會做所有方式的思考。許多所謂「原創性」的思考是無法由電腦來代辦的，因此如果我們拼命否定電腦能夠思考，只是害怕它會比我們想得好，想得精，想得快，想得完整，因而有一天會取代人腦，成為「萬物之靈」——沒有心靈的萬物之靈；那麼這是一種過分的憂慮和不必要的恐懼。

【　問題與討論　】

　　⑴在比較正整數 a 與 b 誰大誰小的例子裏，我們陳示規則的時候，依題意假定 a 與 b 都不等於零。假定我們不加上這個前設，那麼該組規則應該如何修補？

　　⑵試設計下列問題的定規解法：

　　（i）比較任何三個正整數，決定何者最大。

　　（ii）比較任何兩個整數（不一定正整數），決定何者較小。

　　（iii）比較任何三個整數，並將它們依照大小次序排列。

　　（iv）某正整數乘另一正整數之積。

　　（v）某正整數除以另一正整數之商（和餘）。

　　⑶精確地陳述有效程序（機械程序）的特徵。我們說「依此法解題，萬無一失，不會中途發生疑惑，令問題懸而不決」，試想會不會有例外發生。

(4)把有效程序稱為機械程序，另一原因是我們可以利用機器——比如電腦——來進行該種運作程序，而獲致問題的解決。試問為什麼機器只能解決具有這類有效程序的問題？

(5)我們說電腦無法做原創性的思考。何謂原創性的思考？舉例說明之。

(6)為什麼電腦無法取代人腦？細論之。

(7)下列問題何者可用電腦加以解答，何者不可？如果可以，試寫出它們的有效程序；如果不可，試言其故：

　　(i)判定一首（古體）詩是五言詩或七言詩（可以絕句為例）。

　　(ii)判定某一首詩的平仄是否合於規定（可用「一三五不論」的習慣）。

　　(iii)判定某一首律詩的對仗是否工整。

　　(iv)判定某一首詩是否傳神。

　　(v)判定某人的行為是否善行。

　　(vi)替某人「蓋棺論定」，決定他是好人或壞人。

　　(vii)判定兩人結合是否會有幸福的婚姻。（電腦配婚！）

　　(viii)判定人死後是否靈魂不滅。

　　(ix)判定唯心論，唯物論和心物二元論何者為真理。

　　(x)判定電腦會不會思考。

　　(xi)判定人類會不會思考。

第二部分: 解答與核驗

9. 問題的種類（上）: 事實與核驗

人類是會發問問題的動物。問題的發問表露了心中的不決與疑惑。人們或基於好奇，或基於實用，發問了許許多多的問題。這些雜多的問題，以各式各樣的形式表達出來。比方，我們發問:「颱風在什麼時候發生?」「颱風怎樣發生?」「颱風是不是發生在夏秋之交?」「為什麼颱風發生在夏秋之交?」「颱風來時應該怎麼辦?」「颱風可能預防嗎?」「要如何預防颱風?」「該不該預防颱風呢?」「人們喜歡颱風嗎?」「預防颱風是善行嗎?」像這樣的問題，每一個都表達不同的疑問心態，它們各個具有不同的內容和重點。因此，假若我們要試圖對各個問題尋求解答，我們的注意力和著重點也各有不同；不僅如此，問題的解決方式和解答辦法也往往不一樣。不過，我們並不準備（也不可能）在此討論所有不同種類的問題；我們所要做的，只是舉出其中幾種最值得我們注意的問題形式，加以介紹和分析。

⑴**屬於事實的發掘問題**　比如我們發問「颱風在什麼時候發生?」「颱風過境時有什麼現象?」「二次大戰屠殺猶太人的德國領袖是誰?」「什麼藥物可以用來醫治血癌?」像這樣的問題，是要發掘真情，追究實事的；因此我們把它稱為事實的發掘問題。一般言之，這類問題可以區分為兩種: 一種是追問某某事物具有何種性質、特徵、或與其他事物的關係。例如:「臺灣有什麼土產?」「它與香港的貿易關係如何?」等等。另一種是追問何種事物具有某一性質、特徵或與其他事物的關係。例如:「什麼設計可以令汽車污染空氣的程度減小?」「什麼數乘以其他數永遠等於零?」我們可以說，前一類的問題是事物的定性問題；後一類問題則是事物的（內含）指認問題。

⑵**屬於事實的核驗問題**　例如我們發問「颱風是發生在夏秋之交嗎?」「是

不是裝置避雷針就可以防止樓房遭受雷擊?」像這類的問題，其基本形式是：「某一事件或事態是否屬實?」或者「某某是否為一事實?」可是通常我們是以「A 是 B 嗎?」或是「是不是 A 是 B 呢?」這類的形式發問的。發問這種問題的時候，我們已經有了「事實候選項」(fact-candidate) 存在心中，我們發問的目的只是在於探究該一候選項，是否為一事實。所以這樣的問題是種核驗的問題，而不是一種發掘的問題——核驗某某是否為一事實。

　　雖然我們區分了發掘的問題與核驗的問題，可是兩者之分往往要看我們如何表達問題而定。其實不是問題而是問題的陳構，決定我們所謂的問題性質。比如，下列的(i)似乎是屬於發掘的問題，可是寫成(ii)時，就顯得是（或可以變成為）屬於核驗的問題：

　　(i) 0 是什麼數?

　　(ii) 0 是什麼數，奇數或偶數?

如何陳構問題，才會使之由有關發掘的問題變成有關核驗的問題，這點似乎沒有一定的公式可尋。不過，如果我們能夠盡舉某一問題的所有可能答案，則我們可以一一加以核驗，看看那一個答案為真。這時我們所面臨的顯然是個事實的核驗問題。當然並不是對於每一個問題，我們都可以輕易地道出所有可能的答案，而且往往若把一個問題的所有可能答案完全列舉出來，則問題已解決了一大半。

【　問題與討論　】

　　(1)以前我們曾將問題分為理論問題與實際問題，現在我們做了另一種劃分。試比較兩種分類的基礎或依據。

　　(2)理論問題本身是否可以再做本節所提的分類? 實際問題呢? 舉例說明之。

　　(3)倫理問題（道德問題）：如「助人是否善行?」「人們該不該誠實不欺?」是理論問題或是實際問題?

　　(4)我們在討論裏，使用了 '事實' 的字樣，但卻沒有明說事實是什麼。試對「事實」為何物，做一分析。

⑸舉出十個屬於事實的發掘問題。我們將之區別為兩類，它們的不同在那裏？定性與指認有無關聯？申論之。

⑹我們為什麼要說「內含」指認？什麼是內含指認？是不是有其他別的指認方式？舉例說明之。（提示：試比較下列發問之不同：「這個藥片是什麼藥？」「用來醫治胃病的是（些）什麼藥？」）

⑺試述事件 (event) 與事態 (state of affairs) 有無區別；舉例說明之。

⑻發掘與核驗各是怎樣的活動？它們之間的主要區別何在？一般我們用什麼方法去發掘事實，用什麼方法去核驗事實？試分別詳細說明之。

⑼討論下一陳述：「其實不是問題而是問題的陳構，決定我們所謂的問題性質」。我們這樣說是否暗地裏區別了問題與問題之陳構？這樣的區分有何根據？它是否必要？

⑽如果我們事先心如白紙，全無暫定的答案，能否進行事實的發掘？試討論之。

10. 問題的種類（下）：說明與解釋

另外還有兩種類型的問題要在此地加以討論。

⑶**尋求說明的問題**　當我們發問「為什麼在高山上雞蛋不易煮熟？」或者「月蝕如何發生？」的時候，我們所尋求的是為某些現象提出理論的依據。這種拿理論來解答「為什麼？」或者「何故？」的方式稱為「說明」(explanation)。如果我們所採取的理論是科學理論，則這種說明叫做「科學的說明」。

在日常生活裏，我們不時追問「為什麼？」。其中有一部分是能夠應用科學理論來加以解答的（提得出科學的說明）。我們上科學課的目的之一，就在於為自己提供理論基礎，幫助我們說明發生在我們周圍的許多現象——自然現象、社會現象、文化現象等等。

舉個例子來說：當我們對於月蝕的現象感到迷惑，因而發問：「為什麼會月蝕？」的時候，我們所尋求的是對月蝕現象加以說明。對於這個問題，我們有一個古老的理論，就是「天狗吞月」。那時候的人，以這樣的說法（想法）

來消除心中的疑惑，解決存在內心裏的問題。進而敲鑼打鼓，拜神託佛（做法），企圖趕跑天狗，保持月亮的光明。可是時至今日，我們不再以那樣的理論來說明月蝕的現象，我們認為那樣的理論是種迷信。現在我們是以太陽、地球和月球的相對位置來說明為什麼有月蝕的現象發生。我們說，月球上所呈現的陰影，原是地球擋住了太陽的光所致。我們甚至可以預先計算，那一次的月蝕幾時發生，什麼時候會結束。因此，我們再也不必擔憂，不必驚恐。若有閒情，甚至可以跑到天文臺去觀賞。

當然並不是科學上的說明是當今唯一被接受的說明。對於許多現象或疑難，許多人接受常識性的說明，神學上的說明，以及形上學的說明。

(4)尋求解釋的問題　平時我們常把「說明」和「解釋」互相混淆，有時甚至交互使用。其實它們之間有個嚴格的區別。比如當我們發問：「'善'是什麼意思?」的時候，我們所尋求的是'善'這個字的語文意義，這是一種「語意解釋」；當我們發問：「要賦給'x'什麼值，'x + 8 = 5'才為真?」時，我們所探討的是'x'的「數值解釋」；當我們發問：「在什麼情況下，'若 q 則 p'才為假?」時，我們所尋找的是'p'和'q'的「真（假）值解釋」❶；又如當我們發問：「餓死守節是不是善行?」時，我們所追求的是餓死守節這件事的「倫理解釋」（道德解釋）。

因此，廣義地說，所謂解釋是一種「賦值作用」。我們在做解釋時，是將某種值賦給某某事項之上。比如，將行為做道德上的解釋——稱其為好、壞、善、惡時，就是把道德上的值，賦給我們的行為。

賦值是一種很重要的人生活動；因為我們不只生活在低度的生物層次上。即使在動物的世界裏，許多事物和事件也已有了解釋。比如什麼事物或事件是危險的等等。不過這類的解釋常常基於交替反應的結果，根據這樣的解釋而發的行為常常是種習慣性的動作。人類的賦值卻往往遠超這樣的習慣性的層次。人類所做的解釋常常是有意的，自覺的，有目的，有理想的；因為人類不只活在動物的層次上，同時也活在情意的世界裏，活在語文的世界裏；

❶　所謂「真假值」(truth value)是指一個語句是真或是假的性質，正好像「正負值」是指一個數是正或是負的性質一樣。一個真句的真假值為真，一個假句的真假值則為假。

活在文化的層面上和在價值的層面上。我們經常發問：生命的意義何在？人生的價值在那裏？

【　問題與討論　】

⑴重新研討上一節的問題⑵。

⑵舉出十個屬於說明的問題。它們分別要說明的現象是什麼？它們依據的理論為何？其中那幾個堪稱為科學的說明？

⑶‘說明’一詞除了本節所說的意義而外，還有其他的用法。比如我們要別人對某一事項加以例釋時，可以說「舉例說明之」。又如我們要把一段話解釋清楚，也可以用‘說明’兩字。試再舉出該詞的其他用法，並例釋之。

⑷以月蝕的說明為例，敘述理論問題與實際問題之間的關聯。

⑸為什麼天狗吞月的理論被視作迷信，而我們現在的理論則堪稱科學真理？

⑹什麼是神學上的說明？什麼是形上學的說明？

⑺試述說明與解釋的不同，並指出在常識上人們對兩者經常易犯的混淆。

⑻我們所說的賦值，並不一定是一般所謂的「價值」上的值，雖然那也是一種值。試舉出十種不同的值。（提示：例如整數的正負也是一種值，即一般所謂的正負值。）

⑼為什麼我們說解釋是一種賦值？我們可以區別語文的解釋（追問語言表辭之意義）和非語文的解釋（追問不是語文項目的意義），試問兩者的根本分別何在？

⑽我們說解釋是種賦值，我們也可以說解釋是種「意義賦予」。試問這時‘意義’所指為何？有多少種不同的意義？舉例說明之。

⑾我們區別問題的種類，因為每種問題有不同的解法。試試設想什麼方法分別是上述四種問題的主要解法。

⑿除了上述四類問題外，還有些什麼種類的問題？

11. 問題的陳構與解答

以前我們說過問題的性質和種類，以及一般解決問題的方法。從現在起我們要逐步考察解決問題的程序。我們要發問：當我們拿到一個問題，或者感受到一種疑難時，我們應該採取怎樣的步驟，去設法解決問題，消除疑難。

我們很容易想像到，當我們面臨一個問題的時候，首先我們應該追問的是該問題的確切意義：它所表達的是怎樣的疑難？解答了這個意義問題之後，我們才可望進一步設法解決該疑難本身。舉一個例子來說，如果有人發問：「地震到底是怎麼一回事？」時，這個問題在表面上看來似乎意義清楚，不必多加追究。事實上，發問的人到底心中所懷有的疑難何在，所期望或預料的答案為何，這些都不是從該問題的字面意義可以一眼看穿的。比方，對於上面的問題，我們可以回答說：「地震就是地表震動」，也可以回答說：「它是地殼發生急劇變化所引起的結果」，或者回答說：「地震就是當年令我們家的樓房倒塌的那種自然現象」。這些不一而足的答案當中，有的是指認地震這一事態的，有的卻用來報告它的成因。因此，它們所要回答的，原是不同種類的問題。

所以，當我們心中有疑難的時候，首先我們要設法把那疑難轉化為陳構嚴格的問題。然後才可望針對陳構出來的問題設法加以解答。往往當心中浮現疑難的時候，我們並不清楚所感到的困惑到底是什麼，它的確切性質為何。因此我們也無從著手去尋求解答。必須經過一番反省和清理之後，我們才明白所要發問的問題，其種類與其性質。

清理問題的最好辦法就是把心中的疑難（通常是用語文的方式）嚴格的陳構出來。

嚴格地陳構問題包括兩種相輔相成的活動。一是問題語意的釐清，一是問題種類的區別。這兩種活動往往可以不分先後一起進行。弄清了問題的語意往往直接有助於問題的分類；問題的分類成功，也經常確定了它的意義。比如，再以上述的地震問題為例。當我們察覺到它並不是一個很精確的問題時，我們也許要問：‘地震’一詞指的是什麼？地面遭受炸彈轟炸所產生的震

動，也算地震嗎? '是怎麼一回事?' 是用來發問什麼呢? 這樣有關語文的追究，慢慢地會把原來的問題的意義與性質明白展現出來。比方，我們終於認定所指的地震是地面的自然震動(以別於人為地震)，而且我們所要發問的是，該一現象的成因。於是我們的問題可以陳構為：「(自然)地震的成因為何?」這是一個比原有的問題遠較精確清楚的問題，我們也因而比較容易設法去尋求解答。

一般說來，問題的不精確有兩大因素，就是問題的陳構中所使用的字眼(尤其是關鍵字詞)含有歧義或混含的緣故。「歧義」(ambiguity) 是指一個語詞具有多種解釋，或是多層意義。比如 '地震' 所指的也許是自然產生的地表震動，或是人為引起的。又如所謂 '魚' 或許只是生物上的狹義用法，而不包含鯨魚在內；也可以是常識的用法，那自然包括鯨魚在內。許多用來發問問題的疑問語詞，常常含有歧義，比如 '如何'、'怎樣'、'何以'、'為何'、'何故' 等等就是。我們必須特別小心，注意那些疑問詞所用來發問的，到底是那一類的問題。

混含 (vagueness) 則與歧義不同。它指的不是一個語詞具有多種意義，而是該語詞的應用範圍到底多大，並不清楚。比方，到底多親密才算是朋友，一般並沒有很清楚的界限。也就是說，'朋友' 一詞是混含的(但該詞在此卻無歧義)。其他諸如 '冷'、'熱'、'高'、'矮'、'大'、'小' 等等這些表示性質的「相對語詞」，經常都是混含的。當我們使用到混含的字詞時，往往必須提出一個判準，使原來是混含的字詞，變成具有精確的意義，以方便問題的討論。例如當我們發問「香港的夏天熱不熱?」，這是一個很不精確的問題。我們事先要規定超過攝氏幾度才算熱，甚至還得考慮濕度問題。定立了這些氣象上的標準之後，上列的問題才可望有個客觀明確的答案。

由上面所說的，我們可以看出嚴格地陳構問題的目的，在於令問題的語意清楚，並且使問題的種類分明。這是設法解答問題之前最重要的準備步驟。許多問題經過這一步驟的處理之後，變得容易把握和解答；另外有些原來無解的問題，經此處理也就原形畢露，不必再浪費我們的心思了。

當然，釐清問題和嚴格精確地陳構問題，這只是解決問題的前奏或準備工作。要如何分門別類地解決問題，以及在試圖解決問題的過程中，我們所

應注意的事項和應有的理論準備，這是思想方法所要研究的主題，也是我們以後要逐步加以討論的題目。

【　問題與討論　】

(1)為什麼「地震到底是怎麼一回事？」是具有歧義的問題？

(2)設法將(1)裏的問題，改寫為（幾個）意義明確的問題，並指出為什麼改寫過的問題是意義明確的。

(3)上述(1)是否為一個意義明確的問題？試論之。

(4)舉例說明問題陳構的重要性。問題的不同陳構是否會導致不同的考察方式？

(5)問題的陳構包括那些活動？它們的關係如何？試舉例說明之。

(6)舉例說明在未經嚴格陳構問題之前，我們往往不很確定我們心中的疑難到底是什麼。

(7)陳構問題是不是一定得用語言方式行之？試加以討論。

(8)試論語言的研究與思想方法的關聯。（提示：參考(7)的答案。）

(9)試述歧義與混含的不同。為什麼‘如何’、‘怎樣’、‘何以’、‘為何’、‘何故’這樣的疑問詞是歧義的？‘朋友’一詞是混含的，‘敵人’呢？它們混含的程度是否相若？

(10)什麼是「相對語詞」？是不是凡是相對語詞都是混含的？‘父’與‘子’也是相對語詞，它們混含嗎？什麼樣的相對語詞才是混含的？（提示：我們是否可以區別表示性質的相對語詞，如‘冷’‘熱’和表示關係的相對語詞，如‘父’‘子’？）

(11)「相對語詞」的反面是「絕對語詞」。試問什麼是絕對語詞？例釋之。同一語詞可否在不同脈絡（場合）中，有時是相對語詞，有時卻是絕對語詞？

(12)有沒有語詞既有歧義又是混含的？舉例說明之。

12. 解答的尋取和核驗（一）：觀察

　　人類善能發問問題；可是更重要與更可貴的是，人類能夠設法尋求答案，解決問題。早從孩提時候，人就不停地發問：這是什麼？那是什麼？為什麼這樣？為什麼那樣？父母兄長給他的解答，以及基於自己的觀察、想像與推理所得的結果，構成了他早年的信念與知識。以後正式的學校教育和自己的反省察照，更開闊了他的認識，加深了他的見解；使他的信念更加合理，使他的知識基礎愈趨穩固。可以說，人類知識的建立與創作，就是不斷發問，不停地尋取解答，以及無止境地設法精進答案的歷程。

　　答案的尋取一般說來並沒有一定的方式與程序。我們可以親自觀察，自求解答；也可以託付權威，代尋答案。同時，知識與私有財物不同，答案的尋求既沒有非法獲取，搶奪偷竊之情；更沒有暫時借用，定期歸還等事。求知是人類基本的欲求，尋取解答是人類基本的權利。

　　雖然答案的尋求並沒有規定的途徑，但是有幾種最常見的方式，值得我們加以討論。

　　當我們想知道桌上蘋果的顏色時，我們只要放眼加以察看；當我們疑心新近捕獲的魚，是不是屬於已知的品種時，我們就拿牠與舊有的標本相比較，看看牠們是否類同，多少相似。或者要得悉颱風來襲時，地面上產生的景象；或是火災過後財產人命所受的損失；這些都可以用肉眼加以觀察，獲取答案。可是儘管視覺是人類最重要的觀察方式，但它卻不是唯一可以信賴的方式。我們具有其他的感官，因此可以利用其他的感覺方式——如聽覺、觸覺、嗅覺和味覺——來進行「觀察」或者幫助觀察。例如，我們以觸覺察知物體表面到底光滑或粗糙，以嗅覺經驗花朵散放的芳香；或者訴諸聽覺，幫助我們尋獲迷失深山叢林中的友伴等等。

　　更重要的是，我們不只利用赤裸裸的感官，進行觀察研究，尋取問題的答案。我們還不斷地發明許多裝置，設計不同的儀器，輔助感官，延長我們觀察的深度，擴張我們可觀察的界限與範圍。比如天文望遠鏡發明之後，加深了我們對於天文現象的觀察；顯微鏡的利用，令我們觀察到肉眼無力觸及

的物質微小細節。其他諸如溫度計、風向儀、計時器（鐘錶等）、雷達、聲納、分光儀、雲室、中子加速器等等種類繁多，用途不一的儀器，都是設計來輔助我們的觀察用途的。不過我們要注意，藉著儀器的輔助所進行的觀察，不是一種直接的觀察。我們對於儀器的信任，建立在我們接受某些科學的理論；如光學理論，原子結構理論等。因此在儀器的設計和應用裏，我們已經參雜了舊有的知識或信念的成素，而不只是訴諸感覺和認知的能力而已。舉一個簡單的例子來說，當我們應用鐘錶計時的時候，我們直接觀察到的，是鐘錶的指針在鐘錶面上的停落位置。可是我們卻相信我們得知了某地的標準時刻。如果我們仍然可以說「觀察」到此時的時刻，那麼我們只好說這是一種間接的觀察。利用望遠鏡觀察天象，顯微鏡察看細胞組織，情形也是一樣。

　　一般，當我們談及觀察的時候，我們常常忘了強調，那不是一種被動的感受，而是一種自動的尋覓與把捉。當我們進行觀察的時候，我們已經有了等待解決的問題在先。不僅如此，我們通常甚至已有了暫定的答案在心。因此我們才知道怎樣展開我們的觀察，用什麼方式觀察，在什麼時候觀察，採取那一種角度觀察等等。否則如果心如白紙，空無一念，任你聚神聆聽，張眼注視，也不知道所做的是什麼觀察。在這種意義之下，解決問題的觀察，並不像欣賞夕陽的凝視。那是一種有目的，有預見，有存心的主動追尋。

　　還有一點值得注意的──也是與前述之觀察主動性有關的，那就是我們不是靜待宇宙萬物的自然變化，順時應景地進行觀察。我們往往為了尋索問題的答案，證實心中的假定是否為真，主動去創造觀察的環境。比如，為要知道蝦子在高熱下身體是否變色，我們就直接把蝦子取來，在開水裏試煮看看。不必等待河水的溫度自然上升到使蝦子變紅的程度。這種實際開創觀察環境的做法，是我們尋取答案很重要的方式。這種方式在一般科學裏就稱為「實驗」。

　　以後，當我們論及科學方法時，將對實驗一事再加討論。

【　　問題與討論　　】

　　(1)試申論下一斷言：「人類知識的建立與創作，就是不斷發問，不停

地尋取解答，以及無止境地設法精進答案的歷程。」並舉例說明之。

⑵我們說知識與私有財物有別，答案的尋取是沒有合法非法的區別。可是我們卻可以說某人侵犯了他人的版權，盜取發明的名譽等等。兩者的區別何在？試分析之。

⑶試述不屬於視覺的「觀察」，在日常解決問題中的重要性。它們可否以視覺來加以取代？例釋之。

⑷為什麼我們常說「百聞不如一見」，但卻不說「百聞不如一嚐」等等？‘聞’與‘聽’常常可以通用，但是它們在「百聞不如一聽」裏，有何不同的意義？

⑸舉出二十種有助「觀察」的儀器，看看它們如何加深或擴張我們觀察的限界。

⑹在我們的討論裏，‘觀察’一詞不只應用於利用肉眼的視覺活動。試試界定這種廣義的觀察。

⑺為什麼我們把藉助儀器的觀察稱為間接的觀察？以鐘計時和用望遠鏡看星象，兩者有何不同？（提示：我們可否說時間本來是無法直接觀察的，可是星星在原則上卻可加以直接觀察，只是距離太遠？）像以雲室 (cloud chamber) 研究原子，則屬那一類？

⑻觀察會不會生錯？其原因何在？這時所謂錯誤是什麼意思？

⑼為什麼我們說觀察是種主動的尋索答案的活動？試分析並批判下一斷言：「解決問題的觀察是種有目的、有預見、有存心的主動追尋」。

⑽當我們凝視夕陽時，那可以是種美的欣賞，也可能是種企圖解決問題的觀察，試區別兩者，舉出它們之間最重要的差別。

⑾試述實驗在解決問題的過程當中所占的地位。它是不是一種獨立的解決問題方式？（提示：比如只做實驗而不加以觀察，是否能夠解決問題？）舉出十個在日常生活裏，以實驗方式幫助解決問題的例子。

⑿有沒有無法加以實驗的題材？是不是沒有實驗就沒有科學？（提示：試比較天文學與歷史的題材。）

13. 解答的尋取和核驗（二）：推理

　　假如我們只用觀察來解答問題，那麼我們所能處理的問題就極端有限；因為我們所能觀察到的只是一件一件的個別事態，或是一個一個的個別的事物。這些個別的事態或事物只發生或存在於特定的時空裏，因此我們由此方式建立起來的知識，也只是局限在某一時空的知識。這對於我們實際的用途和理論上的興趣而言，顯然是大大不足的。比如，我們所觀察到和觀察過的月蝕，只是這一次，上一次，上上次……這樣的個別月蝕，因此我們所建立的有關月蝕的知識，也只是此次月蝕、上次月蝕、上上次月蝕的知識。這樣一來，我們只能回答（比方）某次月蝕發生時，我們所在的那一部分地面上產生了什麼現象，而無法回答（比方）每當月蝕發生時（包括將來的月蝕，以及以往無人經驗過的月蝕），地面上會產生什麼現象。因為後者所發問的，不是有關個別事件的個別知識，而是有關某一類事件的普遍知識。

　　為了追求完整的知識，於是我們必須另外兼備其他尋取解答的方式。其中最重要的就是推理。推理是一種心靈的運思活動，它是由某一項認知（或某幾項認知），推演出另外某項認知。也可以說，推理是由一組已知的信息，推演出另外一些原來未知的信息。舉一個簡單的例子來說，如果我們知道上街時隨身攜帶六十九元，買了一本字典花去六十元；則我們不必計數，就可以推論出，我們口袋裏最多只剩下九元。又如，當我們獲悉某人有兒有女共三人，又知道最小的妹妹有個姐姐；那麼不必再加考察觀看，我們就可以推論出，該人只有一個兒子。像這樣的推理，在日常生活中應用廣泛，不勝列舉。我們在許許多多的場合，不必親自去考察就可以斷言某事的發生或某物的存在。至於在數學和科學裏頭，推理的成效就更加顯赫輝煌。比如，整個歐幾里德的平面幾何，就是基於很少數的「公理」，加上界說和一般約定，運用推理方式開展出來的。又如，在科學裏，定律和個別事實的記述，也是藉著推理的關係，組織成為一個一個的理論系統。

　　在一個推理當中，已知或所與的部分稱為「前提」，推演而得的部分稱為「結論」。推理就是由前提到結論的運思活動。

　　為了方便起見，我們常常把推理的運思過程，用語文的方式表達出來。比如，我們由凡人皆多情，李後主是人，這些已知的部分，推演出李後主亦多情。則我們可以將這一推理寫成：

　　　　凡人皆多情。
　　　　李後主是人。
　　　∴李後主亦多情。

　　這種把推理的內容，用語文方式表達出來的結構，稱為「論證」。要注意的是，這時前提與結論都是一個個的語句，而不是語句所代表的思想內容，後者一般稱為「命題」。所以，推理是命題與命題之間的運思關係；而論證則是語句和語句之間的邏輯結構。邏輯所要研究的就是正確的論證結構，使得合乎此種結構的推理，成為可靠的推理。這些等我們討論到邏輯的時候，再加以詳細的解說。

　　一般當我們提起推理的時候，總常想起像上述的例子那樣，以日常的語言表達出來的論證。事實上，推理的題材與內容比我們平日的印象廣泛得多，數學上的計算與證明，全都充滿了推理的例子。

　　我們說過，觀察可以藉助儀器進行；類似地，推理也可以利用機器來幫助進行。比如計算機和電腦，就是很明顯的例子。電腦在助人推理方面的成效，尤其值得我們注意。

　　現在讓我們討論一種比較特殊的推理。這種推理不是由已知的前提推演到未知的結論，來解答問題；而是藉著分析某一命題或概念就足以解答問題的。比如，若有人發問「三角形有幾個角？」時，我們只要分析「三角形」這一概念就知道如何回答那問題。同樣地，假如有人問起「是不是香港的面積比臺灣大，而臺灣的面積又比香港大？」時，我們只要分析其中「香港的面積比臺灣大，而臺灣的面積又比香港大」這一命題，就足以回答原有的問題。這樣的尋取答案的方式稱為「解析」。解析是種對於概念或命題的分析活動，那也是一種心靈的運思。它是藉著語文上的規則或邏輯上的規律，把含藏在原來的概念或命題中的內容，提煉引取出來。分析的時候，如果藉助的是語文上的規則，則此種解析稱為「語言解析」；如果藉助的是邏輯上的規則，則

稱為「邏輯解析」。語言解析中，有一種特別的種類，那是以分析概念或命題的意義來解答問題的，這種分析方式稱為「語意解析」。

　　為了區別解析與含有前提與結論的推理，我們可以將後者稱為「推論」。所以推理包括解析與推論。

　　要特別強調的是：在解析與推論的運思過程中，都不必再加上經驗的觀察，就足以達到它們解題的目的。

【　問題與討論　】

　　⑴為什麼只憑觀察，不足以解決許多問題？什麼樣的問題不能只依觀察來尋取其答案？

　　⑵試述個別的知識（分殊知識）與普遍的知識的區別，並舉例說明之。此種用法的‘個別知識’與‘普遍知識’有無歧義，有無混含？申論之。

　　⑶有些事物通常不是用觀察的辦法證明其存在，而是端賴推理行之，試舉出幾個例子來。

　　⑷舉出十個在日常生活中，應用推理解決問題的例子。並指出在每一個例子裏，那些是前提，那個是結論。

　　⑸試述語句與命題的不同。是不是每一語句有一對應命題而且只有一對應命題？是不是每一命題有而且只有一對應語句？

　　⑹邏輯所要研究的是什麼？一般我們說「合邏輯」與「不合邏輯」是什麼意思？

　　⑺為什麼數學上的計算和證明是種推理？像 $7 + 5 = 12$ 是不是牽涉到推理的過程？

　　⑻機器如何幫助我們推理？能由電腦幫助我們推理解決的問題，應該具備什麼條件？

　　⑼比起人腦來，電腦的推理有什麼優越之處？（提示：電腦的推理速度如何？它所能處理的問題複雜程度如何？電腦會不會在推理過程中生錯？它會不會在中途忘記？）

(10)解析是什麼？舉例區別語言解析與邏輯解析。並舉出五個語意解析的例子。分別說明它們如何解決問題。

(11)下列問題那些可用解析方式解決的，那些不能？分別說明之：

　(ⅰ)凡人皆智慧？

　(ⅱ)2＋3＝5嗎？

　(ⅲ)我能不能又富有又貧窮？

　(ⅳ)上帝存在嗎？

　(ⅴ)世界上會不會有未婚的寡婦？

　(ⅵ)白馬是不是馬？

　(ⅶ)鯨魚是不是魚？

　(ⅷ)白馬非馬，鯨魚非魚？

(12)試述解析與推論的區別。

14. 解答的尋取和核驗（三）：記憶與權威

我們業已討論過，尋取答案最重要的兩種辦法，就是觀察（包括以實驗方式進行）和推理（包括解析）。可是由於問題的解答在於建立信念或知識，因此我們也可以說上述的觀察和推理，是建立信念或知識的合理基礎。儘管如此，我們在實際解答問題的時候，往往也運用到其他的輔助方式，把信念和知識也建立在另外的基礎上。其中兩類最值得我們在此加以討論，那就是依賴記憶和藉助權威。

記憶是種極為獨特的現象，它的實際過程以及確定的特質，至今仍然是個尚未揭開的謎。許多人正在利用對於低等動物和電腦的記憶研究，來探索人類的記憶現象。儘管如此，我們每個人都具有親身體驗過的記憶經驗。它的功用和重要性，雖然常常因為不發生問題而被忽略，可是一經提起，每一個人卻都能夠體會與贊同。比方，當我們心中懷有疑難的時候，我們靠記憶將問題存放心中，接著設法尋求答案，解決問題。在解決問題的時候，不管我們所使用的是什麼方法，不論我們所依據的是什麼基礎，記憶始終扮演著

不可或缺的角色。就以觀察一事來說，當我們決定了觀察對象、觀察的角度、觀察的方向、觀察的時間等等的時候，我們得將這些記起，才知道怎樣實際進行觀察。在進行觀察的過程中，我們還得將此刻觀察的結果，與上一刻和下一刻的觀察結果，連續起來，加以統籌，加以比較，以便構成一個完整的觀察結論。顯然我們不能在做此刻觀察時，遺忘了上一刻的觀察結果，否則就無法連續統籌，整合比較，因而也就無法將零星散漫的結論組織起來，構成對於（藉著記憶）存放心中的問題的答案。推理的運用也是一樣。如果不依賴記憶，我們無法把思考運作的步驟和過程組織起來，決定那一件推理是可靠的，那一件是不可靠的。除卻了記憶，我們也就無以判斷前提與結論之間的關係。認同、指認、關聯、比較、整合、分析，這樣的活動，都必須藉著記憶之助，才能有效地進行。因此，我們可以說，記憶是我們尋取答案——也是建立知識——不可或缺的輔助要素。當然，我們常常使用許多方法來幫助記憶，比如使用文字、攝影、錄音等等，可是這些辦法的本身，自己假定著記憶的運用和可靠性。

　　除了記憶之外，建立知識或尋求問題的答案，另外還有一個很重要的補助要素，就是對於權威的藉助與利用。權威在此是指一些在某一領域裏，有學養，有訓練，有見識，有經驗，因而對於解決該一領域的問題，極有把握，成功的機會極大的人。很顯然地，這樣的權威是分門別類，而不是全知全能的。每一個部門有每一個部門的權威，超越了他的範圍以外，原來是權威的可能就不再是權威了。認識這種權威的分殊性，才能正確而妥當地運用權威。

　　在我們的經驗裏，權威的應用簡直無處不有，比比皆是。從小我們依賴父母兄長的知識；等正式接受學校教育，又接受書本的傳授和老師們的教導。不僅如此，正式的教育只能給我們一般的學識和一小部分的專門知識；我們還得不斷仰賴各行各業的專家，幫助我們解決許多理論上或實際上的問題。例如，我們有了病痛，輕則運用自己的醫學常識，服藥休息，靜觀成效；可是如果病情嚴重，或是自己的處理無效，我們還得前往請教醫生，因為他是這方面的權威。同樣地，一個物理學家平日可以應用他已有的數學知識，解決一般的計算問題；可是當他碰到特殊的情況，需要動用高深或新近的數學理論時，他也得向數學權威請求援手。這種權威的頻繁利用，固然是學習過

程中所不可避免的；但同時也是知識的分殊與人力的不濟所致。我們不可能變成每一行每一業每一學問每一科學的專才之士，因此我們就得時時藉助其他行業其他學科的專家。不過，只要合理而正確地加以利用，權威的藉助不但無害，反而是幫助我們尋取解答和建立知識，在實用上不可或缺的方式。

　　當然人們常常誤用了權威，權威也常常有心無心地誤導我們。因此我們必須小心謹慎，避免誤用權威，避免被權威所誤導。

　　誤用權威的類別很多，讓我們略舉其中的兩種。就是藉助不良權威和訴諸不相干的權威。在社會上有許多號稱權威的人，事實上空有其名，而無其實。這些是假權威、壞權威。我們必須明眼細察，避免受騙。

　　其次是，當我們要設法解決某一領域的問題時，我們若去請教另外一個不相干的領域的權威，這樣不但徒勞白費，有時反而有害。

【　問題與討論　】

　　(1)為什麼我們可以說觀察和推理是建立信念和知識的合理基礎？還有什麼其他的合理基礎？

　　(2)設法反省自己的記憶經驗，臆斷它到底是怎樣的「活動」，其過程如何。記憶內容如何「存放」心中？如何將它召喚出來？所謂 '回憶'、'遺忘'、'記住'、'記憶猶新'、'記憶模糊'、'記憶力減退' 等等，各是什麼意思？

　　(3)詳細述說記憶在解決問題的過程中，所扮演的角色。

　　(4)記憶為什麼是建立知識不可或缺的輔助條件？我們通常用什麼辦法來幫助或加強記憶？這些辦法能否用來取代記憶？詳細討論之。

　　(5)比方在推理過程當中，我們將前提一步一步筆記下來，然後試圖看出可得的結論。這樣的做法是否可以免於記憶的參與和對於記憶的依賴？（提示：我們是否必須憑藉記憶，決定我們所寫下的字句的意義與內容？）

　　(6)試論記憶的可靠性；並討論防止、減少與彌補記憶錯誤的方法；例釋之。

⑺何謂權威？什麼是權威的分殊性？為什麼體認權威的分殊性是很重要的？

⑻怎樣才算是權威的正確合理的運用？申論之。

⑼試舉一些權威的誤用，將它們分類說明。

⑽權威的運用既然不可或缺，那麼我們所謂的「訴諸權威的謬誤」是什麼意思？它與權威之合理應用最主要的區別何在？（提示：參見下節討論。）

15. 解答的尋取和核驗（四）：發掘與察照

到此為止，我們已經討論過幾種尋取答案的方式。那就是觀察、推理、記憶與權威。這些也可以說是建立知識的合理基礎。可是，嚴格說來，前三項與最後一項並不在同一層次之上。原來我們信賴權威，是信賴他在某一領域內的觀察，以及他基於原有的認識所做的推理，加上他用以保存其知識的記憶。如果我們懷疑他的觀察，不相信他的推理，發現他的記憶殘缺錯誤，那麼我們再也無法信賴他，做為幫助我們解答問題或獲取知識的憑藉。因此我們可以說，觀察、推理和記憶是獲取知識的直接基礎，而權威的應用只是一種間接的憑藉。所以當我們要檢查某一個權威，看看他是否可靠，是否值得信賴的時候，我們必須直接檢查他的觀察，他的推理和他的記憶。沒有留心這一點，常常導致對於權威的盲目信賴和誤用。平時我們所謂的「訴諸權威的謬誤」，就是不加檢照不加反省地，只以權威的論點做為自己的論點；不問那權威是否可靠，不問他所依據的觀察、推理和記憶的素質如何。這在方法上是一種錯誤。

可是我們要注意，當我們說觀察、推理和記憶等（暫時不談權威）是建立知識的憑藉時，我們只是說，在知識建立的過程中，它們是參與的要素。我們並沒有提到要如何實際運用這些尋取答案的憑藉。原因是解答的尋取是一種發掘（發現），甚至是一種發明。它常常是一種藝術，而沒有一定的「邏輯」或規格可尋。當我們在從事發掘或發明的時候，我們動用自己全部的資

源。使用目前所擁有的知識，利用自己過去的經驗，參照別人的成敗記錄；運用想像，運用才華；訴諸靈感，訴諸聰明才智。這些雖然可以培養，可以訓練，可以加強和精細化，可是卻沒有一定不可踰越、一定必須遵循的定規。任何可以幫助尋取答案的辦法，我們都可以去嘗試；任何有助於解決問題的通路，我們都可以去開啟。我們可以聆聽音樂，培養靈感；也可以靜觀落日，幫助想像；甚至閒談、散步、遊戲、休息。只要它有助於思考，有助於發掘；直到我們獲得了答案，直到我們解決了問題。因為它是一種發掘的過程，發掘的過程是種自由奔放，無拘束無羈絆的飛揚過程。

可是等我們有了答案，等我們建立了信念之後，我們就接著要發問，答案是真是假，正確不正確，合理不合理。這時發掘的步驟告一段落，開始另一種在性質上極不相同的活動。這是一種檢查、對照、批評、判斷的過程，其目的在於考察我們是否真正獲取到答案，解決了問題，建立了合理的信念和可靠的知識。我們可以把這樣的過程稱為「核驗」的過程。

舉一個比喻（不是例子）來說，當國文老師出了題目，要我們作文的時候，我們可以自由運思，浪漫構作。我們可以憑窗遠眺天上白雲浮遊，啟發靈感；也可以醉心舊日美麗的記憶，孕育情愫。因為這是一個發明創造的過程；只要能夠幫助我們表現才情，揭露意境的，都可以廣為捕捉，善加利用。因為創作是沒有一定的規格和不可觸犯的法則可尋的。可是等我們的文章寫成之後，接著就是一番從頭到尾重讀一遍，細細檢查的功夫。我們就得注意，文章是不是對題，讀來是不是傳神達意；有沒有寫錯字，有沒有語焉不詳，文句不通之處等等。這樣的核驗查對的工作，不是一種隨意而發，自由表現的行為。它有一些標準可資遵循，有一些規則可以應用。它不是純係主觀的作為，它多多少少具有客觀的基礎。

當我們有了對於問題的答案之後，其核驗工作也是一樣。我們要問：這答案是不是對題，它是否為真，它是否正確，它是否合理。

舉一個簡單的例子（不是比喻）來說，當我們藉著觀察而獲悉某一隻蘋果是紅色的時候，我們要發問當我們觀察時，是否處於正常而充足的光線之下，或是在（比如）紅色燈光裏。我們觀察時是否神智清醒，有沒有受藥物的刺激。當我們邀請別人來做同樣的觀察時，他是不是也得到相同的結論等

等。同樣的，如果我們的觀察是建立在實驗之上，我們還得發問，我們實驗所採用的器材與裝置是否適當，實驗的過程有無錯誤。自己再做同樣的實驗，是否也得到相同的結果；別人若試做此一實驗，是不是也得到與我們一樣的結論等等。

　　同樣的，我們的答案若牽涉到推理的使用，我們得發問推演的每一步驟是否合理，有沒有違反推論的規則；我們據之以推論的前提怎樣得來，其真假如何等等。

　　概括地說，核驗可以分為兩種。一種是經驗上的核驗，另一種是邏輯上的核驗。前者的主要目的在於考察答案是否為真，那是一種證實 (verification) 或檢證 (confirmation)；而後者的主要目的在於檢查答案之得來是否「合乎邏輯」，那是一種證明 (proof) 或演證 (demonstration)。這些是我們底下幾節所要討論的項目。

【　問題與討論　】

　　⑴為什麼我們說觀察、推理和記憶，是建立知識的直接基礎；而權威只是一種間接的憑據？

　　⑵設法界定「訴諸權威的謬誤」。當我們在討論時，引用權威的觀點，常常並不算是一種方法上的錯誤。在什麼情況之下，以權威為依據才算是一種謬誤？

　　⑶評論下一斷言：「解答的尋取是一種發掘或發明。它常常是種藝術，而沒有一定的邏輯；它是種自由奔放的過程」。

　　⑷發掘或發明沒有絲毫規格可尋嗎？我們可不可以建立一種「發掘的邏輯」(logic of discovery)？

　　⑸試述發掘與核驗 (justification) 的對比，以及它們分別在解決問題上的功能。並例釋之。

　　⑹以寫詩填詞為例，說明發明創作與檢查核驗之過程。一般在繪畫、音樂、小說、揮毫寫字等活動裏，有沒有這兩個過程之分？詳論之。

　　⑺有沒有問題的答案是不必核驗的？有沒有問題的答案是無法核驗

的？如果有，分別例釋之；如果沒有，分別說明何故。

⑻比喻和例子有何分別？在一個討論裏，它們的作用有何異同之處？

⑼在我們尋求答案時，若牽涉到觀察的使用，則在核驗時應該注意那些事項？對於實驗、推論、解析呢？對於權威的使用，我們又該如何核驗？分別申論之。

⑽權威似乎是學習與教育的方便手段，但它是不是討論問題的必要條件？對權威的信賴是不是只是種幫助尋取解答的工具，而不是核驗答案的方式？

⑾經驗的核驗和邏輯的核驗之目的有何不同？它們的對象各為何？它們的依據分別是什麼？（提示：我們依據什麼來決定某一答案是否為真，憑什麼分辨一個推論是否正確？）

⑿除了經驗與邏輯的核驗而外，還有沒有其他的核驗方式？我們可不可以有所謂「形上的核驗」(metaphysical justification)？

16. 經驗的核驗（上）：事實與真假

當我們似乎解決了問題，發現了問題的答案的時候，我們接著就要考察所得的答案是真是假。是真的，我們才要加以採納，做為我們信念或知識的一部分；是假的，我們就要加以揚棄，重新開始我們尋取解答的努力。

可是怎樣才叫做真，怎樣算是假呢？簡單舉例來說，如果天下雨，我們說天下雨，真也；如果天下雨，我們說天沒下雨，假也；如果天沒下雨，我們說天沒下雨，真也；如果天沒下雨，我們說天下雨，假也。可見真假是與外在的事情事物對照得到的。我們的答案若與外在事態相符，則此答案為真；若與外在事態不符，則此答案為假。這裏所謂「外在事態」意思是說，那些事態並不是受我們的認知活動所左右，也不受我們的心靈狀態所支配。比方，如果天在下雨，則天在下雨，不管我們知不知道，相不相信，喜歡不喜歡，滿足不滿足等等。這種獨立於我們的認知活動與其他心靈狀態的事態 (state-of-affairs)，就是我們比照何為真情，何為假冒的憑藉。

　　存在於我們這個世界的事態，一般我們稱為「事實」(fact)。我們平時所謂「事實如此」、「事實勝於雄辯」、「事實擺在面前」等等，所指的事實正是這種存在於這個世界的事態。那麼，我們可以說：經驗核驗的目的，就在於檢查我們對某一問題所尋取獲得的答案，到底是否為一事實。因此我們也可以把經驗的核驗稱為「事實的核驗」。

　　可是當我們說經驗核驗在於檢查答案是不是個事實，這樣的說法不夠嚴謹，有欠準確。記得我們在上面曾經說過「檢查答案是真是假」。難道我們把事實等同為真，不是事實等同為假嗎？事實好像蘋果似的，只有存在或不存在，有或者沒有，而無是真是假的區別。正好像人就是人，不是人就不是人，而沒有真的人和假的人的分別一樣。因此，當我們說「答案為真」和「答案是一事實」時，兩者所指的是答案的兩個不同層面。前者是答案的語文陳構——那是一個語句，讓我們稱之為「回答」；而後者是答案的內容——那是一個事態，讓我們繼續稱之為「答案」。使用語言表達出來的回答，是用來指出它所代表的事態的。這一區別正好像以前我們所做的問句與問題的分別似的，兩者是對等的。我們對於問句提出一個（語文的）回答，此一回答的內容就是對於該問句所代表的問題的答案。

　　回答是有真有假的，因為那是一個一個的語句；答案則有是事實或不是事實的分別，它們是一件一件的事態。

【　問題與討論　】

　　(1)我們在文中只例釋何為真何為假（以天下雨為例），現在設法替真假下個普遍的界說。

　　(2)我們所謂外在事態的「外在」，是對於什麼而言的？發生在我們身上的事件，是否也算外在事態？

　　(3)外在事態不受我們的認知活動（如知曉、相信、駁棄等）所左右，但它會不會受我們的認知能力所限制？（提示：區別外在事態本身與為我們所察知的外在事態。）

　　(4)舉例區別事實與可能的事態。後者雖不實存於我們這一世界，它

是否可以存在於某一可能世界 (possible world) 之中？什麼叫做「可能世界」？合於什麼樣的條件的事態，才可望存在於某一可能世界？有沒有什麼事態是存在於每一個可能世界裏？（提示：矛盾的事態可否存在於任何的可能世界，必然的事態是否存在於每一個可能世界？）

⑸我們說「經驗核驗（事實核驗）的目的，就在於檢查我們對某一問題所尋取獲得的答案，到底是否為一事實」。這樣的說法是否只適用於理論問題的事實核證？我們可否將此概念擴大補充，也應用到實際問題的事實核證之上？（提示：回顧並深入考察理論問題與實際問題的關聯。）

⑹事實的存在與（比如）蘋果的存在有何不同？當我們說：「事實好像蘋果似的，只有存在或不存在，有或者沒有」。這一道說是種比喻，或是一種例釋？為什麼我們不能說一隻蘋果是真是假，只能說它到底是有是無？（提示：為什麼我們不能將蠟做的蘋果，叫做假蘋果？如果我們一定要這樣稱呼，則這時‘假’字是什麼意義，它仍然與‘真’字相對嗎？）

⑺試界定‘問句’、‘問題’、‘回答’與‘答案’；並指出它們彼此的相互關聯。

⑻回答是有真假可言的，但問句可不可以稱得上真假？

⑼答案有是事實或不是事實的分別，問題有有解與無解的差別，此二者有無相干或關聯？

⑽是不是無解的問題就是無意義的問題？是不是假的回答就是無意義的回答？（提示：首先釐清‘意義’、‘有意義’、‘無意義’的意義。）

17. 經驗的核驗（中）：驗證

當我們檢查回答是否為真，或者答案是不是事實，這樣的活動稱為「證實」或「驗證」(verification)。所謂證實就是證其屬實的意思。

比如，人家告訴我們天下雨，我們不知是否為真，於是面窗眺望，果然煙雨霏霏。這就是一個很簡單的證實活動。又如，我們依據現有的知識推斷，某某地區應有史前人類居住；於是組織考古隊，前往挖掘考察，希望獲得一

些支持我們推斷的證據，這也是一種實證的努力。我們日常的生活與科學的活動，充滿著企圖實證的例子。

以前當我們敘述發掘與核驗的對比時，我們強調兩者在性質上的不同。可是我們要注意，兩者並非因而在使用的方法上完全兩樣。比方，當我們在設法證實的時候，我們也訴諸觀察、實驗，訴諸解析、推論，訴諸記憶；甚至間接地訴諸權威——訴諸他們的觀察、推理和記憶。因此，在實際的操作過程中，發掘與核驗往往不是在時空上截然劃分，在方法上明顯隔絕的兩回事。我們往往一面發掘一面核驗，兩者交互進行，甚至相互補益。我們可以在發掘的過程中，體會到核驗的意義；在核驗的進行時，修正發掘的方向。舉個比喻來說，當我們寫詩填詞的時候，心中的靈感與詩詞的規格，雖然是完全兩回事，可是它們並不一定互相衝突。往往規格不但不是一種限制，反而是疏導靈感的河床，令我們不費氣力脫口而出，一氣呵成絕妙好詞。一般的發掘與核驗也是一樣。人們也許為了驗證某一考古的發掘之年代判斷是否正確，而發現了使用碳素決定年代的辦法。可是這一設計成功之後，它可以運用來幫助以後對於出土人骨的年代之發現。所以，發掘與核驗的區分，並不在於所用的方法；主要的是在於應用方法的態度。前者是自由奔放的過程，後者則是小心謹慎的步驟。

但是為了求真，為了獲取事實，只是以小心謹慎的態度，去使用驗證方法，往往並不足以成事。我們需要在實際的操作過程中，有意地加上有助驗證的做法和習慣，以便令我們求證的願望，比較容易達到。

我們說過，事實是獨立於我們的認知活動和其他心靈狀態的；我們相信事實是「客觀的」，它們至少在原則上對每個人而言都是一樣的。因此，我們要設法令我們的核驗能夠保證答案的客觀性。比如，在驗證的時候，我們要發問：若由別人來重覆同樣的發掘程序，他是不是也會獲得同樣的結論；或者自己重新依循原來的步驟時，是否也得出與以往相同的結果。這種答案的「可重現性」極為重要，它是客觀性的人際保證。這樣的客觀性是人們互相可以基於自己的主觀認知來印證的。它是基於私有的認知的，但卻可以「公眾化」，所以也稱為「交互主觀性」(inter-subjectivity)。我們經常要求我們的答案要具有這樣的交互主觀性。這是我們實行驗證的目的之一。這也是我們

區別信念和知識的其中一個很重要的標準。

上面我們所說的證實程序，是針對答案做出正面的支持。我們也可以對於人家或自己所提的答案加以反駁，證其為非；指出該一回答為假，該回答所表達的答案不是事實。這樣的程序稱為「否證」(falsification)。比如，有人說現在天正下雨，可是我們展望窗外，卻正晴空萬里；則我們以此事實為證據，對於該人的說法，加以否證。

用來做為核驗的理由的，我們稱之為證據。證據是些事態（而不是事物）。用來證實某答案的證據稱為該答案的正面證據；用來否證某答案的證據，稱為該答案的反面證據。

對於一個提出的答案而言，我們若無法加以驗證，這並不表示我們因而有法對它加以否證；反之亦然。這是因為我們也許努力不夠，尚未找到驗證它或否證它的證據之故。可是，一個答案若被我們驗證了，則無法被我們所否證；反過來也是一樣。因為同時驗證而又否證一個答案，這等於說某一事態同時是一件事實，可是又不是一件事實。這在邏輯上是不可能的。

【　問題與討論　】

(1)舉出十個在日常生活裏的實證例子；十個在科學活動裏的實證例子。

(2)在什麼意義下，發掘與核驗斷然不同？另外在什麼意義下，兩者並非截然兩樣？試細論之。

(3)重新察照第 15 節的問題(10)，試問權威是否可以用來做為核驗的憑藉？為什麼？

(4)舉例說明發掘與核證可以相成相長，交互補益。

(5)試論「發掘是自由奔放的過程，而核證卻是小心謹慎的步驟」。

(6)胡適曾經倡言「大膽假設，小心求證」，這話雖不像他所說的，足以表現科學精神，但裏面是否含有一些真理？申論之。

(7)舉例說明發掘與核驗可以使用同一方法；但使用的態度卻可能有所不同。

(8)試界定何謂「客觀」。平時我們如何設法令我們的答案趨於客觀？

(9)何謂「交互主觀性」？它與客觀性有何區別？

(10)信念與知識應該如何區別？信念可不可以純是客觀的？知識呢？

(11)否證是什麼？它與驗證（證實）有何關聯？

(12)為什麼證據是些事態，而不是些事物？申論之。（提示：我們常說（比如）某一把刀是某人犯罪的證據。事實上這是很不嚴格的說法，何故？）

18. 經驗的核驗（下）：檢證

當我們討論證實或驗證的時候，我們說它的目的在於檢查某一答案是否為一事實。可是我們要注意所謂事實不僅只有一類。我們若說今天（1973年6月9日）香港天晴，這可以在某一特定的時空裏加以核證，看看它是否為一事實。可是，如果我們說（每年）初夏的臺北總是晴多雨少的時候，它就不是可以在特定的時空裏，加以證實的了。這是因為它所要指出的不是一個分殊的個別事實，而是一個所謂普遍的事實。普遍的事實並不完全發生在今日或明日，可是卻與今日明日發生的事件有關。比如，當我們說太陽（總是）從東方升起的。這話指出的不是某一特定日期的日出。它所道說的是不分過往，不分現在或將來的事實。因此我們無法只以今日或者明天的日出東方這一事實，去對它加以完全的證實。可是，昨日、今日與明日的事實，卻可以用來支持該一普遍事實的斷言，令我們相信該一斷言並非沒有根據的。

所以我們最好對兩種不盡相同的經驗核驗加以區別。一種是以個別的事實就足以做為驗證所需的完整證據的；另一種是個別事實並不足以構成驗證所需的完整證據，但是它卻可以為我們對於答案的信心和認識，提供一個相當可靠的基礎。我們可以把前者稱為「完全的（經驗）核驗」；後者則稱為「不完全的（經驗）核驗」。這種不完全的核驗，一般稱為「檢證」(confirmation)。

現在讓我們進一步例釋檢證的使用。比如我們要檢查到底天鵝是不是全是白色的。於是我們到動物園和其他有天鵝的地方去觀察。我們不只察看當地的天鵝，也在旅行時注意別地方的天鵝；我們不只看了一兩隻特別的天鵝，

而是參觀了許許多多的天鵝。不但如此，我們不只依賴自己的經驗，還參考書中的記載，比較其他人士的報導，參照從各地方得來的照片等等。結果我們發覺天鵝全是白的。因此我們就把它當做一項事實──一項普遍的事實──看待。這是一個常識的檢證例子。而每一隻我們所觀察過的天鵝，都是用來支持我們的結論，以及建立我們的信念的部分證據。它們分別稱為對於凡天鵝都是白的這一普遍事實的「檢證個例」(confirming instance)。問題是我們所採取的檢證個例的全部集合，並不足以完整地驗證我們的答案，使其立於不敗之地。因為還有許多個例，我們並沒有檢查到。而在這些未經檢查的個例當中，也許有異乎尋常的現象發生。比如，兩世紀前，歐洲人就一直相信凡天鵝都是白的，他們以為那是檢證過的信念。直到後來他們在澳洲發現了灰色的天鵝，才打破了這個想法。

普遍的事實可以分為兩種。一種是由許多但卻有限的個別事實所構成的；另一種是由無窮的個別事實所構成的。對於前者而言，完全的核驗在理論上（或原則上）是可能的，雖然實際上並不一定辦得到。可是對於後者，我們就永遠辦不到完全的驗證；最多只能做到很可信，很可靠的檢證而已。

因為這樣的緣故，有時我們可以決定某人的論點或答案是真是假；可是有時候，我們最多只能斷定它是真的機會很大，不大，很小等等而已；因為我們無法進行完整的驗證的緣故。

我們知道，並不是凡是有關普遍事實的答案，都無法加以完整的驗證。相反的，也不是凡是有關個別事實的答案，都有辦法加以完整的驗證。比方說，許多個別的歷史事實，就難加以證實，最多只能加以檢證而已。這往往是因為如果要證實該一答案，則我們必須牽涉到一些普遍的事實的緣故。舉例來說，我們能夠實際證實凱撒是被布魯特斯所刺殺的嗎？當然我們都相信史家的記載。他們是直接間接依據當時目擊者的見證而寫的。可是我們為什麼認為這樣的記載可靠呢？這不會是出於安東尼的造謠，或是與別人的串通嗎？即使當時已經有了電視，活生生地在螢光幕上實況演出，我們就一點懷疑的餘地都沒有嗎？要相信這些證據，我們得採納許多普遍的事實，如某些有名望的歷史家是不在沒有充分證據前下結論的等等。而這些又得依憑檢證來確定它們是否可靠。

　　檢證也和驗證一樣，可以由反面行之。負性的驗證我們叫做否證，負性
的檢證我們要稱之為「非證」(disconfirmation)。用來非證的（反面）證據，
一般稱為「非證個例」(disconfirming instance)。

　　當然，我們若無法對某一答案加以檢證，這並不表示我們就因而能夠對
它加以非證。這點是與驗證的情況類似的。所不同的是，對於某一答案而言，
也許我們此刻加以檢證了。可是後來發現了非證個例，因此逼迫我們對原來
的答案加以非證。科學史上充滿了這樣的例子。

【　問題與討論　】

　　⑴怎樣區別個別（分殊）事實與普遍事實？後者是不是只是前者的
集合？

　　⑵如果一個答案是有關普遍事實的，我們應該如何對它加以核驗？

　　⑶什麼叫做「核驗所需的完整證據」？為什麼不是完整的證據也「可
以為我們對於答案的信心和認識，提供一個相當可靠的基礎」？這可靠性
從那裏得來？舉例說明之。

　　⑷試述檢證與驗證（證實）的區別。在什麼情況下，兩者沒有區別？

　　⑸我們應該如何進行檢證，使其結論趨於可靠？例釋之。

　　⑹為什麼由很多但卻有限的個別事實所構成的普遍事實，有時也無
法在實際上加以完整的驗證？（提示：這些個別事實也許將來才出現，也
許出現在我們能力不及之處等等。）

　　⑺上列的⑹，以及與之相干的本文部分的陳述，事實上是很不嚴格
的簡略說法。試問為什麼？並設法將之改寫為嚴格精確的陳示。（提示：
我們所檢證的是某一答案，看它是否為一事實；而不是檢證事實本身；
參閱底下⑻。）

　　⑻為什麼許多有關個別事實的答案，我們無法加以證實，只能加以
檢證？所謂該答案的證實「牽涉到普遍的事實」，是什麼意思？

　　⑼下列的語句（假定它們代表某些對問題的答案），那些可加以驗證，
那些只能加以檢證，那些則兩者都不行？何故？

　　(i)人類絕跡之時，金星就不再發亮。

　　(ii)太陽將於三百萬年後冷卻。

　　(iii)明天臺北的最高氣溫不超過 90°F。

　　(iv)貓與老鼠是天然敵人。

　　(v)何自有情因色始，何緣造色因情生。

　　(vi)忽聞遠處有仙山，山在虛無飄渺間，……，中有一人字太真，
　　　　雪膚花貌參差是。

　(10)舉例說明「非證」的應用。非證和否證在效應上有何異同之處？

19. 邏輯的核驗

　　我們說過，證實（驗證）的目的在於檢查一個回答是否為真，或者該回答所代表的答案，是否為事實；這樣的活動是需要與外在的事實相對照才能進行的，因此我們稱之為經驗的核驗，或事實的核驗。相反地，邏輯的核驗的主要目的，在於考察當做結論的答案（嚴格地說，應該是「回答」不是「答案」），是不是正當地從前提裏推演出來。也就是說，邏輯的核驗主要在於設法決定某一推理是否正確，是否可靠。而推理的正確性或可靠性，並不是參照外在的事實來決定的。先舉一個很普通的例子來說：假如我們要決定某位學生今天是否缺課，那麼我們只好去點名查看。這是事實的核證。它是依據外在的事實（該生之缺課與否），來驗證或否證的。可是，如果我們推論說：因為所有班上的學生今天都缺課，某人是班上的一員；因此某人今天缺課。那麼，這個推論是可靠的；我們不需要實際到班上去點名查看就可以決定了。這是個邏輯核驗的例子。它是不必參照外在的事實，就可以進行的。

　　可是，我們要注意，只是進行邏輯的核驗，並不足以確立一個推理的結論是否指出一個事實。它所能確定的只是：如果前提所說的全是事實，那麼結論所說的也一定是事實。例如：上述的推論是合理可靠的推論。假如‘所有班上的學生今天都缺課’和‘某人是班上的一員’全為真；那麼‘某人今天缺課’也一定跟著為真。可是，事實上該人今天也許並沒有缺課。如果是

這樣的話，那麼顯然我們所根據的前提有誤。這時，也許並不是所有班上的學生今天都缺課，也許某人不是班上一員；也許兩者都不是。也就是說，結論之為假，是因為前提有假的關係。但是前提是真是假，卻不是邏輯核驗所要考察的事。它所要追問的是：假如前提全為真，那麼結論是不是也一定跟著為真。合乎這個條件的推論，就是合理可靠的推論。合理可靠的推論一般稱為「對確的」(valid) 推論。

底下的推論個例都是對確的：

> 只有會員才有資格投票。
> 曹操不是會員。
> ∴曹操沒有資格投票。

> 唐明皇若真愛楊貴妃，她就不會死在馬嵬坡下。
> 楊貴妃死在馬嵬坡下。
> ∴唐明皇不是真愛她。

相反地，下列的推論都不是對確的：

> 如果羅素活到一百歲，他一定不只有一個太太。
> 羅素沒有活到一百歲。
> ∴他只有一個太太。

> 凡是愛詩的人一定愛音樂。
> 凡是愛美的人一定愛詩。
> ∴凡是愛音樂的人一定愛美。

而這些推論之所以不是對確，那是因為即使其前提全為真，其結論亦可為假。比如，也許羅素若活到一百歲，他一定不只有一個太太；而且羅素的確沒有活到一百歲；可是這並不足以保證他一定沒有多於一個太太。事實上，羅素有過四個太太。

這樣看來，一個答案若是由推論得來的，那麼我們無法只以邏輯的核驗方式，去判定它是不是一件事實；除非我們已經知道推論的前提所道說的全

是事實。這時結論所代表的當然也是事實（假定該推論已通過了邏輯的核驗）。因此，在我們建立知識的過程當中，經驗的核驗和邏輯的核驗，常常是交互使用的。我們基於已經驗證過的答案，或是假定其為事實的事態，向前推演，得出另外的結論。當此推論通過了邏輯的核驗，我們知道此答案是一項事實。於是可以將之接受為知識的一部分，做為將來其他推論的基礎（前提）之一。這樣層層前進，網狀羅列，構成了我們一個一個的知識系統和其他的信念系統。而在系統的建構上，邏輯的核驗是不可少的。

　　邏輯的核驗一般稱為「證明」(proof)。證明某一答案，意思就是指出由某（些）前提推演到此一答案（結論）的過程，是一個對確的推論。證明的目的就在於陳示一個推論的對確性。至於有什麼技巧可以用來幫助我們指認對確性，以及其他有關證明的理論問題，將在以後討論邏輯的時候，加以解答。

　　邏輯核驗的另一個功能，就是檢查由以前我們所謂的解析（一種特別的推理）而得的結論，看看它是不是合理正確。舉一個例子來說，我們若追問世界上有沒有未結過婚的妻子時，我們只要對「結過婚」和「妻子」這兩個概念加以分析，就知道答案是否定的。考察我們所做的分析，到底正確與否；因而我們所得的結論是否合理，也是邏輯核驗的事。這樣的核驗也是不必訴諸外在事實的。

　　如果一個語句——如‘凡為妻者，必定結過婚’——之為真，只靠解析而得，不必訴諸外在事實，則此語句稱為「解析地真」。若得依據外在事實才能判定其為真者，稱為「事實地真」。事實地真是適巧為真；解析地真乃必然為真。解析真句所代表的事態，乃一必然事態；相反地，事實真句所代表的事態，乃一適然事態。適然事態是些沒有理由一定發生，也沒有理由一定不發生的事態。

　　解析真句的反面是解析假句；事實真句的反面是事實假句。

　　正如驗證和檢證都有其反面一樣，證明也可以是種負性的核驗。如果我們以邏輯核驗來指出某一答案為非，這一程序叫做「反證」(disproof)。反證的目的在於指出一個推論的不對確性。

　　同樣地，當我們無法證明一個答案時，這並不表示我們就因而有辦法反證它。

【　問題與討論　】

(1)試述邏輯核驗的主要目的，並例釋之。

(2)邏輯核驗與經驗核驗（事實核驗）的重大差別何在？

(3)為什麼邏輯的核驗不需憑藉外在的事實，就可以進行？

(4)試比較下列兩個陳述的分別：

　　(i)若 A 與 B 全為真，那麼 C 一定為真。

　　(ii)若 A 與 B 全為真，那麼 C 一定跟著為真。

(5)舉出五個對確的推論例子，五個不對確的推論例子。並且說明它們為何是對確或不對確的。

(6)評論下一斷言：「在一個對確的推論裏，前提若全真，結論一定跟著為真；同樣的，結論若為假，那麼前提一定跟著全為假」。（提示：參照文中所說的：「結論之為假，是因為前提有假的關係」。）

(7)試比較下列兩個斷言的差別：

　　(i)某推論不是對確的，因為即使其前提全為真，其結論亦為假。

　　(ii)某推論不是對確的，因為即使其前提全為真，其結論亦可為假。

(8)像 '羅素有四個太太' 這樣的語句是否有歧義？分析之。試問像 '羅素有四個兒子' 有無歧義？像 '世間有上帝'，'人間有是非'，'生命有意義' 呢？

(9)試分析 '有' 的意義。

(10)為什麼在系統的建構上，邏輯核驗是不可少的？（提示：首先探討什麼叫做「系統」，接著說明事實的核驗，在此並不足以成事。）

(11)何謂「證明」？比較證明與證實的差異。

(12)舉例說明邏輯核驗可以應用到解析之上，以判定由分析所得的結論是否為真。

(13)界定 '解析地真' 之意義，並說明它與事實地真的分別。再論必然事態與適然事態的區別。什麼是不可能事態或矛盾事態？

(14)考察「必然」、「不可能」與「適然」之間的關係。（提示：2＋3

＝5是必然的，那麼2＋3≠5是不可能的。今天天晴不是必然又非不可能，它是適然的。）

　　⒂我們說：「解析真句所代表的事態，是個必然事態；而事實真句所代表的事態，是個適然事態」。試問什麼樣的語句代表不可能（矛盾）事態？

　　⒃舉出一個（至今）無法證明，也無法否證的斷言。

20. 證明與自明

　　我們說過，證明就是對某一答案加以邏輯核驗，檢查它是不是可以對確地由某些前提推論出來。這種答案與它所依據的前提，都是些我們以前所說的「命題」。因此，所謂證明某一命題，就是以其他的命題做為前提，將該命題（做為結論）對確地推論出來。很顯然地，如果我們只訴諸證明，那麼我們所能辦到的，只是展示這種命題與命題之間的推演關係。

　　也許有人要發問：那麼證明能不能為我們提供經驗上的知識呢？也就是說，證明能否幫助我們發掘事實呢？要回答這個問題，首先讓我們回憶一下，在上一節裏我們對於對確性所下的界說。我們說，在一個推論裏，如果其前提全真，則其結論必跟著為真的話，那麼該一推論就是對確的。而今，如果我們已知某一命題所根據的前提全為真（事實地真），而且我們又已經根據那些前提，證明了該一當做結論的命題；那麼顯然這一命題也必然跟著為真。因此，我們知道，雖然（邏輯的）證明並不需要依憑經驗世界的事實，因而它本來並不涉及外在事實；可是如果證明所動用的前提是經驗上（事實上）地真；那麼證明出來的結論，也必然跟著是事實上地真。也就是說，其結論也一定可以放諸經驗世界而為真。這就是為什麼（純）數學本來不是根據這個世界的事實去構作的，可是等我們替它的設定部分（如公理等），尋找到適當的解釋，使那些設定的命題（或其代表語句）皆為真的時候；那麼經過證明所得出來的定理，一定也跟著全為真。於是，那數學就可以應用到這個經驗世界（應用數學），而成了經驗上的真理。

　　如果我們回憶一下中學時代所讀的幾何學，就可以很容易地明白這番道

理。比如，歐幾里德的幾何中的五條公理當中，有一條可以寫成‘兩（個）P 決定一（個）L’。再加上其他的四條公理，我們可以證明出許許多多道及 P 與 L 的定理。可是 P 是什麼，L 是什麼，我們卻可以不加理會。這時推論仍然可以照樣進行（說不定進行得更順利，沒有其他牽掛），所得的證明一樣對確一樣可靠。比如在我們可以證得出的定理之中，有一條是‘有無窮多個 P’。它是可以基於上述歐氏的公理加以（邏輯）核驗的。這是純幾何學裏的事。

然而，基於實用上興趣，我們設法對上列的‘P’與‘L’等等加以解釋（這時是種語意賦值）。比方我們令‘P’為「點」，把‘L’解釋為「線」。那麼上面說的公理變成‘兩（個）點決定一（條）線’。我們發覺這樣的解釋，可以應用到我們的經驗世界——如理想的物理平面上——而成為經驗（事實）上的真理。依此有系統地把其他公理也做解釋，令其全部都成為事實地真。這樣一來，應用邏輯推論所得到的定理——比方上述的定理說「有無窮多個點」——也必然跟著成為經驗上的真理。我們就是使用這個辦法，把幾何應用來測量，計算等等。幾何學經過了這樣的解釋，就成了與經驗世界有關的應用數學了。

因此，邏輯的證明（推理），雖然不是根據經驗而發的，但它並非不可以和經驗世界產生關聯。

現在讓我們談論一下證明的程序問題。我們說過，為了要證明某一個命題，我們得訴諸其他的命題。可是這些其他命題又要如何證明呢？顯然為了證明它們，我們得求助於另外的命題。這樣層層下去，不斷追溯；最後不是回復到自己仍然待證的命題，以它做為前提；就是無止境地追演下去，永遠不會休止；否則就是停落在某一命題上，把它當做不待證明的前提。第一種情形稱為「循環論證」，第二種叫做「無窮後退」；兩者就證明的功能而言，都被認為是不值得採取的。因此，唯一剩下的可能，就是採取上列的第三種途徑。停落在某一（或某些）命題之上，而不企圖對它（們）繼續加以證明。這些不待證明的命題，在一個理論當中，往往是演證的起點。因此它們的地位與重要性以及它們在一個系統裏頭的特質，常常受人注目，引起許多認真的討論。

傳統的觀點是把這些不經證明的命題，認為是不待證明就足以成立的命

題（以別於那些經過證明之後才可成立的命題）。因此把它們稱為是「自明的」(self-evident) 的命題，或自明的真理。有些傳統的哲學家更認為這樣的命題是最簡單，最易為我們的直覺所把握，因此最不會發生錯誤的命題。可是由於現代邏輯與現代數學的演進，尤其是人們漸漸對理論基礎和系統構作，做自覺和深入的研究之後，上述關於自明真理的傳統觀點，漸漸不為人們所接受。以前被認為是自明的命題，現在我們經常把它看做是為了系統構作上的方便，或為了邏輯推論上的順暢，或者為了表達上的清晰醒目等等這些我們自覺到的目的，而設定為不待證明，而假定其成立不發生問題的命題。也就是說，原來以為不必證明就知道其為真理的，現在則被認為只是為了某種特定目的的權宜之計而已。

　　我們尤其要注意的是，我們的確無法將一個系統裏的每一個命題，都在系統之內加以證明。有些命題必定得留待不證。可是這並不表示，在該系統內有一些特定的命題，是必定無法加以證明的。我們往往可以改變系統的結構，而把某些原來是定理的，變成公理；原來是公理的，變成定理。這就是說，不待證明這種性質，並不是命題本身的特性，而是在一個系統之內，因結構上的需要和限制而產生的。

　　當然我們更不能把「自明的」看成是「必然為真」的替代詞。事實上，許多在歷史上曾經被認為是自明的命題，往往連真都談不上（更談不上是必然地真）。比如，以往人們曾經認為歐幾里德幾何裏的五條公理是自明的，它們之為真是不可懷疑的。可是自從非歐幾何出現之後，我們再也無法以那樣的態度去瞭解幾何上的公理了，因為兩個矛盾的命題是不可能同為真的。

　　自明性事實上是心理上和知識論上的產物；可是待不待證明卻是邏輯上的事。傳統上的想法將此二者加以混淆，誤把它們等同起來。這是一種謬誤。

【　問題與討論　】

　⑴回顧命題為何物，它與語句之間的關係為何？

　⑵依照我們的用法，「前提」與「結論」兩個語詞都是歧義的，試言其故。（提示：比較下列兩種用法：「前提若為真，則結論一定跟著為真」；

「前提與結論乃是一些命題；當做答案的結論若非事實，則當做其前提的亦絕非全為事實」。）

(3)上述的歧義性並無害處，因為我們可以隨時很容易地加以去除。試述在必要時應如何去除該一歧義性。

(4)'命題'在我們的用法裏，有無歧義？若有，其歧義性有無害處？

(5)在什麼樣的情況之下，歧義性對我們的思考是有害的？

(6)試述證明在何種情況下，有助於我們發掘經驗事實。

(7)以幾何學為例，說明純數學與應用數學之間的關聯。證明在兩者之中，所扮演的角色是否相同。細述之。

(8)一個純粹的系統或理論，不一定只容許一種可應用到我們經驗世界的解釋。試設法對歐幾里德的公理（或其中幾條），加以新的解釋，令它們全為事實地真；然後看看能夠推論出其他什麼真理出來。（提示：比方，我們是否可以把'兩（個）P決定一（個）L'解釋為「兩個人決定一種關係」，如父子關係，同性關係等等。看看有幾條公理可以容許此一解釋。然後設法證明一些定理出來。）

(9)我們且把未經解釋的理論，稱為「系統」；經過解釋的理論，稱為「體系」。試問我們能否因為發覺某一體系不是事實真理，而否定它所根據的系統，認為它是不合理，不可靠的？

(10)所謂未經解釋的公理，並不是指它所含的每個語詞都未經語意賦值。比如在'兩（個）P決定一（個）L'這條公理當中，'兩個'，'一個'，'決定'三詞都是有確定意義的；只有'P'與'L'未經解釋。試問，那麼所謂未經解釋的公理，其確義為何？（提示：我們可以設法區分「邏輯語詞」（或「形式語詞」）與「實質語詞」。在一個未經解釋的公理之中，是那種語詞未經語意賦值？試討論這一區分是絕對的，或是相對的。）

(11)有沒有系統是無法加以經驗解釋的？有沒有體系依然是沒有經驗上（事實上）的真假可言的？（提示：試考察神學體系，形上學體系等。）

(12)評判下一斷言：「邏輯的證明（推理），雖然不是根據經驗而發的，但它並非不可以和經驗世界產生關聯的」。

(13)什麼叫做「循環論證」？什麼叫做「無窮後退」？此二者在證明上，

為什麼是要不得的方式？

　　⒁批評傳統哲學家對自明真理的看法。(提示:以非歐幾何為例說明之。)

　　⒂敘述現代我們對於不待證明之命題的看法。

　　⒃闡明下一斷言:「我們的確無法將一個系統裏的每一命題,都在系統之內加以證明,可是這並不表示,在該系統內有一些特定的命題,是必定無法加以證明的。不待證明這種性質,並不是命題本身的特性,而是在一個系統之內,因結構上的需要和限制而產生的」。

　　⒄被認為是自明的命題,可不可能是假的? 舉例說明之。

　　⒅歐氏幾何與非歐幾何,可否同時為真?（提示: 比較它們的「平行線公理」（第五公理）。)

　　⒆闡釋下一論點:「自明性是心理上和知識論上的產物;可是待不待證明卻是邏輯上的事」。

　　⒇文中最後道及的謬誤可以何種名稱呼之? 此一謬誤的性質如何? 舉出一些屬於此種謬誤的其他例子。

21. 種種證法（上）: 直接證法與條件證法

　　在日常生活裏,我們對‘證明’一詞的用法很隨便。人們不僅把數學裏的邏輯核驗稱為證明,同時也把科學裏的經驗核驗叫做證明。不僅如此,許多人常常把一切與某命題有關,多多少少可以用來支持它,或提示它的,一概稱為證明。於是人們的言行,可以說是其人格的「證明」;臉上的微笑,是某人友善的「證明」;每年母親節寄奉一張節日卡,是孝順的「證明」;交換戒指,是愛情的「證明」;庭前落葉,是秋來的「證明」;甚至在「西遊記」裏,事件事態的發生,還可以「有詩為證」。不過我們要注意,這樣的通俗用法,與我們所界定的證明,差別甚遠;有時簡直完全兩樣。我們應該小心提防,不要因為用字遣詞上的不準確,不細察,而導致思想上的不嚴密與不合理。

　　可是這話並不表示,所謂證明必須依循數學裏頭所展示的方法,採用特別的符號,應用特別的公式。我們儘可以使用平時我們所熟悉的日常語言。

只要我們所做的是某一命題的邏輯核驗，考察它是不是受其前提的支持，考察它是不是可以由其前提，對確地推演出來。

事實上，一般所謂的證明可以由兩方面來加以考察。一種是我們握有一些命題，接著設想，若把這些命題當做前提，那麼有些什麼命題可以（當做其結論）推演出來。另一種是，我們有了前提與結論，進而檢查它們之間是否具有對確的邏輯關聯。前者是種發掘創作的活動，後者才是一種核驗的過程。以前當我們討論解答的尋取方式時，我們曾經論及「推理」，那就是前者這種發掘創作的活動。而今我們是把證明當做一種核驗方式來討論的。不過，正像我們在討論經驗核驗時已經說過了的，發掘與核驗雖然是極不相同的思考活動，但它們所使用的方法或工具，並不一定有截然的差別。

不但如此，當我們在做邏輯證明的時候，並不是只有一種辦法可循。也就是說，為了證明一個命題，在原則上並不是只有一種證法可資採用。在這一節和下一節裏，我們要簡短地介紹幾種比較常見和比較有用的證法。

記得我們曾經說過，解決問題的方法很多；比如，試誤法，模仿法，定規法和運思法。在這一節裏，我們將暫時不討論定規式的證明法（機械式證法）。我們要把它留到討論邏輯的時候，才加以詳細地解說。現在我們所要介紹的，可以說是一些運思式的證明法，雖然在運用思考的過程中，總不免含有試誤或模仿的性質和成分。我們在此所要討論的證明法，包括直接證法、條件證法、間接證法、例舉證法、反例證法以及數學歸納法。這些可以說是幾種常用的「證題法」。

(A)直接證法　當我們使用直接證法，證明某一命題的時候，我們是從一些假定或前提開始，步步前進，依次推演，直到該命題的證明完成為止。比如，我們已知（或假定）下列命題：

　　(1)如果天下雨，畢業典禮就在體育館舉行。

　　(2)除非籃球比賽改期，否則畢業典禮就沒有在體育館舉行。

　　(3)籃球比賽並沒有改期。

基於這些前提，我們要想推論出：

　　天並沒有下雨。

我們可以使用底下的直接推演程序，證明從(1)—(3)，我們能夠對確地推

論出上列的結論來：首先，根據(2)和(3)，我們可以推論出：

　　(4)畢業典禮沒有在體育館舉行。

然後應用(1)和(4)，我們推論出「天並沒有下雨」。這正是我們所要證明的答案（至於上面推演過程中，所根據的邏輯原則，將在以後論及）。

　　這樣的推演方式是由前提出發，依次循序，一路演證下去，直到結論獲得證明為止。沒有迂迴，不加倒退。因此這種方法叫做直接證法。我們平常不時使用這種方法，比如在代數，幾何上的證題裏，就充滿了無數的例子。

　　(B)條件證法　有些語句具有下列的形式：‘假如……，則 ————’。凡是具有這種句型的語句，稱為條件句。一個條件句所表達的命題可以稱為條件命題。如果我們所要證明的，是個條件命題；那麼我們除了假定原有的前提之外，再假定該命題的條件部分（即‘如果’所引介的部分。此部分稱為條件命題的「前件」）；然後設法證明該條件命題的剩下部分（即‘則’所導引的部分。此部分稱為條件命題的「後件」）。注意，在一個條件句裏，其前件與後件本身仍然是語句；在一個條件命題裏，其前件與後件本身仍然是命題。

　　現在讓我們舉一個很簡單的條件證法的例子。比如，我們原來企圖證明「假如身修，則天下平」這一條件命題。而我們已知的前提是：

　　(1)假如身修，則家齊。

　　(2)假如家齊，則國治。

　　(3)假如國治，則天下平。

這時，由於原來待證的命題是個條件命題，我們將其前件和後件分開，而把其前件加入原來的前提如下：

　　(4)身修。

這時，我們只要根據新得的這一集前提，推論出原來待證命題之後件，即「天下平」就行。

　　證法如下：由(1)和(4)，我們可以推論出：

　　(5)家齊。

這時，我們所根據的是邏輯上的「離斷律」（以後論及）。再由(2)和(5)，依同理，推論出：

　　(6)國治。

再由(3)與(6)，仍依同理，我們終於推得：

　　(7)天下平。

　　現在我們是由(1)—(4)做為前提推論出(5)。當我們可以獲得這樣的證明時；那麼，我們就可以只由(1)—(3)做為前提，推論出條件式的結論「假如(4)，則(5)」來。這就是當初我們所要證明的「假如身修，則天下平」。

　　概括言之，如果我們可以基於 $P_1, P_2, P_3, \ldots\ldots, P_k$ 這些前提，對確地推論出 C 這一結論來；那麼，我們也就可以基於 $P_1, P_2, P_3, \ldots\ldots, P_{k-1}$ 這些前提，對確地推論出「假如 P_k，則 C」來。而且，反之亦然。把這斷言陳示得明顯些：下列兩個論證，具有完全相同的邏輯效力：

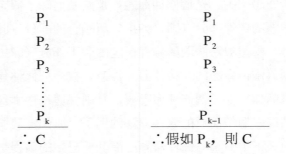

$$
\begin{array}{cc}
P_1 & P_1 \\
P_2 & P_2 \\
P_3 & P_3 \\
\vdots & \vdots \\
\underline{P_k} & \underline{P_{k-1}} \\
\therefore C & \therefore 假如\ P_k,\ 則\ C
\end{array}
$$

這也就是我們使用條件證法的理論基礎。

　　當待證的命題是個條件命題的時候，條件證法常常是種極為方便，而且結構簡潔的證法。

【　問題與討論　】

　　⑴舉出‘證明’一詞的十個不嚴格，不精確的用法例子。並批判各用法為何不值得採取。

　　⑵用字遣詞上的不準確，不細察，會導致思想上的不嚴密，不合理。何故？

　　⑶舉例說明所謂「證明」可以是種發掘，也可以是種核證。

　　⑷尋找（或發明）一種利用定規法（機械程序），證明答案的例子。

並說明為什麼那是一種定規證明法。（提示：在簡單的算術問題的解答裏去尋找。）

(5)定規證明法是不是只有一種？試討論之。（提示：此處所使用的‘一種’這語詞，是有歧義的。）

(6)為什麼運思法證題，常常不免夾雜著試誤或模仿的成分？定規法證題呢？

(7)現在我們所說的「證題」，和以前我們討論的「解題」，有何區別？「證題法」和「解題法」是否截然不同？

(8)各舉三個應用直接證法和條件證法證題的例子。此兩方法有無關聯或相同之處？

(9)一個答案若是個條件命題，是否一定得用條件證法，才能加以證明？

(10)試試陳示由「假如身修，則天下平」和「身修」，推論出「天下平」，所牽涉的邏輯規則。也就是說，我們在文中所謂的「離斷律」到底具有什麼形式？

(11)離斷律為什麼是個可靠的推論規則？（提示：應用離斷律，我們能否由真的前提，推演出假的結論來？）

(12)為什麼文末所列的那兩個論證形式，具有完全相同的邏輯效力？這時所謂「邏輯效力」，指的是什麼？（提示：設法證明該兩論證形式具有下一特徵：其一若對確，其另一必也對確；而且，其一若不對確，其另一必也不對確。）

(13)試試不用條件證法，而用（比如）直接證法，證明「假如身修，則天下平」。試問這時我們是否需要應用其他邏輯規則？

(14)假如一個命題有多個證法，它們全都是對確的，這時我們能否將彼等加以比較，指出那一證法較為可取？這樣的比較所依據的標準為何？（提示：一般數學家都喜愛比較簡短的證明，何故？）

22. 種種證法（下）：間接證法，例舉證法，反例證法與 數學歸納法

(C)間接證法　當我們要證明某一命題時，我們往往先否定它（亦即設定該命題之反面）。然後以此否定命題做為前提，加上原有的前提，往前推論；直到得出一個矛盾為止（所謂得出矛盾，意即推得某一命題，又推得該命題之否定）。可是矛盾的事態是不可能的事態，而這一矛盾是因為我們否定原來待證命題得來。因此，倘若我們相信其他的前提，那麼待證命題之否定就無法成立。既然待證命題之否定無法成立，那麼待證命題本身也就成立。以這樣的迂迴方式，來證題的方法，稱為「間接證法」。

讓我們舉個例子來看，就比較明白。比方，我們要證明「世上無鬼」（即「鬼不存在」）這一命題，而我們相信下列命題為真，因此要把它們當做推論的前提：

　　⑴鬼是看得見的東西。

　　⑵沒人見過鬼。

　　⑶凡是存在世上而又看得見的東西，都有人看見過。

我們使用間接證法如下：為了證明世上無鬼，我們首先否定此一命題，而假定世上不是無鬼，亦即世上有鬼。將它做為一個前提：

　　⑷世上有鬼。

根據⑷和⑴，我們推知：

　　⑸鬼是存在世上而又看得見的東西。

可是，再依據⑶和⑸，我們卻可以推論出：

　　⑹有人見過鬼。

這時⑹很顯然地與⑵矛盾。我們推得「有人見過鬼，而且沒人見過鬼」。這是不可能的事。由於⑴—⑶是（我們推論時）認為不成問題的，因此這一矛盾是因為假定⑷成立而得來的。是故⑷不成立。那麼其否定，即「世上無鬼」成立。

這樣的證題法，自古常被加以利用。尤其是當直接證法或其他別的證法，

使用起來不方便，不流暢，甚至不可行的時候；間接證法常常是種方便之計。比如，歐幾里德有名的「素數無窮多」定理的證明，就是採用間接證法來證明的。

　　簡單地說，間接證法是假定待證命題之反面，而獲得一矛盾，依此進而肯定該待證命題的。由於使用此一證法時，我們追求的是推論出一個矛盾來。矛盾一得，則意味著我們肯定一命題又否定該命題，此乃荒謬之事。所以間接證法也稱為「歸謬法」(reductio ad absurdum)。

　　(D)例舉證法　有時候我們只要舉出一個或一些例子，就足以證明某一命題。比方，我們若斷言 8 和 18 之間，有素數存在。這時我們只要舉出 11 為例（或舉出 11, 13, 17 等），就足以證明上述命題成立。像「有些素數是偶數」，「有偶素數存在」這樣的命題，稱為「存在命題」。它們是用來斷說某某事物（或具有某某性質的事物）存在。許多存在命題可以用例舉法加以證明。當然有些存在命題是無法使用此法證明的。比如「有無窮多個素數存在」就是一例。

　　例舉法所根據的邏輯推論形式是這樣的：

$$\frac{\text{此一 x 存在。}}{\therefore \text{有（些）x 存在。}} \qquad \text{或者} \qquad \frac{\text{此一 x 具有某某性質。}}{\therefore \text{有（些）x 具有某某性質。}}$$

或者

$$\frac{\text{此一具有某某性質的 x 存在。}}{\therefore \text{有（些）具有某某性質的 x 存在。}}$$

在上列結構裏，我們也可以將前提裏的‘此一’換成‘彼一’等等。總之，它所指的是某一特定的事物。

　　這一類型的推論規律，稱為「存在推廣律」。它是例舉證法的邏輯支柱。

　　(E)反例證法　例舉法也常常可以用來做為反證之用。比方，我們若要反證「$x - y = y - x$」這一命題，那麼我們可以簡單地指出，當 $x = 3, y = 2$ 時，該命題不成立，或者要反證「凡天鵝都是白色的」，我們只要指出一隻灰天鵝就行。

通常反例法所依據的邏輯推論形式如下：

此一 x 不具有某某性質。
∴不是凡 x 都具有某某性質。

反例證法也有其限制。下列的命題就無法用反例法加以反證：「有些整數並非等於兩個素數之和。」

(F)**數學歸納法**　在數學和邏輯裏，有一種證法很普遍而且很有用，稱為「數學歸納法」(mathematical induction)。在還沒有正式嚴格陳示該一證法之前，讓我們先舉一個對我們而言，並不很自然的例子。假定在某一（可能的）世界裏，人類沒有性別之分。但他們仍然有生殖傳代的現象。可是他們的生育現象卻很特別。每一個人只生一個孩子，而且終久會生一個。再假定在那一個世界的「創世」之初，只有一個人存在。其他的人都是他的（單線）子孫。現在我們要發問：在什麼樣的基礎上，我們可以證明「凡（在該世界裏的）人不死」。

假如我們能夠設法「證明」下列兩個命題成立，那麼我們的目的，就可以得到：

(1)第一個人不死。

(2)假如其父不死，則其子亦不死。

由這兩個前提，我們可以推論出「凡人不死」這一結論來。理由很顯然。由(1)我們知道，人的最初祖先不死，由(2)我們知道他的兒子不死；同理，我們知道他兒子的兒子不死等等。因此，不論該一世界裏的人數多少，有限或無限，我們都可以證得出「凡人不死」的結論來。

有了這樣的常識背景和心理預備之後，現在讓我們把數學歸納法較嚴格的數理程式陳列出來。此一證法的邏輯結構如下：

(P_1)　0 具有某一性質。

(P_2)　假如任一（自然）數具有該性質，則其繼位數亦具有該性質。

∴(C)　所有的（自然）數皆具有該性質。

這裏所謂「繼位數」，是指依自然數序排列的下一個數。比如 2 的繼位數是 3，

6 的繼位數是 7 等等。

我們注意到，上列的第二前提（即 P_2）是個條件命題，因此其證明常常訴諸條件證法為之。此一條件命題的前件一般稱為「歸納假設」(hypothesis of the induction)。當我們應用數學歸納法證題的時候，我們首先證明上列的第一前提（即 P_1）成立，此一前提稱為「歸納論基」(basis of the induction)。接著我們假定上述的歸納假設，而推論出第二前提的後件。這樣我們也就（用條件證法）證明了此一前提。此一（第二）前提，一般稱為「歸納步階」(induction step)。這兩個前提證出之後，訴諸數學歸納法這一邏輯結構，我們也就證得了原來待證的結論。

現在讓我們舉一個算術上的定理，並且用數學歸納法加以證明。以便清楚地看出它的應用程序。我們所要證明的定理如下：

(T) 對於任何（自然）數 n 而言：$0 + 1 + 2 + \cdots\cdots + n = \dfrac{n(n+1)}{2}$

也就是說，我們所要證明的是：凡是自然數，皆具有上述 (T) 裏所標明的那種性質（即該公式所描構的相等性）。

首先讓我們證明歸納論基成立。即 n = 0 時，n 具有上述的性質。當 n = 0 時，那麼公式左端為 0，其右端則是：

$$\frac{0(0+1)}{2} = \frac{0}{2} = 0$$

所以當 n = 0 時，該公式成立。也就是說 0 具有公式裏所說的性質。因此論基證明完畢。

接著我們假定歸納步階裏的歸納假設。也就是說，我們假定對於任何一個（自然）數 k 而言，該公式成立。然後我們企圖證明對於 k 的繼位數 k + 1 而言，該公式也成立。這就是說，我們先假定當 n = k 時，下式成立（把它當做前提）：

⑶ $0 + 1 + 2 + \cdots\cdots + k = \dfrac{k(k+1)}{2}$

現在讓我們看看當 n = k + 1 時，下一等式是否也成立：

⑷ $0 + 1 + 2 + \cdots\cdots + k + (k+1) = \dfrac{(k+1)(k+2)}{2}$

證法如下：拿前提⑶，在等式兩端各加以 k + 1。這時所得的公式顯然仍為真：

$$(5)\ 0 + 1 + 2 + \cdots\cdots + k + (k + 1) = \frac{k(k + 1)}{2} + (k + 1)$$

可是這時等式的右端，可以加以推演如下：

$$(6)\ \frac{k(k + 1)}{2} + (k + 1) = \frac{k(k + 1) + 2(k + 1)}{2} = \frac{k^2 + 3k + 2}{2}$$

$$= \frac{(k + 1)(k + 2)}{2}$$

由(5)和(6)，我們推論出(4)為真。於是我們證完了歸納步階。這就是說，對於任何數 k 而言，若 k 具有 (T) 裏所說的性質，則其繼位數 k + 1，也具有該性質。完成了這兩個證明步驟之後，我們接著訴諸數學歸納法，斷言凡自然數皆具有上列的性質。亦即前述的 (T) 成立。

這樣的證法，在數學上用途很廣。它也可以應用到其他的領域裏。使用這種證法時，唯一的條件是，我們對所討論的事物，必須能夠加以像自然數那樣的「直線安排」。可用以指出何為第一個，第二個，⋯⋯等等。唯有能夠辦到這一點，數學歸納法才應用得上；並且此點若能夠辦到，那麼數學歸納法也就成立。

數學歸納法還可以寫成稍為不同的型式。但其運用原理則是一樣的。

【　問題與討論　】

⑴舉出三個使用間接證法證題的例子（日常生活裏的例子為佳）。如果我們要以間接證法證明「素數無窮多」，我們應該如何開始？我們想要找出的矛盾可能是什麼？試大略描述此一證明之大綱。（提示：若假定只有有限個素數，則其中有一最大素數。設法證明另外卻有個比它更大的素數。）

⑵為什麼若假定某一命題，而得到矛盾，則該命題不能成立？為什麼某一命題若不成立，則其否定（反面）一定成立？（提示：先確立 '成立' 的意義。）

⑶舉出五個可以用例舉法加以證明的命題。什麼樣的命題可以用例

舉法證明？什麼樣的命題不能應用此法證明？

　　⑷界定'存在命題'的意義；並舉出十個存在命題的例子。

　　⑸有些存在命題需要經驗的核驗，才知其可信；有些則需要邏輯核驗，才算其成立；試問它們的區別何在？

　　⑹「上帝存在」這一命題應該用什麼方法核驗？試試寫出核驗此命題，或其否定命題的提要。（提示：首先精確地界定'上帝'與'存在'二詞的意義。）

　　⑺試述「存在推廣律」(rule of existential generalization) 為何是種可靠的邏輯規律。

　　⑻舉出三個用反例法證題的例子。試問反例法通常用來反證何種命題？什麼樣的命題無法用反例法加以反證？

　　⑼試述使用數學歸納法的步驟或程序。

　　⑽使用數學歸納法證明下列定理：對於任何（自然）數而言，

　　（i）$2 + 4 + 6 + \cdots\cdots + 2n = n(n + 1)$

　　（ii）$b(a_1 + a_2 + \cdots\cdots + a_n) = ba_1 + ba_2 + \cdots\cdots + ba_n$

　　⑾數學歸納法是不是一種可靠的邏輯論證結構？申論之。

　　⑿我們往往把推論方式分為兩種：演繹法 (deduction) 和歸納法 (induction)。試述它們的主要分別何在。

　　⒀數學歸納法是種演繹法，或是種歸納法？（提示：如果數學歸納法裏的兩個前提全真，其結論可否為假？）

　　⒁比較數學歸納法和其他歸納法（如簡單枚舉法）之不同。（提示：所謂「簡單枚舉法」(induction by simple enumeration)，是指下列的「證法」：有某一集事物依隨意次序安排，設其秩序為 $a_1, a_2, a_3, \cdots\cdots$。簡單的枚舉法說，如果下列兩個前提都成立，則我們可以推斷說「該集的所有分子都具有某一性質」：

　　（i）$a_1, a_2, \cdots\cdots, a_n$ 全都具有該性質，且 n 是個大數目。

　　（ii）該集中沒有分子是已知未具有該性質者。

首先檢查此種論證方式是否對確。）

　　⒂為什麼使用數學歸納法的時候，我們得假定其所討論到的事物集

合，必須能夠依直線次序排列？

⒃下列兩個斷說有何不同，它們之間有何關聯？

　　（ⅰ）其所討論的事物必須能依直線性排列；唯有如此，數學歸納法
　　　　才應用得上（才成立）。

　　（ⅱ）如果能依此法排列，那麼數學歸納法也就成立。

（提示：注意分辨充分條件和必要條件。）

⒄讓我們把某一集合中的分子，可依直線性之次序排列的規定稱為
「良秩原則」(well-ordering principle)。試問從上題中的(ⅰ)和(ⅱ)，我們可
以推演出什麼結論來？（提示：數學歸納原則和良秩原則是否相互涵蘊？
亦即是否前者若成立，後者亦成立；前者若不成立，後者亦不成立？兩
命題若相互涵蘊，則它們彼此「等值」(equivalent)。）

第三部分：語言與意義

23. 語言·記號與意義

提起語言，每一個人都不陌生。我們從小到大，從年輕到年老，一年到頭，幾乎沒有一天不跟它發生密切的關係，沒有一天不使用它來完成我們的某些意願。

所謂「語言」，其實包括兩類互相交疊，但卻不完全重合的項目。那就是「言語」和「文字」。前者的媒介是我們說話時，振盪出來的聲音，而後者是我們書寫的時候，所遺留下來的墨跡或其他可以察見的記號。

一般，我們把‘語言’應用得很廣。它所指的，不但包括上述的言語和文字，而且包括啞子的手姿，艦上水兵的旗語，以至情人的眼神和松濤的韻律。關於這類比較不尋常的「語言」，尤其是像松濤、落花、流水、夕陽也被當做傳情達意的媒介的現象，我們等以後再加以討論。目前我們所要說的，是平時我們常見，常聽，常常使用來做為互相交流傳達工具的言語和文字。

我們有理由相信，在人類語言發展的過程中，言語比文字早有。我們觀察嬰兒在很小的時候，就會發出各種多少有系統有一貫性的聲音，牙牙自語。雖然那時他們還無能力發明記號，構圖寫字。這類個人生命早期的現象，顯然影響言語和文字的發明先後。即使像繪畫示意，像結繩記事，像象形文字等等的發明，也是居於言語之後的事。

雖然比起言語，文字是後來的創作。可是由於文字是藉著某種物理結構或幾何形態，表現出來的；它具有一些言語所沒有的長處。比如，它可以留傳較久，不是在瞬息之間就消失。這個特點使得文字比言語，更易拿來做為保存人類文明的工具。就以文學來說，歷來偉大的作品都是藉著文字留傳下來的，很少只是藉著傳頌，而仍然保持其原有的面目。這就是為什麼今天我

們只看到唐宋的詞格，而不知前人原來如何唱法的緣故，因為那時候通行的詞譜是靠口頌相授的。也是因為這樣，我們總是發覺使用同一個語言的民族，其言語總比其文字紛亂分歧。

這種可以將語言表達的內容，在特定的時空裏保留下來的特質，對於從事討論和研究的活動而言，是很重要的。舉一個很簡單的例子來說，像代數裏的

$$(a + b)^4 = a^4 + 4a^3b + 6a^2b^2 + 4ab^3 + b^4$$

這樣算是簡單的公式，若要用言語敘述起來，就覺得複雜，而且不容易在我們內心裏呈現出明顯的結構來。這當然是因為我們的記憶不夠生動，不夠精確和不夠持久的關係。於是如果我們想要檢查(1)是否為真的時候，用言語討論起來，就大感不便；浪費許多時間精力，而事倍功半。

由於這樣，通常解題的時候——尤其是對付比較多面性，比較複雜的問題時——我們大多使用文字的陳示而不是言語的表達；即使我們使用言語，我們也必須時時刻刻輔助以文字，才能順便進行，暢達無礙。

所以，原則上說，只為了討論問題，只為了解答問題，我們可以完全訴諸文字，而不依賴言語。只是有時候，為了速度上的考慮，我們以說代寫，以話語代文字，加速我們討論的進行。

本書的主要目的在於討論思想方法，探究解決問題的程序與規律；因此，當我們研究語言的時候，我們主要的著眼點，在於文字而不在於言語。不過我們所要說的許多結論，照樣可以不變地（或稍加改動地）應用到言語之上。

語言是一種有意義的記號系統。具有語文意義的記號稱為符號 (symbol)。因此，語言是一種有意義的符號系統。

記號通常是墨跡或線條所構成的，可是只是墨跡與線條的組合並不一定構成記號。通常我們所謂的記號是人們有意構作，用以充任某種交流傳達的用途的。要把記號用來傳知達意，只是靠記號的物理結構本身，如一個字有幾筆幾劃，其筆劃安排如何等等，是不夠的。兩個人必須對某一個記號有共通（雖然不一定完全共同）的瞭解，該記號在他們兩人之間，才能負起交流傳達的任務。就是在只是為了供自己備忘的「密語」裏面的記號，也必須不止於筆劃或線條本身，才能在日後幫助我們記起當初我們所要保留的念頭。

在一個社群裏，只要他們共同使用著某些記號，那麼他們彼此對那些記號，必須有一個共通的瞭解，否則那些記號就成不了他們語言的一部分。

　　粗略地說，人們對於某記號的瞭解，人們寄託在某記號上的心意與念頭，人們使用某記號來表達的意思，就是該記號的「意義」(meaning)。雖然意義是我們大家都熟悉的項目，可是它卻不是一個很單純的項目。我們將在以後的討論裏，逐漸分析語文記號之意義的多面性。

　　要注意的是，某意義和某記號之間並沒有必然的關聯。某記號之所以具有某某意義，那是發明記號的人（們）所賦給的。這是一種我們以前說過的賦值活動。我們把語意解釋交賦給某某記號身上。因此，在創字之初，我們有絕對的自由，把某意義關聯到某記號，而不發生正不正當，合不合理，正確不正確的問題。記號的意義是經過了人們使用的習慣，才定型下來，變成它似乎不可分離的一部分。所以我們常常說，記號的意義是「約定俗成的」(conventional)。記號的意義是種習慣，而不是一種必然；符號是人們發明的，而不是我們發掘的。

　　當然這話並不表示，符號的發明是完全沒有原因的。為什麼我們把人寫成‘人’，把某種笑貌形容為‘哈哈大笑’，都是有它的「根據」的。像象形、像擬聲等等，都不失為指引我們創造符號的動機或靈感根源。可是那不是某一記號一定具有某一意義的邏輯理由。記號的意義是約定俗成的，符號的存在是人們發明的。

【　問題與討論　】

　　⑴為什麼言語和文字是兩類互相交疊，但卻不完全重合的項目？兩者的分別何在？各具有何特色？

　　⑵我們在此把言語和文字統稱語言，可是有時我們卻說「語言文字」，把語言與文字並列，這時的‘語言’是狹義的用法，它的確義為何？

　　⑶試述下列兩個語句的分別：

　　㈠通常我們把語言應用得很廣。

　　㈡通常我們把‘語言’應用得很廣。

（提示：區別底下二語：①獅子是種兇猛的動物，② ‘獅子’ 乃二字耳。）

(4)舉出十個不是平常的言語文字，但有時卻也被稱為「語言」的例子。並分別一一說出為什麼它們堪稱為「語言」。

(5)我們說嬰兒早有言語，但卻未有文字。此一個體的現象顯然影響人類一般言語和文字的發明先後。可是我們的意思並不是說：從嬰兒先有言語後有文字，我們可以推論出，因而人類也是先有言語，後有文字。這樣的推論是種謬誤，何故？我們可以用什麼名稱稱呼此一謬誤？試再舉出五個屬於這類謬誤的例子來。

(6)試舉出言語和文字分別具有的特別功用。有沒有一些功能是言語可以獲致，而為文字所不能者；有沒有一些功能是文字可以達成，而為言語所不能者？

(7)我們的思想是否要靠語言才能進行？我們的思考呢？解決問題是否一定牽涉到語言的活動？

(8)試試較為確定地說，記號的意義是什麼。

(9)試探討意義的多面性。（提示：所謂實字與虛字的意義是不是同質的；語詞的意義和語句的意義是不是一樣？）

(10)什麼叫做記號意義的「約定俗成」的性質？

(11)討論下一斷言：「符號是人們發明的，而不是我們發掘的」。

(12)評論下一斷語：「某一記號到底具有某一意義這樣的賦值活動，也許有原因，但卻無理由」。（提示：首先分別原因和理由之不同。）

24. 語言・概念與思考

我們以前曾經將思考和其他一般的思想活動分開，把前者限制為解決問題的心靈活動。現在我們所要發問的是，這種解決問題的心靈活動，和語言的使用甚至語言的性質，有什麼關聯。

首先讓我們考察一下，當我們思考的時候，在我們心靈裏所進行的，到底是些怎樣的活動。

　　解決問題的第一個步驟，當然是瞭解問題的「題意」。所謂瞭解題意是在內心裏，產生問題所含有的概念，考察該問題所發問的，是有關這些概念所代表或表示的事物或現象的何種性質或關係。舉例來說，當我們被問以：「企鵝走路的姿勢如何？」的時候，為了考察這個問題，首先在我們心中就必須浮現出像"企鵝"、"走路"、"姿勢"這樣的概念。這些概念的實際內容如何，它們是不是一幅幅的影像，關於這類有關概念性質的問題，我們暫且不談。有一點很顯然的是，如果我們心中無法呈現出那些概念，那麼我們也就無法瞭解那個問題。由於這樣的緣故，我們若以上列企鵝走路姿勢的問題，用中文的問句去向一個完全不懂中文的人士發問，那麼他當然無法在聽取了這一問句之後，在內心中形成"企鵝"、"走路"、"姿勢"等概念；因此也就無從開始進行考察，無從回答那個問題。雖然也許他見過企鵝，也許他見過企鵝走路，知道牠們走路的姿勢怎樣。

　　思考必須藉助概念來進行，這是一件明顯不過的事。可是由於這件事對我們而言，簡直平淡無奇，一點都不會發生問題，因此我們也就很少去追究原因，考察理由。我們知道，思考是種心靈的活動，不管哲學家如何去設想心靈，它總是不占空間，不是屬於物質範疇的。因此，我們無法將物體或事件，直接放置在我們心靈裏，去觀照、去比較、去判斷、去分析。要在心靈裏進行這類的活動，我們必須以事物或事件的非物質代表物做為媒介。我們所說的概念正是這種不是物質，但卻可以用來代表有形事物，做為被思考的媒介的項目（當然這話並不表示，概念只能用來代表有形事物）。

　　不是直接拿事物做為我們思考的媒介，這一現象不但沒有束縛了我們思考的活動；相反地，它大大地擴充可讓我們思考的範圍。我們不需要有實際事物，也可以在心中形成號稱為該事物的概念，以之為媒介加以運作，產生思考。所謂「憑空想像」正是這一類的思想活動。

　　值得注意的是，憑空想像與憑空思考並不完全只是在文學、藝術或詩歌裏的創作的養分。它事實上是人類一切有意的發明和改善，不可或缺的條件。比如，我們可以在尚未製出太空船以前，構想它的許多細節；我們可以在世道仍然衰微，人心仍然不古的時候，設想大同理想的社會；我們可以身處這個不完美的現實世界，計劃構作一個盡善盡美的可能世界。假定必須等到我

們獲有實際存在的事物和事態，我們才可望對它們加以思考，那麼人類將永遠被現實所決定。可貴（而且可慰）的是，人不只是現實的動物，他同時也是（而且更應該是）擁有理想的生靈。

　　所以「憑空的思考」對於人類的文明，具有很重大的意義。而這類的思考是藉著所謂「虛擬的概念」（虛構的概念）為媒介進行的。

　　概念與思考之間的密切關係，當不必贅言。可是語言與思考的關係呢？

　　我們說過，語言是用來傳達交流的工具。當我們使用語言傳達交流的時候，那是心靈對心靈（不一定是他人的心靈）的交通——一個心靈把它的「意思」傳達給（另）一個心靈，或從（另）一個心靈那兒，接受它所要傳達的意思。心靈之間所傳達交流的「意思」就是概念或觀念（我們暫時對此兩者，不加區分）。這樣的概念，通常裝載在語言的舟車之上，以它做為交通的工具。所以，語言是用來負載概念，做為心靈之間的傳達工具的；而它所負載的概念，就是一般我們所謂的「意義」。但是，所謂概念是個某某事物或事態的概念，或是個號稱某某事物或事態的概念——如菊花的概念，勇敢的概念，獨角獸的概念，或是至善的概念。於是語言又與這些事物事態，或號稱的事物事態，關聯起來。

　　語言、概念與事物事態的關係，可以表述如下：

(1)從受話者的觀點看：

$$語言 \xrightarrow[\text{(引起)}]{} 概念 \xrightarrow[\text{(代表)}]{} 事物事態$$

(2)從說話者的觀點看：

$$事物事態 \xrightarrow[\text{(所以之代表的)}]{} 概念 \xrightarrow[\text{(促成)}]{} 語言$$

由此可見，語言與事物事態原來只有間接的關係，它們之間是以存在心靈之中的概念做為「介質」的。可是由於使用概念對我們的心靈而言，簡直是最自然不過的事。我們往往甚至沒有察覺它的存在，和它所扮演的角色，而直接把語言與概念所代表的事物事態關聯在一起。

可是要注意的是，概念與事物事態之間，有一種很自然的關聯。我們有時候，甚至會說我們的概念與它所代表的事物事態相類似（因之，我們才知道某一概念是否為某一事物或事態的概念）；可是語言與概念之間的關係卻是純粹人定的。關於這一點，我們在上一節談及語文意義的約定俗成性質時，已經說過了。

不過，儘管語言與概念之間的關係是人定的，可是我們卻習慣把語言當做概念的替身。當我們使用概念在思考的時候，我們甚至把心靈的運思過程，化為語言唸了出來。（我們思考時，嘴唇的微微閃動，就是一例。）

以語言做為概念的替身，充做思考的媒介，這種做法有時是無意的，可是有時卻是我們故意這麼辦的。因為概念經過語文化之後，增加我們處理上的許多方便。

【　問題與討論　】

⑴什麼叫做「概念」？思考與概念的關係如何？

⑵試述‘蘋果’、“蘋果”和蘋果之間的不同；它們之間的彼此關係如何？

⑶以“蘋果”（這一概念）為例，試說明一個概念可不可被分析為更基本的概念。這裏所謂的「基本」何義？有沒有最基本的概念？我們如何區分一個概念或兩個概念？

⑷心靈是什麼？如果它不占空間，那麼在什麼意義下，我們可說它是種實體？不占空間的東西可以有裏外之分嗎？我們平時所說的「存在於內心」或「在心靈裏」，又是什麼意義？

⑸當我們思考有形的事物時，是拿它的代表概念來進行的。如果我們所思考的是無形的事物或抽象的事物，這時還要不要以其代表概念為媒介呢？或是所有無形的事物，本身只是概念而已？試言其理。

⑹當我們說我們在想念朋友的時候，存在我們心靈之中的，是我們的朋友，或是我們朋友的概念？可是我們所想念的卻是我們的朋友，而不是他們的概念。試問這時所謂想念是怎樣的心靈活動？

(7)思考的媒介與思考的對象有何關係？它們有何不同？（提示：以上列(6)裏所說的做為比喻：我們所想念的對象是我們的朋友，但是我們思想的媒介卻是我們朋友的概念。）

(8)概念常常是思考的媒介，但它可不可以是思考的對象？這類的思考可以何種名稱呼之？

(9)我們可不可以說，概念是我們思考的必要條件？試言其故。

(10)虛構的概念所指的是什麼？它有什麼重要性？

(11)在什麼意義之下，我們可以說蘋果與"蘋果"（蘋果的概念）是類似的？這時‘類似’何義？（提示：比較它與我們說某人與其照片類似，兩者之不同。）

(12)我們能否比較兩人所擁有的某一概念是否類似？所謂概念之間的類似性，是什麼意思？

(13)分析，闡明，例釋和批判下一斷言：「心靈之間所傳達交流的就是概念」。

(14)我們說通常我們是以語言做為裝載概念的工具，進行心靈對心靈的交通。試問心靈可否直接以概念互相傳達？（提示：「以心傳心」是什麼意思？）

(15)什麼叫做（語言的）意義？它與概念的關係如何？

(16)闡釋下一斷言：「‘概念’是相對語詞或關係語詞，所謂概念，是某某事物或事態，或號稱某某事物或事態的概念。世界上並沒有不是某某事物事態的純粹空白概念」。

(17)試述語言、概念和事物事態的關係。

(18)細說語言與思考的關係。前者是不是後者的必要條件？也就是說，沒有語言能否思考？

(19)我們為什麼習慣把語言當做是概念的替身？這種概念的語文化(verbalization)，有什麼顯明的優點？

(20)我們如何檢查兩個人是否懷有同一概念？普通我們憑什麼相信，別人也有心靈存在？（「我外心靈」問題。）

(21)有沒有我們的心靈所無法形成的概念？（提示：先考慮所謂「無法

形成」是什麼意思。）

　　⒇像 "方的圓" 這樣的「矛盾概念」，可否存在心中？如果不可，那麼當我們提到方的圓的時候，我們內心裏豈非全無概念嗎？思考可以不藉概念的媒介進行嗎？（提示：區分心中的概念與存在心中的影像或圖象。）

　　⒀什麼叫做「不可想像」或「不可思議」？試論之。

25. 語言世界和現實世界

　　思考是藉著概念進行的。不過因為概念只能內存心中，無法外顯出來。為了方便記憶，幫助檢照以及促進人與人之間的討論與傳達，我們利用語言這一種可以外顯，可以展示的工具，做為我們傳播的媒介，用來指出我們心中所擁有的概念。這種把概念化成語言的「概念語文化」，可以說是一種謀圖方便的設計。不過，此法實行日久，代代相傳，我們往往只注意考察語言方面的表現，而忽略甚或遺忘了語言所要表達的概念內容，以及這些概念內容所要描構的現實世界裏的事物與事態。

　　舉一個很普遍的例子來說，當我們寫文章敘情的時候，我們的目的在於表露內心含有的情愫。內在的真實感情和感觸，往往可以發敘於文字，形成一篇感人的著作。可是由於在這種以文敘情的過程中，語言與感情的互相對應關係，並不是必然存在，永遠並行的。於是有許多人只是學會了語言的使用，而沒有將它與內心的真實關聯起來。當內心裏沒有真實的感情的時候，也可以照樣使用動人的文字，這樣一來，美麗的詞藻，並不代表豐富的內容。這是使用語言的「方便」，也是使用語言的危機。語言幾乎可以擺開概念，脫離現實，而取得一種獨立的生命。

　　語言擺脫了概念和現實，這對人類的感性和理性來說，都是一種威脅。我們可以隨手寫文章，言之無物；或在少小的時候，不識愁滋味，強說愁。我們可以編織謊言，我們可以為文欺騙。久而久之，我們的認識往往只停落在語言的層次上，而不能再登堂入室，通達概念的層界。比方，許多人看到報上戰爭的報導，引不起激動，也產生不了同情，因為武器威力的報告，和

戰鬥傷亡的統計，對他們而言只是語言，只是數字而已。只有語言文字，而不關聯到它們相應的概念之上，當然產生不了親切鮮明的意義。這時我們的思想，只是由文字轉到文字，徘徊在語言的世界裏。我們沒有打破語言的環鎖，敲叩概念世界的門。

這樣的進程若長期不斷地推展下去，語言會逐漸變成無法負荷意義的廢物，像死了的電池，生了銹的機件，也像再也無法居住的鬼城。

更值得注意的是，當語言文字擺脫了概念和現實，而取得了獨立的生命之後，人們往往再也不是使用語言的主宰，而淪為被語言文字所御用，所驅使的奴隸。我們只要細心觀察一下，許多「偉大的字眼」對於我們言論與行為的影響，就明白語言對我們的人生，所施加的壓力。多少人不顧語言文字的真正意義或概念內容，只要聽到是‘自由’，是‘民主’，是‘真理’，是‘正義’，就興奮鼓舞，魯莽激動；甚至不明不白地在這些偉大字眼的空虛陰影下，盲目奮鬥，無謂犧牲。

從另一個角度看，語言離開概念而濫用，慢慢會引致它的失勢與無能。既然文字不足以裝載概念（意義），它就成了空洞沒有內容的虛殼。於是語言的繁複使用，最後只是巧妙的文字遊戲而已。我們只要檢查一些很平常的例子，就可以充分領會這一點。比如已經過時的公文形式、應對詞令等等，在許久以前也許具有鮮明的意義，使用起來對於我們有種真實感與親切感；可是長年的使用，那些設計已經磨損，已經破爛，已經不再能夠擔當原來的語文任務。如果我們還要強行遵照，盲目跟用下去，結果口是心非，口有言而心無語；那麼語言文字逐漸失去了原有的勢能；人們也慢慢地對那些語言文字，產生了心理上的疲勞和概念意念上的麻痺。語言文字上的「失勢症」，和概念意念上的「麻痺症」，常常是攜手同行，並蒂共生；兩者甚至互為因果，惡性循環。

我們應該成立語言醫術，推行意念治療。這對人類的精神健康，具有深遠的貢獻。

現在，讓我們比較靠緊思考（以及有關它的活動）來討論。

語言是一種工具，因此它正像任何其他工具一樣，有正當的用途，也有誤用的情況。可是由於語言的用途極為複雜，它的用法不勝枚舉（我們以後

會加以討論）；因此，我們不能簡單明瞭，斬釘截鐵似地說，什麼是語言的正途，什麼是語言的誤用。我們只能在某一目的的光照之下，相對地談論語言的用途。

思考是解決問題的活動。在試圖解決問題的過程中，顯然信念的形成與知識的建立，是最主要的目的。當我們使用語言解決問題的時候，我們也要以這樣的目的為中心，看看語言能否被善用來達成這個目的。相對於這個目的而言，語言的任務主要在於滿足我們建立知識的過程當中，所必要的記載、保留、傳達、整理、分析、約定、推理等等要求。我們使用這些活動來挑選信念，成立知識。

語言可以促成這些活動的完成，可是它也可以令它們歸於無效。比如，我們可以用語言來傳達信念，可是語言也可以用來誤傳；我們可以用語言傳真，也可以用它來說假。為了避免語言流於空洞，我們必須時時將它拿來與概念世界和現實世界，相比較相對照，使其「言之有物」，不淪為空談。

以前我們就已說過，信念與知識的建立常常是藉著間接的方式為之。我們需要藉助權威，信賴書本，聽取他人的研究報告等等。這些過程都免不了牽涉到語言的繁雜使用。有時，我們為了檢查這樣間接得來的知識，是否可靠，是否真實；必須藉助核驗，把間接的經驗轉化為直接的經驗，把自己的概念（而不是藉助語言）直接與外在世界關聯起來，參考比較。我們常說「百聞不如一見」，這裏的「聞」當然是要依賴語言才能進行；可是這裏的「見」，卻直接訴諸感官，形成概念。

語言最嚴重（而且也可能是最危險）的誤用，莫過於把語言的世界和現實的世界等同起來。因此進一步相信只要改變語言世界，就足以改變現實世界。小孩子把他討厭的同學的名字，寫在紙條上，燒了；相信那人會倒運。大人把自己憎恨的人說成匪，稱為盜，叫做賊，希望他面目全非。舊時的帝王不行仁政德政，卻要人民歌功頌德，粉飾功績。許多人整天編織美麗的夢，誤以為自己活在天堂裏，而無視別人的疾苦。更有許多人，本來絲毫沒有什麼了不起，可是經過成年累月，眾口交集地稱頌，慢慢地，連自己都覺得自己真的偉大起來。語言很容易浮在事實的表面，甚至脫離事實，犯上了浮腫病；處在這種病態的語言的影響下的人，也就很容易不知不覺地犯起迷魂病、

幻夢病、自大狂、甚至神經病。積非成是，真假不辦。自己只是（或大部分是）活在語言的世界裏，但卻誤以為是活在現實的世界上。

　　我們應該發明並大力提倡「語言衛生學」，呼籲人們的語言衛生。它的重要性絕不亞於環境衛生、食物衛生等等。

【　問題與討論　】

　　⑴語言世界，概念世界和現實世界之間的彼此關係如何？

　　⑵闡明並例釋下一陳述：「語言可以脫離概念與現實，取得一種獨立的生命」。這種語言的獨立生命，有何壞處？有何好處？

　　⑶試以下列論題，寫一論文：「人：語言的主宰或語言的奴隸？」

　　⑷為什麼報章雜誌的戰爭新聞，常常令讀者無動於衷；而電視傳真，卻能惹起許多人對戰亂人民的同情，廣泛地激起反戰厭戰的情緒？

　　⑸試述語言失勢症和意念麻痺症的成因及其關聯？並設法為它們（各）開一藥方。

　　⑹為什麼許多地方，統治者高談民主，自由；可是人民卻不相信，無動於衷？

　　⑺語言醫術的成立，和意念治療的推行，其方法為何？目的是什麼？

　　⑻我們可以不經概念，只利用語言去思考，有什麼壞處？有什麼好處？

　　⑼語言如何用來幫助解決問題，成立信念，建立知識？（提示：參考以往對於解題過程與方法的討論。）

　　⑽當我們說，把概念拿來與現實世界相比較時，所謂的「比較」是什麼意思？概念與事物事態可以並排對立，讓人觀察比較嗎？

　　⑾試述誤把語言世界等同為現實世界的危險。

　　⑿設法起草「語言衛生學」之大綱。它的基本原理原則為何？

　　⒀發明一些「語言醫藥」（包括特效藥），「語言抗生素」和「語言維他命」。

　　⒁評論下列斷言：「木訥近乎誠，木訥近乎智」。

　　⒂評判下一報紙上的廣告：

中國姓名專家×××

姓名決定一生命運；改名威力：

　　(i)可由逆境轉為順利。

　　(ii)可使男女姻緣美滿。

　　(iii)可使健康由弱轉強。

　　(iv)可使老年增加壽命。

　　(v)可使愚笨轉為聰明。

　　(vi)可使缺少子息的人生兒女。

⒃試分別語言文字對於我們產生的心理效應，和語言文字與外在世界之邏輯關聯。兩者基本上的不同何在？我們是否定那一個，而未否定那一個？

26. 語文意義的「客觀性」

當我們使用語言做為表情達意，傳知說理，甚至發號施令的工具時，我們怎知道我們的「受話人」所領會的，也正是我們心目中原來擁有的意思呢？也就是說，我們如何得知我們使用語言所做的表達，到底成功或沒有成功呢？語言所裝載的是它的（語文）意義；因此，所謂傳達是指意義的交遞。如果我們準確地把意義傳交對方，讓他領受該意義，則我們可以說我們使用語言——對於該一目的而言——成功了。否則就不算成功。可是我們說過了，意義是存在於我們內心裏的概念（觀念，意念等）；因此，所謂成功的語言傳達，所指的應該是我們藉著語言的使用，把內心裏的概念傳遞給別人，使他因為接受了那語言，而在內心裏產生了該一同樣的概念。從這個觀點看來，那麼要考察語言在兩個人的對話中，是不是成功地扮演了傳知達意的工具，我們就得比較，對於某一個語言單位（如語詞，語句等等）而言，兩個人是否在內心裏擁有同樣的概念。

可是存在於獨立的兩個心靈裏的概念，是無法直接加以比較的，因為我們無法令自己的概念，存在他人心中；也無法在自己的心中存放別人的概念；

更無法將兩人的概念，放置一處，分析比較。於是，我們所能採取的，只是間接式的，不是讓概念與概念碰頭，而是應用與概念有關的其他事物為媒介，來進行對概念加以比較的工作。理論上，我們只有藉助這個方式，來追問語言的表達是否成功，它是否原原本本地傳達了說話者心目中的意義，亦即存在他內心裏的概念。

　　舉例來說：當我們對另一個人說「窗外那朵花是紅色的」，他朝著窗，望了望，然後點頭說是。這就表示那人真的瞭解了我們該話的意義嗎？那人會不會看到一隻綠色的鳥，可是他把鳥叫做花，把綠稱為紅呢？也許我們認為這種情形不會發生，因為花鳥相去甚大，紅綠差別幾何。可是，要注意我們現在所談論的是存在心中的概念是否不同，而不是追問他們是否各自觀察了不同的事物（並不是窗外又有一朵紅花，又有一隻綠鳥）。我們的問題是：兩個人可不可能在內心裏擁有不同的概念，可是他們卻使用著相同的語言，來稱呼彼此不同的概念？如果我們設想一下，我們語言的用法是怎樣學習來的，就不難發覺，這並不是絕對不可能發生的。

　　嬰兒如何開始牙牙學語？起先他發出一些沒有規律但不一定沒有意義（他心中不一定沒有任何念頭）的音響。等他學習控制發音器官，能夠模仿大人發音說話以後，他往往只把握著很有限的字彙，但卻似乎表達遠超那些字彙所可望表達的內容。比如母親固然稱做媽媽，姐姐也是，甚至貓狗亦然。我們教他在天上飛的航空器叫飛機，有一天他看到火車也稱飛機。我們見此情形，就試圖改正他們的用語習慣，使他慢慢對事物更加細分。我們同時以擴充他的語彙的方式，來幫助他認識事物，理解世界。可是當我們不讓小孩把火車叫做飛機的時候，我們假定他分別看到的是兩個不同的事物，它們樣子不同，移動方式不同。我們從未懷疑過，那小孩是否可能完全無法分辨火車和飛機，兩個物體在他內心裏所形成的概念完全一樣。我們有什麼理由不做或不可做這樣的懷疑呢？也許我們可以使用許許多多的辦法，「證實」當他看到火車和看到飛機的時候，他的確是看到了兩種不同的事物；因此我們不讓他「指鹿為馬」，這並不是基於自我中心的專橫獨斷。

　　可是讓我們看看顏色的例子。如果那個小孩是紅綠色盲，只是我們並不知情，卻一直怪他把紅花綠葉，一下說成「紅花紅葉」，一下說成「綠花紅葉」，

一下又說成「綠花綠葉」。事實上，紅綠對他完全沒有分別，'紅' 和 '綠' 兩個字詞在他心靈裏所形成的概念完全一樣；對他而言，它們是同義語。因此這小孩既不能欣賞「萬綠叢中一點紅」的妙趣，也不能瞭解「牡丹雖好，還待綠葉扶持」的含義。這時，如果我們強作要求，一定要他把花叫做紅，把葉稱為綠，豈非只是一種恣意逞威，強行霸道的事嗎？因為在他的心靈裏，兩者所引起的概念完全一樣。

這還不算，假定有甲乙兩人，甲看花時跟我們一樣，是紅花綠葉，可是乙看的花卻正好相反：紅葉綠花。不過兩人同上幼稚園，同在一位老師的指導下，學習 '紅''綠' 兩字的意義。那位老師手持一株結有紅花又帶著綠葉的小枝聲明說：「花的顏色叫做紅，葉的顏色稱為綠」。這時甲乙兩人都學得了 '紅''綠' 兩字的意義，他們各自將那對字詞，與自己內心裏（因看花觀葉而得）的概念連結起來。這樣一來，對於甲而言，'紅' 的意義是"紅"，'綠' 的意義是"綠"；可是對於乙來說，'紅' 的意義是"綠"，而 '綠' 的意義才是"紅"。儘管如此，兩人在用語的習慣上，卻絲毫沒有衝突相駁之處。對於兩人而言，花的顏色都以 '紅' 字呼之；葉的顏色也都以 '綠' 字稱謂。可是他們有沒有交通呢？他們之間的語言傳達——對於該點而言——有沒有成功呢？

這是一個不同的人之間，有系統的意義易動的例子。當語言的意義在不同的人之間具有系統性的易動的時候，我們很難偵察出，在它們同樣的語言背後，隱藏著不同的意義。尤其許多時候，意義的系統變動，並不像上面的例子似的，紅綠分明，一刀兩斷。當碰到意義的易動是程度上的微妙變化時，要偵察出眾人的相同語言之後，含藏著不盡相同的意義，幾乎是件不可能的事。

好在我們應用語言的時候，所追求的往往不是意義的絕對客觀性。對於許多目的而言（包括思考活動在內），我們容許某種程度的「誤差」。同時，除非證據實在對我們太過不利，否則我們假定不同的人，當使用同一語言時，他們所懷有的意義極為相似。我們這麼假定，是有許多生理上，心理上，文化上的理由的。同時，我們也盡可能地設法偵測，使用語言時可能產生的系統性的意義變易（這事不但在眾人之間發生，自己一個人也可能發生），令我們自覺到這個現象，從而減低它的危害。

　　我們無法以語言習慣的相同，來證明意義的客觀；同樣的，我們也不能以其他行為的一致，來證明意義沒有易動。比方，我們在門口寫上‘內有惡犬’四個大字，警告陌生人不可在門外徘徊，或擅加進入。這時如果我們看到一個外人，站在門口，望了望那個字牌，然後悄然離去，我們可以斷定那個人明白了我們警告用語的意義嗎？（且不問所瞭解的，是否與我們心中懷有的意思，完全相符。）那人或許根本就不識字，因此當然不瞭解那四個字的意義。他只是因為好奇而停步觀望一下而已。相反的，假若有人讀了那四個大字，居然若無其事，絲毫無所畏懼似地闖了進來。這是不是就表示他沒有瞭解我們的警告內容呢？這也未必一定如此。這個人也許是個馴犬師，根本不怕惡犬；或許他上回被這隻狗咬了一下，這次特地趕來尋仇報復。

　　所以，我們也不能以他人讀過（看過或聽過）某些話語，所產生的行為反應，來判斷他是否瞭解我們的原意。也就是說，我們無法以因言語而產生的行為，來確立意義的客觀性。言語和它所引起的行為之間，並沒有必然的關聯。可是正像我們上面所說的一樣，當沒有相反的證據出現時，我們假定行為常常可以做為意義互通性的指引（不是證明）。也就是說，我們假定可以由他人的行為，偵測他對語言意義的瞭解。我們也儘量設法排除這一假定所可能帶來的不良後果。

　　雖然我們無法證明語文意義的客觀性，雖然我們不確知當多人使用同一文字時，他們心中所擁有的意義，是否完全相同。可是這並不妨害我們對語言的使用，和對它的信賴。對於我們通常使用語言的目的而言，只要大家彼此都有一些可靠的共通基礎，我們就足以進行語言的交流；進而利用多方面的相互牽制與互證，來擔保此一基礎，使其不淪於薄弱，以致違害語言當做溝通彼此概念的橋樑之特性。

　　語言的意義是內存心靈的概念。那是私有的，是主觀的；可是我們藉著語言網羅棋佈的使用，大家尋找出共通的基礎，建立交互傳達的可能性和可行性。因此，語言的意義雖然是主觀私有的，但卻不是散漫零星的主觀項目；它有交互共通的基礎，它是所謂「交互主觀的」。

　　意義的交互主觀性 (inter-subjectivity)，常常就是我們所要尋求的。我們並不要求它的絕對客觀性。

【　問題與討論　】

⑴在什麼樣的條件下，我們就可以說（並且才可以說）我們語言的交通成功了？此處「就可以說」和「才可以說」有何分別？

⑵存在於不同的兩個人心中的概念，為什麼不能直接加以比較？存在於自己心中的概念，可否比較？如何比較？

⑶為什麼只觀察兩人語言習慣或語言用法的一致，並不足以證明，那些語言對他們而言，具有同樣的意義？

⑷以上文裏的甲乙兩人的情況為基礎，判定下列語句何者為真，何者為假：

　　(i)甲的紅，就是乙的綠。

　　(ii)乙的綠，也是甲的綠。

　　(iii)甲的‘紅’，也是乙的‘紅’。

　　(iv)乙的‘綠’，才是甲的‘紅’。

　　(v)甲的“紅”，也是乙的“紅”。

　　(vi)乙的“紅”，就是甲的“綠”。

　　(vii)甲的綠，就是甲的“綠”；它是乙的‘紅’所指的綠。

⑸以有系統的意義易動為例，說明意義的絕對客觀性是無法獲致的。這是不是利用語言進行思考的致命傷？

⑹我們有什麼理由假定「除非有反面證據，否則當不同的人使用同一語言時，他們所懷有的意義極為相似」？我們為什麼要做這一假定？

⑺像在上述⑹裏，我們使用‘語言’一詞，極不嚴格，試言其故。（提示：像‘不同的人使用同一語言時，……’這時所謂同一語言當然不是指同用中文，或同用英文等。那樣的用法，只是為了方便的一種縮略用法，何故？）

⑻為什麼行為不能用來確定意義的客觀性？

⑼我們憑什麼理由假定，可以從某人的行為去偵測他對語言意義的瞭解？試將此一假定詳細而嚴格地陳構出來。

⑽我們對於語文意義的共通性，做了兩個基本假定。這兩個假定若不善加謹慎應用，可能會遭致什麼不良後果？我們應該如何設法，儘量不令這些不良後果發生？

⑾為什麼無法證明語言意義的客觀性，並不妨害我們使用語言，和對於語言的信賴？

⑿什麼是語言意義的「交互主觀性」？它與「客觀性」有何根本不同？交互主觀性的基礎為何？為什麼我們一般只求意義的交互主觀性，而不必追求其客觀性？

27. 語言的用途

在人類所慣常使用的工具當中，語言可以說是最重要而用途最廣的一種。可是它的廣泛用途卻常常不為我們所注意，因為它似乎來得特別容易，幾乎成了我們與生俱來的自然能力。通常我們使用語言的時候，幾乎不假思索，文句就源源而出。因而我們甚至忘記它是人類發明的工具，好像覺得它本來就是人生不可分離的一部分。

直到我們從事一些特別的活動，比如學習寫作，參加辯論時，我們才開始發覺語言有時也是來得不易，甚至需要不斷的學習，磨鍊和改進。再等我們遠出旅行，走到一個語言完全陌生的國家，無法與其人民交通，看不懂街旁店舖的廣告，聽不懂候機室的廣播消息；一切使用語言文字來表達的項目，完全無法知悉。於是我們跌落到完全憑感官，憑直覺，憑猜測，憑臆想的生活方式。在這樣的情況下，許許多多的事也許仍然可以通行無礙，比如看到熟悉的水果，照樣可以取來充飢；遇到鮮明的微笑，照樣還之以善意。可是這些行為並不是不會失誤的。也許在某些地方，蘋果表皮通常留有強力殺蟲劑，必須加以消毒才可以充食。或許在某些地方，還報以微笑就是「私訂終身」的表示。不諳語言所可能帶來的誤解、不便與危險，我們一想而知，不必細述。可是另外還有更多更多的事，是完全依賴語言的，不藉著語言，只憑感官，直覺，猜測與臆想，幾乎一點無法實現的。比方，你要知道某地弒

殺父親的刑罰確實如何時，你就無法只靠想像、觀察、猜測；更不能「以身試法」(此法就是行了，也不一定達到原來的目的)。於是我們就體會到語言的重要性，和它在我們人生過程當中，所扮演的極為重要的角色。

在我們生命的過程中，不計其數地使用語言，充做種種不相同，或不盡相同的用途。這些用途的種類繁雜，幾乎不可盡舉。不過我們要設法將這些雜多的用途，依據我們討論上的需要和方便，做出一個大的分類，此一分類但願是共同窮盡 (jointly exhaustive)，雖然不是互相排斥 (mutually exclusive)。

我們要把語言的用途分為四類。(1)用來傳知表信，(2)用來陳示佈構，(3)用來抒情動感，(4)用來祈求律令。不過，我們要注意，在此我們是把語言的用途分為四種，而不是把語言分為四類。語言的用法是要在某一特定的情境或脈絡裏，才能決定的。同一個語句，同一串文字，同一組發音，往往在不同的脈絡裏，可以充當不同的用途。比如：‘這房間好熱’，可以是用來描述事態，也可以是用來示意人家開窗，開動電扇，或發動冷氣。我們必須要在某一特定的場合裏，參照當時當地的情況，考慮說話人的意向，才比較容易道出那句話的用途。所以語言的用途是要在一個脈絡裏才能決定的。

【　問題與討論　】

(1)試述語言的重要性。

(2)倘若沒有語言，有些什麼活動完全不能展開，或是不能完全展開？列舉一百個例子！（提示：設想你突然置身語言完全陌生的國度。）

(3)舉出五個極為奇特，不是日常見到的語言用途。

(4)假如我們把一個集合裏的事物，區分為幾個次集合，而這些次集合的分子加起來，正好等於原來集合裏的分子；則我們說，此一分類是共同窮盡的。假如，在那些次集合之間，沒有共同的分子，則我們稱此分類為互相排斥。試舉出合於下列條件的分類例子：

(i)既互相排斥，又共同窮盡。

(ii)不互相排斥，但共同窮盡。

(iii)互相排斥，但不共同窮盡。

⒤既不互相排斥，又不共同窮盡。

　　⑸在上列⑷裏所陳示的界說，也許有欠嚴密，或不夠清晰，試加以改善，寫出一個清晰明確，嚴格細密的界說。（提示：可以藉助集合論裏的概念與符號為之。）

　　⑹下列二事有何不同?⒤把語言的用途分為四類，⒤把語言分為四類。

　　⑺我們是不是可以完全根據語句的外形，來決定它的用途或用法？何故？

　　⑻何謂「脈絡」(context)？我們可以區別語文脈絡與非語文脈絡，兩者各是什麼？此一區分是否互相排斥，是否共同窮盡？

28. 傳知表信的用法

　　當我們說今天是 1973 年 6 月 20 日，或者牛奶可以和水交融的時候，這時‘今天是 1973 年 6 月 20 日’和‘牛奶可以和水交融’這樣的語句，一般是當做傳知表信的用法。所謂傳知表信就是報導知識和表達信念。這樣用法的語句，都可以成為某一（真實或虛擬）問題的答案，也是我們發問問題時，希望獲取的目標。比如，我們發問「今天是什麼日子?」，我們可以回答說：今天是 1973 年 6 月 20 日。它報告了我們的信念或知識，解決了我們面臨的問題。

　　記得在討論答案的尋求和問題的解決時，我們說過，當我們設法解決問題時，我們所尋取的是存在這個世界裏的「事實」。答案是用法表達事實的。因此那個當做答案的語句，理應是用來報導事實的。

　　可是我們對問題的答案，有時是正確的，有時卻是錯誤的。因此用來充做答案的語句，有時是真的，有時卻是假的。一個語句所報導的若是事實，那麼我們說它（該語句）是真的；一個語句所報導的若不是事實，則我們說它是假的。真與假是對語句來說的，不是對事實來說的。我們只能說有沒有某一事實，或說某一（可能）事態是否為一（這世界的）事實。只有語句，我們才可以稱其為真假，把它稱為真的語句（真句），或假的語句（假句）。

　　我們把一個語句是真或是假的性質，稱為該語句的「真假值」(truth value)。一個語句若為真，則其真假值為真；一個語句若為假，則其真假值為假。一個語句之有真假值，正如一個整數之有正負值一樣。正負值是整數的性質，但卻不是它的內容（什麼才算它的內容？）。同樣的，真假值是語句的性質，可是卻不是一個語句的內容。否則一個語句只有真假兩種內容。許許多多（事實上是無數）同為真或同為假的語句，也就分別具有同樣的內容！

　　在上面所做的陳述裏，我們有一個假定，還沒有說出來。那是有關語句真假值的可能性和其極限的約定。我們現在把這個假定陳示如下：

　　「用做傳知表信的語句，只有是真或是假的性質，而且一定有是真或是假的性質」。

　　此一規定排斥了下列的可能性：(i)某一語句既真又假，(ii)某一語句既非真，又非假。它只容納下列的可能性：某一語句不是真，就是假；不是假，就是真。也就是說，它容納下列兩種可能：(iii)某一語句是真，但非假，(iv)某一語句是假，但非真。要注意的是，在上述(ii)裏，我們的意思是一個語句不可能不是真的，也不是假的；我們並沒有排斥有時語句的真假，不為我們所知的可能性。

　　上列的約定很顯然地指示出來，我們現在所討論的是一種「二值語言」(two-valued language)，它是建立在「二值邏輯」的基礎上的。對於一個問題的解答，只有正確與不正確二值；對於一個問題的答案（語句）只有真與假二值等等。

　　為了理論上的興趣和實際應用，人們也發明和創造「三值邏輯」，甚至「多值邏輯」。因此我們可以有三值語言，甚至多值語言。在那樣的語言裏，一個語句不僅只有真假值，它可以有第一值，第二值，第三值等等。相應於我們二值語句的真值的一個或幾個值，我們可以叫它（們）為「指定值」；其他的稱為「非指定值」。由於在這種多值語言裏，亦有此「指定」與「非指定」二值之分。此二值的可能性亦遵照與我們上述類似的規定。因此，我們可以看得出，我們經常使用的二值語言，和上述的多值語言，並不是完全隔離無干的。我們可以把二值語言，變成某一多值語言的「子語言」。

　　現在讓我們回到先前對於真假值的規定之上。也許有人認為此一規定似

乎過於平凡，不必多此一舉。所有的傳知表信的語句，當然只有(iii)與(iv)兩種可能，不會有其他例外。如果有人真做此想，那麼請看下列語句：

> 裝在框框裏這一語句是假的。

試問該語句到底是真是假？假定它為真，則它說自己為假；所以它為假。相反地，假定它為假，則它說它是假的就不真，於是它非為假，因此它就為真！當我們假定它為真，它卻假；假定它為假，它卻真。這樣的語句稱為「詭句」或「詭論」(paradox)。詭論就違反了上述我們所下的約定。類似這樣的語句，是無法拿來做為問題的答案的。

從此以後，我們要把具有真假可言的語句，稱為「述句」(statement)。述句不但是有真假可言的語句，而且它還必須滿足上列真假值的規約。有時，在不會引起誤解的地方，我們仍然要依習慣，簡稱述句為語句；但是我們的意思，在該脈絡裏應該是清楚明白的。

傳知表信的用法，是一種「認知的用法」(cognitive use)。

用來傳知表信的語句，其真假值是依據經驗世界的情況決定的。因此這種真假值可以名之為「經驗的真假值」或「事實的真假值」。一個語句若具有這種真假值，則它是經驗真句（事實真句），或是經驗假句（事實假句）；它是經驗地真（事實地真），或是經驗地假（事實地假）。這樣的語句可以概稱為經驗述句（事實述句）。

除了經驗述句而外，另外有些述句的真假是不依賴經驗事實而成立的。它們之為真或為假若是依據邏輯規律而來的，則我們稱之為邏輯的真假。這樣的真假值稱為「邏輯真假值」。具有邏輯真假值的述句，叫做「邏輯述句」。下列(1)與(2)就是邏輯述句的例子。(1)是邏輯地真，(2)是邏輯地假。

(1)若李白就是杜甫，則杜甫就是李白。

(2)今天是星期三，而且也不是星期三。

邏輯地真是種必然地真，邏輯地假是種必然地假。

另外，如果述句的真假是依解析得來，則我們稱之為解析的真假。這樣的真假值稱為「解析的真假值」。具有解析真假值的述句，叫故「解析述句」。

下列(3)和(4)就是解析述句的例子。(3)是解析地假，(4)是解析地真。

　　(3)所有的寡婦都是未婚女郎。

　　(4)三角形含有三個角。

解析地真也是種必然地真，解析地假也是種必然地假。

　　可是讓我們發問：邏輯述句與解析述句是用來傳知表信的嗎？如果是的話，它們所表達的是什麼種類的「事實」呢？

　　除此而外，數學上的述句，也是必然地真或必然地假。但它們到底是邏輯述句，或是解析述句，或是其他種類的必然述句，則是有爭論的。

【　問題與討論　】

　　(1)什麼是那相干的脈絡，令我們相信‘今天是 1973 年 6 月 20 日’這一語句，是當做傳知表信的用法？該語句在什麼樣的脈絡裏，可以不是此種用法？試描述之。

　　(2)是不是堪稱為某某問題的解答的語句，都是傳知表信的用法？是不是凡是問題，都必須以用做傳知表信的語句，充當其答案？試言其故。

　　(3)下列兩個陳述有何區別？此一區別有何重要性？是不是在所有的脈絡裏，我們都得將兩者嚴格分開？

　　(i)傳知表信的語句是用來報導我們的知識或信念。

　　(ii)傳知表信的語句是用來報導事實。

　　(4)闡釋下一斷言：「事實只能稱有無，語句才可道真假」。

　　(5)闡釋下一斷言：「真假值是語句的性質，但卻不是語句的內容」。

　　(6)什麼是語句的內容？試討論之。（提示：語句所裝載的意義，可否算是它的內容？）

　　(7)文中我們所做有關語句真假值的約定，是不是傳知表信的用法？如果不是，其故安在？

　　(8)比較下列兩個陳述的差別：

　　(i)某一語句不能既非真，又非假。

　　(ii)我們不知道某一語句，到底是真或是假。

(i)與(ii)是否相容（不衝突，不矛盾）？何故？

(9)舉出五個至今我們仍然不知其真假值為何的語句。在日常生活裏有沒有這樣的語句？在數學裏？在物理學裏？社會學裏？歷史學裏？

(10)我們所說的「二值語言」，和獨斷的二分法 (dichotomy)——非黑即白，不是朋友就是敵人——有什麼重大而基本的差別？

(11)設想一個三值或多值語言的例子，並且討論其功用。（提示：概然率演算所根據的語言，是不是一種多值語言？）

(12)文中所提的詭論，通常稱為「謊者詭論」(liar paradox)。古代有一哲學家伊比門尼德斯，聲稱「所有克里特島的人皆是謊者」。可是他自己卻正是克里特島人！謊者詭論之名，因而得來。試創造三個類此的詭論。

(13)何謂「述句」？何謂「經驗述句」？

(14)有沒有不是經驗真假值的真假值？舉例說明之。經驗真假值與不是經驗的真假值，如何區分？（提示：考慮邏輯真假值和解析真假值，再看看有沒有別的真假值。）

(15)邏輯述句與解析述句所表達的是些什麼樣的「事實」？（提示：我們可不可以說它們表達的是些「必然事實」？）

(16)經驗真假值，邏輯真假值和解析真假值有何關聯？

(17)一個述句若不是經驗地真，則它是經驗地假。試問一個語句若不是邏輯（或解析）地真，則它是否就是邏輯（或解析）地假？何故？（提示：看看把述句分為邏輯（解析）地真與邏輯（解析）地假，這一分類是否共同窮盡。）

(18)數學述句是那一種必然述句？申論之。

29. 陳示佈構的用法

有些用來討論的語言，乍看起來，並沒有真假可言；它們既稱不上為真，也說不上是假。比如，下列含有變數的語句，就屬於這一類：

(1) $x + 3 = 5$

　　⑵某人曾經當過飛行員。

　　⑶莎士比亞寫過××××。

不管我們使用變數的目的何在，像上述語句中的 'x'，'某人' 和 '××××'
都可充做變數之用無疑。像這樣含有變數的語句，顯然是沒有真假值的，因
為若將這樣的語句所含的變數，加上某一賦值（加上某一解釋），它可能為真；
可是若將其變數，加上另外一種賦值，則它就可能是假。比如，在下一賦值
之下，上述的⑴為真，⑵與⑶皆為假：

　　　　{x = 2，某人 = 李白，×××× = 前赤壁賦}

可是在下一賦值之下，除了⑴而外，其他兩句皆為真：

　　　　{x = 5，某人 = 林白，×××× = 哈姆雷特}

還有其他無數種不同的賦值，可以用來解釋上述含有變數的語句，使其具有
真假值。含有變數的語句，一般稱為「開放語句」(open sentence)。一個開放
的語句，可以依上述的賦值方式加以封閉，使其成為「封閉語句」(closed
sentence)。封閉語句就有真假可言。

　　可是為變數賦值，並不是封閉一個開放語句的唯一辦法。為了說明這一
點，首先讓我們觀察一下底下這些語句：

　　⑷ x · 5 = 0

　　⑸ x + y = x − y

　　⑹他是個偉大的鋼琴家。

　　⑺那個地方，夏天很熱。

這些語句若就其原來的陳示觀之，是無法決定真假的。因為我們可以像上面
所說的，將之解釋為真，也可以將之解釋為假。可是，現在讓我們對上述四
個語句，稍做添補，而成下列語句。它們顯然就具有真假值了：

　　(4′) 有一個數 x，x · 5 = 0。

　　(5′) 對於所有的數 x 和 y 而言，x + y = x − y。

　　(6′) 他，盧濱斯坦，是個偉大的鋼琴家。

　　(7′) 香港，那個地方，夏天很熱。

這時 (4′) 為真，(5′) 為假，(6′) 與 (7′) 也為真。它們為什麼變得有真假了呢？
我們對於⑷—⑺這些語句，動了些什麼手術，使它們從無真假變成有真假呢？

若從文法的觀點看，好像我們施之⑷—⑺四者的手術大略一樣，就是令原來的變數有個「前行詞」，因此該變數不再是孤零獨處，而是受其前行詞所限制的。此一限制為那些語句帶進了真假值。舉例來說，在 (7′) 裏 '那個地方' 不再像它在⑺裏似的，是個無拘無束的變數，而是被限定為香港。這一限定使得 (7′) 變成一個真句。

可是我們也觀察到 (4′) 和 (5′)，與 (6′) 和 (7′) 各用不同的限定辦法來約制原來語句中所含的變數。在 (4′) 和 (5′) 之中，限定詞裏仍然含有被限制的變數；可是在 (6′) 與 (7′) 裏，就不是如此。在它們裏頭，我們把原來的變數關聯到一個指謂著某一特定事物的前行詞上；應用這種辦法，該變數只是用來代表該前行詞的替身而已。前行詞是被賦過值的，因此這一替身也有了解釋。所以我們可以把這種對於變數的約制，看成是先前討論過的賦值方式之一。

(4′) 和 (5′) 就不同了。我們對原先的⑷和⑸，分別加上了如下的限制詞：'有個 x' 和 '對於所有的 x 而言' 等等。這一類的限制詞，稱為「量化詞」(quantifier)。因此，我們在 (4′) 和 (5′) 裏所施的手術，稱為「量化」(quantification)。

量化也是封閉一個開放語句，使它變成有真假可言的（封閉）語句的方法。（我們將在討論邏輯時，對量化再加討論。）

我們的問題是：開放語句雖然沒有真假可言，可是如果它們經過賦值或量化的程序就可以具有真假值，那麼我們也要把它歸為「認知的用法」。因為它們在討論問題的過程中，甚至在建構科學的程序裏，是不可少的。我們或許可以說，它們雖然還沒有真假值，但是我們可以訴諸某些程序，使它們變成有真假可言。這類的開放語句，常常展示出一個述句（不只是語句）的架構，因此我們姑且稱之為「陳示佈構」的用法。

比方，下列開放述句都是陳示佈構的用法：

⑻假如 p 為真，則（非 p）為假。

⑼假如 p 與 q 都為真，則（p 和 q）亦為真。

⑽假如 p 與 q 中任一為真，則（p 或 q）就為真。

⑾假如不是 p 真而 q 假，則（若 p 則 q）就為真。

⑿假如 p 與 q 同真或同假，則（p 若且唯若 q）為真。

【　問題與討論　】

⑴含有變數的語句，為什麼沒有真假可言？如何令它具有真假值？

⑵要為一個含有變數的開放語句賦值，我們需不需要一些規定或限制？若要，試論其規定與限制為何。（提示：我們可不可以用下一賦值系統，來解釋'x＋3＝5'：{x＝臺北動物園裏的第一頭長頸鹿}？何故？）

⑶像'我'，'你'，'他'，'此刻'，'這裏'，'明早'……這些代名詞，在一個語句裏算不算是一種變數？試言其故。

⑷試述用來封閉開放語句的辦法。除了我們提出的兩種辦法而外，還有沒有其他方式，可以用來限定一個開放語句中的變數，使它成為封閉語句？

⑸我們舉出的兩個量化詞的確定意義為何？除此之外，可不可以有其他的量化詞？

⑹舉出五個以賦值方式，封閉開放語句的例子。再舉出五個以量化方式，封閉開放語句的例子。

⑺下列兩個語句中的'x'，在作用上有無分別？它們是不是不同種類的變數？申論之：

　　(i) x＋5＝7

　　(ii)有個 x，x＋5＝7

（提示：在(i)裏的 x 稱為「自由變數」，在(ii)裏的叫做「約束變數」。）

⑻有沒有開放語句，經過賦值或量化之後，仍然沒有真假可言？這樣的開放語句與經過賦值或量化後，就變得有真假的開放語句，有何分別？分別取名稱呼之。

⑼如果某一開放述句是種陳示佈構的用法，那麼其量化句是否為一傳知表信的用法？試試為語言「陳示佈構的用法」，下一比較精確的界說。

⑽界說是語言的那種用法？界說有無真假值？那種真假值？

30. 抒情動感與祈求律令的用法

　　現在我們要接下去討論，語言的另外兩種重要用法。它們就是抒情動感的用法，和祈求律令的用法。

　　我們都知道，文學的表達和歷史的記載有著很大的不同。歷史家在記載歷史事件時，總希望他寫下的文字，愈接近事實愈好，越接近真理越佳。因為他記載的目的在於傳達歷史知識，表述歷史信念。他所用的語言是傳知表信的用法，那樣用法的語言是有真假可言的。我們可以發問一個歷史記載的片段是否真實，是否正確；寫作該一片段的人，是不是誠實，有沒有說假。可是「根據」同一段史實，所寫下的小說或詩歌，卻大為不同。比如，當我們誦讀「長恨歌」的時候，絕少發問「楊家有女初長成」的真實，也不計較貴妃到底是空死馬嵬坡下，或是淪落風塵。白居易寫「長恨歌」的目的，並不在報導唐明皇的風流哀怨事蹟，而是在於抒發感懷，表露感受。當我們讀了又讀，陶醉在他詩句的韻律和構想的優美裏頭的時候，我們也不再發問，他有沒有弄錯，是不是撒謊，是不是在為皇帝「遮羞」。我們所考慮計較的是文辭詩章的優美，音韻旋律的抑揚頓挫，以及它為我們激發出來的豐富想像和超遠的靈感。

　　文學藝術上的作品都有這類的通性。從作者的觀點言之，他的作品是用來抒發感情，表露感觸。他將這些情愫和感受，放在豐富的靈感裏蘊釀，然後藉著優美的文字和奇巧的結構，奔放傾吐出來。當讀者讀了他的文字，想像力為之激盪，靈感因而飛揚。於是情懷默契，意境交融，靈性相映，感情共鳴。樂則拍案叫絕，欣喜若狂；悲傷時，心痛欲絕，潛然淚下。

　　以前我們說過，兩人之間的語言交通，是概念的傳遞，觀念的交往和意念的佈達。這是語言傳知表信，陳示佈構的用法。概念（觀念、意念等）就是這時所使用的語言的意義。可是在抒情動感的用法裏，兩人之間互相傳遞的主要不是概念，他們所傳達的主要在於「情意」。情意當然也是內存心中的，我們把它當做是感情、情緒、情愫、情懷、意境等等，內心感性因子的通名。概念與情意的不同至為明顯。概念是靜止的，情意是躍躍欲動的；概念是有

輪廓的，情意是無邊際的；概念是理性的，情意是感性的；概念是有邏輯的，情意是無規律的；概念是中天的太陽，情意是午夜的月光；概念是花，情意是霧；我們要概念明確，我們要情意優美；我們要概念清晰，我們要情意動人；我們說概念深奧，我們說情意綿綿。

有一點要注意的是，雖然我們把概念與情意明顯分開，可是我們並不否認它們可以共存並用，甚至互相影響。不僅如此，情意可以概念化，概念也常常披被著情意的外衣。

語言是裝載概念的舟車，傳知表信；語言也是負荷情意的江流，抒情動感。情意正好像概念一樣，是語言的一種意義。有時為了清楚區分，我們把語言所負荷的情意，稱為語言的「情緒意義」或「情緒意含」。而它所裝載的概念，則是「認知意義」或「認知意含」。

用來抒情動感的語句不是述句，它沒有真假值。這類的語言用法，是種「非認知用法」。

語言還有一種不是純粹抒情動感的用法，但卻與我們的情意有關。那就是「社交和儀禮」的用法。當我們見到相識的人，向他稱早道安的時候，我們並不在報告事態（天氣好，或他起得早等），也不純粹在吐露情緒，引起他的感應與共鳴。可是這樣的語言功能，可以幫助我們表達對別人的善意，幫助促進社會的和諧和人生的愉悅。這是情意多於概念的事。因此我們附在此處，加以提及。

除了問候語之外，還有許多社交或儀禮的語言用法。比如書信開頭的稱呼，對長輩的稱謂，交際應酬的話語，以及典禮儀式上的許多語言等等。這類的語言用法不是以事實為依據，因而也沒有真假的問題。它也是語言非認知的用法。

最後，我們要討論語言祈求律令的用法。

我們常常使用語言，去引發別人的行為，以便獲取實際的目的，達到意願的效果。比如，當我們口渴時，請求人家為我們遞送飲料。當我們失望迷惘時，祈禱上蒼，賜給我們寧靜平安，增加我們努力的勇氣。或是主人吩咐僱僕辦事，將軍命令士兵衝鋒。這些都是利用語言冀圖引動他人（他物）產生行動，獲取效果的辦法。另一方面我們發佈規章，頒佈法令，引導或限制

人們的行為和做法。這些都是應用語言，來引導，促成或規約行動的例子。這類的語言用法，我們稱為「祈求律令」的用法，也可以說是一種「導引的用法」。

導引，祈求或命令，可以明顯為之，也可以隱含進行。比方，我們可以制作法律，明令推行；也可以旁說暗喻，規勸他人。我們可以高聲命令，書面請求；也可以細聲祈禱，暗暗寄望。這些都不失為語言導引或祈求律令的用法。

另外還有一種語言用法，和導引用法極為類似。那就是「表願的用法」。這種用法與前述的例子有所不同的是，表願用法的語言，常常沒有明白確定的受話者。'但願我再聰明，更智慧!' 就是一例。貼春聯，發誓，說吉利話等等，都是這種用法的例子。

導引的用法（包括表願的用法）的目的，在於使某一（可能的）事態成為事實；或者可以說，在於促使事實的現實。它們並不在於報導事實，傳達知識或信念。因此當做此種用法的語句也是沒有真假可言的。它們也是種非認知的語言用法。

可是有一點值得在此追問，既然充當導引用法的語言在於促使事實的實現，顯然這樣的語言與事實之間，有著某種關係。這個關聯是什麼呢？當我們使用導引功能的語句時，我們心中懷有的是什麼呢？那些語句的意義又是什麼呢？（這些問題我們將在下一節加以回答。）

最後，讓我們提醒一聲，一個語句的結構或意義本身，並不決定它的用法。同一個語句，可以有許多不同的用法。

【　問題與討論　】

(1)敘述當做抒情動感使用的語言，主要功能為何？

(2)語言文字為什麼能夠動人？動人與否和是真是假有沒有關聯？它們的精確關係為何？（提示：我們知道文學不一定傳真，可是我們卻常說只有真情才能動人。）

(3)充當抒情動感的語句之意義為何？試試分析情意之構成及其作用。

並且為情意下一界說。

　　⑷比較概念和情意的不同。兩者能否互相影響？

　　⑸闡釋並評論下一陳述：「情意可以概念化，概念也常常披被著情意的外衣」。

　　⑹分析比較語文表式的「認知意義」(cognitive meaning) 和「情緒意含」(emotive meaning)。它們各有何特徵？

　　⑺是不是述句只有認知意義，而沒有情緒意義？是不是用來抒情動感的語言，只有情緒意義，而沒有認知意義？舉例說明之。

　　⑻有人認為形上學的語句，沒有認知意義，只有情緒意義。試闡明並批判此一主張。（提示：以下列語句做為形上學語句之例：

　　　(i)進化是世界的精神，它是宇宙的理性。

　　　(ii)空無最有，實有最無。

　　　(iii)道乃天地之始，萬物之母；玄之又玄，眾妙之門。
首先分析這些語句的用法。）

　　⑼試比較形上學語句與科學語句（如物理學裏的語句），闡明兩者之差異。假若形上語言不只具有情緒意含，可是又與一般科學語言有別，那麼形上語言的特徵為何？（提示：科學語句的特徵是可驗證性，或可檢證性。）

　　⑽下列語句是形上語句或是科學語句？試言其故：

　　　(i)物極必反。

　　　(ii)善惡必報，只是時間未到。

　　　(iii)凡事必有因，同因必生同果。

　　⑾使用語言來吐露情緒，和應用語言來報告感情，兩者有何不同？報告感情時，我們是否需要將情意概念化？例釋之。

　　⑿我們能否吐露抒發別人的感情？我們能否報導別人的感情？下列活動中，何者有失誤生錯的可能性？

　　　(i)吐露抒發自己的感受。

　　　(ii)報導自己的感受。

　　　(iii)報導別人的感受。

此處所謂的「失誤生錯」指的是什麼? 它怎樣發生?

⒀舉出十個「社交儀禮」的語言用法。並分別說明它們所針對的目的。

⒁語言的抒情動感的用法(以及社交儀禮的用法),為什麼是一種「非認知的用法」(non-cognitive use)?當做這類用法的語句,有無真假可言?

⒂社交儀禮的語言用法,雖然與事實無關,因而談不上真假,可是我們卻可以說,某人在這方面的語言使用不當或不對。這是什麼意思? 我們根據什麼去判斷?

⒃祈求律令用法的語言,主要目的是什麼? 我們為什麼也可將表願用法,歸入此類?

⒄舉出十個導引的語言用法,指出其中那幾個是表願用法。

⒅導引用法的語句之意義為何? 試加以深入分析。(提示: 比較充當其他用法的語句之意義。)

⒆我們的語言用法四分,對於語句集合而言,是否互相排斥? 是否共同窮盡? 若非互相排斥,舉出一些反例。若非共同窮盡,也舉出一些反例。

⒇我們的語言用法四分,對於語言的用途而言,是否互相排斥? 是否共同窮盡? 若否,舉出反例。(提示: 首先注意比較此一問題與上列⒆之不同。)

㉑為什麼「一個語句的結構或意義本身,並不決定它的用法」? 舉出同一語句可以有不同用法的例子。

㉒那些像海嘯、松濤、落花、流水、曉月、殘月、櫻唇、柳眉等等,有時被說成可以用來表情示意。這些項目與抒情用法的語言有何根本不同? 它們是不是一種非語文的「語言」?

㉓研究語言的使用,考察語文記號與其使用者之間的關係的學科,稱為「語用學」(pragmatics)。研究語言的意義,考察語文記號與其負荷的意義之間的關係的學科,稱為「語意學」(semantics)。試舉出五個語用學上的概念,五個語意學上的概念。(提示: 像 "難讀","易寫" 是不是語用學上的概念? 像 "指稱","同義" 是不是語意學上的概念?)

㉔問句所充當的語言功能為何? 試加以詳細分析。

31. 導引句‧問句與命題

我們在好幾個地方，提到和使用'命題'這個語詞。不過以往我們只簡短的說，命題是一個述句的意義。可是，有時候我們卻也依從習慣，把命題看做是述句的意義所指稱的事態。這還不算，有許多人把'命題'直接當做'述句'的替代詞，把它們看做同義語。

由於這種用法上的分歧，甚至混亂，常常引起思考上不必要的困難和障礙。因此，我們要在進一步應用"命題"這一概念，來闡釋和解答其他問題以前，先要對命題到底為何物，加以認識；對於'命題'的意義為何，加以釐清。

基本上，我們仍然要把命題看做是述句的意義。意義是內存心中的，因此命題也是存在我們心中的項目。可是到底所謂的述句意義是什麼呢？為了幫助說明起見，首先讓我們觀察一下底下的例釋：

　(1)今天是星期四。

　(2) Today is Thursday.

　(3) Heute ist Donnerstag.

這三個述句是分別用不同的語言寫成的，因此它們是不同的述句。可是它們所要表達的卻只有一個，那就是它們（共同）的意義。當我們要述說「今天是星期四」這一事態的時候，不管我們使用的是上述的(1)，或是(2)，或是(3)，我們內心的「意思」都完全一樣。這一個不受語言的不同而改變，內藏在我們心中的意思，就是那些述句的意義，也就是那些述句所裝載的「命題」(proposition)。

記得我們曾經說過，意義是內存我們心靈的概念或情意。認知意義是存在我們內心的概念，而情緒意義是內存我們心中的情意。述句含有（或裝載）的意義是認知意義，因此述句的意義是內存我們心中的概念。然而，述句的意義就是命題，所以命題是內存我們心中的概念。

可是命題是我們心中的那一種概念呢？我們心中的概念是不是有粗細之分，有簡單複雜之別？我們以前發問過，一個概念是否可加以細分為更基本

的概念的問題；我們也可以發問幾個概念是否可以合成一個較複雜的概念。對於這些問題，讓我們暫時存放心中，不加解答。不過，我們要肯定：命題是我們心靈所形成和存有的一種極為重要的概念單位（另一種重要的概念單位就是語詞——而不是語句——的意義）。因此，述句成了我們的語言中，極為重要的表達單位。

總之，從這個觀點看，命題是一種內存心中的項目，它是一種概念。它是述句的意義。這樣的命題正是我們常常要採用，來闡釋其他問題的項目。

要注意的是，對於這樣的命題，我們只能說它有或是沒有，存在或是不存在；我們不能說它到底是真或是假。不僅如此，這樣的命題是種主觀的項目，因為它是一種概念，而我們的概念是主觀的。

但是有許多人，在許多的論著裏，卻把命題當做是一種客觀的存在。他們把命題看做是一種事態 (state of affairs)，像今天是星期五，巴黎是法國的首都，1972 光年以後火星人將到地球觀光，這樣不是內存心中，而是外在於世界的事項。這些事項並不是我們的概念，不因我們的存在才存在。

依照這樣的用法，命題仍然有存在不存在的問題，可是它的存在與否卻不是依據我們的覺知來決定，甚至也不是靠我們的經驗世界的性質來決定。凡是可能的事態都是命題，像李白飛上月宮，莎士比亞點石成金，都不失為命題。不但如此，這樣的命題是有真假可言的。凡是事實，亦即凡是屬於我們這個經驗世界的事態，就是真的命題。所以像李白是唐代詩人，莎士比亞沒有到過中國，都是真的命題。相反地，像上述李白飛上月宮等，就是假的命題。

使用這個意義下的命題，有一個顯然的方便之處。因為它照理是種客觀的存在，因此不受主觀條件的左右。眾人之間的討論可以以它做為標準或目標；正好像事實（真的命題）之存在不受我們主觀因素的牽制，它是客觀的存在，它是眾人之間的討論之標準與目標。

有時為了討論上的方便，我們也要採取 '命題' 的這種用法。但為了不引起誤解與混亂，在容易生錯的地方，我們將盡可能避免這樣使用，而以 '事態' 或 '可能事態' 取代之。

第三種用法，就是把命題等同為述句。這是屢見不鮮的事。在這種用法

下，命題當然也是客觀的。它當然也是有真假可言的。可是說它存在不存在，卻是不太習慣，不太自然的事。

除非絕對必要，我們不把命題當做述句使用，以避免太多種可能的混淆。

現在讓我們把以上討論過的 '命題' 三義，總結概括地整理如下，標示出它們的特徵：

　　'命題' 第一義：

　　　　命題$_1$＝一種內存心中的概念。存在或不存在，沒有是真是假；它是主
　　　　　　　觀的。不是語文項目。

　　'命題' 第二義：

　　　　命題$_2$＝外在的事態。存在不存在，有真有假。它是客觀的。不是語文
　　　　　　　項目。

　　'命題' 第三義：

　　　　命題$_3$＝述句。有真假值。很少稱它存不存在。是種語文項目。

這三種意義的命題之間，有一種簡單的單線關係，可以表述如下：

$$\text{命題}_3 \xrightarrow[\text{(裝載著)}]{} \text{命題}_1 \xrightarrow[\text{(表達)}]{} \text{命題}_2$$

$$\underset{\text{(用來指稱)}}{\underline{}}$$

也就是說，我們使用述句裝載著我們心中的概念，來指稱事態。我們心中的概念是述句的意義，它表達著事態。所以，它們之間的幾種重要關係如下：

　　(i) 命題$_1$是命題$_3$的意義。（命題$_3$是裝載命題$_1$的舟車。）

　　(ii) 命題$_1$表達命題$_2$。

　　(iii) 命題$_3$指稱命題$_2$。

以後，為了方便與醒目，三種意義的命題在必要時，可以分別列寫如下（以「李白是詩人」為例）：

　　　　"李白是詩人"（一種命題$_1$）。

　　　　李白是詩人（或「李白是詩人」）（一種命題$_2$）。

　　　　'李白是詩人'（一種命題$_3$）。

現在讓我們討論一個，在上一節裏尚未解決的問題。那就是：一個充當

導引功能的語句（讓我們簡稱它為「導引句」），它的意義是什麼？

　　為了回答這個問題，首先讓我們比較一下底下兩個語句。第一個是述句，第二個是導引句（當語句是專行陳列——而不是出現在上下文的脈絡裏——的時候，除非必要，我們一概不加上單引號）。

　　　(4)門開著。

　　　(5)把門開著！

(4)這個語句是用來報告一個事態的，它若為真，則它所報告的是個事實。(5)是一個命令（或請求），它是要用來導引人家，把某一事態促成事實。(5)這一述句（命題₃）所指稱的事態，與(4)這一述句所指稱的事態，完全一樣，就是「門開著」這一事態。它們所不同的是如何展示這述句，它代表著使用這些述句的意向之不同。

　　讓我們把內心如何存放或保留命題（當然是命題₁）的方式或樣式，稱為該命題的「模態」(modality)。那麼一個語句的意義事實上不只是內心的命題，同時也是該命題的模態❶。兩者的結合才構成語句的完整意義。在(4)裏，我們存放"門開著"這一命題的模態是「肯定斷說」，可是在(5)裏，我們內心存放該一命題的模態，卻是「規約律令」。因此，當分別表現到(4)和(5)上面時，我們的意思不同，我們的意向也不同。雖然我們心中有著共同的命題。現在讓我們把(4)和(5)分別改寫如下，顯示出我們剛才說的模態來：

　　　(4′)（⊢）（門開著）

　　　(5′)（！）（門開著）

我們可以把‘（⊢）’稱為「斷言模態詞」，它指謂著我們心中的肯定斷說的模態；而把‘（！）’稱為「律令模態詞」，它所指的是我們內心裏規約律令的模態。

　　嚴格精確地說，所謂語句的意義是經過模態化 (modalized) 的命題，或是模態化了的情意。不是單純的命題和情意的「絕對值」。

　　問句的情形也是一樣。可是為了說明的方便，首先讓我們區別兩類問句。觀察底下的例子：

　　　(6)門開著嗎？

---

❶　我們先不考慮充做抒情動感使用的語句。不過它的情形也類似。其完整的意義是我們心中的情意，以及情意的存在樣式（模態）的結合。

(7)什麼開著?

對於像(6)這樣的問題，我們的回答理該是「是」或者「不是」；可是對於像(7)這樣的問題，我們的回答就不同了。它可能是「門」，是「書」，是「嘴巴」等等。我們可以把第一類的問句稱為「確定問句」，而把第二類的問句稱為「不確定問句」。

首先討論確定問句，對它的瞭解可以完全比照導引句的處理方式行之。比方，我們把(6)改寫為：

(6′)（?）（門開著）

把‘（?）’稱為「疑問模態詞」，它指謂著我們心中存放"門開著"這一命題的「疑難尋問」模態。所以這類語句的意義也是一種模態化了的命題。

不確定問句與確定問句的唯一不同，在於命題部分。此一部分不是像上述解析過的命題，是個完整的「封閉命題」，而是含有「空位」的「開放命題」。我們可以將(7)改寫如下：

(7′)（?）（x 開著）

正好像我們可以把

(8) $x + 3 = 5$

瞭解為下列的 (8′) 一樣：

(8′)（⊢）$(x + 3 = 5)$

(8)所裝載的意義，是一個「開放命題」。

所以，疑問句的意義，正如「斷說句」（陳述句），導引句一樣的，也是種存在我們心中，經過模態化了的命題。

除此以外，還有許多的方式將命題模態化。比如，我們可以試問下列語句的意義為何：

(9)門可能開著。

(10)門必然開著。

(11)門大約開著。

(12)門應該開著。

(13)門容許開著。

(14)門知道是開著。

⒂門相信是開著。

⒃門但願是開著。

種種等等，不勝枚舉。讓我們為了例釋，把⑼和⑽分別改寫如下：

(9′)（◇）（門開著）

(10′)（□）（門開著）

‘（◇）’與‘（□）’都分別代表我們心中，存放“門開著”的模態，它們都是模態詞。當今所謂的「模態邏輯」(modal logic)，主要的就是研究這兩個模態詞的性質，以及以它們為基礎建構起來的系統（模態系統）。

這些語句的意義，也是模態化了的命題——開放命題或封閉命題。

【　問題與討論　】

⑴我們以往所使用的‘命題’是有歧義的，何故？

⑵現在我們怎樣分析‘命題’？試述‘命題’三義；它們各自有何特性？

⑶為什麼命題是我們心靈所形成和存有的一種極為重要的概念單位？（提示：考察一下述句的重要性。）

⑷試述語詞的意義（一種概念）和命題（另一種概念），兩者有何分別。它們兩種概念，有何關聯？

⑸若把命題看作是可能的事態，那麼它與事實有何關係？這樣用法的‘命題’，對我們的思考與討論有何方便之處？

⑹如果命題是種（可能的）事態，那麼其存在與否的標準為何？（提示：思考一下‘可能事態’中的‘可能’的確定意義。）

⑺我們說命題（事態）與事實（真的命題），都是些客觀的存在，但並沒有說，我們對命題和事實的瞭解與把握也是客觀的。何故？

⑻評論下一斷言：「（被等同為述句的）命題當然也是客觀的。它具有真假值。可是說它存在不存在，卻不是很自然的事」。

⑼詳細檢查三種命題之間的關係。指認下列項目，看看是不是命題，是那一種命題：

（i）「李白賦詩」。

(ii) "李白賦詩"。

(iii) '李白賦詩'。

(iv) '李白' 賦詩。

(v)李白賦詩。

(10)什麼叫做模態？它是屬於那種項目？什麼叫做模態詞？它是語文項目或者不是？

(11)闡釋下一斷言：「述句的意義是經過模態化的命題」。

(12)詳細說明「抒情語句的意義是經過模態化的情意」。試構作一個完整的「情緒意義論」。

(13)述句所具有的意義，稱為認知意義；抒情語句所負荷的意義稱為情緒意義。可是導引句，問句的意義屬於那一種？或者是種新類別？詳細討論之。

(14)分析文中(11)一(16)各語句，把它們的「模態結構」顯露出來。

(15)界定上列(14)中，所提的'模態結構'。它所指的是語文項目或非語文項目？

(16)除了我們討論過的而外，再舉出五種具有不同的模態結構的語句。

(17)把 '( )' 當做是「空洞模態詞」，沒有指謂任何模態。試問下列二者有何分別：

(i) ( )（門開著）

(ii) (⊥)（門開著）

若不將它們的模態結構，像上面這樣明白表現出來，只寫成平常的語句，有沒有辦法區別兩者？

32. 語詞的意義

以前我們說過，命題是很重要的意義單位。可是經過上一節的解析，我們知道命題只是構成某種語句的意義之不可或缺的要素。模態化過的命題，才是那些語句的意義。由於用來幫助思考或用來進行討論的語言單位，一定

是語句或其同等項目；因此，模態化了的命題，無疑是最值得重視的意義單位之一。

　　另一個非常值得重視的意義單位，我們以前也提過，是語詞的意義。在這一節裏，我們要接著考察它到底是什麼，並且進而討論一些和語詞以及和語詞的意義有關的問題。

　　我們使用 '馬' 這個語詞，道說馬這種動物。這樣的稱呼關係，稱為「指謂」(denotation) 或指稱關係。我們以 '馬' 指謂馬。可是 '馬' 這個語詞的意義，卻不是馬這種動物，而是存在我們內心的馬的概念（即 "馬"）。我們內心先有了馬的概念，才發明 '馬' 這個字來裝載這個意義。所以語詞的意義也是一種心靈的項目，它是一種主觀的概念。這三者的關係可以表達如下：

$$\text{'馬'} \xrightarrow[\text{（裝載著）}]{} \text{"馬"} \xrightarrow[\text{（表達）}]{} 馬$$

（指謂）

也就是說：

　　（i）"馬" 是 '馬' 的意義。（'馬' 是裝載 "馬" 的舟車。）

　　（ii）"馬" 表達馬。

　　（iii）'馬' 指謂馬。

我們比較一下，就發覺 "馬"，馬和 '馬' 之間的關係，和上一節裏所說的命題$_1$，命題$_2$ 和命題$_3$ 之間的關係，完全類同。兩者的關係結構完全一樣。

　　由於語言是我們發明來裝載內心意義的舟車，因此，我們常常構詞造字，用來負荷我們心中的概念，而不是用來指謂存在的事物。固然，當我們看過馬，心中有了馬的概念，可以造字裝載它（因而指謂馬）。可是我們從未見過龍，內心也可以構成龍的概念（即 "龍"）。因此我們創造 '龍' 這個字，來裝載 "龍"。可是 '龍' 這個字並沒有指謂著任何存在的事物。因此，如果我們說：

　　（1）'龍' 指謂著龍。

這與下一個語句：

　　（2）'馬' 指謂著馬。

極為不同。當我們說：

⑶橫刀躍馬。

我們言之有物；可是當我們說：

⑷龍飛鳳舞。

我們卻言之無物。因為並沒有龍和鳳這樣的東西存在。我們可以說，像‘龍’這樣的語詞，是種空洞語詞，或者稱為「空詞」。不過我們要小心，空詞只是沒有指謂任何存在的事物，它並非沒有意義。同樣的，含有空詞的語句，即使並不指稱任何事實（真的命題），可是也並不表示它沒有意義。

讓我們再把⑴與底下的⑸比較看看：

⑸‘方的圓’指謂著方的圓。

在⑸裏‘方的圓’不只是個空詞，它可以說是個「絕對空詞」。因為它所號稱指謂的事物，不但沒有存在，而且不可能存在。基於這個理由，我們可以把像‘龍’這樣的空詞，叫做「相對空詞」。

同樣的，雖然絕對空詞必然不指謂任何事物，它並非沒有意義。一個含有絕對空詞的語句，即使並不指稱任何事實，也並不是沒有意義的。

空詞以及含有空詞的語句，用途極廣，對於人類文明的助益極大。因為我們心中的概念，常常是引導我們發明與發掘的指針，它也常常是我們試圖實現理想的藍圖。

在這裏，我們要及時提出一個很重要的分別。當我們說（認知）意義是我們心中的概念的時候，我們所指的並不是心中浮起的影像或圖象。這點我們只要細心作想，就很容易明白。比如，馬的概念並不類似馬；紅的概念並不紅。這一點道理，雖然一指出來就很明顯，但是常常因為不察，引起一些思想上的混淆與困難。比方，當我們發問，夜裏做的夢是否有顏色，而不只是黑白兩色的時候，若有人回答說，他前一天夜裏做的夢的確有顏色，因為他夢見失火。大火把天燒得通紅。這樣的陳述，就算他記憶可靠，報導無誤，也不一定是他的夢有顏色的驗證。因為我們還要發問，在夢中他到底是「看」到一幅一幅的影像（可能有顏色），或只是使用概念「空想」。兩者是具有很重大的分別的。

談及語詞的意義及其所指謂項，我們必須注意，前者固然是種抽象的項

目，後者也不一定不是抽象的。比如‘善良’、‘友情’、‘真理’、‘正義’這樣的語詞，所指謂的都是抽象的項目。更要注意的是，並不是凡是抽象的項目，都是存在心靈之中的。比如夫婦關係是種抽象的項目，可是它卻存在於每一對夫妻之間。當然語詞的所指謂項也可以是某種概念，這時它的意義則是存於內心的某種概念之概念。在我們的心靈裏，形成概念的概念，這並不是一件很奇特的事。我們的心靈具有這樣的能力；正好像我們不但能夠知道某事某物，我們還可以知道我們知道該事該物一樣。

提到語詞的意義時，有一點必須注意。不同的語詞可以用來裝載同樣的概念。比如‘爸爸’和‘父親’就是（或是那些存在於不同的語言之間，但卻用來負荷同樣的意義的詞語）。而且，不同的概念（意義）也不一定表達不同的事物。比如，"三角形"與"三邊形"是兩個不同的概念，但它們表達的事物，卻相同。這就是說，具有不同意義的語詞，並不一定指謂著不同的事物。當然，兩個語詞，若負載著同樣的概念（具有同樣的意義），那麼它們所指謂的事物一定相同。

對於語句的意義，我們也可以做出類似的斷言：不同的語句可以用來裝載同樣的意義；它們可以指稱同樣的事態。可是具有不同意義的語句，卻不一定指稱不同的事態，雖然具有同樣意義的語句，必定指稱同樣的事態。

基於文法和邏輯上的分析需要和學習上應用上的實際方便考慮，我們常常把語詞和語句尖銳地分開。這樣的區分很容易給人一個印象，以為它們各自的意義，也是屬於完全不同的種類。事實上，有些目前流行的意義理論，的確有此結論。可是在我們的意義論裏，它們分別都是內存心中的概念（我們現在暫不考慮情緒意義）。概念當然有簡單複雜之分，含糊明確之別；結構不同，成分相異。但這並不是語詞的意義和語句的意義之分野。依照我們上面所說的，語詞之意義和語句之意義間，最大的不同在於前者是沒經模態化的概念，而後者則是經過模態化了的概念。我們若將語句意義的模態取消，所剩下的概念與語詞的意義是完全同質的（同質並非相等）。

比如，白的馬和馬是白的，兩者是不同的。前者是一事物，而後者卻是一個事態。可是‘馬是白的’這一語句的「模態結構」是：

　　⑹（卜）（馬之為白）　　　　或　　　　（卜）（馬白）

而不是：

　　(7)　（　）（馬之為白）　　　或　　　（　）（馬白）

其意義當中的未經模態部分，即“馬白”（或“馬之為白”）與白的馬之意義，
即“白的馬”，兩者是屬於同質的概念。

　　用來做為我們心中的「意思」傳遞的，不是純粹概念，而是模態化過的
概念。這也就是為什麼語句才是真正有用的語文單位的緣故。因為只有它才
可算是當做此種或彼種用途，充任這種或那種功能。

【　問題與討論　】

　　(1)分別說明命題，模態化命題和語詞的意義，在思考上的重要性。

　　(2)說明語項，其所指謂項，和其意義之間的關係。並將此一關係與
命題₁，命題₂和命題₃之間的關係，做一比較。

　　(3)闡釋下一斷言:「我們常常構詞造字，用來負荷我們心中的概念，
而不是用來指謂存在的事物」。

　　(4)我們沒有經驗過某物，也可以形成該物的概念。有沒有一些東西，
我們有過經驗，但卻形成不了它的概念的?

　　(5)如果我們說，‘龍’所指謂的是一種可能的事物，那麼所謂「可能
事物」到底是什麼? 有沒有不可能的事物?

　　(6)我們說‘方的圓’是個絕對空詞，而可以把‘龍’稱為相對空詞。
試問相對於什麼?

　　(7)一個含有空詞的語句，可不可以指稱著某一命題（事態）? 它可不
可能指稱某一事實（真的命題）?

　　(8)空詞以及含有空詞的語句,用途極廣,對於人類文明的助益極大。
試詳言其故。

　　(9)闡釋並評論:「“馬”不類馬，“紅”不發紅」。

　　(10)哲學家巴克萊 (George Berkeley) 認為存在我們心中的「意念」
(idea) 都是個殊的，而不是普遍的。比如我們心中存有的人的意念，總
是張三或李四這樣個別的人的意念，而不是人本身的意念。試試對他的

見解加以闡發與批判。(提示: 我們曾經區別心中的概念與存在心中的圖象。)

⑾何謂「抽象的項目」? 試為它下一個確切的界說。下列諸項, 何者是抽象的, 何者不是: 語言、文字、意義、關係、國家、地位、民主、自由、人權、知識、能力、天堂、上帝、原子、紫外線。

⑿是不是凡是抽象的項目都是內存心中? 詳細加以分析。(提示: 區別「內存心中」與「由心覺知」。)

⒀舉出一些語詞, 其意義不只是概念, 而且是概念的概念。(提示: 考察 '龍概念'(不是 '龍')這一語詞的意義。亦即檢查一下 "龍概念" (不是 "龍"), 到底為何物。)

⒁我們曾將概念與內心的圖象分開, 試問為了方便瞭解, 或便利處理等目的, 我們是否可以將概念「圖象化」? 試舉例說明之。

⒂圖象化的概念是不是自然會損傷原有概念的精確? 在嚴格的思考過程當中, 它是不是只能用來做為輔助, 而無法做為概念的替代?

⒃有沒有概念是無法圖象化的? 如果有, 例釋之; 如果沒有, 言其故。(提示: 參見底下⒄的答案。)

⒄概念之圖象化是不是有深淺粗細, 粗鬆嚴密之分?

⒅語詞和語句之區分有何方便或必要之處? 詳細列舉理由。

⒆試述語詞意義與語句意義之分別, 以及彼此的相關性。

⒇為什麼我們說, 語句才是真正有用的語文單位? 我們不是經常使用語詞而不是完整的語句嗎? 試言其故, 並例釋之。(提示: 當我們使用語詞, 充當某種功能時, 它們是否只是殘缺不全, 或簡略縮寫的語句替代品?)

(21)列舉十個例子, 說明兩個語詞具有不同的意義, 但卻指謂著同樣的事物。

(22)為什麼兩個具有同樣意義的語詞, 它們所指謂的事物一定相同?

(23)詳細闡明, 並例釋下一斷言:「具有不同意義的語句, 可以用來指稱同樣的事態, 雖然具有同樣意義的語句, 必定指稱同樣的事態」。

(24)以我們發展的意義理論為基礎, 精確界定下列諸項目: 同義性

(synonymity)，有義性 (meaningfulness)，無義性 (meaninglessness)，歧義性 (ambiquity) 和混合性 (vagueness)。

　　㉕有沒有一些語文表式，只有用法而沒有意義的？若有，例釋之。

33. 有義性和可表達性

　　當我們在討論問題與解答的時候，我們曾經提及有解的問題和無解的問題。我們也說過，有些人認為許多「形上學語句」是沒有意義的。現在我們要正式發問，怎樣才叫做一個語文表式有意義，怎樣叫做沒有意義。

　　首先，我們要肯定語詞之無所指謂，並不表示它沒有意義。比如，我們說過，‘龍’、‘鳳’等詞都不指謂任何事物，可是它們分別都有意義。也就是說，雖然並沒有龍，也沒有鳳；可是 "龍" 與 "鳳" 都存在（我們心中）。不過，一般人在道及有無意義時，他們往往不太注意這一區分。比如，在數學的課本上，我們發覺作者說：

　　‘$\frac{a}{0}$’無意義。

可是，事實上我們應該說，該一記號不指謂任何數。可是它並非因而沒有意義。假若我們把某一語詞有無指謂，稱為它的「指謂值」（簡稱以 ‘D’），那麼我們可以說：

$$D\left(\text{‘}\frac{a}{0}\text{’} \right) = 0 \text{ 並不涵蘊 } \text{“}\frac{a}{0}\text{”} = 0$$

　　那麼在什麼情形之下，一個語詞才沒有意義呢？記得我們說過，符號是具有語文意義的記號，語詞是一種符號，因此凡是語詞皆具有意義。這個理由非常簡單，我們是內心先有概念，先有意義要表達，才發明語言創造文字的。語言文字並不是自然長在那兒，等候我們去填裝意義的。

　　所以關於語詞的有義性，我們可以做如下的斷言：凡是語詞，皆具有意義。

　　我們接著看一看語句的情況怎樣。起先，我們可以比照上述對於語詞的說法，肯定說：語句若不指稱事實（真命題），這並不表示它沒有意義。像‘莫愁湖位於洛陽城’，所指稱的就不是事實，可是它顯然具有意義。當然指稱事

實的語句必定具有意義。

可是，我們能不能說，凡是語句都具有意義呢？語句和語詞在發明與構
創上有一點不同。我們說過了，我們心中先有了意義，再創造語詞來裝載它；
可是當我們有了語彙與文法規則之後，往往可以構作出許多並沒有意義的語
句。因為文法或語法上的規則與語意上的規律或約定並不一致的關係。記號
與記號之間的關係，並不能保證它們是否裝載著（或可用來裝載）我們心中
的意義。研究記號與記號之間的關係的學科，稱為「語法學」(syntactics)。語
用學、語意學和語法學，合稱為「記號學」(semiotic)。

讓我們以 p 代表一個語句，‘T(p)’代表 p 的真假值，‘t’代表真，‘f’
代表假；那麼，對於語句的有義性，我們可以肯定：

T(p) = f 並不涵蘊 p 無意義。

同時，也可以肯定：

p 若有意義，也不涵蘊 T(p) = t。

可是：

T(p) = t 涵蘊著 p 有意義。

而事實上，我們也可以斷言：

T(p) = f 涵蘊著 p 有意義。

從以上所說的去觀察，語詞和其意義之間的關係，與語句和其意義之間
的關係，有極其類似之點。

當我們追問語言的有義性和無義性時，我們通常總是注意語言的表式方
面，有意無意以它做為考察的重點。我們這麼做，並不是沒有道理的。我們
說過，意義雖然內存心中，但卻可以經過約定俗成的程序，獲得交互主觀的
性質。因此，語言常常游離於「現實世界」之上，幾乎成了具有獨立生命的
項目。

可是我們不能過分看重語言的「獨立性」。尤其要注意「無使用者，就無
語言」。因此語用的考慮——不只是語意的研討——是極為基本，極為重要的。
我們要考察語言的意義，但也要注意它的用法。語文表式的意義和人們使用
該表式的意向，兩者雖然有關，而且經常相伴，但卻不是同一項目。意義是
一事，意向是另一事；有義性是一事，有意性是另一事。前者是語意的概念，

後者卻屬於語用的範圍。區別此二者，我們就很容易瞭解許多基於語言上的誤解，像「說者無心，聽者有意」，就是一例。不將兩者分開，往往會引起思想上的混淆，形成一種謬誤。

我們問過了語言的有義性。現在讓我們倒轉一個方向，追問意義的可表達性。我們的問題是：我們所擁有語言表式，是不是可以用來裝載存在心中的每一個意義？也就是說：會不會有些意義，是無法用語言加以表達的？

當然我們一望即知，這個問題的答案和某一語言的結構與內容豐富的程度有關；也與我們心中的意義之性質與複雜性有關。因此必須在兩方面都有一個嚴格的界定程序與判斷標準之後，可表達性的問題才可望獲得一種有效的討論和圓滿的解答。這並不是我們在此可以辦到的事。等我們以後討論邏輯系統的時候，將對這個問題做一個比較嚴格的觀照。不過，有幾點可以在此地簡略地報告一下：

(1)一個語言不一定要有無窮多的語彙，才可以有無窮多的語文表式。事實上，只要有一組極少的基本語彙，就足以構成無窮多的語文表式。

(2)假定所謂的語文表式，是些有限長的符號連串，那麼我們可以證明得出：一個語言可構作出來的表式數目，最多等於第一級無窮大那麼多（亦即其數目最多等於 $\aleph_0$）❷。

(3)可是有些東西的數目，卻多於第一級的無窮大。比如一段直線上的幾何點的數目，所有實數的數目就是。

(4)因此許多東西是沒有語詞可以用來稱謂，也沒有其他任何表式，可用來描狀的。比如，有些實數就分不到名字。

從上面所說的，我們當然無法證明，有什麼東西是不能夠加以道說的。比方，很多實數沒有名字，當然不一定要有名字才可加以道說。我們對於實數性質的研究，經常不必「指名」就可以進行。但是我們是不是可以追問：我們心中的意義是不是多於我們語言的表式？有些概念或情意是不是沒有名字呢？或者發問：我們內心是否可以有些微妙之意，超乎語言道說或描述的範圍？

---

❷　像整數，正整數，偶數，九的倍數等等，其數目都等於第一級的無窮大。我們可以有無窮級（無限多種）的無窮大。

　　這樣的可表達性問題，值得我們去深思細想。因為有許多哲學家（尤其是玄學家），從常人的觀點看，似乎出言謬異，用語荒唐。然而，到底是他們的語言真的沒有意義呢？或者他們心中的確存有一些真義，只是他們所使用的語言，缺乏那樣的表達能力？

　　記得我們以前曾經發問過，是不是每一個問題都有一個問句與之對應呢？也就是說，當內心存有問題的時候（一種疑問模態化的概念），我們是否都能將之形諸語言，做成問句呢？對於這個問題，現在我們應該知道如何去考察了。

【　問題與討論　】

　　(1)設 A 為一語詞，若 A 不是無意義，則是不是涵蘊 D(A) ≠ 0？

　　(2)為什麼 $D\left(\dfrac{\text{'}a\text{'}}{0}\right) = 0$？它與 D('龍')= 0 的情況有無不同之處？（提示：我們可不可以說，(□)($D\left(\dfrac{\text{'}a\text{'}}{0}\right) = 0$)？但是我們可以說(□)（D('龍')= 0）嗎？）

　　(3)我們說，凡是語詞皆具有意義。這是否表示凡是文字皆具有意義呢？（提示：也就是說，是不是每一個字都算是一個語詞呢？）

　　(4)我們說語言文字，是我們為了表達內心的意義，而創造而發明的。它不是原來長在那兒，等待我們去填裝意義。可是我們能不能發明一種「造字機」，不斷地製造一些新「字」，存放那裏，供我們以後備用。這些新字豈不是還沒有意義嗎？

　　(5)為什麼並不是凡語句皆具有意義？例釋之。

　　(6)合乎文法規則的，不一定具有意義；但是不是凡具有意義的一定合乎文法規則？試討論之。

　　(7)我們能不能說：語句若不指稱命題，它不一定沒有意義？試細心討論之。

　　(8)我們是不是也可以肯定：

　　　　若 D(A) = 0，則 A 有意義？為什麼？

（假定 A 是某一語詞?）（提示：試與下列斷言做一比較：若 T(p) = f，則 p 有意義。）

⑼語詞的指謂值，和語句的真假值，兩者有什麼相似之處? 有什麼相異之點?

⑽試從有義性或無義性的觀點，比較語詞和語句的異同。

⑾我們可不可以說，若 T(p) ≠ t，則 T(p) = f，若 T(p) ≠ f，則 T(p) = t? 我們是不是還可以說，若 D(A) ≠ 0，則 D(A) = 1，若 D(A) ≠ 1，則 D(A) = 0? （提示：把 D(A) = 1，唸成：A 有指謂，或 A 有所指。）

⑿有沒有一個語詞 B，若 D(A) = 1，則 D(B) = 0，若 D(A) = 0，D(B) = 1? 有沒有一個語句 q，若 T(p) = t，則 T(q) = f，若 T(p) = f，則 T(q) = t? 例釋之。（提示：比較‘馬’與‘非馬’，以及‘今天是星期日’與‘今天不是星期日’之間的關係。）

⒀區別「有義性」(meaningfulness) 和「有意性」(intentionality)。兩者有何關聯?

⒁哲學家休謨 (David Hume) 說，凡可區別的 (distinguishable) 一定可以分開 (separable)。試問語言的意義和語言的用法，是不是個反例? 細論之。

⒂舉出一些淆混語意和語用的謬誤例子。我們可以用什麼名稱稱呼之?

⒃我們使用的‘表達’一詞有歧義。何故? 此歧義有無害處?

⒄評論下一陳述:「那些聽懂你的話的人，你不必對他開口; 那些聽不懂你的話的人，你說了也沒有用處」。

⒅試述語言的「可表達性」或「表達力」(expressive power)，決定於一些什麼因素。

⒆一個語言至少需要有幾個基本的語彙，才足以構成無窮多個語文表式?

⒇證明一個語言的表式數目，最多只有第一級無窮大那麼多。（提示：設法證明一個語言的表式數目，可以做直線式的排列，因此可以「映入」(map into) 正整數系列。）

⑵⒈證明實數比正整數多。（提示：設法證明實數無法映入正整數，也無法「映成」(map onto) 正整數。）

⑵⒉有沒有一些東西是不可道說的？（提示：「道可道非常道」，何以故？）

⑵⒊有些哲學家喜歡談論類似「無聲之音」，「無話之語」等等。根據此一想法，我們能不能說，無言之言也是一種語言？照此思路，那麼道不可道，是否只是指不可用普通語言來道。我們可否改用非常語言，加以非常道之？（這時‘道可道非常道’獲得了另一全新的解釋！）試試加以分析。

⑵⒋試問專名 (proper name) 的意義為何？標點符號的意義為何？試分別加以解析。

⑵⒌所謂「不可說，不可說」（佛家語），表達一些什麼意思？此處‘不可’當作何解釋？‘說’又當作何解釋？

⑵⒍闡釋：「此中有真意，欲道已忘言」。

⑵⒎試深思細想下一問題：那些玄學家的怪異語言，真的完全沒有意義？或只是無能表達他們心中的真義？

⑵⒏是不是每一個問題都可以用一個問句將它表達出來？

34. 情緒意義

至今我們對於意義的討論，主要集中在所謂「認知意義」。這是因為它對思考和問題的討論，最直接相干的緣故。可是情緒意義並非對思考和討論，沒有任何關聯。不過其相關常常是間接性和反面性的。比如，我們常常聽人說，不要「以文害義」，或是那所謂「訴諸情緒的謬誤」，經常是和語文的情緒意義有關的。

我們業已說過，語文表式的情緒意義，是內存我們心中的「情意」。正好像我們是把‘概念’一詞用做很廣義的用法似的，在此我們也要把‘情意’一詞，當做很廣義的用法。它所指的包括以前我們說過的感情、情緒、感觸、

情懷等等。因此悲歡喜樂、愛惡憎恨，固然是種情意；就是詫異之心，驚嘆之念，也是情意；甚至像觀月初升，似有所待；送日西下，若有所失，這種莫名的情愫，也是情意的一種。

除了像驚嘆號（‘！’）或者‘唉’‘喲’‘矣’‘哉’這類特殊字眼外，很少有語詞只是專門用來裝載情緒意義，而沒有附帶認知意含的。當語言充做抒情動感的用法時，它的主要目的固然在於揭發感觸，表露情懷；進而引起共鳴共感，交映交輝。可是要抒情，不能完全離開內容；要動感，也不能言之無物。儘管小說詩歌裏所描述的，不一定是真情實事，但裏頭卻含有內容與情節；雖然那種語言並不全然指稱著真的命題，它卻經常指謂著命題。也就是說，情緒意義常常依附在認知意義之上。這是因為我們的情意並非來風空穴，無根無據；它往往是附著在我們內心的概念之上，與它「形影相隨」，甚至成了它牢不可破的外殼，成了它迷人惑眾的糖衣。

由於人不只是理性的動物，人也是（而且更是，也更應該是）有情的動物。當我們經驗著某一事物，體驗到某一事實，甚至只是想像著某一可能的事態時，我們不只是應用我們的理智去瞭解去觀照，我們也使用我們的感情去領會去激賞。甚至兩者交融一處，統一體驗。於是，當我們乍聽雷動，不只起好奇認知之心，也生慌恐驚訝之念；當我們靜觀落日，不僅覺知萬家燈光將臨，也起夕陽雖好黃昏已近之嘆。或聽松風而神馳，或見花落而傷逝；這些都是認知與感懷交關的例子，也進而是概念與情意接會的基礎。認知意義和情緒意義的關係之密切，由此可見。

由於情緒意義是我們內心的情意，它是主觀的項目。當我們要表露我們的情意時，我們選擇某一足以裝載它的語文表式為之。由於上述的認知意義與情緒意義的關聯，這一選擇常常是比較間接的。我們往往是選取一個語文表式來負載我們的概念，進而負載與此概念相伴相生的情意。這就是為什麼目的在於抒情動感的文字，也要（而且往往更得要）經過適當的內容與情節，才能達到目的的緣故。我們可以說，情緒意義常常是要以認知意義為基礎的。

可是，儘管情緒意義也像認知意義一樣，追根究底來說，是純粹主觀私有的。可是這並不表示，它一定得永遠停留在「獨我」的層界。不同的個人之間，經驗可以互相交換，情意可以彼此感染。尤其是在具有相似的文化背

景、歷史背景和社會背景之下的人們，此種溝通尤其容易。因此，情緒意義
也和認知意義一樣，可以是「交互主觀」的。具有情緒意義的語文表式，也
因而可以用來做為傳情達意，抒發動感的交通工具。

　　我們說過，由於長期使用的結果，語言常常會在不知不覺之中，游離於
我們的經驗。於是我們顧名而未思義，用字因而廢言。具有情緒意含的語言，
常常特別容易顯露這一病態現象。我們心中沒有真實的感受，但卻可以使用
優美的語言；沒有鮮明的意義，但卻無礙於動用奇彩的詞藻。因此語文和情
意分離，語言世界和經驗世界隔斷。這常常帶給我們困苦、混淆和災禍。

　　在情緒意義的脈絡裏，也像以前在認知意義的脈絡裏一樣，我們可以發
問一些相干的問題，比如有義性、可表達性、同義性、歧義性、混合性等等。
這些問題都可以比照──但不是完全跟從──以往我們提出的處理方式，加
以探究；因此我們不在此地正式加以討論。可是，另外有兩個問題，我們卻
要在此明白發問，正式檢討。

　　第一：當我們討論語詞的時候，我們曾經介紹它的「指謂值」；討論語句
的時候，我們提起它的「真假值」。這些都直接與語文表式的認知意義有關。
現在我們要發問：那麼在情緒意含的範圍裏，我們對於語詞和語句是不是也
有（或可以有）相類對比的賦值呢？

　　當一個語詞用來裝載我們情意的時候，我們可以區別它所負荷的情意內
容，和那情意內容所從屬的態度方向。比如，我們的情意可以是喜愛、激賞、
歡躍、神馳；也可以是憎惡、憤怒、討厭、恐慌。前者可以說是正面（或正
性）的態度，而後者可以稱為反面（或負性）的態度。正面的態度常常與我
們對某事物的喜歡、欣賞、贊同、擁護有關；相反地，反面的態度常常表示
我們對於某事物懷恨、不滿、反對或非難。因為這樣的緣故，某一個事物若
為我們所喜愛，或者直接間接與我們愉快的經驗關聯在一起，那麼我們對於
指謂該一事物的語詞，常常賦與正面的情緒意含。相反的，假若某一事物為
我們所討厭，或者直接間接與我們不愉快的經驗有關，那麼我們常常使用指
謂該事物的語詞，裝載反面的情緒意義。當然這裏說的喜愛與討厭，不一定
純粹是個人的，也可以是整個社會或集團的。

　　讓我們暫且把這種語詞帶有的情緒意義之正負值，稱為「情態值」。我們

對於某一語句 A 之（情緒意義的）情態值（略寫作 'E'）的正負，可以表示如下（'+' 代表正值，'−' 代表負值）：

$$E(A) = + \qquad 或者 \qquad E(A) = -$$

　　具有情態值的語詞，在討論的場合裏，往往發生一種微妙的導引作用。當我們使用或遇人使用正值語詞時，我們對該語詞所指謂的事物，產生擁讚之心或喜好之情；相反地，當我們使用或見人使用負值語詞時，我們對該語詞所指謂的事物，產生非難之意或厭惡之念。這樣的情態值，往往影響我們的認知，進而從旁指導我們的結論。有時候，兩個語詞指謂著相同的事物，但是因為兩者的情態值不同，其影響力往往差別甚大。比如 '公僕' 與 '官僚' 就是一對明顯的例子。

　　當我們的目的是在追求客觀的問題答案時，我們應該努力避免被情緒意含所左右。最好能夠避免使用帶有強烈情緒意義的語詞。

　　充當抒情動感的語句，也可以像上述語詞似的，具有情態值。而且兩者幾乎沒有任何重要區別。也就是說，對於某一帶有情緒意義的語句 P 而言，我們可以說：

$$E(p) = + \qquad 或者 \qquad E(p) = -$$

　　不過帶有情緒意義的語句另外還有一個特色，那就是感動我們，甚至進而導引我們的功能。比如，當我們敬仰的人說他不喜歡煙味時，我們避免在他面前吞雲吐霧；當我們的情人說她喜愛天上的星星，我們恨不得把它摘下來，做為友情的禮物。又如：我們聽說節儉是美德，我們就避免浪費；聽說撒謊是罪惡，我們也就儘量誠實。這類由帶有情緒意義的語句，所施加於我們的「循循善誘」力量，可以稱為語句的「誘導值」(persuasive value)。誘導值可以規定為正負，也可以依其力量等級加以區別。不過為了實用與簡單起見，我們約定誘導值乃成敗，或有效無效。前者以 '1' 代表，後者以 '0' 表示。那麼，一個語句 p 之誘導值 P，可以表示如下：

$$P(p) = 1 \qquad 或者 \qquad P(p) = 0$$

　　語句的誘導值在討論的脈絡裏，也是值得注目的項目。它往往在基礎上，打動了我們的情意，進一步影響我們的判斷，而沒有被我們所察覺。

　　第二個要討論的問題，是關於「認知意義」。我們以前說過，一個語句若

有真假可言，則它具有認知意義。可是我們尚未決定，一個語句若堪稱具有
認知意義，它是不是一定具有真假值？許多人認為是的。他們把具備真假值
與具有認知意義，等同起來；兩者互為充分而又必要條件。依據他們的看法，
傳知表信，甚至陳示佈構的語句具有認知意義，可是像導引句和疑問句，就
沒有具備認知意義，因為它們並沒有真假值。

　　依據我們在本書裏頭，所揭發的意義理論，疑問句和導引句固然沒有真
假，可是我們卻要說它們具有認知意義。因為我們已經說過了，它們與一般
陳述句之不同，只在於內存我們心中的概念模態而已，而非概念本身。它們
在概念之內容上，可以和陳述句，完全沒有兩樣，而概念內容是屬於認知範
圍的。概念之模態只是如何佈置概念的方式而已。

【　問題與討論　】

　⑴什麼叫做「以文害義」？什麼叫做「訴諸情緒的謬誤」？例釋之。
它們為何與情緒意義有關？

　⑵試試分析情意的內容，並比較它與概念之不同。

　⑶‘情意’一詞的意義，是種概念，抑或是種情意？試細細分析之。

　⑷闡釋：「人是理性的動物，人也是有情的動物」。此一現象和語言
之認知意義與情緒意義，有何關聯？

　⑸認知與感懷交關，為何進而是概念與情意之接會？

　⑹為什麼比起認知意義，情緒意義的表達是比較間接的？

　⑺評論：「情緒意義常常要以認知意義為基礎」。試想，反之是否亦
然？認知意義是否需要以情緒意義為依據？解析之。

　⑻對上一問題的答案若是否定的，那麼此一不對稱關係，有何重要性？

　⑼就何種意義言之，我們可以說，情緒意義是一種「派生的意義樣
態」(derived mode of meaning)？

　⑽為何情緒意義雖然純粹是主觀私有的，但卻不一定停留在「獨我」
的境界？

　⑾抒發情感與報導情感有何不同？兩者有何關係？是不是兩者都有

真假對錯的問題？舉例解說之。

⑿有些哲學家認為，像'善''惡'這一類的倫理語詞，只有情緒意義而無認知意義。試對此一「情緒論倫理觀」(emotive theory of ethics)，加以批評。

⒀試述一些使用具有情緒意義的語言，但卻游離實際情意經驗的病態例子。

⒁評述下列文字：「情意優美而夢想被愛的人，最易落入巧言令色的圈套。她沒有看出那些美麗的語言是空洞的，沒有內容的。因為奇巧的文字，套取了她優美的內容。這就是為什麼八面玲瓏的人，有時那麼容易騙取待愛的心」。

⒂討論具有情緒意義之語文表式的有義性、同義性、歧義性、混含性與動人性。

⒃討論情意的可表達性。並評論下段文字：

「情懷絕妙之處，人間哪有言語?!」

⒄疑問驚嘆號（'?!'），所表現的是什麼樣的「情意」？試分析它的用法，並且加以例釋。驚嘆號的用法如何？傳知表信的語句，可否以此收尾？那代表些什麼意義？

⒅什麼是語詞的「情態值」？什麼是語句的「誘導值」？例釋之。兩者分別與指謂值和真假值，有沒有關聯？

⒆語句的誘導值或「誘導性」(persuasiveness)，和「誘導界說」(persuasive definition)，有何密切關係？（提示：所謂誘導界說是應用影響他人情緒，導引他的態度的語言，來為語詞下定義；以便達到令人對該語詞所指的事物加以擁讚或加以非難的目的。）

⒇誘導(persuasion)和說服（信服）(conviction)有何重大的區別？

(21)我們只標定正負兩種情態值。試問此一做法是否得當？我們需不需要另立一個中性值？試論之。

(22)選出五對不同的語詞，它們分別一一具有相同的所指謂項，可是彼此的情態值卻不相同。

(23)情緒意義對於思考與討論，有無害處？試細論之。

⑳分析我們目前所標定的‘認知意義’的意義，並且將它與常見的‘認知意義’相比較。指出其歧義之處。

㉕我們沒把真假值看成認知意義的必要條件，只把它當做認知意義的充分條件。試問我們是不是可以採取另外一種辦法來達到我們的目的。我們可否同意真假值是認知意義的充分而又必要條件，但卻進而倡儀，像疑問句，導引句等也有真假值可言？這時它們的真假值應該如何決定？

㉖認知意義與情緒意義，這個二分是否共同窮盡？是否互相排斥？細密討論之。（提示：首先比較嚴格地陳示此一分類。）

第四部分：語言與真理

35. 語言的類別和語言的層次

我們平常使用來充當傳達交流的語言，稱為「日常語言」(ordinary language)。日常語言是在某一個文化和歷史的背景下，慢慢滋長，逐步充實起來的。像中文，英文，德文，法文，日文等等，都是日常語言的例子。這樣的語言有一個很顯著的特色，它充當我們許許多多，不計其數的語文功能。我們以前已經提過，如果缺少了語言，我們的生活會因而發生困難，產生混亂。可是這類充做多種用途的語言，有它的長處，也有它的弱點。比如，我們只要精通了日常語言，就可以獲致許許多多的目的。而且，這樣的語言，由於不嚴密區分認知意義與情緒意含，甚至不計較語詞的歧義與混含等等，往往反而能夠滿足我們許多微妙的表達需要。可是語言除了可以用來滿足這類需要而外，往往還得用來表達精確嚴格的內容。這時，由於日常語言在多種用途裏，夾帶著的不相干的成分，常常妨礙直截了當的認知，和正確合理的判斷。這是日常語言的弱點。

為了彌補這個短處，人們常常為了某些特定的目的，創作特別的專門語言（或者部分語言）。比如，為了數學系統的陳構和展演，數學家創造了特別的數學符號，以及這些符號的運用方式。這樣的符號系統，往往能夠很精確很有效地達成數學上的特定目的。這樣的語言，我們要稱之為「專技語言」(technical language)。一般言之，專技語言只適合於某些特定的專門問題之表達，和特定內容的陳構。比如音樂裏的五線譜，化學上的反應式，就是很明顯的例子。它們通常沒有夾帶著情緒的意義，因此使用起來，很少像日常語言那樣地，可以不知不覺地左右我們的態度，甚至影響我們的認知。同時，這種語言裏頭的語彙，經常是沒有歧義和混含等影響表達明確性的成素。即

使有，也可以在特定的脈絡裏，加以控制。使其不會產生不良的後果。

　　舉例來說，在數學裏，所謂「減號」和所謂「負號」，往往在形狀上是不可分的，兩者都寫成 '−'。可是在下列(1)裏，我們知道它是負號；而在(2)裏，我們知道它則是減號了：

　　　　(1) − 2, − (x + y) + z

　　　　(2) 2 − 3, (x − y) + z

有時加不加以區別是沒有不良的後果的。比如下列的 '−' 是一減號：

　　　　(3) x − y

可是我們可以證明，(3)等於下列的(4)：

　　　　(4) x + (− y)

因此，若將(3)裏的 '−' 瞭解為負號，則將(3)瞭解為(4)。結果並不引起任何我們不願意令其發生的結論。

　　專技語言除了上面所說過的優點，亦即：(i)適合表達針對它而設計的內容與結構等。(ii)免於情緒意義的牽絆，和(iii)排除不良的歧義與混合等干擾；此外，尚有一些極為重要的長處，就是表達上的簡單性，陳示上的明確性以及結構上的嚴密性。此三者常常相伴而生，共存共長。

　　舉例來說，底下(5)裏所示的恆等式：

　　　　(5) $(x − y)^3 = x^3 − 3x^2y + 3xy^2 − y^3$

若要改寫成為日常語言的表達方式，則我們只好說：

　　　　(6) 兩數之差的立方，等於第一數的立方，減去第一數平方與第二數的乘積的三倍，加上第一數與第二數的平方的乘積的三倍，減去第二數的立方。

我們只要比較一下(5)和(6)，詳細觀察(6)裏的表達可能引起的歧義和不準確之處，就不難明白(5)的陳構之簡單，明確和嚴密。而(5)正是(6)的專技語言版本。

　　專技語言也和日常語言一樣，一直在不斷的發展和演進的過程，以適合我們表達上的需要。同時，我們也要注意，專技語言也可以取用一部分日常語言的表式，做為它的語言的一部分。甚至在許多學科裏，人們並沒有特地創造專技符號，或者只創造很少數的專技符號，而只是把某種日常語言改以純粹化，精密化和嚴格化，以適合該一學科在表達上或陳構上的特定目的。

許多社會科學裏頭，所使用的語言，就是這類（或參雜著這類）再製過的日常語言。這樣的語言也具有專技語言的許多特色。

所以，關於專技語言，有兩點必須強調的。第一，專技語言和日常語言的區別，主要是在用法上的分類；而不一定是符號外貌上的分類。因為我們也可以有不帶特別符號的專技語言。第二，專技語言不必然是一個完整的語言系統。有時我們只創造一個部分語言，做為最緊要的表達目的之用，其他的語文功能則讓日常語言去擔當。一般科學裏面，所用的語言都是兩者的湊合。

當有兩種語言在一起交雜使用的時候，不管它們同是日常語言，或同是專技語言，或者兩者各一；有一點值得我們特別注意的，那就是這兩種語言之間，到底具有什麼關係。它們是同在平行的地位上，合併而為更廣泛的語言；或者兩者是處在不同的層次上，其中一個語言，是用來討論另一個語言的？舉例來說，當我們在外國旅行的時候，為了方便與必要，嚮導使用他自己的（日常）語言，我們使用我們自己的（日常）語言，互相交通，達到玩賞遊樂的目的。這時，兩方面是把各自的語言，平行地結合起來，交互使用（聽的是一種語言，說的是另一種語言），暫時構成一個更廣大的語言。我們的日常語言，經常在吸收外來語言的字彙和表達方式，總是不停地在擴充當中。

另外一種情況就很不同。我們不是把兩種語言，合併起來，交互使用；而是以其中的一個語言為工具，把另外一個語言做為對象，拿來討論。比如，我們使用自己的語言（比如中文），討論新學的語言（比如希臘文）的語彙和文法等，就是一例。這時被討論的語言和討論此一語言的語言，是在不同層次之上的。

我們把那被拿來當做討論的對象的語言，稱為「對象語言」（object language），把用來討論此一語言的語言，稱為「討論語言」（discussion language）或者「後設語言」（metalanguage）。屬於對象語言裏的符號，稱為「對象語文符號」（object linguistic symbol）；屬於後設語言裏的符號，稱為「後設語文符號」（meta linguistic symbol）。

對於此一語言層次的區分，我們應該注意兩點：㈠對象語言和後設語言的區分，是相對的。當我們使用甲語言，討論乙語言的時候，甲是後設語言，乙是對象語言。可是等我們使用丙語言，討論甲語言時，甲又成了對象語言，

丙這時則是後設語言。倘若我們要把甲乙丙三個語言並列，則在上述的情況下，我們可以說丙是個「後設語言的後設語言」，簡稱它為「後設後設語言」。

㈡對象語言和後設語言，不一定要取自不同個日常語言或不同個專技語言。它們可以源出同一語言。比如，我們不僅可以使用中文（當做後設語言）來討論希臘文（對象語言）；我們也可以使用中文（後設語言）來討論中文（對象語言）。因此，某一符號到底是後設語文符號，或是對象語文符號，那不是依據它的外表結構來確定的；而是要看它是出現在後設語言裏，或是對象語言裏，才可以決定。比如，在底下這個語句裏，第一次出現的‘劃’，是個對象語文符號；第二次出現的‘劃’，則是個後設語文符號了：

　　⑺‘劃’字一共才十劃嗎？

因為第一個‘劃’字是在對象語言裏，第二個‘劃’字卻在後設語言中。雖然它們同屬中文語彙。

　　在平常的使用上，由於討論的目的和需要，我們常常跨越在不同的語言層次之上，來回自如。既不發生表達上的困難，也不引起思考上的混淆。可是有時候，不分清語言這種架構上的層次，卻足以產生誤解，添增麻煩，甚至帶來謬誤。

　　比如，倘若有人說：‘世上的真理都是相對的’，我們卻回答道：‘那麼你那句話又怎麼樣？它也是相對的了。這麼一來，世上的真理就不必然都是相對的了’！這時我們所冒犯的，基本上就是語言層次的混淆。這是一種思考上的謬誤。

　　語詞的使用，有時也有類似的困難。

　　我們說過，語詞用來裝載我們心中的概念（或情意），它具有意義。同時，語詞也具有指謂值，它指謂（或號稱指謂）著某事物或事態。因此，這時，我們有語詞、意義和事物事態三種項目。這三種項目，通常因為性質上的不同，不會引起混淆或誤認。可是有時疏於細察，也會遭致不必要的困難和謬誤。尤其語詞不只可以用來裝載意義，指謂事物；同時也可以用來指謂該語詞本身。於是錯誤和混淆就容易發生。

　　比如，在下列兩句中出現的‘獅子’一詞，用法不同：

　　⑻獅子是種兇猛的動物。

(9)獅子只是兩個字而已。

在(8)裏，‘獅子’一詞指謂著獅子這種動物；可是在(9)當中，‘獅子’一詞卻指謂著‘獅子’這個語詞本身。

一般我們說，在(8)裏我們是使用 (use)‘獅子’來提指 (mention) 獅子；可是在(9)裏，我們卻使用‘獅子’來提指它自己。為了區別語詞這種「使用與提指」之分，我們通常把(9)寫成：

(10)‘獅子’只是兩個字而已。

這樣我們可以避免兩者的混淆。單引號（‘……’）因而稱為「提指號」（我們說過，雙引號（"……"），是用來指謂概念的）。

有時人們把名與實相混，把語言世界和現實世界交亂。關於這種混淆所可能引起的不良後果，我們以前業已說過。語詞的使用和提指的細心區分，有助於避免此一混淆。

我們不但要分開名與實，也要區別事物與概念。常常有人因為基於龍的概念之存在，以為龍也存在。這種混淆也可能產生嚴重的後果。

【　問題與討論　】

(1)有人把日常語言稱為「自然語言」(natural language)，把專技語言稱為「人為語言」(artificial language)。試問何故？此名稱是否很妥當？

(2)日常語言有些什麼特色？舉例說明之。

(3)用語的不嚴格，不精確，歧義，混含，或情緒意義等，是不是永遠有害的？在什麼情況下有害，什麼情況下無害，什麼情況下，甚至有益？試舉例說明之。

(4)試舉二十種專技語言的例子。並且試述專技語言的一般特色。試以兩種專技語言，幫助說明顯現這些特色；並進而與日常語言的情況相比較。

(5)專技語言是不是一定不會夾雜情緒意含？其語詞是否必然不歧義，不混含？如果答案是否定的，那麼它與日常語言又有何大異之處？

(6)在正文中(6)的表達方式有何可能的歧義和不準確之處？將它與(5)

裏的表達方式相比較，說明(5)的陳構之簡單性、明確性和嚴密性。

(7)試述我們可以使用什麼方式與程序，「再製」某一日常語言，使其成為某一特殊領域的專技語言。

(8)舉例說明專技語言不必然是個完整的語言系統。這時所謂「完整的語言系統」，到底是什麼？

(9)什麼叫做「後設語言」，它與什麼相對立？什麼叫做「後設後設語言」？

(10)在正文裏，例句(7)底下的一小段話，屬於何種語言層次？試討論之。

(11)為什麼當人家說‘世上真理都是相對的’，而我們回報以‘那麼你的話也是相對的了’！這是一種謬誤？我們可以用什麼名字稱呼此一謬誤？再舉出五個這類謬誤的例子。

(12)以前我們提過的「謊者詭論」，是不是也因為這類的混淆所致？試加以詳細分析。

(13)試述區別語詞之使用與提指的重要性。混淆了事物與概念，會產生些什麼嚴重後果？舉例說明之。

(14)下列陳述何者為真，何者為假（只考慮其認知意含）？

(i)花非花，霧非霧。

(ii)‘花’非花，‘霧’非霧。

(iii)“花”非‘花’，“霧”非‘霧’。

(iv)‘花’非‘花’，‘霧’非‘霧’。

(v)‘白馬’非馬。

(vi)“白馬”非“馬”。

(vii)“白馬”非馬。

(viii)白馬非馬。

36. 語句的樣型與內容（上）

以前我們曾經討論過幾種樣型的語句。比如斷說句（陳述句），疑問句，導引句等等。這樣的區分主要是以語句的用法為根據。我們也知道，在文法

的書本上，對於語句也有常見的分類。比如敘述句，疑問句，祈使句和感嘆句等等。這是根據語句的文法結構，所做的區分。

　　現在，我們要從另外一個角度，來觀察種種語句的樣型，注意各種樣型的語句，一般所裝載的不同內容。可是這次我們要以不但具有認知意義，而且具有實際真假值的，所謂陳述句或斷說句為主。當然我們在此所做的解析，將間接地有助於瞭解其他種類的語句之樣型和其相應的內容；因為以前我們已經說過，有好幾種語句都具有共同的概念內容部分，不同的只是置放概念的模態相異而已。

　　我們所要做的第一種區別，是所謂「全稱述句」(universal statement) 和「特稱述句」(particular statement) 之分。

　　所謂全稱述句具有下列的形式：

　　　⑴凡 A 都是 B。（或者：所有的 A 都是 B。）

比如，'凡人都愛真理'（或 '凡人都是愛真理的'），'凡金屬加熱都會膨脹'，'凡昆蟲皆有六隻腳'，'凡麒麟都吃素' 等等，都屬於這一類型的語句。

　　這一類型的語句所具有或裝載的意義——亦即我們心中的命題——可以分析如下：當我們說：凡人皆愛真理的時候，我們的意思是說：凡是人的，也是愛真理的。說得比較呆板，但卻比較清楚些，就是：凡是屬於人的這種事物，就是屬於愛真理的這種事物。假如我們用集合論的概念，以及以前說過的量化詞來表示，就是：對於任何的 x 而言，若 x 屬於人集，則 x 屬於愛真理（的事物）之集。

　　讓我們以 '(x)' 代表 '對於任何 x 而言'，這個所謂「全稱量化詞」；以 'x∈A' 代表 'x 屬於 A 集'，這一集論表詞；以 '……⊃……' 代表 '若……，則……' 這類條件語句。那麼 '凡人皆愛真理'，可以述寫如下：

　　　(x)(x ∈ 人 ⊃ x ∈ 愛真理者)

因此，我們知道，上述的⑴具有底下的樣型：

　　　(1′)(x)(x ∈ A ⊂ x ∈ B)

這一樣型所表示的命題內容，有一些基本特點。讓我們使用間接的辦法，把這些特點襯托出來。

　　讓我們發問：像⑴這樣的語句，要怎樣加以核驗？很顯然地，如果我們

考察了所有的 A，發覺它們全都是 B；那麼⑴也就被驗證了。比如，我們檢查所有的人，發現他們全都愛真理；那麼我們也就證實了凡人皆愛真理這一命題。可是只當 A 是個有窮集的時候，上述的驗證才可能。假若 A 是個無限集，那麼我們就得改用其他的辦法。比如我們可以假定⑴的反面（即其否定），設法推論出一個矛盾來（間接證法或歸謬法）；或是採取一些具有代表性的 A，看看它們是否全都是 B。以此方式對⑴加以檢證（不是驗證）。我們知道，要核證⑴，只列舉幾個個例出來，是不夠的。

相反地，如果我們能夠舉出反例來，就足以否證或推翻⑴。比如，當我們察知有一個人不愛真理，這就足以否證「凡人都愛真理」這一斷言了（當然這不是唯一否證全稱述句的辦法）。

因此，個例在核驗或檢證一個全稱述句時，其力量甚弱；可是在否證一個全稱命題時，其力量則甚強。

全稱述句還有一個很重要的特色，應該在此特別強調。當我們說凡人皆愛真理的時候，我們並沒有因而肯定有人存在（當然也沒有因而否定有人存在）。因此，即使在某一班上，實際並沒有人考試得零分，我們也可以說：凡是考零分的都不及格。我們的意思（意義）只是說：倘若有考零分的人（或萬一有考零分的人），那麼該人是不及格的。假若沒有考零分的人，那麼我們一定找不到考了零分而又不是不及格的。這就是說，我們不可能有 ‘凡是考零分的都不及格’ 這一語句的反面證據。也就是說，該語句無法被否證；它一定成立。

概括地說，當 A 的指謂值等於零 ($D(A) = 0$) 的時候，上列的⑴（或 $(1')$）一定為真（即：$T(凡 A 都是 B) = t$）。

在像⑴這樣的語句裏，‘A’ 稱為「主詞」(subject)，‘B’ 稱為「述詞」(predicate)。假若一個語句的主詞，其指謂值不是等於零，那麼我們說該語句（不是該語詞）具有「存在內含」(existential import)。在我們討論的時候，如果我們設定某一語句是具有存在內含的，那麼這樣的假定，稱為「存在假定」(existential assumption)。也就是說，當我們對一個語句，賦與存在假定的時候，我們是假定它的主詞不是個空詞。

一般我們使用像⑴這樣的全稱語句時，它並不自動地帶有存在內含。其

主詞是否指謂著某些事物，那需要實際的考察，或者明文的設定。

由於此點甚為重要，讓我們再舉例稍加註釋。

如果世上無鬼，那麼依照上面所說的，則‘凡鬼皆夜盲’和‘凡鬼皆非夜盲’兩者都為真。可是，有些人也許會覺得，這樣一來這個世界豈非充滿著矛盾嗎？答案是：上述兩個語句，並非互相矛盾（關於「矛盾」，容後討論），雖然它們兩者是有衝突。但是兩者的衝突是在意義上的事，而不是有關事實的（事實是並沒有鬼，事實是凡鬼皆夜盲，事實是凡鬼皆非夜盲）。也就是說，那兩句話裝載著不同的意義，也指稱著不同的命題，但卻具有同樣的真假值；兩者同為真的命題。

與上列(1)這種全稱述句，成強烈對比的，是底下(2)所展示的特稱述句：

(2)有的 A 是 B。（或者：有些 A 是 B。）

比如，‘有的人愛真理’，‘有些哲學家不結婚’，‘有的龍吐金珠’等等，就是特稱述句的例子。

這類語句的意義，可以分析如下：‘有的 A 是 B’意即‘有既是 A 又是 B 的事物’。或者說得更清楚些，‘有某（些）東西，它是 A 又是 B’。比如，當我們說，有的人愛真理，意思就是說，有既是人又是愛真理的「東西」。

倘若我們以‘(∃x)’代表‘有些 x’（或‘有 x’）這個所謂「存在量化詞」，再以‘……‧……’代表‘既是……，又是……’（或‘……與……’）。那麼，我們可以將上列的(2)，改寫如下：

(2′) (∃x)(x ∈ A‧x ∈ B)

唸成：有 x，它既是 A，（它）又是 B。比如，‘有人愛真理’，就可以寫成：

(∃x)(x ∈ 人‧x ∈ 愛真理者)

也就是說，有屬於人集又屬於愛真理者這一集的分子。當然，當我們說，有 x 時，我們的意思是有 x 存在。

所以特稱述句，與全稱述句相反，本來就帶有存在內含的。當我們說，有的 A 是 B 的時候，我們已經肯定，有屬於 A 的東西存在。

我們通常要怎樣去核驗一個特稱述句呢？舉一個例子來說，當我們要核驗‘有的人愛真理’的時候，我們只要舉出又是人又是愛真理者的個例就行。也就是說，例舉法是種核證特稱述句的有效方法。相反地，反例法卻不足以

用來否證一個特稱述句。

　　當沒有東西是 A 的時候，顯然不會有東西既是 A 又是 B。因此，A 的指謂值若等於零，那麼(2)一定是假的。這也是一個特稱語句和一個全稱語句，很不同的地方。

【　問題與討論　】

　　(1)試述我們以前所做的語句分類（如斷說句，疑問句，導引句等），和一般文法上的分類，根本不同何在？兩種分類各有何優點與缺點？

　　(2)像‘凡人都愛真理’，‘凡人都是愛真理的’，‘凡人皆愛真理’，‘所有的人都愛真理’等等，分別是不同的語句；但它們是不是裝載同一命題（命題₁）？是不是指稱同一命題（命題₂）？試加以分析。

　　(3)試述全稱量化詞 (universal quantifier) 與存在量化詞 (existential quantifier) 之意義與功用。我們為什麼把後者叫做存在量化詞，而不直接稱之為「特稱量化詞」(particular quantifier)？

　　(4)我們如何核驗一個全稱述句？如何否證它？個例在兩者之中所扮演的角色或具有的地位如何？例釋之。

　　(5)證明：如果 $D(A) = 0$，則 $T((x)(x \in A \supset x \in B)) = t$。

　　(6)‘凡 A 都是 B’也可以寫成‘$A \subseteq B$’（A 是 B 的子集）。證明當 $A = \phi$（A 為空集）時，則 $T(A \subseteq B) = t$。

　　(7)如果沒有鬼的話，下列語句何者為真？

　　（ⅰ)凡鬼皆愛夜遊。

　　（ⅱ)凡鬼皆不愛夜遊。

　　（ⅲ)有隻鬼愛夜遊。

　　（ⅳ)沒有鬼愛夜遊。

（提示：(ⅱ)與(ⅳ)在意義上相等。）

　　(8)何謂「存在內含」？何謂「存在假定」？它們對於語句的真假值有什麼重要性？對於語句的意義有無相干？

(9)假定事實上沒有人考零分，那麼‘凡考零分的都不及格’和‘凡考零分的都及格’兩者皆為真。由此，我們可以推論出‘凡考零分的皆及格又不及格’，這是一個矛盾嗎？試分析之。

(10)一位教師可不可以規定說，凡是考零分的人都及格而且不及格？為什麼？

(11)比較上列(9)和(10)兩題的答案，從中分析整理出一些重要的區別。

(12)假定有一個山洞，洞高一百尺，稱為「百尺洞」；再假定天下沒有超過一百尺的人。試問，若有人在百尺洞口，釘上告示說：‘凡超過一百尺的人都可以順利通過此洞’。那麼此一陳述是否為假？細細分析之。（提示：假定所謂「通過」是直立步行經過，而非彎腰駝背鑽過。注意該告示中，‘可以’一詞的用法。）

(13)依照上題裏的百尺洞為例，下列語句各有何重大差異？

　(i)凡超過一百尺的人都通過此洞。

　(ii)凡超過一百尺的人都可以通過此洞。

　(iii)凡超過一百尺的人都必然可以通過此洞。

(14)我們為什麼把‘有的 A 是 B’這樣的特稱述句分析成：

$$(\exists x)(x \in A \cdot x \in B)$$

而不分析成：

$$(\exists x)(x \in A \supset x \in B)$$

同樣地，為什麼我們沒把‘凡 A 是 B’這樣的全稱述句，分析成：

$$(x)(x \in A \cdot x \in B)$$

試言其故。

(15)一般言之，一個特稱述句可以如何加以核驗？

(16)證明：如果 $D(A) = 0$，則 $T((\exists x)(x \in A \cdot x \in B)) = f$。

(17)‘有的 A 是 B’也可寫成‘$A \cap B \neq \phi$’（A 與 B 的交集不是個空集）。試證，當 $A = \phi$ 時，則 $T(A \cap B \neq \phi) = f$。

(18)正文裏的(1)和(2)兩個語句，可不可能同為真？可不可能同為假？它們是不是互相矛盾？（提示：兩個語句若不能同為真，並且也不能同為

假；則它們彼此互為矛盾。）

⒆為什麼反例法不足以用來否證一個特稱述句？

⒇我們知道，若 D(A) = 0，則 T((∃x)(x∈A・x∈B)) = f。假如 D(B) = 0，那麼 T((∃x)(x∈A・x∈B)) = ？

(21)‘有的 A 是 B’和‘有的 B 是 A’，這兩個語句有何關係？

(22)下列兩對語句，各有何關係：

(i) $\begin{cases} 凡 A 皆是 B \\ 有的 A 不是 B \end{cases}$　　(ii) $\begin{cases} 凡 A 皆不是 B（沒有 A 是 B）\\ 有的 A 是 B \end{cases}$

37. 語句的樣型與內容（下）

我們所要提出的第二種區別，是「通稱述句」(general statement) 和「單稱述句」(singular statement) 之分。

可是在做這一區分之前，先讓我們區別兩種語詞，以做為區分上述兩種語句的基礎。有的語詞是用來指謂（或號稱指謂）單一的個別事物。比如‘黃帝’，‘峨嵋山’，‘長恨歌’，‘蘇東坡的長子’或‘康德的「第四批判」’等等就是。這些語詞雖然是設計來指謂單一的個別事物的，如‘黃帝’；但是有時它號稱指謂某一事物，而實際上卻沒有指謂到任何事物，如‘康德的「第四批判」’就是。因為他根本沒寫過這本書的緣故。這一類的語詞因其指謂或號稱指謂單一的事物，因此稱為「單詞」(singular term)。

相對地，有些語詞是設計來指謂（或號稱指謂）眾多事物的。比如‘美人’，‘星期五’和‘獨角獸’就是。同樣地，這樣用法的語詞，有的實際上指謂到某些個物（如‘美人’）；有些卻沒有指謂到任何事物（如‘獨角獸’）。由於這類的語詞是設計來通指某一集合裏的眾多個物的,因此我們稱它為「通詞」(general term)。

所以，我們知道，單詞和通詞的指謂值，都可以是零，或不是零。它們之不同，只要於前者的可能被指謂項是一個個物；而後者的可能被指謂項，則是不止一個個物。

　　一個述句的主詞若是個通詞，那麼該述句就是個通稱述句。相反地，一個述句的主詞若是個單詞，則該述句就是個單稱述句。比如下列的⑴和⑵是通稱述句，⑶與⑷就是單稱述句：

　　⑴人是理性的動物。

　　⑵每個週末都是個懶散的日子。

　　⑶第一個登陸月球的人，受到熱情的歡呼。

　　⑷李後主是個皇帝詩人，但卻不是個詩人皇帝。

要注意的是，‘人’雖然是通詞，但是‘第一個登陸月球的人’卻是單詞。

　　根據這樣的界說，那麼上一節所說的全稱述句和特稱述句，全都是通稱述句（因此，不要把特稱述句，和單稱述句相混）。它們可以稱為不同種類的通稱述句。另外還有一種很重要的通稱述句，值得我們注意；我們可以稱它為「統計述句」(statistical statement)。比如：

　　⑸85% 的人愛真理。

這樣的語句，在日常生活裏常見；在許多科學裏，也極為有用。

　　可是，現在有個很有趣的問題發生。那就是關於統計述句的存在意含問題。我們說過，一個全稱述句並不自動地附帶著存在假定，而一個特稱述句本身帶有存在意含。可是一個類似⑸這樣的統計述句，又怎樣呢？

　　如果這世界沒有鬼，那麼下列的⑹為真，⑺為假；可是⑻呢？

　　⑹凡鬼皆愛夜遊。

　　⑺有的鬼愛夜遊。

　　⑻80% 的鬼愛夜遊。

對於⑹，我們提不出反面的證據；對於⑺，我們提不出正面的證據；可是對於⑻呢？我們有沒有辦法提出正面證據，或反面證據呢？

　　從另一個略為不同的角度來看。如果沒有鬼的話，80% 的鬼是什麼意思呢？如果沒有鬼的話，80% 和 50% 有什麼實質上的區別呢？而且我們已經說過，如果世上無鬼，那麼底下兩句話皆為真：

　　⑹凡鬼皆愛夜遊。

　　⑼凡鬼皆不愛夜遊。

因此，下列的亦必跟著為真：

　　　　⑽凡鬼皆愛夜遊而且不愛夜遊。

可是我們能夠依樣地說，底下的⑾也為真：

　　　　⑾ 80% 的鬼愛夜遊而且不愛夜遊。

而認為像 '80%' 這樣的「統計量化詞」(statistical quantifier) 完全沒有作用嗎？

　　　也許我們要說，統計述句應該像特稱述句一樣，自動附帶著存在意含。

因此，當我們說：

　　　　⑸ 85% 的人愛真理。

的時候，我們的意思等於說：

　　　　⑿有 85% 的人愛真理。

從⑿，我們可以推論出：

　　　　⒀有人（存在）。

正好像從 '有人愛真理'，我們可以推論出上述⒀：'有人（存在）' 一樣。

　　　給統計述句做出這樣的解釋，對於我們一般的瞭解來說，似乎是最自然
不過的事。可是我們要小心，這樣的解釋也並不是完全沒有困難。試想：如
果我們所肯定的統計述句，不是上列的⑸，而是：

　　　　⒁ 100% 的人愛真理。

這豈不是和底下的⒂：

　　　　⒂凡人皆愛真理。

同義嗎？我們基於直覺的觀點來說，幾乎無法逃避這一結論。可是我們以前
說過，像⒂這樣的全稱命題，是不附帶著存在意含的呀！

　　　當然這並不必然表示，我們原先的構想完全擱淺，或者我們所做的斷言，
自相矛盾。為了拯救⒁與⒂之對照而形成的危機，我們可以尋取一條如下的
出路，我們把⒁解釋為：

　　　　⒃有人（存在），而且他們之中 100% 都是愛真理的。

也就是說，把它解釋成為：

　　　　⒄有人（存在），並且凡人皆愛真理。

依照這樣的解釋，那麼⒁就成了⒂的具有存在意含的「版本」。

　　　還有一種語句樣型的對比，要提出來討論。那就是「肯定述句」和「否
定述句」之分。同樣的，這一差別也是從語句的外形結構上，所做的分類。

簡單地說，如果一個述句含有像 '沒有'，'不（是)'，'非'，'否' 等等，用來表示反面的「否定詞」，則它是個否定述句。否則，它就是個肯定述句。舉例來說，像下列的述句都是否定述句：

　　⒅今天不是六月二十九日。

　　⒆ $1 + 3 \neq 5$

　　⒇有人不愛真理。

　　㉑白馬非馬。

否定詞可以區別為兩種。一種是用來否定整個述句的，我們可以將這種否定詞抽出，放置在整個語句的前端。例如，上列的⒅可以寫成：

　　(18′)（不是）（今天是六月二十九日）

而⒆也可以寫成：

　　(19′)（非）$(1 + 3 \neq 5)$

為了簡單，而不必使用雜多紛紜的否定詞，讓我們以「彎肩符」（'～'），來表示這種支配整個述句的否定詞，稱為「述句否定詞」；則⒅與⒆可以分別寫成：

　　(18″)（～）（今天是六月二十九日）

　　(19″)（～）$(1 + 3 = 5)$

⒅與 (18″) 以及⒆與 (19″) 兩兩分別在意義上，完全相等。

　　可是，我們卻不能把⒇，照樣寫成：

　　㉒（～）（有人愛真理）

因為這樣的述句，在意義上並不等於上述的⒇，而是等於下列的㉓：

　　㉓沒有人愛真理。

也就是說，'有人不愛真理'，並不等於 '不是有（些）人愛真理'。後者等於上述的㉓。

　　這一現象的發生，在於⒇裏頭所含有的 '不'，並非述句否定詞。它所支配的，事實上是 '愛真理（者）' 一詞，而非 '有人愛真理' 這個述句。支配語詞的否定詞，可以稱之為「語詞否定詞」。像我們平時說的 '非真'，'非學生'，'非常道' 等等，裏頭所含的否定詞，就是這類。讓我們以「上置橫槓」來表示這類的語詞否定詞。比如，我們要將 '非學生' 寫成 '$\overline{學生}$'；將 '非常道' 寫成 '$\overline{常道}$'。那麼：

(24)道可道，非常道。

就可以寫成：

(24′) 道可道，是 <u>常道</u>。

相反地，如果我們要肯定的是：

(25)不是道可道非常道。

那麼，它就成為：

(25′)（～）（道可道是 <u>常道</u>）

　　嚴格分開語詞否定和述句否定，往往是不可忽略的。因為一個述句和其否定句（其加上述句否定詞的語句），一定互相矛盾。可是它並不一定（雖然不是一定不）與其加上語詞否定詞所成的語句，互相矛盾。舉例來說：上述的(24)與(25)互相矛盾，可是(20)與(22)卻不是互相矛盾。因為(20)的意思應該是：

(20′) 有人（是） <u>愛真理（者）</u>。

　　讓我們在此明白指出：下列兩對語句並非兩兩互相矛盾：

{ 凡人皆愛真理。　　　{ 有人愛真理。
{ 沒人愛真理。　　　　{ 有人不愛真理。

下列兩對語句，才是彼此矛盾：

{ 凡人皆愛真理。　　　{ 沒人愛真理。
{ 有人不愛真理。　　　{ 有人愛真理。

像 ‘凡人皆愛真理’ 這樣的語句，稱為「全稱肯定述句」；像 ‘沒人愛真理’，稱為「全稱否定述句」；像 ‘有人愛真理’，稱為「特稱肯定述句」；像 ‘有人不愛真理’，稱為「特稱否定述句」。

【　問題與討論　】

　(1)試述通詞、單詞以及通稱語句、單稱語句之間的關係。

　(2)通詞是否一定是「類名」(class name)？單詞是不是必然是「專名」(proper name)？試詳細分析之。

　(3)我們為什麼要說：「有的語詞是用來指謂（或號稱指謂）……」，而不直接說：「有的語詞指謂著……」？試言其故。

⑷下列語詞，何者為單詞，何者為通詞，何者兩者皆不是？

(i)赤壁賦	(ii)孔夫子	(iii)二十世紀	(iv)……＋1＝2
(v)紅樓夢	(vi)天使	(vii)人造衛星	(viii)2＋3
(ix)秦嶺	(x)上帝	(xi)男人和女人	(xii)某時某地
(xiii)哲學家	(xiv)愛真理	(xv)1＋1＝2	(xvi)……之父親的朋友

⑸舉例區別特稱述句與單稱述句。

⑹把‘（……%x）’當做是「統計量化詞」，或「百分比量化詞」(percentage quantifier)，而把像‘85%的人愛真理’稱為統計量化述句。我們可以將它寫成：

$$(85\%x)(x\in 人 \supset x\in 愛真理者)$$

試問這樣的述句，與下列的述句是否矛盾？

85%的人不愛真理。

⑺試論統計述句的「存在意含」問題。

⑻我們在正文裏，把‘100%的人愛真理’，看做是‘凡人皆愛真理’的具有存在意含的版本。試問還有沒有其他的辦法，可以用來避免我們遭遇到的困難？（提示：我們可不可以（比方）斷說，‘凡A’與‘100%的A’兩個表詞，並不具有同樣的意義？）

⑼試問統計述句要怎樣核驗？單稱述句呢？

⑽下列論證何者是對確的，何者不是？理由何在？

(i)
$$\frac{凡人皆愛真理}{\therefore 有些人愛真理}$$

(ii)
$$\frac{凡人皆愛真理}{\therefore 85\%的人愛真理}$$

(iii)
$$\frac{100\%的人愛真理}{\therefore 85\%的人愛真理}$$

(iv)
$$\frac{100\%的人愛真理}{\therefore 有的人愛真理}$$

$$(v)\ \frac{85\%\ 的人愛真理}{\therefore 有的人愛真理}$$

$$(vi)\ \frac{蘇格拉底愛真理}{\therefore 有的人愛真理}$$

（提示：先回想‘對確’一詞的意義；並且參考上述(7)(8)兩題的答案。）

⑾為什麼我們所做的肯定述句與否定述句之分，是從述句外形結構著眼，而不是從述句的內容著手？我們可否反是行之，由述句的內容來區分其肯定或否定？

⑿比較支配整個述句的述句否定詞，和支配語詞的語詞否定詞，兩者的用法有何不同？（提示：述句否定詞對應於英文的‘It is not the case that’，語詞否定詞對應於英文的‘non-’。）

⒀語詞否定詞有時是否可以轉化為述句否定詞，而不改動該述句原來的意義和真假值？例釋之；並說明在什麼情況之下，此一轉化才有可能。

⒁舉出一些貌似否定詞，但卻不是用來否定的例子。

⒂「否定」是否也是一種「樣態」？（提示：參見以前對於疑問句和導引句的討論。）

⒃下列各對語句，是否互相矛盾？

　(i) 85% 的人愛真理。

　　 85% 的人$\overline{愛真理}$。

　(ii) 85% 的人愛真理。

　　　（～）（85% 的人愛真理）

　(iii) 85% 的人$\overline{愛真理}$。

　　　（～）（85% 的人$\overline{愛真理}$）

⒄為什麼下列(i)(ii)兩對語句，不是彼此矛盾，(iii)(iv)兩對語句才是彼此矛盾？

(i) $\begin{cases} 凡人皆愛真理。 \\ 沒人愛真理。 \end{cases}$　　(ii) $\begin{cases} 有人愛真理。 \\ 有人不愛真理。 \end{cases}$

(iii) $\begin{cases} 凡人皆愛真理。 \\ 有人不愛真理。 \end{cases}$　　(iv) $\begin{cases} 沒人愛真理。 \\ 有人愛真理。 \end{cases}$

⒅下列兩對語句是否互相矛盾，分別解析之：

（i）{ 凡鬼皆愛夜遊。
　　　有鬼愛夜遊。 }

（ii）{ 凡人愛真理。
　　　凡人皆不愛真理。 }

⒆證明下列諸斷言：

（i）肯定一述句就是否定該述句之否定句。

（ii）否定一個否定述句，等於肯定那未加否定的述句。

　　（即（～）（～）（……）等於（……）。）

（iii）核證一述句，等於反證（非證）其否定句。

（iv）反證（非證）一述句，等於核證其否定句。

⒇上列⒆中的斷言，建立在什麼理論基礎上？（提示：回顧以往我們討論過的語意規約，和二值語言。）

(21)除了我們所做過的述句樣型區分而外，還有沒有別的重要述句樣型？（提示：像‘（□）（……）’和‘（◇）（……）’，如‘1＋1必然等於2’，‘除了2之外，不可能有其他的偶素數’等等，是不是種很重要的述句樣型？它們應該如何核驗？‘（□）（……）’，與‘（◇）（～）（……）’互相矛盾嗎？）

38. 真句‧真理和必然述句（上）

我們常常認為，人類的許多認知活動，是種追求真理的過程。甚至有些人認為，人生的最主要意義就在於獲取真理。可是，我們首先要發問：真理是什麼呢？什麼樣的東西才可算是真理呢？

平時我們對於‘真理’一詞的用法，並不很考究；對它意義的瞭解，也不很嚴格。比如，我們說：「孔子的話道盡了人生的真理」，「物極必反，是個至理名言」，「宇宙間的真理都是相對的」，「真理自在人心」，「真理是不可抹滅的」，「人心不古，真理不行」，「真理必定戰勝邪說」，「人生的目的，在於追求真理」。在這些不一而足，無法盡舉的例子當中，所謂的真理是同一種東西呢？或是它們是些不同種類的項目呢？

舉一個例子來看。當我們說：

(1) $a + b = b + a$

是個（數學）真理的時候，我們的意思是什麼呢？很顯然地，(1)要能夠算是真理，首先它必須是個真的述句 (true statement)（真句，truth）。假的述句或假句 (falsehood) 是稱不上真理的。

讓我們把真理這一條件，明白標出：

> (D1)　　　真理（必須）是個真句。

可是只是真句就足以稱得上真理嗎？一般，我們似乎不說一隻蘋果加上一隻蘋果等於兩隻，是個真理；我們也似乎不說，今天是 1973 年 7 月 1 日，是個真理。我們平常只說這些述句是真的；或是它們所指稱的是真的命題；也就是說，它們所指稱的是「事實」。

在這兒，有個問題必須首先加以解答。當我們說，上述的(1)是個真理的時候，我們是說(1)這一述句是真理呢？或者是說(1)這個述句所指稱的命題是個真理？也就是說，真理到底是種述句呢？或者它是種命題？如果真理屬於前者，則它是語文範疇裏的項目。如果屬於後者，則不是語文的項目。

平常的用法似乎並沒有明白指出，‘真理’一詞到底應做上述的那種意義使用。比如，我們可以說釋迦的話是真理，也可以說釋迦的話道說了真理。兩者都似乎自然不過。也就是說，‘真理’一詞在平常的用法裏是歧義的。為了運用上的方便，以及思考和理論上的暢達，讓我們仍然把這兩種意義下的真理，並存不廢，視實際脈絡之需要，選擇使用。歧義性假若並不引起思考上的混淆，它不一定是有害的。

事實上，我們可以明白地指出下列的一一對應關係，令我們看出上述歧義的有害性，只限於以前說過的「使用」與「提指」的混淆。因此，必要時可以加以嚴格區分。我們要指出的對應關係是：

> (D2)　　　‘……’（這一述句）是真理₁，若且唯若「……」是真理₂❶。

---

❶　‘若且唯若’所表達的是充分而又必要條件。‘A 若且唯若 B’意即‘若 A 則 B，而且若 B 則 A’。

依據這一界說，在必要時，我們可以將真理區別為真理$_1$和真理$_2$；前者是語文的項目，後者則不是。而基於 (D2)，兩者的相互轉換是顯然簡單方便，直截了當的。

我們知道，從 (D2) 我們可以推論出：

(D3)　　　‘……’ 是個真句，若且唯若「……」是個真命題（事實）。

雖然 (D2) 與 (D3) 並非「等值」；我們無法由 (D3)，不再加上其他的前提或假定，推論出 (D2) 來。

由 (D3)，我們知道：

⑵ ‘雪是白的’ 為真，若且唯若「雪是白的」（是一事實）。

⑶ ‘2 + 3 = 5’ 為真，若且唯若「2 + 3 = 5」。

⑷ ‘今天是星期日’ 為真，若且唯若「今天是星期日」。

由此，我們看出了真句與事實之間的關係（表達在 (D3) 裏），以及真理$_1$ 與真理$_2$ 之間的關係（表達在 (D2) 裏）。可是我們仍然要發問：真句與真理$_1$ 的關係為何？事實與真理$_2$ 的關係如何？

讓我們集中注意力，來處理第一個問題。但對第一個問題所說的，往往可以直接對第二個問題加以規說。當然並不是對於第一個問題的每一個解答，都完全可以一成不變地，轉化為對於第二個問題的答案。不過，解答了第一個問題，會令我們對於第二個問題的瞭解，增深不少，因此有助於我們解決第二個問題。

我們已經說過，真句是真理（當然是真理$_1$）的必要條件，而不是充分條件。現在我們要繼續發問：真理還有什麼條件呢？

試察看⑴，我們知道，它不只是一個真句，而且它可以說是一個具有普遍性的真句。假若我們把它的實際意義，完整地表達出來，應該是：

(1′)(a)(b)(a + b = b + a)

也就是說，它事實上是個帶著全稱量化詞的全稱述句。它的意思是，對於任何的數 a 與 b 而言，兩者之加均可以「交換」(commutable)。當然，所謂「全稱」必須有一個定界。比如上述的⑴的範圍是數目，但不包括其他的東西，如桌椅，山川，雷電等。在討論問題或陳述斷說的時候，我們都必須事先規

定或者假定一個被論及的事物之範圍，雖然這樣的規定或假定，常常並沒有明白說出；或者在一個實際脈絡裏，已經人人明白，不必說出。

我們討論所含蓋的範圍，叫做「討論界域」(universe of discourse)，簡稱「論域」(UD)。只有在論域確定之後，像 '所有的'，'有的' 這樣的量化詞，才具有明確嚴格的意義。這就是說，這些量化詞，嚴格地說是種相對語詞，而不是種絕對語詞。

經過這一番解析之後，我們可以對 '真理' 一詞的用法，再加上一些限制。也就是說，真理還具有下列的性質（或條件）。先提其中之一：

(D4)　　真理（必須）是個全稱述句。

可是我們說過，一個全稱述句並不自動附帶著存在假定。若只依據 (D4)，我們可能會把 '凡鬼皆夜遊' 等也歸為真理。但是我們大約不把它視為真理，雖然它是真的。因此，我們是不是要說，真理不但必須要是個全稱述句，而且必須是個附帶著存在假定的全稱述句。讓我們把它明白標示出來：

(D4′)　　真理（必須）是個附帶存在假定的全稱述句。

當然，附帶存在假定，並不表示該述句的主詞之指謂值，實際上不等於零。它只表示，其指謂假定不等於零。

基於上面的解析，我們所要提起的另一個真理條件，就是有關論域的問題。在一般的討論裏，論域可以隨時隨地，隨心所欲地加以設定。可是當我們在論及真理的時候，我們顯然並不意指，某一隨意設定下來的論域之中的真理。我們所謂的真理必須是真正普遍的。也就是說，某一真理的論域必須是個大到不可能再增大的「絕對論域」；而不是隨意割分的「相對論域」。讓我們將這一條件明示如下：

(D5)　　真理的論域是個絕對論域。

可是，"絕對論域" 並不是完全沒有歧義和混含，十分精確，十分嚴格的概念。因此，我們依之來（部分）規定出來的 "真理" 也不一定是個精確嚴格的概念。

【　問題與討論　】

⑴分析‘真理’一詞的種種不同用法。比較各種用法的基本不同。

⑵「真句」是不是真理的必要條件？它是真理的充分條件嗎？假句是否是「假理」的充分條件，它是假理的必要條件嗎？

⑶如果我們把真句看做是真理的必要條件，有沒有什麼困難產生？（提示：有人主張「道可道非常道」，對於那些不可道說，因而無法寫成述句的真理，我們要怎麼說呢？它們既然成不了述句，更談不上是真的述句了。）

⑷把真理看成述句（真句），與把真理看做命題（真命題或事實），各有什麼長處？各有什麼不便之處？

⑸評述‘真理’一詞的歧義性，並闡釋正文裏 (D1) 這一界說的要旨和重要性。

⑹為什麼我們無法由 (D3) 推論出 (D2)？（提示：真句只是真理的必要條件，而非充分條件。）

⑺我們說：‘雪是白的’為真，若且唯若「雪是白的」。依此，我們是否也可以斷言下列諸條目？

　　(i)「雪是白的」因為‘雪是白的’為真。

　　(ii)‘雪是白的’為真，因為「雪是白的」為真。

　　(iii)‘雪是白的’為真，所以雪是白的。

　　(iv)‘雪是白的’為真，若且唯若雪是白的。

　　(v)‘雪是白的’，若且唯若雪是白的。

⑻我們發問了兩個問題：

　　(i)真句與真理$_1$的關係如何？

　　(ii)事實與真理$_2$的關係如何？

試問對於(a)的解答，能否直接拿來解答(ii)？什麼時候可以？什麼時候必須加以適當的變動？什麼時候，其解答各不相干？（提示：真句與真理$_1$是語文項目，事實與真理$_2$是非語文項目。）

(9)我們可否比照真句與真理₁的關係，聲稱：事實是真理₂的必要條件，但卻非充分條件？（提示：釐清'必要條件'，'充分條件'的意義，它們所表現的是那種項目之間的關係。我們可以說：

'……'之為真是「……」是事實的必要條件。

因此我們可以縮簡地說：

真句是真理₁的必要條件。

但是我們能不能說：

'‘今天是星期日’'是'「今天是星期日」'的必要條件？

也就是說，所謂必要（或充分）條件，是不是事態與事態間的關係，而不是語文項目和語文項目之間的關係？當然它（們）更不是語文項目與其他事態之間的關係。）

(10)是不是所有的全稱述句，若真的話，都是真理？統計述句可否成為真理？

(11)什麼叫做討論界域？它與集論上的「全集」(universal set) 有何關係？

(12)令 'T' 為任一語詞，試證：

$\quad$ (i) $T \cup \bar{T} = UD$

$\quad$ (ii) $T \cap \bar{T} = \phi$

(13)量化詞在什麼意義之下，可以說是種「相對語詞」？試以 '(x)' 和 '(∃x)' 為例說明之。

(14)當人們說：某一真理放諸宇宙萬物，中外古今而皆準；這是不是表示該一真句不必有「論域」之限制？

(15)為什麼真理需要是個附帶有存在意含的全稱述句？統計述句之為真者，可否是個真理？試試加以解析。

(16)闡釋正文裏的 (D5)：「真理的論域是個絕對論域」。

(17)為什麼"絕對論域"不是個精確嚴格的概念？試分析之。（提示：先考察 '絕對論域' 的界說，'大到不可能再增大' 是什麼意思？其中的可能性與不可能性，指的又是什麼？）

(18)舉出十個符合 (D1) 和 (D4′) 兩條件的真理。它們是否自動符合

(D5) 的規求？

⒆有什麼跡象顯示，平時我們所懷有的真理概念，並不是一個很精確嚴格的概念？細細分析之。

⒇真理還有一些什麼條件？

39. 真句·真理和必然述句（下）

真理還要具備什麼條件呢？

我們常常聽人家說：某某某某是個永恆的真理。顯而易見地，所謂永恆是指不因時間的易動而變更。這似乎是我們一般心目中，真理的條件之一。我們很難承認，我們一般所謂的真理，是些暫時性的真理。所以：

(D6)　　　真理（必須）是沒有時間限制的。

提起這個條件，我們也就很容易想起其他的一些條件，比如：

(D7)　　　真理（必須）是沒有空間限制的。
(D8)　　　真理（必須）是沒有人身限制的。

等等。

可是，我們要問：像 (D6)—(D8) 所列舉的，是不是一些獨立的條件呢？或者它們可以從其他的條件推論出來？

我們在上一節的 (D4′) 裏說過，真理必須是個全稱述句，它是帶著全稱量化詞的。現在我們要提醒的是：全稱量化不只可以施諸事物事理事情事態，也照樣可以施諸時間，空間和人身。比如，倘若我們相信：

⑸物極必反。

是個真理。那麼，我們不但可以將它全稱量化為：

⑹對於任何的 x 而言，x 極必反。

亦即：

(6′) (x)（x 極必反）

我們可以進一步把全稱量化應用到時間，空間與人身之上，而成：

　　　(7)對於任何時間 t，任何地點 l，任何人 s 和任何事物 x 而言；於 t，於
　　　　l，於 s：x 極必反。

也就是說：

　　　(7′) (t)(l)(s)(x)（於 t，於 l，於 s：x 極必反）

因此，如果我們能夠成功地將時間，空間和人身，加以量化；那麼上面的
(D6)一(D8) 變成多餘的。我們只要訴諸 (D4′) 就可以達到目的了。

　　可是另外有一個真理的條件，似乎不是多餘的。讓我們發問：當我們說
物極必反的時候，這個 '必' 字是什麼意思呢?

　　許多時候，我們對於用字遣詞不很小心，甚至很不小心。尤其是當我們
想要加強述說的力量時，往往濫用加強語詞，把它應用到極致，惟恐語不驚
人。其中最常被這樣亂用的字詞，首先要推那些用來表示最高層次或最強限
度的字眼。比方 '最'，'絕對'，'必定'，'完全' 等等。比如，我們只是很
想不出去，就說絕對不去；看起來好像天就要下雨，我們就說天必然會下雨；
我們只是非常討厭吃牛肉，就說最討厭吃牛肉。像這樣過分強調，以致失真
的例子，在平常生活的情境裏，也許無關緊要。可是在認真的討論裏，則應
該儘量避免，才不致引起誤解和偏差。對於像 '必'，'必定'，'必然' 這些
字眼的用法，尤其應該注意。

　　假如上列 '物極必反' 裏的 '必' 字，只是一種加強語氣的措施。那麼
(5)只是 '物極則反'，或是 '物極會反'，甚至 '物極是會反' 的加強語氣的
說法而已。它們在實質上或內容上，是沒有分別的。

　　可是當我們斷說(5)的時候 '必' 字似乎不只是一種加強語氣的設計而已。
它在該述句裏，似乎具有實質上的重要性。當做這種含有實質意義使用的 '必'
或 '必然' 等語詞，也並不是完全沒有歧義的。其中最常見的用法有兩種。
一是用來表示「全然性」(universality)，另一是用來表現「必然性」(necessity)。

　　全然性和必然性有時很容易被混為一談。普通的人如此，就是專家也常
常沒有小心注意兩者的區別。其實兩者是完全不同的。全然性是指沒有例外，
而必然性是指其否定乃不可能者。比如凡人皆有死，此全然如是，而無例外。
可是 1 + 1 = 2 則必然為真，否定了它則生矛盾。

　　當我們使用‘必’，或‘必然’時，有時候意思只在於全然性，而不是必
然性。比如，我們若說凡人必有死，我們的意思只不過是說凡人皆有死，無
人可以例外。我們並不是說，人一定會死，若有人不會死，則是不可思議的
矛盾。（也許在其他的可能世界裏，有不會死的人。）

　　可是，如果‘物極必反’的‘必’字，只是表示全然性，那麼它可以分
析為下列的 (6″) 或 (7″)。

　　　　(6″) (x)（x 極則反）

　　　　(7″) (t)(l)(s)(x)（於 t，於 l，於 s：x 極則反）

但是，這並沒有替真理尋找出任何的新條件。它最多只是說，真理（必須）
是一全稱述句。這個條件我們早在 (D4) 裏，標定下來了。

　　反過來說，假如‘必’字指的是必然性而不是（或不只是）全然性，那
麼情形也就兩樣了。因為這時(5)就變成：

　　　　(8)（□）（物極則反）

或者更複雜些：

　　　　(9)（□）(t)(l)(s)(x)（於 t，於 l，於 s：x 極則反）

顯然這與 (7″) 是不同的。(7″) 照理應該正式寫成：

　　　　(7‴)（⊦）(t)(l)(s)(x)（於 t，於 l，於 s：x 極則反）

我們只要比較(9)與 (7‴) 就一眼看出，後者含有「斷說模態詞」，而前者卻含著
「必然模態詞」。真理（或嚴格地說：成為真理）若涵蘊著必然性，那麼我們
就得說，真理還具有下一條件：

　　(D9)　　真理（必須）是必然述句。

　　如果我們也把 (D9) 規定為真理的必要條件，那麼數學的真句可以稱為真
理，可是經驗科學裏的真句就不再是真理了。它們雖然或許可以滿足全然性，
但卻不能滿足必然性的要求。

　　所以，我們必須體認 (D9) 乃是一個極為強烈的規求。假若我們一定要強
調它，那麼許多平日似乎覺得是真理的，再也不是真理了。這也足以提醒我
們再三深思，平日我們所愛用的‘必然’，到底具有什麼精確的意義。

　　“真理”這一概念的複雜性，還不僅如此。我們平時總不把一些似乎微

不足道的必然全稱真句，叫做真理。我們心目中的真理，是一些「大道理」、「至理」、「最終極的道理」等等。可是這些是什麼意思呢？

有時候，那樣的想法含藏情緒多於表達認知。比如，有些人認為經驗科學或數學裏頭的知識，不論如何偉大高深，也只不過是些定律或定理。只有那些有關人生、有關生命、有關價值、有關道德、有關神靈的哲學律理，才可以說是真正的真理。我們暫時不在這裏檢討這種想法。

不過有時候，那樣的說法，卻具有一些認知的內容。那就是尋求一些最基本、最根源、最有統攝力、最有說明力的真理。比方，在數學系統裏的「公理」，或是邏輯系統裏的「設理」，就分別比它們的定理較為基本且較具有統攝力。因為定理可以由公理或設理推演出來。而且公理或設理的數目往往很少幾個，但是可由它們推演出來的定理，往往數量很多，甚至無窮。「夫子之道，一以貫之」，可能就參雜著這樣的構想。我們可以將像「公理」、「設理」這類的述句，稱為「基本述句」；而將由它們推演出來的「定理」，稱為「衍生述句」。那麼，假若我們將這一類的考慮，也當做是真理的條件之一，那麼我們或可將之寫成如下的規定：

(D10)　　　真理（必須）是基本述句。

可是我們要注意，在某一個理論裏頭，那些是公理，那些是定理，往往不是一定不可改變的。也就是說，基本述句和衍生述句的區分，並不是一種絕對的劃分。通常我們把某些述句當做公理，固然是因為它們的統攝力；可是有時候也為了簡單性和推演上的方便。不僅如此，某一述句是否基本，是要在一個系統之內才能判定的。同一個題材（比如算術）可以用不同的系統去加以表達和陳構。那麼當我們說真理必須是基本述句的時候，我們是以那一個系統做為標準呢？我們有什麼理由選擇某一系統，而摒棄另一系統呢？或者我們假定一切的題材，都有一個「絕對的系統」呢？

不過，顯而易見地，"絕對系統"這一概念，本身就不是個精確的概念，正好像"絕對論域"不是個精確的概念一樣。我們不能依賴它來闡釋"真理"。

這也就是說，上述的 (D10) 並不是一個明確清晰的條件。

真理到底是什麼呢？每一個人都應該進一步認真去細想。

【　問題與討論　】

⑴ '永恆' 是個絕對語詞，或是個相對語詞？ 解析之。

⑵ 如果我們承認可以有「暫時的真理」，那麼是不是凡是真句皆成了真理？ 做了上述的「承認」，還有些什麼後果或結論？

⑶ 試述正文裏 (D6)—(D8) 這些真理條件是否必要。它們是否冗餘？ 在什麼意義與假定之下，它們是多餘的？

⑷ 像 '必'，'必定'，'必然' 有些什麼不同的意義與用法？ 試分門別類加以比較分析與例釋。

⑸ 舉例說明人們喜歡使用過度強調的語詞之習慣，並討論此一習慣可能引起的弊端。

⑹ 下列斷言有何區別：（ⅰ）物極則反，（ⅱ）物極會反，（ⅲ）物極必會反，（ⅳ）'物極則反' 為真，（ⅴ）'物極反' 必然為真。

⑺ 下列斷言有無區別：（ⅰ）'物極必反' 為真，（ⅱ）'物極則反' 必然為真，（ⅲ）'物極必反' 必然為真。

⑻ 舉例說明全然性和必然性分別為何物；它們的區別何在？

⑼ 假若 A 是個述句，我們通常為了省事只寫 'A' 而不寫 '（⊢）A'。試問為什麼可以做此省略？ 當我們說 '（□）A'，它是否應該是 '（□）（⊢）A' 的縮寫？

⑽ 為什麼下一表達方式是不嚴格的：「真理若涵蘊著必然性，則……」。

⑾ "必然性" 本身，也不是一個完全沒有歧義的概念。而且它的用法也是多面性的。我們可以說，某事件之發生是必然的，也可以說某述句之真是必然的（必然為真）。試問這兩種用法的根本不同何在？ 兩者可否互相轉化通約？（提示：比較物極必反與 '物極則反' 必然為真。）

⑿ 必然性與可能性具有密切的關係。當我們說：A 是必然的，那麼非 A 就是不可能的；當我們說 A 是可能的，那麼非 A 就不是必然的。因此它們的關係可以表達如下：

$$(\text{i})\ (\Box)\ A = (\sim)(\Diamond)(\sim)\ A$$

$$(\text{ii})\ (\Diamond)\ A = (\sim)(\Box)(\sim)\ A$$

試舉例闡釋(a)與(b)，並且證明和例釋下列諸條目：

$$(\text{iii})\ (\Box)(\sim)\ A = (\sim)(\Diamond)\ A$$

$$(\text{iv})\ (\Diamond)(\sim)\ A = (\sim)(\Box)\ A$$

$$(\text{v})\ (\sim)(\Box)\ A = (\Diamond)(\sim)\ A$$

$$(\text{vi})\ (\sim)(\Diamond)\ A = (\Box)(\sim)\ A$$

設法把(i)─(vi)用日常語言唸誦出來。

⒀下列那一個是「不必然」，那一個是「必然不」，那一個是「不可能」，那一個是「可能不」：「$(\sim)(\Box)$」，「$(\Box)(\sim)$」，「$(\sim)(\Diamond)$」，「$(\Diamond)(\sim)$」。

⒁由於必然性與可能性之間的密切關係，為了討論分析‘必然性’所含的歧義，我們可以先分析‘可能性’的歧義。哲學家常常區別三種不同的可能性，即邏輯可能性，經驗可能性和技術可能性。但是我們在此要提出可能性的四分。除了上述三種可能性之外，加上第四種可能性，稱為個人可能性。

所謂一個事態是「邏輯地可能」，意即其發生並不違反任何的邏輯規律。依此，我們插翼高飛，暢遊天上宮闕，並非邏輯上地不可能。相反地，我們是人同時又不是人，則是邏輯上地不可能。

一個事態是「經驗地可能」，假如它的發生並不違反任何經驗（科學）的定律。比如，肺癌的免疫是經驗上可能的；可是製造一部永恆的機器則是經驗上的不可能。

一個事態是「技術地可能」，如果技術的發展水準，足以促使其實現。比方，登陸月球是技術上可能的；大眾化的私人星際旅行，則是技術上的不可能。

一個事態對於某人 S 而言，是「個人地可能」，如果對於 S 而言，該事態並沒有違反他的條件與能力的限制。比如對於文天祥而言，殺生取義是個人可能的；對於陶淵明而言，為五斗米折腰則是個人的不可能。

試問：上述對於‘邏輯可能性’，‘經驗可能性’，‘技術可能性’與

‘個人可能性’的界說，是否不夠嚴密準確，也不夠確定與完全？（提示：所謂不違反某種規律的確義為何？在某一範圍內，我們是否擁有一套完整的規律？把‘不違反’改成‘符合’是不是仍然無濟於事？）

⒂上列可能性之四分，對於可能的事態而言，是否相互排斥？是否共同窮盡？

⒃上述四種可能性之間，有些什麼確定的關係？（提示：是不是凡是個人可能，必定是技術可能？反之如何？是不是技術可能，必定是經驗可能？反之如何？是不是經驗可能，必定是邏輯可能？反之如何？）

⒄上述可能性的闡發是針對「事態的發生」而論的。試以「述句之為真」的觀點，重新論列諸可能性。（提示：設 A 為一述句，考慮下列表式的意義：‘A 之為真是邏輯地可能’，‘A 之為真是經驗地可能’，‘A 之為真是技術地可能’，‘A 之為真是個人地可能’。）

⒅我們分析和討論“個人可能性”，試問此一概念有些什麼實際的用途？（提示：設想一下有關倫理的討論。）

⒆“個人可能性”是個相對的概念。我們說：對於某人 S 而言，A 是個人可能的。試問其他可能性是否也類似地是相對的？試細細分析討論之。（提示：我們是否得說，對於某一邏輯系統 L 而言，A 是邏輯地可能；對於某一經驗（科學）系統 E 而言，A 是經驗地可能；對於某一技術發展階段 T 而言，A 是技術地可能？）

⒇試論必然性、可能性和現實性之間的關係。（提示：是必然的，是不是一定是真實的；反之如何？是真實的，是不是一定是可能的？反之如何？）

(21)現實性是否也可以做出類似的四分？討論之。

(22)試以上述的分析與討論為基礎，界定‘邏輯必然性’，‘經驗必然性’，‘技術必然性’和‘個人必然性’。（提示：特別注意上述⒁裏所提出的界說，以及在⑿裏標示出來的關係。）

(23)重新回答上列⒂，將其中‘可能性’改為‘必然性’。並且考察兩個問題之間的關係，以及答案的異同。

(24)重新回答上列的⒃，將‘可能性’改為‘必然性’。並且檢討兩問題的彼此關聯。（提示：是不是凡是邏輯必然的，一定是經驗地必然？反

之如何？是不是經驗必然的，一定是技術上地必然？反之如何？是不是技術上必然的，一定是個人地必然？反之如何？）

⒆重新回答上述⒄，將其中的‘可能性’改為‘必然性’，以及其他類似的有關更動。

⒇個人必然性到底為何物？試試例釋之。它與道德的討論有何關係？它與“命定”或“宿命”的概念，有無相干？

⒇重新回答上述的⒆，將‘可能性’改為‘必然性’，以及其他有關的更動。

⒇當我們說 A 是邏輯地必然，那是不是涵蘊 A 在每一可能的世界裏都為真？當我們說 A 是邏輯地可能，那是不是涵蘊 A 至少在一個可能的世界裏為真？試討論之。

⒇分析並討論“可能世界”(possible world) 這一概念。

⒇下列各對陳述是否互為矛盾：

(i) { A 為真。 A 為假。   (ii) { A 可能為真。 A 不可能為真。

(iii) { A 必然為真。 A 必然為假。   (iv) { A 必然為真。 A 不可能為假。

(v) { A 為真。 A 必然為假。   (vi) { A 為真。 A 可能為假。

(vii) { A 必然為真。 A 為假。   (viii) { A 可能為真。 A 為假。

（提示：首先回顧‘矛盾’一詞的確定意義。）

⒇當我們說 A 為真，那是指 A 在那一可能世界為真？

⒇舉例說明基本述句和衍生述句之分，並不是一種絕對的劃分。

⒇簡單性和真理有沒有什麼關聯？試加以討論。（提示：有人認為選擇比較簡單的理論當做真理，是因為要否證起來比較方便的緣故。這與真理有何相干？）

⒇為什麼“絕對系統”不是個精確的概念？闡明之，例釋之。

⒇我們討論過的真理條件當中，那些是真理的必要條件？有沒有一

些條件加起來，足以構成真理的充分條件？如果沒有，這表示什麼？

　　㊱還有沒有其他的真理條件？試列舉出來，並加以闡釋。

　　㊲如果我們永遠舉不出真理的充分條件，這表示什麼呢？（提示：道可道非「真」道？）

　　㊳我們的解析是把真理當做是種述句進行的。試比照以上的解析，但把真理看成命題（即真理₂），加以討論。亦即：試發展一套「真理₂論」。

40. 分析命題與綜合命題

　　我們以前說過，有些述句之為真或為假，是要依賴經驗上的證據決定的。這樣的述句稱為「經驗上地真」或「經驗上地假」（「事實地真」，「事實地假」）。另外還有一種述句，其真假值只要依據我們對其所含字詞之意義所做的分析，就可以決定。這類述句乃是「分析地真」，或「分析地假」。現在我們要正式對這兩類述句，加以比較研究；並且觀察一下這一劃分所帶出來的一些重要結論。

　　但是我們不只是要直接從述句的結構，來標定這一區分；更要從述句所裝載的意義著手。這是因為該一區分，歸根究底是語意上的事，而不是語法上的事。

　　首先我們要把事態分為兩類。那些必然如此或必然不如此的事態，我們稱之為「必然事態」（necessary state-of-affairs）。而那些不是必然如此或必然不如此的事態，則稱之為「適然事態」（contingent state-of-affairs）。在必然事態中，那必然為真的，我們稱之為「必然事實」（necessary fact），那必然為假的，我們稱之為「必然非事實」（necessary non-fact），或「不可能事態」（impossible fact）。類似地，適然事態中，那些為真的，稱為「事實」，而那些是假的，稱為「非事實」。

　　顯而易見地，是必然事實的，一定是事實；雖然反之不必然。同樣的，是不可能事態的，一定是非事實；反之亦不必然。現在我們將此種區分列表如下，以清眉目；並加例釋，幫助理解：

（表１）

$$事態 \begin{cases} 必然事態 \begin{cases} 必然事實 \\ 不可能事態（必然非事實） \end{cases} \\ 適然事態 \begin{cases} 事實 \\ 非事實 \end{cases} \end{cases}$$

例釋：(1)必然事實——$2 + 3 = 5$；凡人是人；若人有理性，則無理性者非人。

(2)不可能事態——2 是奇數；人不是人；有的孤兒有父母健在。

(3)事實——地球有一自然衛星；$2H_2 + O_2 \longrightarrow 2H_2O$；太平洋是地球上最大的海洋。

(4)非事實——鐵會浮於水；山愈高其山頂氣壓亦愈高；太陽系裏有十二行星。

以前我們曾討論命題的三種不同意義：述句（命題$_3$），述句的意義——含藏心中的概念（命題$_1$）和事態（命題$_2$）。上面的事態分類，就是命題$_2$ 的分類，當我們以命題$_2$ 為準分類時，上述（表 1）裏的名稱可以改動如下：

（表２）

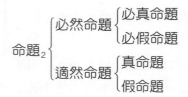

$$命題_2 \begin{cases} 必然命題 \begin{cases} 必真命題 \\ 必假命題 \end{cases} \\ 適然命題 \begin{cases} 真命題 \\ 假命題 \end{cases} \end{cases}$$

可是我們說過述句是用來指稱事態（命題$_2$）的，因此，述句也可以依其所指稱的對象，做出類似上述的區分。讓我們說，凡是用來指稱必然命題的，稱為「分析述句」(analytic statement)❷。指稱必真命題的，稱為「分析真句」；指稱必假命題的，稱為「分析假句」。另一方面，用來指稱適然命題的，稱為

---

❷　以前我們曾經使用過'必然述句'與'可能述句'之名。此一名謂所意指的區分，是依述句的外形結構而做的。凡是具有「(□) A」這一形式的述句，就叫做必然述句；具有「(◇) A」這一形式的述句，就叫做「可能述句」；正好像具有「(?) A」這一形式的語句，就稱為「問句」一樣。

「綜合述句」(synthetic statement)，或者就直接叫做「適然述句」(contingent statement)。指稱真命題的，稱為「真句」；指稱假命題的，稱為「假句」。因此，述句的分類可以表述如下：

（表3）

述句 {
- 分析述句 { 分析真句 / 分析假句 }
- 綜合述句 / 適然述句 { 真句（綜合真句）/ 假句（綜合假句）}

　　分析述句的真假，只要訴諸解析——尤其語意解析——就可以決定。這樣的真假值，可以稱為「分析的真假值」(analytic truth value)。相反地，綜合述句的真假，不能只靠解析來決定，它必須參照經驗世界的情況，「綜合」兩者，才能決定。這類的真假值，可以名之為「經驗的真假值」(empirical truth value)，或者「事實的真假值」(factual truth value)。事實的真假值，我們以前業已說過，它是二值的。分析的真假值，也是二值的，即分析地真與分析地假。只是我們得注意，分析地真是種必然地真，分析地假是種必然地假。

　　有些分析述句的真假，可以從該述句的結構顯現出來。比如，我們一眼可以看出 '凡人是人' 一定為真；相反地，我們也很容易察覺 '天下雨，若且唯若天不下雨' 必定為假。這類的述句，我們要稱之為「邏輯述句」(logical statement)。屬於真的，是「邏輯真句」，屬於假的，是「邏輯假句」。邏輯述句、邏輯真句和邏輯假句，分別是分析述句、分析真句和分析假句的子集。

　　邏輯述句所具有的真假值，可以名之為「邏輯的真假值」(logical truth value)。同樣地，邏輯地真是種必然地真，邏輯地假是種必然地假。

　　為了判定上的方便，以及理論的邏輯建構的要求，我們常常試圖把一個分析述句「翻譯」成一個邏輯述句，以便把它的結構顯現出來。這樣顯現出來的結構，稱為「邏輯結構」(logical structure)，或「邏輯形式」(logical form)。比方，'凡單身漢皆未婚' 當然是個分析述句。我們只要分析該一述句所含語詞的意義，就能確定它的真假值。可是它仍然不是一個邏輯述句，因為它沒有外顯的結構，足以令人依據它（而不必依據別的）來判定其真假。於是我

們再深入探求其結構。我們發覺，依界說'單身漢'是'未婚的成年男子'，於是：

(1)凡單身漢皆未婚。

就可以翻譯成為：

(2)凡未婚成年男子皆未婚。

顯然(2)是個邏輯真句，它之為真只要觀察其邏輯結構，就可以判定了。既然(2)的真假值決定了，而(1)與(2)是同義的，因而它們等值。於是我們也就確立了(1)的真假值。這是把分析述句化為邏輯述句，把分析真假值化為邏輯真假值的辦法。這樣的處理方式，是「邏輯方法」(logical method) 的一個重要部分。

現在有一個很重要的問題要提出來，促人注意：上述的(1)與(2)既然意義相同，那麼它們所裝載的是同一個命題（命題₁），而不是不同的命題。也就是說，(1)與(2)只是同一個命題的不同（語文）表現方式而已。可是我們業已看過，(1)與(2)之間有一些顯著的不同。(1)雖然是個分析述句，但卻不是個邏輯述句；相反地，(2)卻是個邏輯述句。這表示，若從命題₁的觀點來看，分析命題₁並沒有邏輯命題₁與不是邏輯命題₁的分別。當然，命題₁是稱不上真假的，因而更沒有分析真假值和邏輯真假值，這些名目。

在此，我們可以看得出命題₁比述句更基本，可是為了處理上的方便，我們卻常常應用述句，而將它們加以較細的區分。同理，分析命題和綜合命題之別，比起分析述句和綜合述句之分，更基本，更緊靠我們的思考和概念。

以命題₁之觀點看，我們可以做出分析命題₁和綜合命題₁之分。但卻沒有必真命題₁、必假命題₁、真命題₁、和假命題₁之別。

這時我們就要發問，那麼所謂分析命題₁到底是什麼呢？我們說過命題₁是存在我們心中的意義，當我們心中存有這樣的命題時，我們知道它所表達的事態（命題₂）是種必然的事態（必然為真，或必然為假）。至於我們怎樣判斷一個分析命題₁所表達的是必然事實，而不是不可能事態，那牽涉到概念的組織與構成，以及概念與概念之間的種種關係。這些我們暫時不加討論。

讓我們假定我們的認知能力，足以判斷並分辨兩種命題₁。一種是表達必然事實的，另一種卻表達不可能的事態。我們不妨暫時把前者稱為「正分析命題₁」，把後者稱為「負分析命題₁」。此一區分遠較深入和貼切，這一點可以

從底下的例子裏看得出來：假如我們以述句為標準，很容易誤解下列的述句是個分析真句，因而認為它指稱著一個必然事實：

　　⑶鯨魚是魚。

因為它看起來貌似邏輯真句。可是我們如果直接訴諸概念的分析——闡明並比較"鯨魚"和"魚"這兩個概念，我們知道"鯨魚是魚"不但不是正分析命題；正好相反，它是個負分析命題。它不但不是表達著必然事實，它所表達的正好是個不可能的事態！

　　事實上，所謂語意的解析，是種概念解析。它所直接觸及的是述句的意義（命題₁），而不是述句本身。

【　問題與討論　】

　　⑴為什麼分析命題與綜合命題之分，比分析述句與綜合述句之別，更基本更深入？試言其理。

　　⑵什麼叫做「事態」？試加以詳細的闡釋。

　　⑶例釋下一陳述：「是事實的，不一定是必然事實；是非事實的，不一定是不可能事態」。

　　⑷事實和非事實的區分，是根據什麼標準決定的？如果有一事態在某一可能世界為真，而非在（我們的）現實世界裏為真，我們稱它做什麼？

　　⑸如果有人說，某一事態在我們這個世界裏「必然為真」，但不是在每一個可能的世界裏都必然為真（甚至不一定是真）。這時‘必然’是什麼意思？（提示：首先回顧以前我們對‘必然’一詞的解析。）

　　⑹以前我們曾經解釋不同種類的必然性，當我們說「必然事實」時，那是指那一種必然性？試詳細說明之。

　　⑺設 W_i 為任一可能世界，W_o 為我們的現實世界；（$\Box_{wj}$）A 指 A 在 W_j 裏是必然的。試問下列陳述何者為真：

　　　　（ⅰ）（$\Box_{Wo}$）A 涵蘊（$\Box_{Wi}$）A

　　　　（ⅱ）（$\Box_{Wi}$）A 涵蘊（$\Box_{Wo}$）A

　　⑻（$\Box_{Wi}$）A 與（$\Box$）A 有何區別？（參見上列⑸的答案。）

⑼ A 若是必然地真，那麼（□）A 是不是也是必然地真？反之如何？並解釋 '必然地必然地真' 是什麼意思。

⑽必然命題與分析述句，以及適然命題與綜合述句，兩兩之間是否有一一對應關係？

⑾某一命題之為必然命題或適然命題，是不是有獨立於我們認知能力與認知內容的標準？也就是說，該一區分是不是純粹客觀的？試討論之。

⑿闡釋 '分析述句' 與 '綜合述句' 取名之要旨。

⒀舉出十個分析真句，十個分析假句；十個邏輯真句，十個邏輯假句；十個綜合真句，十個綜合假句。

⒁分辨下列三種真假值：經驗真假值，分析真假值，和邏輯真假值。

⒂證明下一陳述：「邏輯真句必定是分析真句」。

⒃是不是凡邏輯假句，必定是分析假句？詳細加以討論。

⒄我們說，邏輯述句是些由其結構，就可判定其真假的述句。試問此處所謂結構是指什麼而言？

⒅我們能不能把任何一個分析述句，加以翻譯成一相等的邏輯述句？這裏所指的相等，是什麼意思？

⒆闡釋 '邏輯結構' 或 '邏輯形式'。每一述句是否都有一邏輯結構？是否只有一個邏輯結構？

⒇我們說，邏輯述句是分析述句的子集。試問前者是不是後者的常義子集？（提示：參見上述⒃與⒅的答案。所謂「常義子集」可以界定如下： X 是 Y 的常義子集，若 X ⊆ Y 而且 X ≠ Y。）

(21)當我們說一個邏輯述句的真假值，只要依據它的邏輯結構就可以判定。試問這樣的說法是否精確？討論之。（提示：當我們說 '所有的 X 都是 X'，這顯然是個邏輯述句。可是我們不是得事先瞭解 '所有的'，'是' 等詞的意義嗎？或是該等語詞的意義之瞭解，已包含在邏輯結構的界說之中。試試區分出現在一個述句當中的邏輯字詞 (logical word) ——包括模態詞—與質料語詞。）

(22)假若我們區分一個述句所含的邏輯字詞和質料語詞，試問：①如

何界定該二者？②此一區分是相對的，或是絕對的？③有沒有述句是不含有任何邏輯字詞的？④有沒有述句是不含有任何質料語詞的？（提示：回顧以前討論過的開放述句。）

⒆舉出一些邏輯字詞的例子，並舉例說明它們如果用來標定述句的邏輯結構。

⒇當我們把‘凡單身漢皆未婚’化約為‘凡未婚成年男子皆未婚’，我們可以說，後者具有下列的邏輯形式（結構）：

　　凡 XY 皆為 X。

可是我們能否說，前一述句也具有這樣的邏輯形式呢？試討論之。

⒇把分析述句化為邏輯述句，這樣的「邏輯方法」具有什麼功能或用處？試加以討論。

⒇依據我們的討論，試分析何謂「必然真理」(necessary truth)？何謂「邏輯真理」(logical truth)？

⒇為什麼我們不能有必真命題₁，必假命題₁，真命題₁與假命題₁的區分？

⒇闡釋「正分析命題₁」和「負分析命題₁」。

⒇在‘鯨魚是魚’裏，‘魚’字是否歧義？試解析之。如果我們要將它寫成邏輯述句，可否表達為：「XY 是 Y」？

⒇為什麼「語意解析」是種概念解析？

⒇哲學家康德 (Kant) 曾經區別「分析判斷」(analytic judgment) 與「綜合判斷」(synthetic judgment)。他認為一個判斷（判斷可寫成述句）的「述詞」（賓詞）概念，若含藏在該判斷的「主詞」（概念）之中，那麼該一判斷，稱為分析判斷。如「玫瑰是花」就是一例。因為"花"這一概念，含藏在"玫瑰"這一概念裏。在綜合判斷裏，則沒有這種含藏關係。如「有的玫瑰是紅的」，"紅"並不含藏在"玫瑰"之中。試問：①康德這一區分，最接近我們討論過的那種區分？②它與我們所做的區分，有何根本不同？③判斷是種什麼樣的活動？試分析之。④他所謂的「含藏」關係到底是什麼？精細說明之。

⒇如果我們否定一個分析判斷，會產生什麼結果？否定一個綜合判

斷呢？試細細比較之。

41. 理性的真理與事實的真理

在上一節裏，我們曾經論及分析命題與綜合命題。我們並且立論說，我們的認知能力，可以判斷並分辨正分析命題與負分析命題；知道前者所表達的是種必然事實，後者所表達的是不可能（實現）的事態。這樣的認知能力，是我們理性能力很重要的表現。

相反地，我們的理性能力，能不能分辨那些表達著事實的綜合命題，和那些不是表達事實的綜合命題呢？這個問題的答案是否定的。我們只憑理性的能力，不足以區別事實和非事實；我們還得訴諸經驗的考察，訴諸事實的探究。

比方，我們只要沉思細想就知道凡單身漢皆未婚，它是個必然的事實。同樣地，我們也只要沉思細想就知道不會有方形的圓；因為某物是方的圓，這是個不可能的事態。可是相反地，1973 年 7 月 5 日臺北是否天雨？它到底是不是事實？那就不全是靠沉思細想所能決定的。我們必須做些經驗上或事實上的調查。

以前我們討論過「真理」的種種條件。現在讓我們採取一種比較放鬆的真理概念，認為凡是真句皆是真理。那麼我們可以把只要經由理性能力，就可以確立的真理，稱為「理性的真理」；而把必須參照經驗世界的事實，才能建立的真理，稱為「經驗的真理」或「事實的真理」。

假定我們接著把分析真句，稱為「必然的真理」，因為它指稱著必然事實；而把全稱真句，稱為「全然的真理」（或是「普遍的真理」），因為它指稱的是普遍的事實，而沒有例外。我們知道，依此界說，凡是必然真理，一定是全然真理；可是並非凡是全然真理的，一定是種必然真理。必然真理是在每一個可能的世界裏，皆為真的；全然真理只需在現實世界裏為真，而無例外。依據我們在本書中所表述和要表述的見解，只有必然的真理才算是理性的真理，全然的真理雖然是種普遍的真理，卻不是種理性的真理，它是種事實的

真理。舉例來說，‘凡人是人’是個理性的真理，它是必然真理。可是‘凡人皆有死’，卻是個事實的真理，它是個全然的真理。

說到這裏，也許有人會懷疑，那麼必然真理是不是全像‘凡人是人’這樣微不足道的東西呢？要回答這個問題，首先我們就得檢查一下，什麼叫做「微不足道」。必然的真理或理性的真理的確沒有特定的經驗內容。它並不陳述現實世界的任何特殊的性質。也就是說，它並不陳述現實世界與別的可能世界之間，有所不同的性徵。

舉例來說：‘凡寡婦皆已婚’是個理性的真理，它是必然為真。正因為它是個必然的真理，因此不只在我們這個（現實）世界裏，凡寡婦皆已婚；在其他任何的可能世界中，如果有寡婦存在的話，她（們）都是已婚的。因此寡婦已婚並不是我們這個世界的特殊現象；它是一切可能世界的共同現象。因此‘凡寡婦皆已婚’這一必然真理，並不含有特定的經驗內容。它並不表述這個世界的任何特殊性徵。

相反地，‘凡人皆有死’這一事實真理，卻大大不同。它道出在我們這個世界裏，人是會死的，而無例外。也許在其他有些可能世界之中，人可以不死，或者有人可以長生。因此人之會死並不是一切可能世界的通性，它是我們經驗世界的特定性質之一（當然也許也是另外某些可能世界的特定性質之一，但卻不是每一可能世界的共通性質）。

所以，如果‘微不足道’是指欠缺特定的經驗內容，那麼我們的確可以說，必然真理全是微不足道。可是我們要當心，當我們這麼說的時候，我們就得跟著斷言：數學的真理，也全都是微不足道的，因為所有的數學真理都是必然的真理。

現在讓我們對於此一斷說，稍加例釋。我們知道：

(1) $2 + 3 = 5$

是個數學的真理，它是必然地真。我們只要分析 “2”, “3”, “5”, “+”, “=” 這些概念，就足以確立(1)的真假值。因此它是個分析述句。不但如此，我們基於解析就足以認知 “$2 + 3 = 5$” 是個正分析命題，它表達的是個必然事實。

可是為什麼我們說它沒有特定的經驗內容呢？我們難道不能想像在某些可能的世界裏，$2 + 3 \neq 5$ 嗎？答案是否定的。在任何的可能世界裏，$2 + 3$ 都

等於 5；不可能等於別的任何數。這就是說，上述的(1)不是個事實的真理，它是個理性的真理。

不過也許有人會反問，難道我們不可以想像類似下述的 W_i，這樣的可能世界？ 在 W_i 裏，有一種動物叫做「魩」，這種魩有一個很特別的習性，就是每逢同類相聚，每一隻魩，必定要吃掉其他一隻魩，而且只吃掉一隻（當然有的魩還未吃到別的魩，就先被吃掉了。而且有些吃過同類的魩，跟著也可能被未吃過同類的魩所吞噬）。那麼在這樣的世界裏，顯然兩魩加三魩絕不變成五魩；不像在我們這個世界裏，兩隻蘋果加上三隻蘋果變成五隻蘋果！ 這豈不是「證明」$2 + 3 = 5$ 也是具有特定的經驗內容，它指出某些世界的一些特性嗎？

這種反問是不能成立的。因為它建立在一些混淆與錯誤的基礎上。我們說 ‘$2 + 3 = 5$’ 是個理性的真理，它沒有經驗內容。可是我們並沒有說，‘兩魩加三魩變成五魩’，或是 ‘兩隻蘋果加上三隻蘋果變成五隻蘋果’，是個理性的真理，而沒有經驗上的內容。後者是事實的真理，它們是有經驗內容的。它們不是分析述句，它們是綜合述句。它們的真假值是有賴經驗的考察，才能決定的；不是只訴諸概念的解析就可以解決的。

為了明白顯現這一論點，讓我們舉一個極端簡單，因此較易處理的例子。我們都知道：

(2) $1 + 1 = 2$

是個數學的真理。可是我們常常經驗到，把一滴水放置盤皿裏，接著再加進一滴水，卻成了較大的一滴水。這不是(2)的反例嗎？ 我們不是可以說：

(3) 一滴水加上一滴水變成一大滴的水。

的確，我們可以說，在那種情況下，(3)為真。可是我們卻不能說(3)是(2)的反例。我們可以將這一經驗現象寫成上列的(3)，但卻不能寫成：

(4) $1 + 1 = 1$（或者：$1 + 1 = 大 1$）

我們並沒有小 1 大 1 的數學概念，因此，上述的(4)成不了一個數學的述句。

事實上，一滴水加進另一滴水，結果到底變成幾滴，那全要看我們怎樣加進那一滴水，以及容器的性質等等經驗現象，才能決定。結果到底如何，必須訴諸事實的考察。兩滴水加在一起，也許變成一大滴，也許維持原來的

兩滴，也許碎成許多小水滴。那要實際印證才知道。這樣的事態當然是有特定的經驗內容。上述的(3)決不是個分析述句，它是個道道地地的綜合述句。

【　問題與討論　】

(1)為什麼只憑理性足以建立「理性的真理」，但卻不足以確立「事實的真理」? 也就是說，為什麼單靠理性，可以認識必然事實，但卻不足以分辨（綜合）事實？

(2)試分別必然的真理與全然的真理（普遍的真理）。

(3)哲學家萊布尼茲 (Leibniz) 認為，在人類的有限心靈裏，才有分析命題與綜合命題之分。他認為在上帝的無限心靈之中，是沒有這一區分的。在上帝看來一切命題都是分析命題。試試闡明此一觀點，並加以評論。

(4)依據上述(3)裏所說的萊氏觀點，證明：在上帝心目中，
　(ⅰ)凡真理皆是必然真理。
　(ⅱ)必然真理和全然真理皆為理性真理。
　(ⅲ)沒有理性真理和事實真理的區分。

(5)依照萊氏的想法，那麼我們是不是還可以證明，在上帝的心目中：
　(ⅰ)沒有必然與適然之區分。
　(ⅱ)要嗎只有一個可能的世界（即現實世界），否則就是每一個可能的世界都含有同樣的真理。

(6)如果上述(5)裏的(ⅱ)為真，那麼萊氏所謂此一世界乃上帝選擇創造的「最佳可能世界」，此一斷說是何意義？

(7)依據萊氏的想法，上帝心目中的"必然性"與我們心目中的"必然性"，有何重大的分別？

(8)在萊氏的心目中，上帝的認知與凡人的認知，主要不同何在？（提示：比較斷說模態和「必然模態」。）

(9)闡釋下一斷言:「必然的真理（理性的真理）沒有特定的經驗內容」。

(10)哲學裏有所謂經驗論和理性論之爭。它們的爭論題目之一，就是理性的真理與事實的真理的劃分。經驗論者認為凡全然真理皆是事實真

理; 可是理性論者卻認為, 至少有些全然真理是理性的真理。試試深入
檢查此一論爭的癥結所在。兩方持論時, 是否懷有些不同的基本假定?
那些是什麼? 詳細分析之。

(11)有些極端的經驗論者, 如彌勒 (J. S. Mill), 認為所有的數學真理,
也是種事實真理, 而非理性的真理。試問: 在他的構想上, 有沒有必然
真理與全然真理之分? 前者是否存在? 設法詳加討論。

(12)我們說, 必然的真理沒有特定的經驗內容。是不是凡沒有特定的
經驗內容的, 全都是必然的真理?

(13)闡釋: 「數學的真理沒有特定的經驗內容」。

(14)證明: 必然事實沒有特定的經驗內容。

(15)以正文裏所描述的 W_i 中的餓為例, 試問:

    (a)一餓加一餓變成幾餓?

    (b)一餓加二餓呢?

    (c)二餓加三餓呢?

    (d)二十五餓加三十六餓呢?

    (e) m 餓加 n 餓呢?

並將(a)—(e)的答案, 分別與下列 (a′)—(e′) 的答案作比較: (a′) 1 + 1 = ?
(b′) 1 + 2 = ? (c′) 2 + 3 = ? (d′) 25 + 36 = ? (e′) m + n = ?

(16)試述在什麼意義下, '兩隻蘋果加上三隻蘋果變成五隻蘋果', 不
是個分析述句? 並比較其中的 '加上' 和 '變成', 分別與數學裏的 '+'
和 '=' 之間的差別。

(17)一滴水加進一滴水, 變成幾滴水? 試加以分析解答。

(18)既然數學真理只是些沒有特定經驗內容的理性真理, 那麼為什麼
數學在經驗世界中, 那麼有用? (提示: 區別純數學與應用數學, 並考察
後者到底為何物。)

42. 純理科學與經驗科學

在上一節裏，我們討論了理性的真理和事實的真理。我們說，理性的真理沒有任何特定的經驗內容，因為它在任何的可能世界裏都為真；所以它並沒有對我們所經驗到的現實世界的特性，有所斷說。可是事實的真理就完全不同。它是針對我們的經驗世界而發的，它所揭示的正是我們所經驗到的世界與其他許許多多的可能世界（不一定其他每一個可能的世界）有所不同的地方。

我們是生存在現實世界裏的生靈。基於需要、興趣與好奇，我們常常試圖尋索這個世界的真相，發掘這個世界的事實。這類活動的成果，累積成了我們經驗的知識，構成我們對這個世界所握有的事實真理。基於這類的真理，我們才瞭解我們所處的世界的種種性質，區分真情與虛幻、現實與夢想。進而使得我們的決策與行為，腳踏實地，落實生根。

因此，事實的知識是我們求生命之保存所不可少，求生活之改進所不可少，求人生之富足所不可少，求社會之繁榮所不可少，求文化之延續所不可少，求人類之幸福所不可少。如果我們分不清事實和虛假，也許誤把毒品當飲料，錯將虛意做實情。甚至顛倒是非，善惡不辨。結果，不止造成自己個人生命的失敗，也會引起人類整個文明的萎縮。

研究經驗世界的現象，探索事實真理的科學，稱為「經驗科學」。比如物理學、化學、生物學、行為科學、社會科學等等都屬於這種探討事實真理的學科。

當我們從事經驗科學的研究時，我們不能只訴諸理性，只做概念的分析與推演。我們必須放眼這個世界，從事經驗的考察，實際發掘何者為真，何者為假。因此事實的真理不是必然的真理，它是適然的真理。

另一方面，像邏輯像數學這樣的「純理科學」或所謂「形式科學」，所要探索的就不是事實的真理。數理科學所要研究的是我們以往說過的，沒有經驗內容的理性真理。

理性的真理建立在概念的分析和推演的基礎上，它是必然為真的分析真

句。可是我們說過，這樣的真理是沒有特定的經驗內容的。我們為什麼要研究這樣沒有特定經驗內容的真理？

我們知道，理性真理由於必然為真，它道說了每一個可能世界的共通條件；只是沒有特定標明經驗世界的特質和性徵。由於理性的真理描構的是所有世界的共通條件，因此它也是經驗世界不可或缺的條件。也就是說，既然理性真理是必然地真，它當然也在我們的經驗世界為真。只是因為它不足以用來標定這個世界的特質，因此它顯得微不足道。

可是這樣看來微不足道的真理，卻有它不可抹滅的重要性。既然它描構的是所有可能世界不可或缺的條件，那麼那也是我們這個世界的必要條件。因此我們對於經驗事實的發掘，對於過去的憧憬，以及對於將來的計劃，都不能觸犯這些條件，不能違背理性的真理。這就是為什麼我們的構想、我們的思考、我們的立論、我們的斷說，都必須合乎理性，合乎「邏輯」的原因。

邏輯是沒有經驗內容的，它是空靈的。可是這時空靈反而是種無比的力量！

為了例釋理性真理的性質，並且將它和事實的真理相比較，現在讓我們檢查一下數學述句的性質，以及它與經驗述句的關係。

在上一節裏，我們說過：像 '$2+3=5$' 這樣的數學述句之為真，是基於概念的分析得來。相反地，像 '兩隻蘋果加上三隻蘋果變成五隻蘋果' 的真假，就必須依賴經驗的檢定。現在讓我們首先看一看我們要如何確立這兩種語句的真假，然後陳述它們之間的關係。

由於數學述句是種分析述句，它是必然真句或是必然假句；所以我們不能訴諸經驗的核驗方式，檢查它是否為真，是否成立。我們必須訴諸邏輯的核驗方式，訴諸推理；以推論或分析的辦法來檢查它的真假，察看它成立與否。因為這個緣故，我們無法以數指頭，加蘋果等方法，來「證實」$2+3=5$。我們必須訴諸邏輯的演證。為了證明 '$2+3=5$'，首先讓我們佈置一些基本假定和界說：

（一）基本假定

我們設定 "數"（或 "自然數"）這一概念。並且假定那些數的「自然次序」，即 0, 1, 2, 3, 4, 5, ……等等。依此次序，在任何相連的一對的數當中，

後者稱為前者的「繼位數」。比如在 0, 1 這兩個數中，1 是 0 的繼位數；在 6 與 7 這兩個數中，7 是 6 的繼位數。相反地，在 0 與 2 中，沒有一個數是另一個數的繼位數，因為 0 與 2 在上述的自然次序裏，並不毗連。再者，在 5 與 6 兩數中，5 不是 6 的繼位數，因為在自然次序裏，5 並不位居 6 之後。

為了處理上的方便和簡單起見，我們假定在這個「算術系統」裏，只有兩個基本項目（事物），或基本概念，即 "0" 與 "繼位數"。同時，我們要把 k 的繼位數寫成 (k)$'$。而 (k)$'$ 的繼位數則寫成 ((k)$'$)$'$，等等。

（二）加法界說

接著我們要在這個算術系統裏，引進數與數之間的一種「運作」，稱為「加（法）」。加法的「意義」可以界定如下：

(i) $n + 0 = n$

(ii) $n + (k)' = (n + k)'$

(i) 說：任何數加上 0，等於該數本身。(ii) 說：任何數加上任何數之繼位數，等於兩數相加的繼位數。

（三）試證：$2 + 3 = 5$

為了證明此一述句，我們將它依據上述的設定，改寫如下：

$$((0)')' + (((0)')')' = (((((0)')')')')'$$

證明的步驟如下：

1. $((0)')' + (((0)')')' = (((0)')' + ((0)')')'$ 根據 (ii)
2. $\qquad\qquad\qquad = ((((0)')' + (0)')')'$ 根據 (ii)
3. $\qquad\qquad\qquad = (((((0)')' + 0)')')'$ 根據 (ii)
4. $\qquad\qquad\qquad = (((((0)')')')')'$　　根據 (i)

於是證明完成。所以 '$2 + 3 = 5$' 成立。

在這個證明的過程當中，我們顯然看得出，加法界說所扮演的重要角色。它將我們對於加的概念，凝結表露在 (i) 與 (ii) 之中。假定我們改變加的概念，那麼加法界說也得因而改動。當然那時候 2 加 3 也就不一定（雖然不是一定不）等於 5 了。例如，我們構想一個新的加之概念，稱之為「加$_1$」。並且立

下加$_1$法界說如下：

    (iii) n $\oplus$ 0 = n

    (iv) n $\oplus$ m = m

這時 2加$_1$3 就不是等於 5，而是等於 3 了。

　　由此也可以看出，在理性的真理之中，概念的形成和內容所占的重要地位。基本假定、界說陳構和邏輯推演，是設計來幫助我們進行概念分析的，以便給我們的直覺一個較有把握的導引。基本上，所有的數學真理，都是分析真句、它是建基在概念的解析之上的。

　　正因為它是建基在概念解析之上，而不是建立在我們對這個世界的經驗基礎上，因此它必須以邏輯的方式來核驗，不能以經驗方式加以證實。也因為它不是建立在經驗的基礎上，它不是種事實的真理。在任何的可能世界裏，只要從事數學的，具有同樣的概念，導演出同樣的運作程序，基於同樣的前提，那麼大家彼此的結論一定也相同。所以數學的真理是必然的真理。其為真並不局限在我們的經驗世界，而是貫通所有的可能世界。

　　凡是屬於理性的真理的，全都如此。

　　這時也許有人會發問：既然數學的真理是種必然的真理，它在所有的可能世界裏都為真。那麼難道歐幾里德幾何與非歐幾何，對於我們經驗世界而言，都為真嗎？它們不是彼此衝突嗎？彼此衝突的理論怎可能全都為真?!

　　要回答這類問題，首先我們得提醒自己，純粹幾何學或理論幾何學，不是一種經驗科學，因此它的成立與否不是由這個世界的性質，來加以決定的。比如歐氏幾何和非歐幾何裏的點，不是物理上有面積有體積的點；它是無大小只有位置的「幾何點」。其他的幾何構念也全都一樣，它們全都不是一些經驗世界裏的物理項目，而是存留在我們心中的概念。只要我們接受某一幾何對於其所含概念的假定和界說，那麼我們就無法不接受由這些假定與界說，所推演出來的結論。正好像我們在上面提到，除了一般的"加"之概念而外，我們也可以有其他的"加"之概念（如前述的加$_1$）；同樣地，除了一般的"平行性"概念而外，我們還可以有許多不同的"平行性$_1$"的概念。這就是歐氏幾何與非歐幾何不同的地方。

　　因此就純理幾何而言，歐氏幾何與各個不同的非歐幾何，其所發展出來

的定理，全都是必然真句，它們在任何可能世界裏都為真。它們彼此並沒有相互衝突，因為它們處理著不同的概念和基本假定；正好像 '2 + 3 = 5' 與 '2 ⊕ 3 = 3' 兩者都為真，而不互相衝突一樣。當然它們也可以有相似之處，因為它們也處理著類同的 "點" 和 "線" 等概念，正好像 '2 + 0 = 2' 與 '2 ⊕ 0 = 2' 的類似一樣。

　　在此我們體認到數學真理的「條件性質」。也就是說，數學定理之為真（必然地真），是基於對於它所處理的概念之基本假定和界說陳構而來的。一切的數學述句，歸根究底都是一種條件述句（'若……，則 ----'）。如果我們接受某些假定和界說，則會有某某結論。一旦我們的假定與界說改動了，我們的結論可能也就得因而改變。

　　理性的真理，都具有這種條件性質。

　　事實上，前述的問題尚有一半還未加以解答。那就是所謂應用數學的問題。

　　我們都知道，幾何學可以用來充做測山量地，計算面積等等實際的功能。那麼這豈不表示它具有經驗的內容，而不像以往我們所說的，一切理性真理都沒有特定的經驗內容嗎？原來當我們要應用幾何的時候，我們是把其中所含的概念，加上具有經驗意含的「解釋」(interpretation)。記得我們曾經說過，當我們構作（純粹）幾何學的時候，我們可以不必使用 '點' '線' 這樣的字眼來代表我們構想中的 "點" 和 "線" 的概念。我們可以只以變數來表達。可是當我們要設法應用幾何學的時候，我們就要把這些變數加以經驗的賦值。這就是說，我們要將心中的純理概念與經驗世界的項目，建立起一一對應的關聯，使概念間的關係表現為經驗事項間的關係。於是我們以物理的點、物理的線……做為幾何的點與幾何的線……之「映象」。把純粹幾何系統，轉變為「物理幾何」系統。可是這時我們就要發問，所成的物理幾何系統裏的定律，是不是必然真句呢？答案是否定的。因為經過了物理解釋之後的幾何，已經不是純理科學，而是經驗科學了。因此物理幾何是否表達著這個世界的真理，或是那一種物理幾何才表達著經驗世界的真理，那就不是只靠概念的解析所可以決定的。這個問題必須訴諸經驗的核驗。於是我們就要發問：我們所位居其內的空間，到底是種歐式空間，或是一種非歐空間。這是經驗世界的特性問題，它屬於經驗科學的範圍。

　　一切的純粹數學都是純理科學，它們的真理都是分析真句。可是所有的應用數學都是經驗科學，它們的真理都是綜合真句。

　　現在讓我們回頭舉一個簡單的例子，結束這一節的討論。假定有兩個可能世界 W_{12} 與 W_{13}。前者住著一些愛好和平的善性人。可是在後者裏居住的，卻是一些食人為樂的惡性人。這裏的人，雖然不吃自己部落的人，可是他們每到一個地方就把那地方的人全部吃掉（而自己不被吃去）。在這兩個世界裏的數學家都分別懷有「加」和「加$_1$」的概念，像我們上述所界定的一樣。因此，對於這兩個世界而言，‘$2 + 3 = 5$’ 和 ‘$2 \oplus 3 = 3$’ 皆為真。可是如果在部族遷徙的過程中，做人口調查的時候，‘2 人加 3 人等於 5 人’ 在 W_{12} 裏為真，可是在 W_{13} 裏卻為假。在 W_{13} 裏 ‘2 人加$_1$ 3 人等於 3 人’ 才為真。這就是說，前面那類的述句是分析述句，它們必然為真，因此在每一個可能的世界裏皆為真。可是像後面的那一類述句，則是綜合述句，它們是適然為真，只在某些世界裏才為真。前者屬於理性的真理，後者屬於事實的真理。研究前者和陳構前者的科學，是純理科學；探討後者，陳構後者的科學，則是經驗科學。

【　問題與討論　】

　⑴詳述事實真理的重要性，並且舉例說明經驗科學的研究對象。

　⑵理性真理既然沒有特定的經驗內容，那麼我們為什麼還要從事純理科學的研究？舉例說明之。

　⑶闡釋和評論下一斷言：「邏輯是沒有經驗內容的，它是空靈的。可是這時空靈反而是種無比的力量」。

　⑷確立數學述句的真假值，和確立經驗述句的真假值，其方法有何不同？舉例說明之。

　⑸從種種不同的角度，比較純理科學與經驗科學之異同。並且說明它們彼此之間的關係。

　⑹為什麼必然真句或必然假句，不能用經驗的核驗方式來檢定它是否成立？經驗的述句可否使用邏輯的核驗來確立其真假？詳細討論之。

⑺正文裏所陳示的「加法界說」(ⅰ)與(ⅱ)，並不是完整的寫法，何故？試將其完整的陳構方式表述出來。（提示：(ⅰ)與(ⅱ)該是兩個全稱述句。）

⑻在什麼樣的條件下，我們可以反證 '2 + 3 = 5'，亦即證明 '2 + 3 ≠ 5'？

⑼我們提及的「加$_1$」（即⊕）與一般的加（即 +），有些什麼重要的差異？試詳細列舉其不同。

⑽所謂「數學真理不建立在經驗基礎上」，這裏所謂的「經驗」指的是什麼？細細分析之。

⑾在什麼意義下，我們可以說歐氏幾何裏的定理，與非歐幾何裏的定理，全都是必然真句，全都在所有的可能世界裏皆為真？

⑿舉例詳細說明理性真理的條件性質。

⒀事實的真理是否也帶有條件性？若果，則試分析其條件到底為何。

⒁以幾何或算術為例，說明純粹數學（理論數學）與應用數學的重大區別。

⒂康德除了劃分分析判斷和綜合判斷之外，還區別了先驗判斷 (*a priori* judgment) 與後驗判斷 (*a posteriori* judgment)。先驗判斷是不藉助我們的經驗的，可是後驗判斷卻需依賴我們的現實經驗。試舉出一些先驗判斷的例子，另外一些後驗判斷的例子。分析比較彼此之不同。試問：是不是凡分析的必是先驗的？反之亦然？是不是凡是綜合的必是後驗的？反之亦然？

⒃康德認為所有的數學真理，都是一種綜合但卻先驗的判斷 (synthetic *a priori* judgment)。試對此一觀點加以分析，討論與批評。並將之與彌勒的數學真理觀，相對照相比較。

43. 界說與真理

我們經常提到語文表式的意義，也不時使用界說這一概念。對於前者，我們曾經加以分類與解析；可是對於後者，我們卻仍然沒有正式加以討論。

在這一節裏，我們所要做的，正是對界說加以分析與觀照，並且探究它與真理之間的關係。

普通當我們說，「下界說」、「下定義」或是「界定」的時候，我們所指的到底是種什麼樣的活動呢？這種活動的對象是什麼？目的為何？對於這類的問題，平時似乎並沒有一個唯一而不可改變的答案。這似乎表示‘界說’一詞，在平時的用法裏，是歧義的。

平時，我們似乎常說，我們是在界定某一語詞。可是我們也可以說，我們是在界定某事物（或號稱的事物）。比如，我們可以說我們是在界定‘人’這個字的意義，追問它所負載的概念是什麼。但是，我們也可以講我們是在界定人這種動物，探究他到底是那樣的動物。也就是說，在界定的場合，或界說的脈絡裏，我們所發問的是下列兩種彼此關係密切的問題：

(I)‘x’的意義為何？

(II)x 就是什麼？

比如：

⑴‘人’的意義為何？

⑵人就是什麼？

以 (I) 為心目中的問題，構作出來的界說，討論或回答的是語文的意義問題，因此這一類的界說可以名之為「語文界說」(linguistic definition)。在傳統的哲學裏，有人稱它為「唯名界說」(nominal definition)。又因為它所要陳示的，是字詞或其他語文表式的語意，因此我們也可以稱它為「語意界說」(semantical definition)。

相反地，以 (II) 為出發點成立的界說，並不是用來陳示語文表式的意義。它是用來指出某一(類)事物或事項的「本質」(essence)，或「本質性徵」(essential characteristics)。這一類的界說，傳統上稱為「實質界說」(real definition)。這是一種「事物界說」(thing definition)。

語文界說具有下列的一般形式：

(III)‘x’意即‘……’。

比如，‘三角形’意即「具有三個角的幾何圖形」。

相對地，事物界說則具有下列的普遍形式：

(IV)x 就是……。

例如：三角形就是具有三個角的幾何圖形。

由於上述的 (I) 與 (II) 是兩類彼此關係密切的問題，因此我們可以看得出 (III) 與其相應的 (IV)，這兩種界說之間，也有一種很緊密的關聯。這兩種界說往往可以互相轉換，相互變通。(我們可以從上述對‘三角形’的語文界說，和對三角形的事物界說，兩者之間的相似，看出它們彼此的密切關係，以及互相轉換的辦法。)

不論我們所要探討的，是上述的那種界說，它都可以分為兩部分。一個是有待界定的部分。比如，在上述的 (III) 或 (IV) 之中，‘x’或 x 就是等待被界定的部分，這一部分稱為「被界定端」(*definiendum*)。一個界說可以說就是那被界定端的界說。比方，當我們說「人就是理性的動物」時，如果這是個界說，那麼人就是被界定端。於是我們可以說，該界說是人的界說。這是個事物界說。語文界說也是如此。

界說的另外一個部分，是用來界定被界定端的。這一部分稱為「界定端」(*definiens*)。比方在「人就是理性的動物」這一界說裏，「理性的動物」就是該界說的界定端。一個界說的被界定端與界定端之間，存有一種關係，這種關係叫做「界定關係」(definitional relation)。界定關係可以存在於語文表式和語文表式之間 (當那界說是個語文界說時)，它也可以存在於事物與事物 (或性質) 之間 (當那界說是個事物界說時)。為了方便起見，我們要使用 ‘$=_{Df}$’ 這一「界說號」來指謂這種關係 (當然由以上所說的，我們知道此一界說號是歧義的。它可以唸成‘意即’，也可以唸成‘就是’)。我們要把一個界說寫成：

(V)x$=_{Df}$……

它可以被唸成上述的 (III)，也可以被唸成上述的 (IV)；這完全看在我們的心目中，該一界說是語文界說或是事物界說而定❸。一般而言，這樣的歧義是沒有害處的，因為在某一特定的脈絡裏，我們並不難決定我們所指的，到底是那一種界說。

---

❸　如果一個界說是自己另行陳列時，即使把 (V) 唸成 (III)，我們也不將它寫成：‘x’$=_{Df}$‘……’；除非在可能發生誤解的脈絡，或是特地為了強調它是種語文界說的場合。

　　另外還有一個歧義，我們想在這裏加以釐清。那就是有關出現在上列 (III) 裏的‘意即’兩字的意義。在 (III) 裏，我們把‘意即’當做是‘意義等於’的縮寫。因此當我們定義說：‘人’意即‘理性的動物’時，我們的意思是說，‘人’和‘理性的動物’，兩者具有同樣的意義。因此，我們把界定端寫成‘……’。可是‘意即’也可以有另外一個意義，就是當做‘意義就是’的縮寫。那麼追問‘人’是什麼意義時，我們所要探討的就是它所裝載的意義（概念）是什麼。假如我們採取這個意思，那麼我們就得說：‘人’的意義就是“理念的動物”這一概念。因而，我們應該將一個語文界說的一般形式寫成：

　　　　(IIIa)‘x’意即“……”。

這樣一來，界定關係成了一種介乎語文表式和意義（概念）之間的關係了。事實上，當我們論及界說時，這常常是一種最基本，甚至最有用的關係。

　　雖然‘意即’一詞是歧義的，當它在語文界說裏，用來表達界定關係時，它所表現的可以是含在上述的 (III)，也可以是含在剛剛提及的 (IIIa) 裏所表露出來的意義。不過這一歧義仍然可以在個別的脈絡裏，偵測出來。因為這個緣故，我們決定將 (III) 和 (IIIa) 並存不廢，兩者在窺看界說的性質時，各表現出界定關係的一面。

　　界說都是些述句。它們各具有上述 (III)，(IIIa) 或 (IV) 這三種形式之一。述句是有真假的，它們具有真假值。可是我們要發問：當做界說的述句（以後簡稱「界說述句」或「界說句」），其真假是分析的真假，或經驗的真假？也就是說，界說述句所具有的真假值，是分析的真假值，或是經驗的真假值。

　　要回答這個問題，我們可以首先這麼發問：界說述句的真假，或其成立與否，是依賴什麼方式來核驗的？它是依據邏輯的核驗？或是依據經驗的核驗？

　　舉個例子來說，當我們界定‘三角形就是具有三個角的幾何圖形’時，我們需不需要藉助經驗的考察，來決定它為真呢？我們是不是得觀看每一個三角形，計數看看它們是不是全都具有三個角，然後才下結論說，三角形的界說為真（或成立）呢？相反地，如果有人說：‘三角形就是具有四個角的幾何圖形’時，我們要證其為假，是不是得實際數過三角形的角，才能對那一聲稱為三角形的界說，加以否定呢？顯然我們不必這麼做。當我們使用‘三角形’（在事物界說裏）或是提指‘三角形’（在語文界說裏）的時候，我們

決定——或繼承前人的決定——把‘三角形’用來負載某某意義，因而用來指謂某某事物。這意義就是"具有三個角的幾何圖形"，而這事物正是該意義所表達的具有三個角（這種性質）的幾何圖形。

因此‘三角形就是具有三個角的幾何圖形’，這一界說述句之為真，只要依憑我們對於文字意義的分析，就可以決定；它不需要依賴經驗的核驗。這就是說，界說是種分析述句，它之為真是分析地真。因此，界說所呈示的，是種理性的真理，而不是種事實的真理。

為了明確和區別起見，讓我們說：一個界說述句之為真，係「界定地真」(definitionally true)，它是一個界說真句。界說真句是分析的真。讓我們把一個界說述句所具有的真假值，稱為「界說真假值」(definitional truth value)，它是一種分析的真假值。

也許有人會發問，既然界說述句只是意義分析的事，那我們為什麼說實質界說指出了某某事物的本質（或本質性徵）呢？事物的本質難道是我們所約定的嗎?! 的確，事物的本質是「天生自然」的，而不是約定俗成的。可是我們要把具有某某本質的事物，稱做什麼，這卻不是天生自然，而是約定俗成的。如果我們發現某事物缺乏 x 的「界定性徵」(defining characteristics)（亦即在 x 的界說裏所標示的 x 之本質），那麼我們就不把它稱做 x。當然有時我們由於不察或失誤，甚至為了某種目的，把不該叫做 x 的也稱為 x。但這只是誤用了‘x’，而不是 x 的界說有假。世界上只有誤用文字的事，並沒有錯下界說（下了假界說）的事。

總之，當我們有著前述的 (V) 那樣的界說時，那麼上述的 (III)，(IIIa) 和 (IV) 都是界說真理。比如，‘人’=_{Df}‘理性的動物’是個人的界說，那麼‘人就是理性的動物’和‘‘人’意即‘理性的動物’’皆是界說真理。

一般當我們提及界說的時候，我們總多想起以個別單獨的語詞為被界定端的界說（讓我們稱之為「單語界說」）。比如，‘人就是理性的動物’，‘三角形就是具有三個角的幾何圖形’等等，分別是‘人’和‘三角形’這兩個個別單獨的語詞的界說。普通在字典裏收集陳列的，都是這種界說。可是另外還有一種界說，在我們界定的活動裏，占著很重要的地位，然而卻不為一般人所注意。這種界說不是用來界定一個個別單獨的語詞，而是界定該語詞所

在的整個脈絡。比如，我們以前說過全稱量化述句和存在量化述句之間，可以互相轉換，因此可以彼此相互界定。比如下列兩個述句的意義完全相等：

(1)凡人皆愛真理。

(2)並非有人不愛真理。

因此裏頭所含的關鍵字詞，顯然可以互相界定。可是我們卻不能界定說：

(3)凡皆 $=_{Df}$ 並非有不

如果我們這麼做，那麼原來有意義的表詞，現在變成沒有內容；原來可以理解的，現在變得無法領會了。為了避免淪於無義與荒謬，我們應該構做如下的界說：

(4)凡……皆 ――――$=_{Df}$ 並非有……不 ――――。

很明顯地，在(4)這種界說裏，我們所界定的不是獨立的單詞，而是整個含有單詞的脈絡。因為這種界說所界定的是整個的脈絡，因此，我們稱之為「脈絡界說」(contextual definition)。

脈絡界說所界定的，有時是整個語句脈絡，像上述的(4)就是。這時被界定端和界定端都是個（以前我們說過的）「開放述句」。可是脈絡界說也可以用來界定比語句較小的脈絡，比方語詞脈絡。比如，令 'A' 和 'B' 為類名（或集名）變數，則它們都是語詞變數，那麼我們可以使用餘集和聯集的概念，將交集界定如下：

(5) $A \cap B =_{Df} \overline{(\overline{A} \cup \overline{B})}$

這時被界定端和界定端都是（複合）語詞，而不是述句。比如：

(6)（工作者）∩（學生）$=_{Df} \overline{(\overline{（工作者）} \cup \overline{（學生）})}$

也就是說：

(7)半工半讀生就是並非不工作或不是學生者。

以述句和語詞做為脈絡的脈絡界說，是這種界說中，最常見並且也是最有用的例子。我們很少需要界定比述句更大的脈絡，或者比語詞更小的脈絡。

脈絡界說經常含有變數，因此往往我們可以只注意被界定端與界定端的結構或形式即可，而不必顧慮其內容。此處所謂的結構乃是語法上的結構，因此脈絡界說常常是種「語法界說」(syntactical definition)。

雖然脈絡界說經常含有變數。可是正如在討論開放述句時所說的，我們

也可以認為它們具有真假值。它們具有的是界說真假值，它們是些必然為真的界說真理。

另外還有一種界說要在這裏介紹的，就是所謂「遞迴界說」（或稱「迴歸界說」）(recursive definition)。當我們「遞迴地」界定 x（或 'x'）時，我們舉出 x 的最單純的個例（或樣式），然後列出以此個例為基礎進一步尋索較為繁複個例的程序（這樣的界說，從外表看來很像是種「規則」）。

比方，我們可以用底下的辦法，遞迴地界定自然數：

　　(8)自然數＝$_{Df}$(i) 0 是自然數。

　　　　　　　(ii)若 k 是自然數，則其繼位數 k′ 也是自然數。

　　　　　　　(iii)只有由上述(i)與(ii)所衍出者，才是自然數（亦即：其他的，均非自然數）。

或者當我們在一個含有 '～'（非），'⊃'（若⋯⋯，則 ————）和語句變數的語言 L 裏，界定「合於文法」的表詞（稱其為 L 的「完構式」）時，也可以使用遞迴界說界定如下：

　　(9)（L 裏的）完構式＝$_{Df}$(i)語句變數皆為完構式。

　　　　　　　　　　　　(ii)若 A 是完構式，則～A 也是完構式。

　　　　　　　　　　　　(iii)若 A 和 B 都是完構式，則 A⊃B 也是完構式。

　　　　　　　　　　　　(iv)其他的，均非完構式。

在上一節裏，我們列出來的「加法界說」（加法規則），也是遞迴界說的例子。

有些人把遞迴界說稱為「歸納界說」(inductive definition)。另外有些人把這兩者分開，認為像上述的(9)是歸納界說，(8)才是遞迴界說。但是我們不準備在此做出此一細分。

【　問題與討論　】

　(1)解析 '界說' 一詞，在用法上的歧義性。

　(2)下列兩個問題有何密切的關聯：

　　　　(I)　‘x’的意義為何？

　　　　(II)　x就是什麼？

　　(3)比較「語文界說」與「事物界說」（或「唯名界說」與「實質界說」），分析它們各為何物，並考察兩者之間是否有種一一對應關係。

　　(4)我們如何將一個語文界說轉變成為事物界說？如何將一個事物界說轉變為一個語文界說？每一轉換所該注意的事項為何？

　　(5)舉出一些「語意界說」的例子，試問有沒有語意界說是無法轉變成為實質界說的？試討論之。

　　(6)下列述句有何區別？那一個可以是種界說？那一個不行？何故？

　　　(ⅰ)人是理性的動物。

　　　(ⅱ)人就是理性的動物。

（提示：比較並分析‘是’與‘就是’的意義和用法。）

　　(7)說明何謂「界定端」，何謂「被界定端」。兩者之間的關係為何？舉例說明之。

　　(8)「界定關係」能否存在於語文與事物之間？何故？存在於語文與事物之間的，是那種（或那些種）關係？

　　(9)界說號（‘$=_{Df}$’）是歧義的，何故？此一歧義有無大害？有無方便之處？

　　(10)在語文界說裏，用來表達界定關係的‘意即’是歧義的。試對此一歧義加以分析，並且定下一些注意事項，免除人們被此歧義所誤導。

　　(11)在事物界說裏，用來表示界定關係的‘就是’是不是也有歧義？試詳加討論。

　　(12)界說述句是種分析述句，或是一種綜合述句？試加分析。

　　(13)試舉例闡釋下一斷言：「世界上只有誤用文字的事，但卻沒有錯下界說的事」，並對它加以評論。如果上一斷言失之不夠精確，試試加以改寫，令其嚴格明確。

　　(14)界說真假值是不是也是二值的？「界定地真」和「界定地假」各是什麼意思？

　　(15)是不是凡界說都是真的？或是可以有「假界說」？如果沒有假界說，

那麼所謂「界說地假」是什麼意思？（提示：我們可否說，如果 A 是一界說，那麼凡是可以由 A 推論出來的述句，皆是界說地真？當然 A 自己也可以從 A 推論出來，因此凡界說皆為真。所謂界說地假，可否界定為與某界說互相矛盾的述句？因為沒有一個界說述句是與自己本身矛盾的，因此沒有假界說。）

⒃是不是凡是分析真句都是界說真句？凡是分析假句都是界說假句？細細討論之。

⒄如果上述⒃的答案是肯定的，那麼有些什麼重要結論可以推演出來？（提示：是不是所有的理性真理——包括數學真理——都只是一種「界說真理」（definitional truth 或 truth by definition）？）

⒅什麼叫做「界定性徵」？它和本質性徵有何關聯？

⒆試述（孔子的）「正名」的意義和重要性。它與界說有何相干？正名有什麼「語言衛生學」上的意義？

⒇我們說：當我們有著（正文裏的）(V) 時，那麼 (III)，(IIIa) 和 (IV) 都是界說真理。這樣的說法，是否妥當？試申論之。（提示：界說真理是否指稱著必然的事態？它是否在每一個可能的世界裏皆為真？可是像‘山’意即“突起有峰的高地”，是不是在每一個可能的世界裏皆為真？可不可能在某一可能世界裏，人們將‘山’與‘谷’兩字的意義，正好與我們對該兩字所懷有的意義互相交換？這有沒有影響界說的必然性？）

(21)界說述句和報告字詞意義或用法的述句，有什麼分別？後者是不是也具有分析的真假值？（提示：下列的(i)是前者，(ii)屬於後者：(i)人 $=_{Df}$ 理性的動物。(ii)在中國人們使用‘人’這個字來代表理性的動物。）

(22)界定和「指認」(identification) 或「例釋」(exemplification) 有何分別？像下列的述句屬於何者：

(i)花就是像玫瑰，紫羅蘭，水仙……這樣的東西。

(ii)「思想方法導論」就是那本停放在書桌上的書。

(iii)偶素數就是 2。

(23)有人把像上述(22)裏的述句，也認為是界說的一種。他們稱其為「指謂界說」(denotative definition) 或「外範界說」(extensional definition)。

試問為何如此取名？將那樣的述句稱為界說，是否妥當？與彼等相對的是我們討論的界說，它們常被稱為「意含界說」(connotative definition) 或「內涵界說」(intensional definition)，試問為何如此命名？

(24)我們也可以不藉助文字，或者不完全藉助文字，而是利用手勢、姿態等來指認或例釋。比如，指著遠方的山，說那就是「馬鞍山」等。試舉出十個類似這樣的指認或例釋的情境。有人也把這樣的指認或例釋，當做是界說的一種，而稱之為「實指界說」(ostensive definition 或 definition by ostension)。試問此種說法是否妥當？此種「界說」有何用途，它有何重大意義？（提示：參見底下(25)的答案。）

(25)我們能不能界定所有的每一個語詞？如果能夠，會有什麼結果？如果不能，試言其故。

(26)如果我們採納上述的「指謂界說」和「實指界說」為妥當合理的界說，那麼這時界定關係又是種什麼樣的關係？又這時‘界說真理’要如何標定？

(27)界說地真都是必然地真。可是一個界說之為真，是不是在每一個可能的世界都為真？試論之。（提示：界說真理也該是種條件真理，可是它的條件是什麼？）

(28)如果對上列(27)的解答是否定的，那麼試試討論‘必然地真’與‘在每一個可能的世界皆為真’，是不是分別都是有歧義的？或者分別都表達著不甚精確的概念？它們分別是絕對語詞，或是相對語詞？再者：必然地真是否就是在每一個可能的世界裏均為真？試分別一一詳細加以解析。（提示：有關“可能世界”的概念，可參閱下列文字：Hsiu-hwang Ho, "Syntactical Descriptions of "Possible World"",《哲學論評》，第二期，臺灣大學哲學系出版。）

(29)在其他可能的世界裏，人是不是也都是理性的動物？‘人’是不是也都意即‘理性的動物’？（提示：參照上述(20)，(27)與(28)的答案來分析此一問題。尤其注意在不同的可能世界裏的「跨越指認」問題——亦即如何指認某一世界裏的 x，正是我們這一世界裏的人，這一類的問題。）

(30)比較單語界說和脈絡界說的不同。為什麼叫做「脈絡界說」？並舉

出十個脈絡界說的例子。並陳述脈絡界說的重要性。

(31)為什麼我們很少需要界定比述句更大的脈絡？也很少需要界定比語詞更小的脈絡？關於這一點，有沒有例外？

(32)「遞迴界說」或「迴歸界說」為何如此取名？舉出五個遞迴界說的例子。

(33)要成功地構做一個遞迴界說，應該滿足一些什麼條件？試略加分析。

(34)單語界說是否都可寫成脈絡界說的形式？是否也都可以寫成遞迴界說的形式？

(35)遞迴界說是不是一種「循環 (circular) 界說」？它是不是屬於指認的程序，多於界定方式？（提示：參見底下(46)裏的(iv)，以及上述(22)。）

(36)在正文裏，我們陳列了兩個遞迴界說的例子（即(8)和(9)），每一個界說的界定端的最後一條，稱為「限界條款」(extremal clause)。試問該條款的作用為何？

(37)在一個遞迴界說裏，我們可否仍說：若 $x =_{Df}$ ……，則 'x 就是……' 是一界說真理？這時我們應該做怎樣的修正？從此點上，我們可以看出遞迴界說的那一點特色？

(38)邏輯家槐英 (Quine) 說，界定一個語詞就是可以避免使用它。也就是說，我們一有了 x 的界說，就可以在行文或談說時，以該界說的界定端來取代 'x'，而不必再使用 'x'。試問這種「可取代性」有無例外？試分門別類，細加說明。

(39)是不是在任何脈絡裏，含在一個界說裏的被界定端和其界定端，都可以互相代換 (interchangeable)？（提示：比如，父親 $=_{Df}$ 爸爸，所以 '親愛的父親' 可以改寫為 '親愛的爸爸'；反之亦然。）

(40)脈絡界說是否一定是語法界說？語法界說是否一定是脈絡界說？

(41)我們對於「記號學」(semiotic) 曾經做了三分，即語用學，語意學和語法學。而今，我們提到了語意界說和語法界說，試問可不可以有「語用界說」(pragmatical definition)？若有，其基本結構為何？其用途和重要性又如何？

(42)除了我們討論過的之外，還有沒有其他種類的界說？試舉例說明之。

　　(43)界說可以有種種不同的分類，試舉出數種分類來，並且討論各個分類的著眼點，以及該分類的長處與功用。

　　(44)指認下列述句可否是界說；若是，那麼它是屬於那種界說：

　　(ⅰ) $n! = n \times (n-1) \times (n-2) \times \cdots\cdots \times 2 \times 1.$

　　(ⅱ) $p \supset q = \sim(p \cdot \sim q)$

　　(ⅲ) $Zn + H_2SO_4 \longrightarrow ZnSO_4 + H_2$

　　(ⅳ)人類上了月球。

　　(ⅴ)人類有理性。

　　(ⅵ)人類愛真理。

　　(45)試述界說的一般功用。（提示：如介紹語彙，釐清歧義，限制混合，等等。）

　　(46)在傳統的邏輯裏，規定了許多製作界說的規則，比如：(ⅰ)界說必須陳示被界定事物的本質，(ⅱ)界說不能下得過寬，也不可下得過窄，(ⅲ)界說不可出諸奇彩比喻之辭，或歧義混合之字，(ⅳ)界說不可循環，(ⅴ)界說應儘量避免使用否定之語，或反面之詞。試問這些規則是不是完全值得採納的？——加以討論。還有沒有其他應該遵守的規則？

　　(47)我們說過，界說所表現的是理性的真理。但是理性的真理是沒有特定的經驗內容的，因此界說沒有特定的經驗內容。可是我們卻又說，實質界說指出的是某物之本質或本質性徵，這是不是具有特定的經驗內容呢？那樣的兩個論斷，是否有互相衝突，或互相矛盾之處？試加以仔細分析。

　　(48)是不是凡語文表式，在理論上都可加以界定？語文表式的種類，與可用以界定它的界說的種類，有無關聯？

　　(49)界定與描述有何不同？界定和翻譯有什麼區別？

　　(50)我們以前提過的「誘導界說」(persuasive definition)，是不是一種界說？試論之。

44. 翻譯與真理

　　翻譯幾乎是每一個人都熟悉的活動。它是把一段文字改寫為另一段文字，使兩段文字之間，保留一種特別的關係。這樣的改寫到底要怎樣進行，這種特別關係到底是什麼，這是我們在這一節裏所要討論的主要問題。

　　翻譯可以在不同的語言系統之間進行，也可以在同一個語言系統裏進行。比如我們把莎士比亞的原著譯成中文，就是前者。把「詩經」譯成今體的白話詩，就屬於後者。根據這種改寫到底是在某一語言與另一語言之間進行，或在同一語言裏進行，我們可以分別稱它為「語際翻譯」(interlinguistic translation) 和「語內 (intralinguistic) 翻譯」。我們所要討論的，主要是前者；可是我們所得的結論，也可以不加改動或斟情略加改動地，應用到後者之上。

　　一般言之，翻譯的目的在於保持或甚而發揮語言原有的功能。我們已經討論過語言的種種功用，這些功能必須在使用語言的雙方（比如說者與聽者，作者與讀者），都對該語言有所知悉的情況下，才可望獲得成功。如果某人操的是甲語言，另一人使用的是乙語言，而兩人彼此不諳對方使用的語言，這時兩人之間仍然缺少彼此溝通的橋樑。翻譯的目的，就在於不必要求人們首先學會另一種語言，才能領會使用該語言的人，所要表達的意義。或者不必另學一種新語言，就可以把自己心中的意思，傳達給使用該一語言的人。所以，翻譯是意義「換車」的程序，也可以說是它「借屍還魂」的辦法。

　　當某一個人 S_1，使用語言 L，發表一段文字 D 時，倘若另一人 S_2 也是設想中的讀者，可是他卻不懂 L；他所使用的是另一種語言 L′。這時含藏在 D 裏的意義，若要能成功地傳達給 S_2，那麼其中有一個最常用的辦法，就是讓一個翻譯者 S_3（當然 S_3 可以就是 S_1 自己），使用語言 L′，把 D 改寫成為另一段文字 D′；令 S_2 讀了 D′ 而間接地獲悉 S_1 賦託在 D 裏的意義。這就是說，藉助翻譯的方式，S_1 本來交付給 D 這一負載意義的舟車的意義，由翻譯的人轉交給 D′ 這一舟車來負載了。因此，我們說：翻譯是一個「意義換車」的程序。原來載運意義的舟車，無法抵達目的地，現在令其他的舟車接著裝運，繼續前進。當然這樣的意義搬運過程，不一定只換用一次舟車。我們可以先

由語言 L_1，譯成語言 L_2；再根據語言 L_2，譯成語言 L_3；一直這樣單線進行；直到最後由 L_{n-1} 譯成 L_n 為止。可是這一串連鎖翻譯的過程，所牽涉到的基本原則，和單單介乎兩個語言之間的翻譯，所牽涉到的基本原則，大同小異。因此，我們將只討論後者。

我們在討論意義和意義的交互主觀性的時候，已經提示過，語言的傳達是一種很間接的過程。我們不是由別人那兒，直接獲取存在他心中的意義。而是讓他把心中的意義委諸語言託付文字，我們再由他所使用的語言文字，窺測他內存心中的意義。很顯然地，經過了翻譯的過程，意義的傳達也就更是間接又間接了。因為這個緣故，我們也就更應該注意翻譯的性質、目的和方法，以及為要達成翻譯的目的，所應該遵循的原則。

翻譯既然是要在原來使用的語言「失勢」時，搭橋轉運意義之用，因此它的主要目的也在於表達與交流。也就是說，翻譯的主要目的，在於保持或促進那被翻譯的文字之語言功能。原來語言的用途，正是翻譯者所要關心的事。讓我們把這一斷言，寫成一個規條（或規則）如下：

(R1)　　翻譯的目的，在於保存（被翻譯的文字之）語言功能。

然而，我們業已說過，為了行使語言的功能，語句或其同等項（比如當做語句使用的語詞）是我們分析語言用法的基本單位。所以，我們可以說，翻譯的基本單位也應該是語句：

(R2)　　翻譯的基本單位是語句。

可是有時候，一個語句的用法必須在它出現的脈絡裏觀看，才能比較明確地加以決定。因此我們所謂的基本單位，是指翻譯的「運作單位」。為了獲得翻譯的成功，達成翻譯的目的，我們卻往往需要參照較大的脈絡，做為它的「參考單位」。

現在讓我們接著發問：那麼被翻譯的文字（被譯文或原文）與翻譯出來的文字（譯文）之間，具有一些什麼樣的關係呢？粗淺地說，當我們把某一段文字 D，翻譯成另一段文字 D′ 時，我們有一個直覺的要求，就是 D 和 D′ 得是彼此同義 (synonymous)。讓我們將這一斷言寫成：

(R3)　　　在一個翻譯裏，原文與譯文彼此同義。

同義性是一種很特殊的關係：比方，設 A, B 和 C 分別為語文表式，那麼 A（或 B 或 C）與它自己同義，自不待言；同時，若 A 同義於 B，則 B 也就同義於 A。不僅如此，假如 A 同義於 B，並且 B 同義於 C；那麼 A 也就同義於 C。這三種關係分別稱為同義性的「自反關係」(reflexive relation)，「對稱 (symmetrical) 關係」和「傳遞 (transitive) 關係」。某一種關係若同時具備這三個條件，則我們稱之為「等價關係」(equivalence relation)。同義的關係正是一種等價關係。

由於同義性的這一特殊性質（等價性），因此在一個連鎖的翻譯裏，即使最後的譯文不是依據最先的原文譯出的，但也可以算是原文的翻譯。

如果我們在翻譯時，要求的是保存原文和譯文之間的同義性。那麼我們可以說，翻譯是一種保持同義性的「映射」(synonymity-preserving mapping)。讓我們也將它列為一條規則：

(R4)　　　翻譯是種同義性保持映射。

由於翻譯的基本工作單位是語句 (R2)，由於翻譯是種同義性保持映射 (R4)；因此我們很容易看出進行翻譯時，所應該遵循的方向或應該注意的條件。比如，拿來一個語句，我們首先追問它的意義。語句的完整意義是由兩種因素構成的：①語句的樣態，和②意義的內容。我們已經說過，樣態是我們內心存放意義的樣式，而意義內容則是未經樣態化的概念（認知意義）或情意（情緒意義）。顯然地，當我們把語句 A，翻譯成語句 B 的時候，我們要求它們具有同樣的語句樣態和意義內容。讓我們將之寫成一條規則，就是：

(R5)　　　（語句）翻譯是種語句樣態和意義內容之保持映射。

依據這一條規則，一個述句必須被翻譯為具有同樣內容的述句，一個問句必須被翻譯成具有同樣內容的問句；導引句、感嘆句、必然句、可能句等等，也都如此。

如果一個翻譯滿足了上列的條件（尤其是上述的 (R4) 或 (R5)），那麼它

一定也滿足下列的條件：

(R6)　　翻譯是真理保持映射，也是假理保持映射。

（正像真理是個真述句似的，假理是個假的述句。）這就是說，原來是真理的，經過翻譯也要是真理；原來是假理的，經過翻譯也仍然是假理。也就是說，翻譯必須保持原有述句之真假值。即：

(R7)　　翻譯是真假值保持映射。

可是，要注意 (R6) 或 (R7) 所規定的，只是成功的翻譯之必要條件，並不是它的充分條件。然而這一必要條件，卻極為值得重視。比如任何的歷史文獻或科學報告的翻譯，如果違背了這一規則，那麼其結果可能真假不辨，以假亂真。翻譯的最基本的要求——信實——也就無法獲致。

至今，我們似乎已經習慣地，把翻譯想做是同義性保持的映射。可是，讓我們檢查一下，是不是凡是成功的翻譯，凡是達成了翻譯目的的，都是種同義性保持映射呢？也就是說，我們要追問前述的 (R1) 是不是涵蘊著 (R4)，甚至懷疑兩者是否永遠不互相衝突。

舉一個很淺近的例子來說，如果一個操英語的人，為要強調語詞的使用與提指的分別，舉例說：

　　⑴ Venus is a star, but 'Venus' is a five-lettered word.
當我們要將⑴翻譯成中文時，可能就翻成：

　　⑵金星是顆星，可是 '金星' 卻是兩個字（合成的語詞）。
甚至將它翻成：

　　⑶太白星是顆星，可是 '太白星' 卻是三個字（合成的語詞）。
很顯然地，將⑴翻成⑵或⑶，可以達到原文作者所要獲致的目的，因此前述的 (R1) 可以滿足。可是⑴與⑵或⑴與⑶並非彼此同義，因為 '五個字母的字' 與 '兩個字（或三個字）所合成的語詞' 顯然不是同義語。也就是說，這樣的翻譯雖然符合前述的 (R1)，但卻違背了上列的規則 (R4)。可見這兩條規則，並非永遠並行不悖。

為什麼會有這樣的現象發生呢？原來各種語言之間，字詞或語句的意義

並不一定有種一一對應關係。在甲語言裏出現的字詞，在乙語言裏不一定有與之同義的字詞；在甲語言裏，某一事態是這樣表現的，在乙語言裏，可能有極不相同的表現方式。甚至所謂事態，也常常不是獨立於歷史文化的背景，不是中立於語言的。遇到這類情況時，翻譯就倍加困難，有時甚至是種無望的企圖。

但是我們為什麼還繼續進行著翻譯的活動，似乎不把它所遭遇的困難，當做是不可踰越的難關呢？理由之一是，我們常常使用一些手法，去避免或逃避這類的困難（而不是解決它）。比方，遇到無法翻譯的時候，我們也許訴諸「音譯」，或者給予一個近似的翻譯，甚至將不可傳譯的原文，收納介紹到自己的語言裏，照抄照寫。當然，後者是一種移植，而不是一種翻譯。

比較重要的理由是，我們往往可以迂迴地滿足上述翻譯的第一規求(R1)，而不必過分計慮上列的 (R4) 是否因而也跟著滿足。我們可以這麼設想：假定原作者是使用我們的語言，處在我們的情境，那麼他理該會怎樣表達懷藏在他心中的意義？也就是說，這時翻譯的人必須設法臆測原作者的心意，為他設身處地去決定一個，他可望使用的表達方式（如果他是要用譯者的語言來表達的話）。很顯然地，從這個觀點看，翻譯的進行，事先假定了對於原作者之意向的解釋。

現在讓我們介紹一個概念來表達這一類的情況。我們可以說，當我們要進行翻譯時，首先要明瞭原作者的「假定意向」(hypothetical intention)。也就是說，如果原作者是處在譯者的情境，使用譯者的語言，那麼他所懷有的「意旨」(purpose) 是什麼。因此，原作者的假定意向變成了翻譯時的重要考慮。同義性的保持反而變成了從屬的參考條件。讓我們把這樣的構想，稱做是翻譯的「語用構想」，以別於追求保持同義性的「語意構想」。從這種語用的觀點看，我們可以標定下列的規則：

(R1a)　　翻譯是意旨保持映射 (purpose-preserving mapping)❹。

---

❹　有關「假定意向」，「翻譯之語用構想」和「意旨保持映射」等問題，可參讀：Hsiu-hwang Ho, "A Pragmatic Concept of Translation",《哲學論評》，第一期。臺灣大學哲學系出版。

而假定意向的決定，正是為了獲取這一目的，所提出來的工作假設。

到此，我們應該強調所謂同義性和意旨之異同，實在是種相對的概念，而不是一種絕對的概念。兩個表式之間的同義與否，可以有等級的區分；同樣的，人們使用兩個表式表現出來的意旨，也可以有大同或小異的差別。尤其是一個表式可以是歧義或混含的；或是負擔著幾個不同的意旨。因此翻譯起來，原來的歧義和混含，是否能夠依樣保留；當初負荷的多重意旨，是不是完全不加以犧牲；往往成了可欲而不可求的事。我們所能辦到的，通常只是儘量求其意義的相似，儘量保留原來的意旨。假定的意向在這種情況下，成了很重要的指標與南針。

所以，可譯性 (translatability) 是可以有等級的區分的；翻譯的成功與否，信實與否，有效與否，也是容有等級的差異。

最後，我們要回顧一下一種比較特殊的「翻譯」。此種翻譯我們曾經提起過，將來等到討論邏輯的時候，也會再碰到。那就是用來顯現述句的邏輯結構的翻譯。

當我們運用述句表達心中的概念時，我們通常只注意述句的文法結構，而沒有考慮它的邏輯結構。這是因為一般人只有（正式或非正式的）文法教育，而很少有人有過邏輯訓練的緣故。可是，為了決定某一述句是不是個邏輯真句(而不只是個分析真句)，或是為了要應用某一邏輯理論，在語法上(而不只是在語意上)判定某一論證的對確與否，我們就需要把語句的邏輯結構，顯現出來。為了這個目的，我們常常訴諸一種特別的翻譯程序，把隱藏在語句深處的邏輯結構，顯露到語句的外表之上，然後才可望運用邏輯理論或邏輯程序，加以判別分辨。這樣的翻譯，我們已經說過，是邏輯方法的一個重要步驟，也是「應用邏輯」(以別於「純邏輯」或「理論邏輯」)不可或缺的一環。比如，下列的語句(4)。我們只能根據它的意義，判定它是個分析真句：

(4)凡單身漢皆未婚。

可是一經翻譯成下列的(5)：

(5)凡未婚之成年男子皆未婚。

我們立即把它的邏輯結構顯現出來，而可以在語法上判定它是個邏輯真句；因為它具有下列的邏輯形式（結構）：

(6)凡 AB 均為 A。

讓我們再說一遍，這樣的翻譯在邏輯方法上，極為重要。有時我們把這樣的翻譯，稱為「改寫」或「釋寫」(paraphrasing)。

【 問題與討論 】

(1)試述數種翻譯的目的。語際翻譯和語內翻譯，兩者的一般目的有無不同？試加比較。

(2)闡釋：「翻譯是意義換車的程序」。

(3)兩種語言之間的翻譯，和多種語言間的連鎖翻譯，有沒有什麼不同的運作方式或基本原則？

(4)區別和比較翻譯的「運作單位」和「參考單位」。兩者最大的不同何在？試以實例說明之。

(5)翻譯的參考單位，一定要是語文的脈絡，或可以是非語文的脈絡？試討論之。

(6)試試精確地界定「自反關係」，「對稱關係」和「傳遞關係」。並且舉例說明之。（提示：最好是人間關係的例子。）

(7)上列(6)裏的每一種關係，都各有一種「補餘關係」和「反對關係」。比如「自反關係」的補餘關係是「非自反 (non-reflexive) 關係」，可是它的「反對關係」卻是「不自反 (irreflexive) 關係」。此兩種關係可以分別界定如下：

(i) R 這一關係是「非自反的」$=_{Df}$ 並不是對於每一個事物 x 而言，x 對它自己都具有 R 這一關係。

比如，「愛」在人類之間就是非自反的，因為並不是每一個人都愛他自己。

(ii) R 這一關係是「不自反的」$=_{Df}$ 對於每一事物 x 而言，x 與自己都不具有 R 這一關係。

比如，「較年長」這一關係在人類之間，就是個不自反的關係，因為沒有一個人比自己年長。

今試界定並例釋下列關係:「非對稱 (non-symmetrical) 關係」,「不對稱 (asymmetrical) 關係」,「非傳遞 (non-transitive) 關係」和「不傳遞 (intransitive) 關係」。

⑻試證: 不自反關係一定是非自反關係, 但是反之不必然。並證明: 不對稱關係與非對稱關係, 以及不傳遞關係與非傳遞關係之間, 也各具有上列的關聯。

⑼在人間的關係裏, 各舉五個合於下列條件的例子:

　①自反, 對稱和傳遞。

　②自反, 對稱, 但非傳遞。

　③自反, 非對稱, 但卻傳遞。

　④自反, 非對稱, 也非傳遞。

　⑤非自反, 對稱, 但傳遞。

　⑥非自反, 對稱, 非傳遞。

　⑦非自反, 非對稱, 但傳遞。

　⑧非自反, 非對稱, 也非傳遞。

　⑨一⑭分別將上述②一⑧中的 '非' 改為 '不'。

尚有六種關係未列出來, 試明白陳示之, 並加舉例。(提示: 比如⑮自反, 非對稱, 不傳遞; ⑯自反, 不對稱, 非傳遞; 等等直至⑳。)

⑽在上述關係中, 有沒有一些關係是舉不出例子來的?何故?(提示: 證明那些關係是必然的空白關係。也就是說, 不可能有事物是具有那關係的。)

⑾在一個集合的分子之間, 我們如果能夠找出某一種等價關係, 那麼我們就可以使用該一關係為基礎, 將該集合劃分為彼此「不相交疊」(disjoint) 的子集合。此種劃分稱為「分割」(partition)。比如, 拿人類這一集合為例,「同年紀」是種等價關係 (它是自反的, 對稱的, 又是傳遞的)。那麼我們就可以使用年紀大小為標準, 將人類分為一些含著同年紀的人的子類, 這就是一種分割。(注意, 這些子類彼此不相交疊——沒有共同的分子。) 試舉出五種等價關係, 並說明依據那些關係可以做出的分割。再者: 依據同義關係可以做出什麼樣的分割? 這與翻譯有何關係?

⑿分割是種歸類（分類），試述這種歸類有什麼特性。（提示：回顧分類之互相排斥與共同窮盡的性質。）

⒀試證：在任何一個集合裏，分子之間的任一等價關係都標定出一個分割；同時，任一分割都標定一個等價關係。（提示：首先分別明確嚴格地界定‘等價關係’與‘分割’。）

⒁闡釋 (R5)，即：翻譯是種語句樣態和意義內容之保持映射。並證明 (R5) 等於 (R4)。

⒂證明 (R4) 涵蘊 (R6)；但反之不必然。

⒃ (R7) 說，翻譯是真假值保持之映射。試問翻譯一個開放述句時，要怎樣才能滿足此一規則？試將其條件寫成一輔助規則 (R7a)。

⒄為什麼 (R6) 或 (R7) 所規定的只是成功的翻譯之必要條件，而不是充分條件？

⒅在什麼樣的情況下，(R1) 與 (R4) 可能不相容貫？試將那些情況一一列舉，並例釋之。

⒆舉例說明滿足 (R1)，卻違反 (R4) 的翻譯。試問有沒有滿足 (R4) 但卻違反 (R1) 的翻譯？例釋之。

⒇舉例說明有些所謂「事態」的，也不是完全獨立於語言成素的。也就是說，語言本身的特質，也構成該事態的一部分。（提示：設想一下，如果我們沒有語言，那麼有那些事態是不存在的。然後再考察事態裏可能含藏的語言成素。）

(21)闡釋「假定意向」這一概念，並說明它在翻譯裏所可望扮演的角色。此一概念是否還有其他的用途？（提示：可否使用它來做為解釋古老哲學的時代意義？）

(22)所謂「意旨」是什麼？它和語文表式的關係為何？使用語言的人如何用表式來傳達他的意旨？

(23)意旨與用法有何關聯？試述語文表式的用法和語文表式的意義之不同。

(24)我們提到了翻譯的語意構想和語用構想。試問能否有純粹「語法翻譯」？機械的翻譯是種什麼樣的翻譯？試分析之。

⑵比較人腦翻譯和電腦翻譯，兩者有何根本不同？（提示：依據我們的界說，意義是內存心中的概念或情意？電腦有沒有心靈可以存放意義？）

⑵「表達同一意旨」這樣的關係，是不是一種等價關係？試論之。

⑵試論同義性的等級性。

⑵一個表式往往可以用來表達多重的意旨。在翻譯時，若遇到無法將此多重意旨全盤保留的時候，我們是否應該訂立一些標準，規定那些意旨應該努力加以保留，那些可以「忍痛割愛」？試試設法標定這一類的標準，將它寫成一條規則。（提示：我們是否可以區別基本，首要，或不可犧牲的意旨；和附帶，次要，或可以割愛的意旨？兩者應該如何區分？如何辨認？）

⑵試論可譯性的等級性，和成功翻譯（或翻譯信實）的等級性。

⑶可譯性與所要翻譯的題材有何關聯？試加詳細分析。

⑶試設計一個小型有限的翻譯的機械程序（假想翻譯機 (hypothetical translation machine)），處理翻譯工作。此種程序（此一機器）能否判斷假定意向？能否分辨主要意旨與次要意旨？它的結構本身是否自然地限制了可譯性的等級性？試詳加分析。

⑶舉例說明「釋寫」在邏輯方法上的重要性。

⑶釋寫這種特殊的翻譯，應該滿足一些什麼條件？試詳細加以標定，並且寫成規條；然後說明每一規條的理由根據。

⑶釋寫可不可以有機械程序？也就是說：我們能不能發明構作一種「釋寫機」(paraphrasing machine)？

第五部分： 邏輯與方法

45. 推論與推衍

　　我們曾經說過，推論 (inference) 和推理 (reasoning) 的性質。推論是由前提通到結論的演作程序，而推理則範圍較廣，包括推論和解析這類的理性活動。現在我們所要討論的是前者，亦即推論這種活動。一般，我們又把推論分為兩類：演繹的推論，和歸納的推論。在這裏，我們所要討論的是前者。因此，當我們提到推論時，我們的意思是演繹推論。

　　當我們說，推論是從前提通到結論的演作程序時，這個演作程序到底是屬於什麼性質的呢？那所謂前提和結論，到底是些什麼項目呢？當人們在進行著推論的時候，他是沉溺在思考的過程中，內心的注意力由某些命題（命題₁）轉移到另外的命題。注意這些命題的內容，以及彼此之間的關係。因此，推論是一種內在的理性的活動，它的過程是一種心理或心靈的過程。在這個意義之下，推論是具有心靈的個體所獨有的能力；它是一種理性的表現。

　　依據這樣的觀點，那麼所謂前提和結論，就是內存心中的命題。當人們在推論的時候，他是以某些命題做為論據（前提），導引出其他的命題（結論）出來。

　　可是心理的過程容易受許多因素所干擾。我們的思路常常會被其他的興趣所打斷，運思的過程必須依賴記憶來保持，同時因為心理的過程，是種純粹主觀的經歷，我們無法將它公諸他人，共同研討。因此，我們常常把推論的過程中，所牽涉到的相干命題形訴語文，表現為述句。這樣表現出來的推論記錄，稱為「論證」(argument)。要注意的是，所謂論證並不是我們在推論時，所經歷的實際心理過程的記錄；它只是記載一個推論當中，相干的前提與結論。比方，下列的(1)是個論證的例子：

(1)　凡人皆愛真理。

　　　羅素是人。

　∴羅素亦愛真理。

可是，在我們實際的運思過程中——這點因人而異——我們並不一定只想到這三個述句所負載的命題。我們也許先想到羅素愛真理的事蹟，想起人類為保愛真理而奮鬥的歷史，想起伽利略為了維護真理而受審訊受譴責。我們甚至想起一些完全不相干的事。比如羅素的第一任太太，第二個情人等等。同時，在推論的心理過程中，我們也不一定總是依照先前提後結論的次序。我們也許首先想起結論，然後再想起前提；或者在幾個前提之中，先想起了其中的一些，等想到結論之後，再回頭增補不足的前提。這些都屬於推論思考實際過程的「歷史」。論證並不是推論的歷史記載，它是推論中的前提與結論間的關係之表露。

　　在一個推論中，前提與結論的關係可以表述如下。也就是說，一個論證具有下列的一般形式：

(2)　P_1

　　　P_2

　　　P_3

　　　⋮

　　　P_k

　∴ C

（或者橫寫成：$P_1, P_2, P_3, \ldots\ldots, P_k \vdash C$。）

　　在(2)裏，所有的 P_i（$1 \leq i \leq k$）和 C 都是述句，其中每一個 P_i 都是用來裝載前提的，而 C 則用來裝載結論。為了方便，而不必多重累增術語起見，我們直接把用來裝載前提的述句，稱為前提；把用來負荷結論的述句，叫做結論。所以，'前提' 和 '結論' 這兩個語詞分別都是歧義的。它們在推論的脈絡裏，是一些命題（命題₁）；可是當用在論證的脈絡時，它們卻是述句（命題₃）。這個歧義也是可以通融而無大礙的，因為兩個語詞代表的是那一種用法，可以

在某一特定的脈絡裏，一眼看出，斷然判定。

在論證之中，從前提到結論的程序，稱為「推衍」(derivation)，或演繹 (deduction)。有時，為了從俗通用，在不會導致誤解的情況下，我們也以「推論」之名稱呼它。

所以，在上列的(2)裏，橫線和‘∴’（或者橫寫時的「推衍號」‘⊦’），所表示的是論證之中，前提和結論之間的推衍關係。這種關係是述句（或述句集合）與述句之間的關係（以別於推論關係。那是命題（或命題集合）與命題之間的關係）。

【　問題與討論　】

(1)試區別推論與推理。除了推論和解析而外，還有什麼活動，也堪稱為推理？例釋之。

(2)試述演繹推論和歸納推論的不同。兩者有何共通之處，令其均被同稱為「推論」？

(3)界定‘推論’，‘論證’，‘前提’和‘結論’；並且指出後面兩個語詞的歧義性。第一個語詞，有無歧義？

(4)推論這種心理過程，容易受許多因素的干擾，影響它的正確性。在推論的場合，思考因受其他因素干擾而產生的錯誤，一般稱為思想上的「謬誤」(fallacy)。試舉出十種不同的謬誤來；例釋之，並加以解析與歸類。

(5)闡釋：論證並不是推論的歷史記載，它是推論中的前提與結論間的關係之表露。

(6)我們以前把‘(⊦)’當做「斷說符」，現在又把‘⊦’當做「推衍號」；這一歧義會不會引起誤解或謬誤？把該號也當做推衍號的動機何在？（提示：‘(⊦)’和‘⊦’或者‘(⊦)A’和‘P⊦A’之間有什麼類似共通之處？）

(7)合理或可靠的推衍關係具備著什麼特性：自反？對稱？傳遞？

(8)試設想：在什麼樣的條件下，合理的推衍關係才成立並且也就成

立?(提示: 比較下列兩個論證, 其中(i)裏所要表現的推衍關係是合理的,
而(ii)則否:

　　(i)　凡人愛真理。

　　　　哲學家是人。
　　　　─────────
　　　　∴哲學家愛真理。

　　(ii)　凡人愛真理。

　　　　上帝愛真理。
　　　　─────────
　　　　∴上帝也是人。

設法尋索出前提與結論之間的推衍關係, 成立之充分而又必要條件。)

46. 真假對錯與涵蘊關係

　　在什麼情況下, 論證裏的前提和結論之間, 推衍關係才算合理, 才算可
靠呢? 這是論證的對確性的根本問題。為了回答這個問題, 首先讓我們簡單
地考察一下, 推論的特質和它的作用。

　　當我們推論的時候, 我們是在從事一種思考的活動。思考是種解決問題
的活動; 因此推論也是一種解決問題的活動。推論正像一般的思考活動似的,
有問題待解決, 有起始有終止, 有成功與否的。那麼什麼是推論所要解決的
問題呢? 簡單地說, 在推論的時候, 我們所要發掘的是: 如果某某某某事態
是些事實, 那麼什麼事態也必然跟著是事實。舉例來說: 由 "凡人愛真理"
和 "哲學家是人", 我們可以合理地推論出 "哲學家愛真理"。這就是說, 如
果「凡人愛真理」和「哲學家是人」這兩個事態均是事實的話, 那麼「哲學
家愛真理」這一事態, 也必定跟著是事實。在上面的陳述之中, '必然跟著是'
是個極為重要的字眼。它表示, 除了前提而外, 結論不必依靠其他的任何證
據。換句話說, 前提若全部成立; 必然地, 結論也因而成立。合乎這個條件
的推論, 可以稱為合理的推論。讓我們將這個要點寫成界說如下:

(D1)　　　由 $A_1, A_2, \ldots\ldots, A_k$ 推論出 B, 是個合理的推論 $=_{Df}$ 假若 $A_1, A_2, \ldots\ldots,$
　　　　　A_k 所表達的事態全是事實 (全為真); 那麼 B 所表達的事態也必然

跟著是事實（跟著為真）。

依據 (D1)，那麼下列的推論就不算合理：由 "凡人愛真理" 和 "上帝愛真理"，推論出 "上帝也是人"。這個推論之所以不合理，是因為即使「凡人愛真理」和「上帝愛真理」都是事實，「上帝也是人」也可以不是一個事實。

在這裏，我們使用了 "即使……也可以不"，這樣用來表示所謂「虛擬」語氣的概念，來幫助解說推論的合理與否。當然我們也可以藉諸其他的概念。比如，使用萊布尼兹的 "可能世界" 的概念。我們可以說：

(D2)　　　由 $A_1, A_2, \cdots\cdots, A_k$ 推論出 B，是個合理的推論 $=_{Df}$ 對於任何一個世界 W_i 而言，假如 $A_1, A_2, \cdots\cdots, A_k$ 所表達的全是 W_i 裏的事實；那麼 B 所表達的，也一定跟著是 W_i 裏的事實。

回顧上述的例子，第一個推論的合理性，可以根據 (D2) 表述如下：不管在那一個（可能的）世界裏，假若「凡人愛真理」和「哲學家是人」都是事實；那麼在該一世界裏，哲學家愛真理也一定跟著是個事實。類似地，上述第二個推論的不合理，也可以依據 (D2) 解說如下：至少有個可能的世界 W_i，在 W_i 裏凡人皆愛真理，而且上帝也愛真理；可是在該一世界裏，上帝卻不是人。

現在讓我們引介底下這個界說，把對於「推論」的談論，轉換為對於「論證」的論說：

(D3)　　　$P_1, P_2, \cdots\cdots, P_k \vdash C$ 這一論證是對確的 (valid)$=_{Df}$ 由 $A_1, A_2, \cdots\cdots, A_k$ 推論 B，是個合理的推論。

其中 $P_1, P_2, \cdots\cdots, P_k$ 和 C，分別是用來負載 $A_1, A_2, \cdots\cdots, A_k$ 和 B 的述句。比如下列的(1)是個對確的論證，(2)則不是個對確的論證，它是個不對確 (invalid) 的論證：

⑴　凡人愛真理。　　　　　⑵　凡人愛真理。
　　哲學家是人。　　　　　　　上帝愛真理。
　∴哲學家愛真理。　　　　　∴上帝也是人。

　　由上面所說的，尤其是 (D1)—(D3)，我們可以推論出一些有關論證的對確性之事實出來。本來我們可以將它們列為「定理」的，可是為了清晰醒目，我們仍然不厭其煩地，將它們列為界說。

(D4)　　$P_1, P_2, \ldots\ldots, P_k \vdash C$ 是對確的 $=_{Df}$ 假如 $P_1, P_2, \ldots\ldots, P_k$ 皆為真，那麼 C 也必然跟著為真。

(D5)　　$P_1, P_2, \ldots\ldots, P_k \vdash C$ 是不對確的 $=_{Df}$ 即使 $P_1, P_2, \ldots\ldots, P_k$ 全為真，C 也可能為假。

　　於是我們看出一個論證的對確與不對確，可以用其所含述句之真假值，加上必然性，來加以界定。為了簡便，有時候我們要把對確和不對確的論證，分別簡稱為「對」的論證，和「錯」的論證。我們知道，述句的真假和論證的對錯發生了關聯。

　　然而，儘管真假對錯的關係密切，但是我們千萬不能將真假與對錯混為一談。比方，當我們界定論證的對確性時——參照 (D4)——我們只說：其前提若為真，則其結論必然跟著為真。我們並沒有說，一個對的論證的前提是真的，更沒有說它們必然是真的。對的論證也可以含有假的前提，底下的論證就是一例：

　　　　凡人皆不死。
　　　　神仙全是人。
　　　　∴神仙皆不死。

又是當它含有的前提全為真時，它不可能含有假的結論。

　　一個含有全真前提的對確論證，我們稱之為「真確的」或「健全的」(sound) 論證。也就是說：

(D6)　　$P_1, P_2, \ldots\ldots, P_k \vdash C$ 是健全的 $=_{Df}$ ① $P_1, P_2, \ldots\ldots, P_k \vdash C$ 是對確的；並且，② $P_1, P_2, \ldots\ldots, P_k$ 皆為真。

　　現在我們要介紹另一個重要的邏輯概念，那就是「涵蘊」(implication)。涵蘊關係也是介乎述句（或述句集合）與述句之間的關係。

(D7)　　　$P_1, P_2, \cdots, P_k$（共同地）涵蘊 $C =_{Df} P_1, P_2, \cdots, P_k \vdash C$ 是個對確的論證。

此後，如果必要，我們要將 (D7) 的被界定端寫成：

$$P_1, P_2, \cdots, P_k \Longrightarrow C$$

也就是說，我們要以空心箭號（'$\Longrightarrow$'）代表涵蘊關係。當然在 (D7) 裏，k 可以等於 1。那就成了單獨述句之間的涵蘊關係了。

有時候，兩個述句 A 與 B 具有下列的特殊關係：A 涵蘊 B，並且 B 涵蘊 A。這時，我們說 A 與 B 互相涵蘊。我們要用雙向空心箭號代表互相涵蘊關係，那麼：

(D8)　　　$A \Longleftrightarrow B =_{Df} A \Longrightarrow B$ 並且 $B \Longrightarrow A$。

最後讓我們來討論一個比較富有哲學意味的問題。

在上述的界說的界定端裏，我們屢次看到 '必然跟著……' 的字樣。這個斷說方式，意味著什麼呢？或涵蘊著什麼呢？我們說，在一個對確的論證裏，前提若全為真，那麼結論也必然跟著為真。必然跟著為真，亦即不必參照其他的證據之意。尤其不必訴諸經驗的考察，就知道前提若可信，結論也因而可信。這也就是說，在推論的過程當中，我們絲毫沒有加進任何經驗上的成分。經過推論的過程，我們認知上的經驗內容，並沒有因而增加。我們所做的只是像從橘子擠取橘子汁似的，把原來含藏在前提裏的經驗內容，抽取壓榨出來而已。所以，推論不是一種發掘事實的過程。它是一種提鍊，或再製的過程。結論中的經驗內容並沒有超過前提裏的經驗內容。

推論之不會增加我們認知上的經驗內容，也可以從另一個角度看出來。我們可以證明（參見問題(14)），在一個論證裏，假若其前提 A 涵蘊著結論 B，那麼其對應條件述句 '若 A 則 B' 就是一個分析真句。可是我們已經說過，分析真句是沒有經驗內容的。因此從事於推論活動的，並沒有實質地（只是條件地）觸及經驗內容。

邏輯是研究推論或論證的，推論活動既然與經驗事實絕緣；那麼顯然地，邏輯不是一種經驗科學。

　　至於邏輯為什麼那麼有用處，這正好像數學的用處一樣，是屬於經過經驗解釋的「應用邏輯」(applied logic) 的功能。這一點我們已經在以往的討論裏說過了。

【　問題與討論　】

　　(1)試論推論是種解決問題的活動，並舉例說明推論所解決的，是些什麼問題。

　　(2)下列那一個是「不合理的推論」的界說：

　　　(i)由 A_1, A_2, ……, A_k 推論出 B，是個不合理的推論 $=_{Df}$ 假若 A_1, A_2, ……, A_k 所表達的全是事實，B 所表達的一定不是事實。

　　　(ii)……（同上）…… $=_{Df}$ 即使 A_1, A_2, ……, A_k 所表達的全是事實，B 所表達的也可能不是事實。

　　(3)下列那一個是「不合理的推論」的界說：

　　　(i)由 A_1, A_2, ……, A_k 推論出 B，是個不合理的推論 $=_{Df}$ 不論是在那一個可能的世界裏，A_1, A_2, ……, A_k 所表達的全都是事實；但是 B 所表達的，卻不是個事實。

　　　(ii)……（同上）…… $=_{Df}$ 至少有一個可能的世界，在該一世界裏，A_1, A_2, ……, A_k 所表達的全都是事實；但是 B 所表達的，卻不是個事實。

　　(4)分析上述(2)和(3)裏，(i)與(ii)兩個陳述之間的不同。

　　(5)在 (D1) 和 (D4) 裏，我們分別使用"必然"與"事實"，以及"必然"與"真"界定推論之合理性和論證之對確性。今試以"可能"代替"必然"，重寫 (D1) 與 (D4)。（提示：比如 (D4) 可以改寫為下列的 (D4')：

　　　(D4') P_1, P_2, ……, P_k ⊢ C 是對確的 $=_{Df}$ 假如 P_1, P_2, ……, P_k, 皆為真，那麼 C 不可能為假。

注意原來在 (D4) 的界定端裏的'真'，在 (D4') 的界定端裏，改成了'假'——即'不是真'或'非真'。）

　　(6)試使用通俗的語言，界定論證的對確性。

(7)舉例說明論證之對確性和健全性的區別。

(8)一個對確的論證，可否具有下列的條件？例釋之：

　　(i)前提全真，結論卻假。

　　(ii)前提全假，結論亦假。

　　(iii)前提全真，結論亦真。

　　(iv)前提全假，結論卻真。

　　(v)前提有真有假，結論為真。

　　(vi)前提有真有假，結論為假。

(9)證明：在一個健全的論證裏，其結論定為真。是不是結論為真的對確論證，一定是個健全的論證？

(10)試述涵蘊關係的特性：它是不是自反的？對稱的？傳遞的？

(11)設 T 為某一分析真句，F 為某一分析假句，D 為任意語句，試證明下列斷說成立：

　　(i) $F \Longrightarrow D$

　　(ii) $D \Longrightarrow T$

並且，把(a)與(b)用日常語言陳述出來。

(12)下列斷言中，何者為真，何者為假？若為真，證明之；若為假，舉出反例來：

　　(i)分析真句只涵蘊分析真句，但卻可被任何述句所涵蘊。

　　(ii)分析假句只被分析假句所涵蘊，但卻涵蘊任何述句。

　　(iii)綜合真句涵蘊分析真句。

　　(iv)綜合假句涵蘊分析假句。

　　(v)綜合述句只涵蘊綜合述句。

　　(vi)分析真句可以涵蘊綜合述句。

　　(vii)分析假句可以被綜合述句所涵蘊。

(13)互相涵蘊是種什麼樣的關係：自反？對稱？傳遞？

(14)回顧以前我們介紹過的 '⊃'（若……，則 ——）和 '‧'（並且），以及在本節裏討論過的概念與關係，證明：

(i) A $\Longrightarrow$ B，若且唯若 (A $\supset$ B) 是個分析真句。

(ii) P_1, P_2, ……, P_k $\Longrightarrow$ C，若且唯若 ($P_1 \cdot P_2 \cdot …… \cdot P_k$) $\supset$ C 是個分析真句。（提示：'若且唯若'表示充要條件。）

⒂採用下列的界說(a)，證明下列的(b)：

(i) (A $\equiv$ B) $=_{Df}$ (A $\supset$ B) $\cdot$ (B $\supset$ A)

(ii) A $\Longleftrightarrow$ B，若且唯若 (A $\equiv$ B) 是個分析真句。

⒃為什麼邏輯不是一種經驗科學？試詳細加以討論。

⒄可是為什麼邏輯會這麼有用處？（提示：區別純邏輯和應用邏輯。）

⒅試闡明並例釋下列斷言：

(i)分析真句完全沒有經驗內容。

(ii)分析假句含有一切的經驗內容。

(iii)綜合述句含有部分經驗內容。

我們是不是也可以把(b)改成：

(ii′) 分析假句含有最大的經驗內容。

可是分析假句指稱的是不可能的事態，該事態在任何可能的世界裏皆不是事實。這樣看來(ii)或 (ii′) 是否為一「詭論」(paradox)？試申論之。（提示：為闡釋(ii)，首先回顧上列⑾與⑿的答案。）

⒆為什麼我們說，推論並沒有實質地觸及經驗內容，只是條件地涉及經驗內容？試加分析與例釋。

⒇設 'E(A)' 表述句 A 的經驗內容，'<' 與 '≤' 分別表示「少於」和「少於或等於」，那麼試證下列斷言：

(i)若 A $\Longrightarrow$ B，則 E(B) $\leq$ E(A)

(ii)若 A $\Longleftrightarrow$ B，則 E(A) = E(B)

倘若在(i)和(ii)裏，把'若……，則 ——'改為'……，若且唯若 ——'，那麼所得的兩個斷說，是否仍然成立？再證：

(iii) A $\Longleftrightarrow$ B，若且唯若 T(A) = T(B)

其中 T(A) 與 T(B) 分別是 A 與 B 的真假值。

47. 邏輯規則與邏輯方法

在上一節裏，我們提出了'對確性'和'涵蘊關係'的界說。我們標定，在什麼樣的條件下，一個論證是，而且才是，對確的。我們也徵定在什麼樣的情況下，一個述句（或一集述句）涵蘊（另）一個述句。可是，我們所提出的，只是一些界說和例釋。也就是說，我們釐清和標明了"對確"和"涵蘊"這樣的概念。然而我們並沒有提出一些程序或方法，用以檢查某一論證是否對確，或是判定某一涵蘊關係是否成立。這就是說，我們陳示了對確性和涵蘊關係的界說，但卻沒有提供合理推論的規則，或涵蘊成立的規則。

邏輯不只要標定它所處理的概念，考察概念與概念之間的精確關係，而加以有系統的組織和處理；同時它也要發展一套規律或法則，用以判斷某一性質（如對確性）是否存在，或者某一關係（如涵蘊關係）是否成立。上面所說的合理的推論規則和涵蘊關係成立的規則，就是邏輯規則的例子。它們分別要用來檢查對確性是否存在於某一論證裏，和判定涵蘊關係是否在某些述句之間成立。前一種邏輯規則，我們簡稱之為「推論規則」(rule of inference)，後者可以簡稱為「涵蘊規則」。但是因為這兩者是互通的，我們將只正式指明地討論前者。

在這一節裏，我們要比較原則性和理論性地，探討推論規則，追問它所應具備的條件；並且考察邏輯是用什麼方式，顯現論證的對確性，和判斷述句之間的涵蘊關係。等到下一節時，我們才要對這裏所標示的原則，加上比較詳盡的例釋。

根據前一節的界說，我們知道，一個論證 $P_1, P_2, \cdots\cdots, P_k \vdash C$ 是對確的，若且唯若不可能所有的 P_i ($1 \leq i \leq k$) 全為真，而 C 不跟著為真。因此，如果我們設立規則，裁定允許由 $P_1, P_2, \cdots\cdots, P_k$ 推論出 C 來；那麼很顯然地，那規則必須不能允許由真理推衍出假理來。這就是說，推論規則必須能夠保持真理性（或真句性）。原來前提若全是真理（真句），那麼依據推論規則，所推衍出來的結論，也必須跟著是真理（真句）。換句話說，推論規則必須保持真理性或真句性。我們將此寫成一規條如下：

(R1)　　　推論規則是真理性保持 (truth-preserving) 規則。

我們也可以說，合理的推論或對確的推衍，必須保持真理性：

(R2)　　　對確的推衍（或合理的推論）是種真理性保持映射。

舉一個例子來說，在邏輯裏有一條常見常用的推論規則，稱為「離斷律」（rule of detachment 或 *modus ponens*）。這一推論規則規定說：

(R3)　　　由 (A ⊃ B) 和 A，我們可以推衍出 B 來。（離斷律）

其中 A, B 代表任何述句──不管構造簡單的，或是構造複雜的。

根據 (R3) 這一離斷律，那麼我們可以由‘若有人知春去處，（則）喚取歸來同住’和‘有人知道春去處’這兩個前提，對確地推衍出‘喚取歸來同住’這一結論來。也就是說，根據 (R3) 這一推論規則，我們判定下列論證(1)是對確的，因為它符合於該規則：

(1)　　若有人知春去處，（則）喚取歸來同住。

　　　　有人知道春去處。
　　　　─────────────────
　　　∴喚取歸來同住。

這一個論證一定是對確的，因為它符合 (R3)；而我們可以證明（參見問題(7)），(R3) 是個真理保持規則。

不用說，符合某一推論規則只是一個論證之對確的充分條件，而不是必要條件。比方，就以離斷律來說，凡是合乎離斷律的論證，一定是對確的論證；可是並不是凡是對確的論證，都一定合乎離斷律。其他的推論規則也是一樣。比如，下列(2)，(3)和(4)三個論證都是對確的，但是它們都不符合離斷律的規定：

(2)　　若有人知春去處，（則）喚取歸來同住。

　　　　沒有喚取歸來同住。
　　　　─────────────────
　　　∴無人知道春去處。

(3)　　（若）風吹，（且）草低；（則）見牛羊。

　　　不見牛羊。

　　　∴不是風沒吹，就是草不低。

(4)　　（若）風吹，（則）草低；（而且）（若）草低，（則）見牛羊。

　　　不見牛羊。

　　　∴風沒吹。

可是這些論證雖不符合離斷律，但卻符合逆斷律（參見問題(8)）和其他推論規則。於是我們就有一個問題可以發問——而且這是個很重要的問題——：是不是凡是對確的論證，都符合某一條推論規則呢？也就是問：是不是凡對確的論證，都是受某一條邏輯的推論規則所允許認可的呢？

　　這是一個多層次的問題，而不是一個簡單的問題，因此我們要分層加以討論和解答。

　　㈠假如那個問題裏，所說的邏輯推論規則，是指現存的推論規則，也就是到目前為止，我們已經在邏輯裏陳構出來的推論規則；那麼答案理該是否定的。比如，有許多人會同意，下列的論證都是對確的，可是在一般的邏輯裏，並沒有推論規則可用以支持它們的對確性：

(5)　　何天休知道今天是 7 月 15 日。

　　　∴何天休相信今天是 7 月 15 日。

(6)　　何天音應該睡午覺。

　　　∴何天音可以（允許）睡午覺。

上面的(5)只有在「表知邏輯」(epistemic logic) 或「表信邏輯」(doxastic logic)裏才可望解決。而(6)則在「規範邏輯」(deontic logic) 或「律令邏輯」(imperative logic) 裏才有答案。

　　我們有理由相信，一般的邏輯，正像其他任何學科一樣，仍然在不斷地進展之中。新的推論規則會不斷地被構作陳示出來，做為判斷論證是否對確的依據。因此，所謂「合乎邏輯」這一俗語，實在是歧義而又混含的。

　　㈡由上面的陳述，我們也看得出，即使所謂符合邏輯推論規則，是指符

合現存的推論規則，那麼前述的問題仍然還沒有確義。我們還得發問：到底合乎那一種邏輯裏的現存推論規則。我們不但有普通的「表述邏輯」(indicative logic)，還可以有各種不同的「模態邏輯」(modal logic)。即使是表述邏輯，我們也不只擁有一種。我們有慣常使用的「二值邏輯」，也可以有「三值邏輯」，甚至「多值邏輯」；我們有一般的「古典邏輯」(classical logic)，也可以有所謂「直覺論的邏輯」(intuitionist logic)。我們所說的推論規則，到底是那一種邏輯裏的推論規則呢？

我們不能只是簡單地把所有的邏輯放置一起，揉和成為一個雜碎邏輯，因為各個邏輯之間，常常不是一貫而不矛盾的。

一般我們所說的邏輯是指以古典邏輯為基礎，加以必要的改進和增補，所成的「制式邏輯」(standard logic)。這樣的邏輯最吻合我們的直覺與常識，並且是在許多學科裏極有用處的推論工具。問題是制式邏輯本身也在不斷發展和精進的過程。我們仍然不能說，現在我們已經（或者將來人類將會）為邏輯「蓋棺論定」，寫下最後一個值得遵循的推論規則。我們仍然在不斷摸索之中，改良我們的邏輯。

舉一個很容易瞭解的例子來說，依據我們在上一節裏所下的涵蘊界說，分析假句涵蘊任何述句。因此下列的(1)—(3)全部成立：

⑴ 2 是個奇數 $\Longrightarrow$ 現在是 1973 年 7 月 16 日，清晨三時。

⑵ 2 是個奇數 $\Longrightarrow$ 現在不是 1973 年 7 月 16 日，清晨三時。

⑶ 2 是個奇數 $\Longrightarrow$ 2 是個偶數。

這些基於直覺判斷，似乎與常識大相抵觸。可是有許多人認為這只不過是涵蘊關係的特例（在數學裏，我們也常常碰到各種奇異的特例），無傷大雅；因為根據那個涵蘊界說，我們卻可以標定出另外無窮多，合乎常識，順應直覺的涵蘊例子。可是有些人卻不以為然，他們希望設法修正邏輯理論，保持我們所要的涵蘊關係，而將上述那樣的違反直覺，膚淺而不足道的特例，排斥出去。

這就是試圖改良和精進邏輯的例子。

㈢即使上列問題裏的「邏輯推論規則」，是指理想上，理該有的（而不一定是現存的）推論規則，那麼那個問題的答案仍然是否定的。這是由於邏輯

處理對確性（和涵蘊關係）的特殊方式使然。因此，我們要在這裏簡短地討論一下，邏輯如何處理對確性或涵蘊關係，檢照一下所謂的「邏輯方法」。

我們曾經說過分析述句 (analytic statement) 和邏輯述句 (logical statement) 的分別。分析述句（分析真句和分析假句）的真假值，是由我們對該述句的意義解析決定的。可是邏輯述句（邏輯真句和邏輯假句）的真假值，卻是基於該述句的邏輯結構（形式）而決定。比如，'凡單身漢皆未婚' 是個分析真句。我們只要分析該述句的意義，就可以判定它必然為真。可是它就其外表觀之，卻看不出是個邏輯述句。等到我們將那述句「翻譯」（釋寫）成為 '凡未婚成年男子皆未婚'，我們又看出它是個邏輯真句了。因為它具有 '凡 AB 皆為 A' 的邏輯形式，而凡具有此一形式的述句都是邏輯真句。

當我們訂立邏輯規則時，我們不是以述句的內容或意義，而是以述句的形式或語法為基礎的。我們所追問的是類似底下這樣的問題：

(4)具有什麼形式的述句涵蘊著另外具有什麼形式的述句？比如 $(A \cdot B)$ 是否涵蘊 A？ $\sim A$ 是不是涵蘊 $(A \supset B)$？

(5)具有什麼形式的論證，是個對確的論證？比如底下所陳列的是不是一些對確的「論證形式」：

(i)　凡 A 皆是 B。
　　　凡 B 皆是 C。
　　∴凡 A 皆是 C。

(ii)　若⋯⋯，則 ————。
　　　非 ————。
　　∴非⋯⋯。

也可以說，邏輯所要處理的對象基本上不是具有特定內容的述句，而是述句樣型或述句形式。這就是為什麼人們常把邏輯，稱為「形式邏輯」(formal logic)。它是屬於語法學的範圍。

可是，並不是所有的述句都自動而明顯地，表露著它的邏輯形式。許多時候，述句的邏輯結構埋藏在它的意義的根深底處；必須依靠慧眼和領悟，

才能將它挖掘出來。把普通的述句，翻譯成明白表露其邏輯結構的邏輯述句，這種釋寫並沒有一定的軌道可尋，它不是一個「機械程序」。由於這個緣故，我們往往沒有直指述句的邏輯核心，而在其文法表面上溜動。

由於邏輯是處理述句形式，而不是處理述句內容的。因此，我們若不能把述句的邏輯形式顯露出來，邏輯也就往往愛莫能助。可是我們有理由相信，我們並沒有把握釋寫邏輯結構的所有指導原則，尤其是同一個語句，可以有不同的邏輯結構。其中那一個才合宜，才貼切，那要看實際的脈絡才能決定。所以在釋寫的過程中，往往成敗之間，失之交臂。

釋寫邏輯結構，是邏輯的處事方式（或邏輯方法）中，不可或缺的一環。它是很有力量的邏輯處事程序，然而同時卻也是結繭自縛的程序。因為一旦我們無法認清邏輯結構，我們也就無法應用邏輯規則。推論規則的應用，也是如此。

依據邏輯的結構而可以確立的涵蘊，我們稱之為「邏輯涵蘊」；那麼，我們可以將它界定如下：

(D1)　　　A 邏輯地涵蘊 B=$_{Df}$ (A⊃B) 是個邏輯真句。

試比較此一 (D1) 與我們以前得到的結論：

A 涵蘊 B，若且唯若 (A⊃B) 是個分析真句。

我們可以看出，邏輯的釋寫顯然扮演著一個基本重要的角色。沒有經過釋寫的步驟，我們就無法決定某某述句是否為一邏輯真句（雖然有時這一步驟簡單容易，甚至全不費心思）。

同樣地，我們可以界定 '邏輯的對確性' 如下：

(D2)　　　$P_1, P_2, \ldots, P_k \vdash C$ 是邏輯地對確的 =$_{Df}$ ($P_1 \cdot P_2 \cdot \ldots \cdot P_k$) 邏輯地涵蘊 C。

當然這裏所謂「邏輯地涵蘊」，是指「根據邏輯涵蘊規則地涵蘊」；所謂「邏輯地對確」，是指「根據邏輯的推論規則地對確」。

那麼現在我們應該知道怎樣回答原先我們所發問的問題了。

【　問題與討論　】

⑴闡釋下列陳述的精確意義：「在什麼樣的條件下，一個論證是，而且才是，對確的」。其中‘是，而且才是’代表著什麼關係？該一陳述是不是兩個條件陳述的疊合？試分析之。

⑵證明推論規則和涵蘊規則是互通的。也就是說，一組推論規則，可以用來檢查述句之間的涵蘊關係；同樣的，一組涵蘊規則，也可以用來判定論證的對確與否。

⑶試論邏輯的對象與任務。

⑷設 A 和 B 為述句（封閉述句或開放述句），試證：

　　如果 A=$_{Df}$ B，則 A 若且唯若 B 必然為真。

這就是為什麼我們依據對確性的界說，可以確立下一斷言：一個論證是對確的，若且唯若前提如果全真，結論必然跟著為真。

假定 C 和 D 是語詞（而不是述句），並且我們知道「C=$_{Df}$D」，那麼我們可以做出什麼類似的斷言？（提示：我們可不可以說，那麼 C 等於 D 必然為真？這時 ‘等於’ 具有幾個不同的意義？是不是不論採取那一個意義，該斷言皆成立？）

⑸闡釋 (R1)：推論規則保持真理性（真句性）。舉出五個符合此一條件的推論規則，另外發明三個不合乎此一條件的規則。後者為什麼不能拿來當做推論規則？

⑹為什麼推論只是真理保持映射，而非同時也是假理保持映射？（提示：比較翻譯與推論的不同。）

⑺證明離斷律保持真理性。（提示：首先考察在什麼樣的情況下 (A⊃B) 這一條件述句為真——它只有在 A 真而 B 假時，為假。然後假定 (A⊃B) 和 A 均為真，而 B 卻為假，看看有什麼情況發生。也就是說，試用「歸謬法」證明之。）

⑻下列推論規則，稱為「逆斷律」(*modus tollens*)：由 (A⊃B) 和～B，我們可以推衍出～A 來。試證明逆斷律保持真理性。

(9)證明離斷律和逆斷律都不保持假理性。

(10)如果某一推論規則不但保持真理性，同時也保持假理性，那麼此一規則所認可的論證中，前提與結論具有什麼關係？（提示：首先參照"真理性保持"界說，界定"假理性保持"的意義。）

(11)試證下列論證是對確的：

風吹，草低；見牛羊。

不見牛羊。

∴不是風沒吹，就是草不低。

（提示：首先把這一論證的邏輯形式譯寫出來。並且注意'～（風吹並且草低）'這一述句與'～（風吹）或～（草低）'具有同樣的真假值。試用上述的逆斷律。）

(12)闡述：符合邏輯的推論規則，只是論證對確的充分條件，而不是必要條件。

(13)為什麼下列的涵蘊關係成立：

（i）2是個奇數 ⟹ 2是個偶數。

從（i）我們是否可以推論出，2既是個奇數又是個偶數？何故？

(14)闡釋下一斷言：'邏輯'一詞是歧義的。

(15)試設想，如何重新界定'涵蘊'，才能避免一些違反常識的結果發生。（提示：依照我們原來的界說，被涵蘊端與涵蘊端之間，並沒有實質上或內容上的關聯；它們之間只有真假值上的關聯。）

(16)相應地，我們所界定的對確性，是否也容許一些違背常識的特例？試舉例說明之。

(17)觀察，比較，並分析下列三個斷說的關係：

（i）分析假句涵蘊任何述句。

（ii）一個論證的前提，若是分析假句（不論其結論為何），該論證一定是對確的。

（iii）分析假句含有最多的經驗內容。

試證（i）與（ii）互相涵蘊。試問在什麼條件下（i）與（iii），因而（ii）與（iii），也互相涵蘊？（提示：考察下一條件：A 涵蘊 B，若且唯若 E(B) ≤ E(A)。）

⒅只以被涵蘊端和涵蘊端所含經驗的內容之多少，來界定涵蘊關係（比如上述⒄之提示裏所示者），能否解決原來我們界定的涵蘊概念，與直覺的涵蘊概念之衝突？

⒆假定我們擁有一個健全，完整，不矛盾的直覺 "涵蘊" 概念，姑且稱其為 "涵衍"(entailment)。試問：

　(ⅰ)我們應該如何界定 '涵衍'（參見上述⒂之答案）？

　(ⅱ)涵衍關係具有什麼特性：自反？對稱？傳遞？

　(ⅲ)涵衍關係與涵蘊關係之間，有些什麼關聯？

（提示：涵蘊是不是涵衍的必要條件，但卻不是其充分條件？）

⒇涵衍理該有別於涵蘊，它理應不只是真理性（真句性）保持映射，它應該是什麼樣的映射？

㉑闡釋 '形式邏輯' 的意義。

㉒何謂「邏輯的釋寫」，或「釋寫邏輯結構」？並舉例說明此一程序的重要性。

㉓試解說「涵蘊」與「邏輯地涵蘊」，以及「對確」與「邏輯地對確」之不同。並且詳細例釋之。

㉔是不是凡是對確的論證，都符合某一條推論規則呢？（提示：區分對確的論證與邏輯地對確的論證，後者這一集合是否只是前者這一集合的常義子集？）

48. 邏輯規則與邏輯方法例釋： 三段論

三段論 (syllogism) 是一種極為常見的論證形式。它在邏輯的傳統裏，占著很重要的地位，雖然從現代的邏輯觀點看，它只不過是邏輯裏頭的一個很微小的部分。可是由於這種論證方式，很合乎我們一般所接受的推理習慣，讓我們將它介紹出來，一方面可以對它本身，做一個較為深入的瞭解，另一方面可藉以例釋邏輯規則（尤其是邏輯的推論規則）和邏輯方法（尤其是形式處理法）。

　　所謂三段論是一種含有三個述句的論證形式，其中兩個是前提，一個是結論。比如，下列(1)，(2)兩個論證就是三段論的例子：

(1)　　凡人愛真理。

　　　　哲學家是人。
　　　∴哲學家愛真理。

(2)　　假若人人愛和平，則天下無戰事。

　　　　天下有戰事。
　　　∴有人不愛和平。

可是，在傳統的邏輯裏，有一種特殊的三段論，占據著特別重要的地位。這種三段論稱為「定言三段論」(categorical syllogism)。它是與傳統上所謂「假言 (hypothetical) 三段論」(或「設言三段論」) 以及「選言 (disjunctive) 三段論」對待的。

　　定言三段論裏所含有的述句，全是「定言述句」。所謂定言述句，是具有下列述句形式之一的述句：

　　　A：凡 S 皆是 P。(全稱肯定述句)

　　　E：沒有 S 是 P。(全稱否定述句)

　　　I：有的 S 是 P。(特稱肯定述句)

　　　O：有的 S 不是 P。(特稱否定述句)

比如，'凡人皆愛真理'，'沒人愛真理'，'有人愛真理' 和 '有人不愛真理' 等等。這樣的述句，我們已經很熟悉了，它們全都具有下列的共通形式：

　　　(……) S 是 (不是) P

其中 '(……)' 代表我們以前說過的「量化詞」(quantifier)。S 稱為「邏輯主詞」，P 是「邏輯述詞」，而 '是' 叫做「繫詞」(copula)。主詞和述詞通稱為「語詞」(term)，或簡稱為「詞」。我們以前也已說過，上述的四種述句，可以表述成為比較技術性的語言，如下：

　　　A：$(x)(Sx \supset Px)$

　　　E：$(x)(Sx \supset \sim Px)$

I：　$(\exists x)(Sx \cdot Px)$

O：　$(\exists x)(Sx \cdot \sim Px)$

可是由於下列的關係成立，即：

　　　　$\sim Px$ 若且唯若 $\overline{P}x$

因此，上述的 E 和 O 也可以分別寫成：

　　　　$(x)(Sx \supset \overline{P}x)$

和

　　　　$(\exists x)(Sx \cdot \overline{P}x)$

傳統的邏輯家相信絕大多數的述句，基本上都可以翻譯釋寫為上述的定言述句。因此邏輯只要分析處理定言述句，就可以應用到那些絕大多數的述句之上。在做這樣的釋寫的時候，傳統的邏輯家主張，把'羅素愛真理'和'羅素不善交女友'這樣的「單稱述句」，分別釋寫為上述的 A 和 E（視其屬於肯定或否定）。

　　現在我們可以界定「定言三段論」如下：

(D1)　　　　$P_1, P_2 \vdash C$ 是個定言三段論 $=_{Df}$
① P_1, P_2 和 C 全是定言述句。
② P_1, P_2 和 C 一共含有正好三個語詞。
③每一個語詞出現兩次，但不同時出現在同一述句之中。

依此界說，下例的(3)和(4)都是定言三段式；可是(5)—(7)卻都不是：

(3)　有人愛真理。
　　　沒有魔鬼愛真理。
　　∴有人不是魔鬼。

(4)　沒有魔鬼愛真理。
　　　有人愛真理。
　　∴有人不是魔鬼。

(5)　有人愛正理。
　　　有人愛正義。
　　∴有人愛自由。

(6)　凡人皆是人。
　　　凡人愛真理。
　　∴凡人愛和平。

(7)　不愛真理與不愛和平者不愛自由。

愛自由而又不愛真理者古今未有。

∴凡愛真理者，不是愛和平就是愛自由。

為了檢查三段論的對確性，傳統邏輯家設計出好幾套大同小異的規則（邏輯的推論規則），但是為了要介紹這樣的規則，我們首先必須熟悉一些媒介術語。

在一個（定言）三段論裏，出現在結論中，當做其述詞的語詞，稱為該一三段論的「大詞」(major term)；出現為結論之主詞的語詞，稱為該一三段論的「小詞」(minor term)。剩下的一個語詞，兩次出現在前提裏，它稱為「中詞」(middle term)。例如，在上述(3)裏，'魔鬼'是該三段論的大詞，'人'是小詞；而'愛真理（者）'則是中詞。因為'魔鬼'係'有人不是魔鬼'這一結論的述詞，'人'是其主詞；而'愛真理（者）'是兩次出現在前提裏的語詞。其中一次出現在前提'有人愛真理'之中，另一次出現在'沒有魔鬼愛真理'這一前提之內。又如，在上列的(1)裏，'愛真理（者）'是該三段論的大詞，'哲學家'是小詞；而'人'是該一三段論的中詞。

大詞與小詞有時通稱為「端詞」(end term)。

接著我們還要介紹所謂語詞的"普及性"(distribution)的概念。我們說，某一個語詞 T，在某一個定言述句 Q 裏是「普及的」，若且唯若 Q 之道說遍及了 T 所指的每一分子。注意，依此界說，一個語詞是不是普及，那要在它所出現的述句裏才能決定。同一個語詞，在某一個述句中是普及的；在另一個述句裏，也許並不普及。

現在讓我們檢查一下，四種定言述句裏，所含的各個語詞之普及情況：

①全稱肯定述句：'凡 S 皆是 P'。顯然這述句道及了 S 的所有分子，因此'S'是普及的。但是它並沒有道說 P 的每一個分子，因此'P'不普及。

②全稱否定述句：'沒有 S 是 P'。S 的所有分子都被排斥在外，所以'S'是普及的。又因為當所有的 S 都被排斥在 P 之外時，它們是被排斥在所有的 P 之外，所以'P'也是普及的。

③特稱肯定述句：'有的 S 是 P'。此述句只提及 S 的一部分，所以'S'不普及。同時它也沒有道及 P 的所有分子，因此'P'也不普及。

④特稱否定述句：'有的 S 不是 P'。顯然 'S' 在此述句中並不普及；但 'P' 卻是普及的，理由如②裏所述。

我們可以把這裏所說的語詞，在定言述句中的普及情形，簡明地寫成下列的界說：

> (D2)　語詞 T 在定言述句 Q 裏是普及的 $=_{Df}$ T 是主詞而 Q 是全稱述句，或者 T 是述詞而 Q 是否定述句。

也就是說，全稱述句（A 和 E）的主詞是普及的，否定述句（E 和 O）的述詞也是普及的；其他語詞則全不普及。

現在我們可以開始陳示三段論的對確性規則。首先，讓我們界定不對確的三段論：

> (D3)　一個三段論是不對確的 $=_{Df}$
> ①中詞沒有至少普及一次。或者：
> ②同一端詞在前提裏不普及，但在結論裏卻普及。或者：
> ③前提全是全稱述句，但結論卻是特稱述句。或者：
> ④前提全是否定述句。
>
> (D4)　一個三段論是對確的 $=_{Df}$ 該三段論不是不對確的。

現在讓我們舉例檢查一下一些三段論的對確性：

(8)　凡人皆愛真理。
　　　有的仙子愛真理。
　　　∴有的人是仙子。

在(8)裏，'愛真理（者）'是中詞，它未曾普及過。故此三段論不對確。

(9)　凡人皆愛和平。
　　　沒有人是上帝。
　　　∴上帝不愛和平。

'愛和平（者）'這一大詞在前提裏未普及，可是在結論裏卻普及。所以此三

段論亦不對確。

　　(10)　凡人皆是理性的動物。

　　　　　沒有人是神仙。
　　　　　∴沒有理性的動物是神仙。

不對確！小詞在前提裏未普及，但在結論裏卻普及。

　　(11)　凡仙子居住天上宮闕。

　　　　　沒有居住天上宮闕者愛夜遊。
　　　　　∴有的仙子不愛夜遊。

前提全是全稱述句，但結論卻是特稱述句。不對確！

　　(12)　沒有蝴蝶為花忙。

　　　　　有的蜜蜂不是為花忙。
　　　　　∴沒有蝴蝶是蜜蜂。

兩個前提全是否定述句。論證不對確。

　　　反之，若一個三段論不含有 (D3) 中所列的條件，那麼它就是對確的。

【　問題與討論　】

　　⑴什麼叫做（一般）三段論？試舉五個在日常生活裏使用三段式推論的例子；另外五個用在科學上的三段論的例子。

　　⑵為什麼三段論式的推理，對我們而言顯得自然而熟悉？試舉出一些心理上或其他方面的理由來。

　　⑶試界定 '定言述句' 和 '定言三段論'。

　　⑷證明：～Px 若且唯若 $\overline{P}$x。（提示：x∉P 若且唯若 x∈$\overline{P}$。）

　　⑸說明「邏輯主詞」和「邏輯述詞」，以「文法主詞」和「文法述詞」的分別。

　　⑹試舉例支持下列觀點：絕大多數的述句，皆可釋寫為定言述句。

(7)並非所有的述句都含有「繫詞」，比如‘凡人愛真理’就不含著繫詞。試舉出一個釋寫程序，將不含繫詞的述句，改寫為含有繫詞的述句。此一程序可否是個機械程序？

(8)把單稱肯定述句釋寫為 A，單稱否定述句釋寫為 E，這樣的做法，有無困難之處？試詳細解析之。（提示：試考察單稱肯定述句和相應的單稱否定述句之間的關係，此一關係是否與 A 和 E 之間的關係相同？）

(9)正文裏的(3)和(4)是不是同一個三段論？試說明之。

(10)詳細說明為什麼在肯定述句裏，述詞是不普及的；可是在否定述句裏，述詞卻是普及的。

(11)試述為何具有 (D3) 的界定端，所列的任何條件之三段論，就是不對確的。

(12)邏輯家常把不對確的論證形式，稱為「形式謬誤」(formal fallacy)，比如 (D3) 所列的各條件，均連帶著一種形式謬誤。試試指認下列各種謬誤，並加例釋：

　　　(i)「中詞未曾普及」的謬誤，(ii)「大詞犯規」的謬誤，(iii)「小詞犯規」的謬誤，(iv)「全稱前提推論特稱結論」的謬誤，(v)「全是否定前提」的謬誤。

(13)上述的(iv)，也稱為「存在謬誤」(existential fallacy)，試言其故。

(14)依據界說，（定言）三段論正好含有三個語詞。可是有時候，其中有的語詞，在使用上有歧義，因此事實上等於包含四個或以上的語詞。這樣的論證也是不對確的。在傳統的邏輯裏，這叫做「四詞謬誤」(fallacy of four terms)。試舉出兩個觸犯四詞謬誤的三段論。

(15)我們說，邏輯家把不對確的論證形式，稱為「形式謬誤」。試問我們能否重新把‘形式謬誤’界定如下：

　　　論證甲犯了形式謬誤 $=_{Df}$ 甲觸犯了邏輯推論規則。

（提示：符合邏輯推論規則，我們已經說過，是論證之對確的充分條件，但不是必要條件。）

(16)那麼，一般所謂‘合邏輯’，‘不合邏輯’是不是一種很不精確的說法？這時‘邏輯’指的是什麼？試詳加分析批判。

⒄我們可以將三段論的推論規則，簡化如下：

一個三段論是對確的 $=_{Df}$ ①中詞正好普及一次。並且：

②每一端詞必須普及兩次，或全不普及。

並且：

③否定之前提數目等於否定之結論數目

（各為零，或各為一）。

試證這一組規則所標定的對確性，與正文裏所陳示之規則所標定的對確性相同。（提示：證明任一三段論，若依此規則為對確的，依彼規則亦是；依此規則為不對確的，依彼規則亦是。）

⒅判定下列三段論的對確性：

（i）　凡哲學家都愛真理。

有的人不愛真理。

∴有的人不是哲學家。

（ii）　凡魔鬼皆愛夜遊。

有的人愛夜遊。

∴有的人是魔鬼。

（iii）　沒有人不愛真理。

有的人不是哲學家。

∴有的哲學家不愛真理。

（iv）　凡人愛和平。

凡愛和平者厭惡戰爭。

∴凡人厭惡戰爭。

（v）　凡人愛自由。

凡哲學家皆愛自由。

∴凡哲學家皆是人。

（vi）　凡龍皆有千里眼。

凡有千里眼者皆遠視。

∴有的龍遠視。

⒆定言三段論在傳統的邏輯裏，受到很有系統而完整的處理。為了報告其中的一部分成果，首先讓我們界定一些相干的概念：

(D5) 三段論的「大前提」(major premiss)$=_{Df}$ 在該三段論裏，含有大詞的那個前提。

(D6) 三段論的「小前提」(minor premiss)$=_{Df}$ 在該三段論裏，含有小詞的那個前提。

(D7) 定言三段論 $\langle P_1, P_2 \rangle \vdash C$ 是個準式 (in standard form) 三段論 $=_{Df}$ 在該三段論中，P_1 是大前提，P_2 是小前提。

這裏〈……〉代表有序集，其分子之排列次序是有關緊要的。比方，$\langle P_1, P_2 \rangle$ 不等於 $\langle P_2, P_1 \rangle$。現在，讓我們把 'A'，'E'，'I'，'O'

稱為定言述句的述句類名，則：

(D8) 準式三段論 P_1, P_2 ⊢ C 的樣態 (mood) $\langle x, y, z \rangle$ $=_{Df}$ x 是大前提的述句類名，y 是小前提的述句類名，而 z 是結論的述句類名。

比如，下列的(i)與(ii)之樣態，分別為 $\langle A, O, E \rangle$ 和 $\langle I, E, O \rangle$：

(i)　凡人愛真理。(A)

　　有人不愛和平。(O)
　　∴沒有愛真理者愛和平。(E)

(ii)　有人愛真理。(I)

　　沒有愛真理的愛戰爭。(E)
　　∴有人不愛戰爭。(O)

(D9) 準式三段論 P_1, P_2 ⊢ C 屬於第一格 (figure)$=_{Df}$ 中詞是 P_1 的主詞，但卻是 P_2 的述詞。

(D10) ……（同上）……第二格 $=_{Df}$ 中詞是 P_1 的述詞，也是 P_2 的述詞。

(D11) ……（同上）……第三格 $=_{Df}$ 中詞是 P_1 的主詞，也是 P_2 的主詞。

(D12) ……（同上）……第四格 $=_{Df}$ 中詞是 P_1 的述詞，但卻是 P_2 的主詞。

比如下列(iii)—(vi)分別是第一格，第二格，第三格和第四格：

(iii)　凡哲學家皆愛真理。

　　凡人皆是哲學家。
　　∴凡人皆愛真理。

(iv)　凡愛真理的皆是哲學家。

　　有的人是哲學家。
　　∴有的人愛真理。

(v)　凡哲學家皆愛真理。

　　有的哲學家是人。
　　∴有的人愛真理。

(vi)　凡愛真理者皆是哲學家。

　　凡哲學家皆是人。
　　∴凡人皆愛真理。

其中 '哲學家' 是中詞。但是注意，上列的(i)和(ii)分別屬於第二格和第一格；(ii)不是屬於第四格。我們必須先將它們改為準式三段論才能判定它屬於第幾格。樣態也是一樣。(i)和(ii)分別是 $\langle O, A, E \rangle$ 和 $\langle E, I, O \rangle$；

而不是 〈A, O, E〉和〈I, E, O〉。

很顯然地，三段論的格加上樣態，足以準確地標定一個三段論的邏輯結構，比如 '〈O, A, E〉⑵' 所標定的就是像上述⒤那類的三段論。'〈A, A, A〉⑴' 所標定的，就是像上述⒤那類的三段論。也就是說，格與樣態給三段論（的形式）提供一個完整的標定方式。讓我們把它稱為三段論的「定徵」(identity) 或「身分」，即：

(D13) 三段論之定徵 〈α, β〉$=_{Df}\alpha$ 是該三段論的樣態，而 β 是該三段論的格。

試問：①有多少不同定徵的三段論（三段論一共有多少種）？

②具有那種定徵的三段論是對確的？

（提示：$(4 \times 4 \times 4) \times 4 = 256$；只有十五種三段論是對確的！）

⒇下列三段論（形式）是不是對確的？試一一證明之：

〈A, A, A〉(1), 〈E, A, E〉(1), 〈A, I, I〉(1), 〈E, I, O〉(1)；

〈E, A, E〉(2), 〈E, I, O〉(2), 〈A, E, E〉(2), 〈A, O, O〉(2)；

〈I, A, I〉(3), 〈A, I, I〉(3), 〈O, A, O〉(3), 〈E, I, O〉(3)；

〈A, E, E〉(4), 〈I, A, I〉(4), 〈E, I, O〉(4)。

(21)下列三段論是否對確？它們全都具有什麼特性？

〈A, A, I〉(1), 〈E, A, O〉(1)；〈A, E, O〉(2), 〈E, A, O〉(2),

〈A, E, O〉(4)。

〈A, A, I〉(3), 〈E, A, O〉(3), 〈E, A, O〉(4)。

〈A, A, I〉(4)。

加上什麼樣的「存在假定」(existential assumption)，可以分別使上列的論證變成對確的？（提示：下列的 〈A, A, I〉(1)本來並不是一個對確的三段論：

凡住天上宮闕者善歌舞。

凡仙子住天上宮闕。

∴有的仙子善歌舞。

此一三段論犯了「存在謬誤」。可是若我們加上存在假定說：「有仙子」；那麼，它可以是個對確的論證。也就是說：小詞具有存在假定時，〈A, A, l〉⑴是個對確的論證。)

　⑵試試寫出判定一個三段論，是否對確的「機械程序」（或「判定程序」)。

　⑶檢查看看下列斷言是否為真：

　　(i)凡是對確的三段論，至少含有一個全稱前提。

　　(ii)含有兩個特稱前提的三段論，必不對確。

　　(iii)每一個對確的三段論，都至少含有一個肯定的前提。

　　(iv)在一個對確的三段論裏，結論若是特稱述句，則正好有一個前提是特稱述句。

　　(v)含有一個否定前提和否定結論的三段論，都是對確的。

　　(vi)所有語詞皆普及的三段論，一定不對確。

　　(vii)沒有語詞是普及的三段論，一定不對確。

49. 范氏圖解

我們在上一節裏所介紹的「規則法」，為三段論的對確性提供了一個判定程序。有了那些規則，我們就可以有發必中地，判斷一個三段論到底是不是對確。那樣的規則是完整而自足的。可是為了實用上的考慮，以及進一步揭露定言述句之內涵及其彼此的邏輯關係，我們要在底下這兩節裏，提出一種有名的圖解證法，稱為「范氏圖解法」。這是一種操作起來很簡便，而且又醒目動人的證題法。

「范氏圖」(Venn diagram) 的基本概念如下：我們把（諸如三段論裏的）語詞，看成是類名，代表著某一類 (class) 或某一集合 (set) 的事物。接著我們使用一個圓圈，來限制這個類的範圍。比如，我們畫一個圓圈代表「學生」這一類（集)，如下：

（圖1）

當然圓圈以外的部分，就代表不是學生，也就是「非學生」，或「$\overline{學生}$」。有時為了討論上的需要，我們把圓圈放在一個框框裏頭，使得像上述的$\overline{學生}$這個類，也有一個明定的範圍。比如：

（圖2）

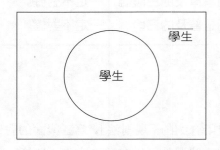

當然學生加上非學生等於「萬物」，這就是以前我們所說的「全類」（全集）或「討論界域」（論域）。也就是說，對於任何一個集合 X 而言，X 與其補集（餘集）$\overline{X}$ 的聯集，等於全集，即：

(T1)　　　$X \cup \overline{X} = V$

當然一個集合與其補集的交集，等於空集，即：

(T2)　　　$X \cap \overline{X} = \phi$（簡寫為：$X\overline{X} = \phi$）

比如，又是學生又是非學生的，是沒有的。

　　至此，我們只以范氏圖形來表現某一個集，其補集和論域的範圍或界限。如果我們有著多於一個集，並排交織的時候，也可以應用范氏圖來表現。當

我們只考慮（比如）學生這一集時，那麼論域中只有它和它的補集，可是如果我們考慮學生和成績優異（者）這兩個集時，那麼討論界域裏，就有四個不同的子集，就是成績優異的學生，不是成績優異的學生，成績優異的非學生，和不是成績優異的非學生。圖示如下：

（圖3）

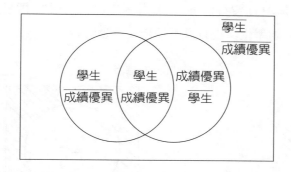

同樣地，當我們像在三段論裏，考慮三個不同的語詞時，我們可以使用三個互相交疊的圓，來表現那些語詞所代表的類之間的關係。比如，當我們有三個語詞 S, P 和 M 時，則它們之間的關係，可以表現為下列的范氏圖：

（圖4）

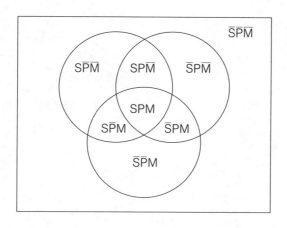

其中 '$S\overline{P}\overline{M}$' 是 '$S \cap \overline{P} \cap \overline{M}$' 的縮寫，其他亦同。

讓我們把上列的（圖2），（圖3）和（圖4）所例釋的，分別稱為「一元

范氏圖」,「二元范氏圖」和「三元范氏圖」。

　　為了要利用范氏圖來證題,首先我們要令它來傳知,用它表現某某述句所要表達的內容。這樣,范氏圖解才可望成為一種證題方式。為了這個目的,我們採用一些輔助作圖法。當某一類 X,是個空類時 (即: D(X) = 0),我們要把代表 X 的圖形部分,使用密集線條劃去。比方,下列的 (圖5) — (圖9) 分別表示 (「斷說」) 沒有仙子,沒有非學生,沒有人馬 (即是人又是馬者),沒有成績不優異的學生,沒有既不怕死又不愛財者:

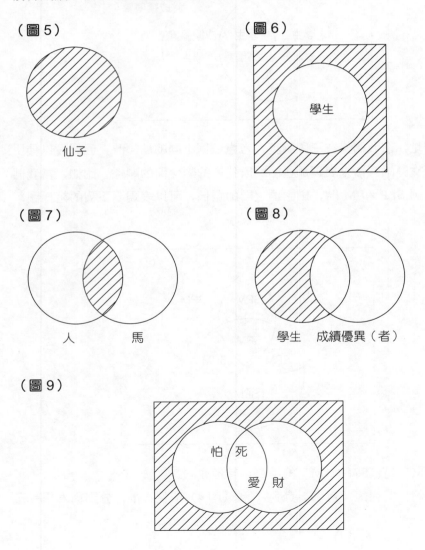

（圖5）

仙子

（圖6）

學生

（圖7）

人　　　馬

（圖8）

學生　成績優異（者）

（圖9）

怕　死
愛　財

相反地，如果 Y 不是個空類，即 D(Y) ≠ 0 時，那麼我們就在代表 Y 的那個區域，標註一個「叉號」（即 'X'），表示該範圍內，有東西存在。比如下列的（圖 10）—（圖 12），分別表示有學生（存在），有成績優異的學生，有愛真理又有不愛真理的人：

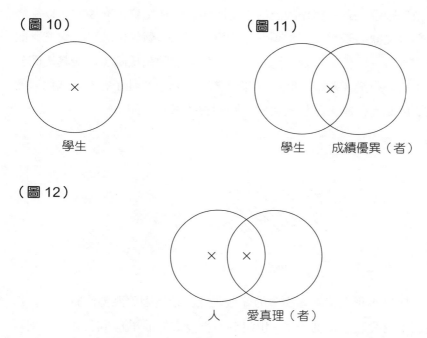

（圖 10）

學生

（圖 11）

學生　成績優異（者）

（圖 12）

人　愛真理（者）

當然在范氏圖解的任何一個區域裏，我們可以加上線條，也可以畫起叉號。不僅如此，我們也可以將它保留空白。空白並不表示虛無，而是表示尚未有消息，以明示其有無。試比較下列兩個范氏圖所斷說的內容之差別：

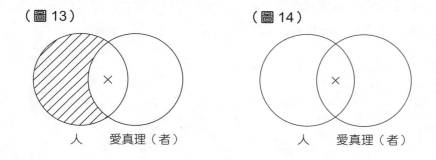

（圖 13）

人　愛真理（者）

（圖 14）

人　愛真理（者）

（圖 13）說，有人愛真理而沒有人不愛真理，可是（圖 14）只說有人愛真理，到底是不是有不愛真理的人，（圖 14）並沒有明說。所以，我們要記住，空白表示沒有所說，並不表示沒有事物存在。因此，像（圖 1）一（圖 4）都是些啞然無語的圖形。

關於范氏圖解，有一個作圖上的技術問題，要在這裏補充說明。以線條表示空無和以叉號表示實有，這兩個運作看來好像是對等的。可是它們之間的對稱性卻沒有一路保持不變。比方，在一個二元的范氏圖裏，設其兩圓分別代表仙子與愛夜遊（者）。這時，如果我們要表示沒有仙子存在，我們只要將代表仙子的圓完全劃去，包括與另一圓相交的部分，如下：

（圖 15）

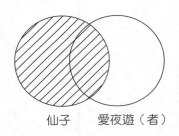

仙子　　愛夜遊（者）

我們之所以也把上圖兩圓交會的區域劃除，這是因為既然沒有仙子，那麼當然也就沒有愛夜遊的仙子了（也沒有不愛夜遊的仙子）。可是，在一個兩圓分別代表人和愛真理（者）的二元范氏圖解裏，如果我們想要表示有人存在，那時我們就不能模仿上面的例子，在整個代表著人的圓圈上畫上叉號，包括與另一圓交會的部分。也就是說，下列的（圖 16）並沒有正確地斷說有人存在。它所說的是：有愛真理的人存在，同時也有不愛真理的人存在。這顯然超過「有人存在」這一斷言的範圍：

（圖 16）

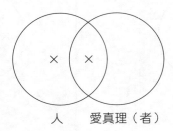

人　　愛真理（者）

這時，不像上述表示空無的例子似的，有人存在並不因而表示有愛真理的人存在，也不因而表示有不愛真理的人存在。它只表示不是有愛真理的人存在，就是有不愛真理的人存在。也就是說，它表示：有愛真理的人存在，或者（而不是同時）有不愛真理的人存在。

我們可以將這裏所指出的，空無與實有之間的差異，明白陳示為下列的規則；其中 X, Y, Z 等代表語詞：

(T3)　　假如 $D(X) = 0$，則 $D(XY) = 0$ 並且 $D(X\overline{Y}) = 0$。

或寫成更廣泛些：

(T3a)　　假如 $D(X) = 0$，則 $D(XYZ\cdots) = 0$，並且 $D(X\overline{Y}Z\cdots) = 0$，並且 $D(XY\overline{Z}\cdots) = 0$，並且 $D(X\overline{Y}\overline{Z}\cdots) = 0$，並且……。

可是，

(T4)　　值如 $D(X) \neq 0$，那麼 $D(XY) \neq 0$ 或者 $D(X\overline{Y}) \neq 0$。

寫成普遍的規則，就是：

(T4a)　　假如 $D(X) \neq 0$，那麼 $D(XYZ\cdots) \neq 0$，或者 $D(XY\overline{Z}\cdots) \neq 0$，或者 $D(X Y \overline{Z}\cdots\cdots) \neq 0$，或者 $D(X\overline{Y}Z) \neq 0$，或者……。

把 (T3) 與 (T4)，或者 (T3a) 與 (T4a) 對照起來看，那麼上面所說的不對稱性，就很明顯了。

根據 (T4)，那麼要圖解有人存在這一斷言，我們得畫出兩個范氏圖，如下：

（圖 17）

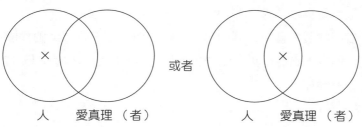

或者

人　愛真理（者）　　　人　愛真理（者）

假如我們要在一個三元范氏圖裏，做出同一斷言，則我們需要四個范氏圖，比如：

（圖18）

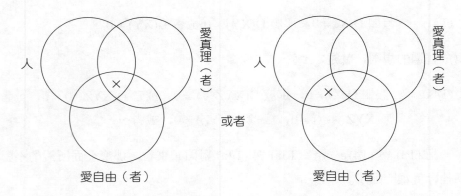

這就是說，當我們斷言有人存在時，也許有不愛真理也不愛自由的人存在，也許有愛真理但不愛自由的人存在，也許有愛自由也愛真理的人存在，也許有愛自由但不愛真理的人存在。

　　為了省卻繪製多個范氏圖的麻煩，讓我們採取一個補助的作圖技巧。我們在叉號之間聯上直線，以表示"或者"之意。比如上列的（圖17）與（圖18）就可以改繪如下：

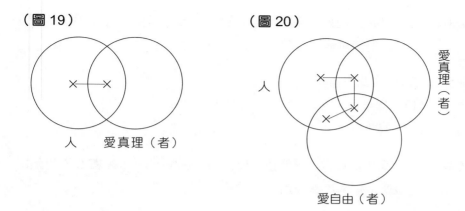

（圖 19）　　　　　　　（圖 20）

　　現在我們要介紹幾個代表述句與述句之間的關係之概念。設 A 與 B 代表任意的述句：

> (D1)　　　A 與 B 互相矛盾 (contradiction) = ₀ᵦ 若 A 為真，則 B 為假；若 A 為假，則 B 為真。

比如下列三對述句，兩兩彼此矛盾：

(1) ⎰ 今天是星期六。
　　⎱ 今天不是星期六。

(2) ⎰ 凡人愛真理。
　　⎱ 有人不愛真理。

(3) ⎰ 沒人愛真理。
　　⎱ 有人愛真理。

每對述句不能同為真，也不能同為假。

> (D2)　　　A 與 B 等值 (equivalent) = ₀ᵦ 若 A 為真，則 B 亦為真；若 A 為假，則 B 亦為假。

下列的述句，兩兩彼此等值：

(1) ⎰ 沒人愛真理。
　　⎱ 沒有愛真理的是人。

(2) ⎰ 有的仙子愛夜遊。
　　⎱ 有的愛夜遊者是仙子。

(3) ⎰ 假如風吹草低，則就見牛羊。
　　⎱ 除非不是風吹草低，否則就見牛羊。

(D3)　　　A 與 B 正值對反（或真值對反）(contrary) = Df A 與 B 不可能同為真，但卻可能同為假。

下列述句，兩兩彼此正值對反：

(1) { 何天休今年兩歲。
何天休今年三歲。　　(2) { 凡人愛真理。
沒人愛真理。

(D4)　　　A 與 B 負值對反（假值對反）(subcontrary) = Df A 與 B 不可能同為假，但卻可能同為真。

下列述句不可能同為假，雖然可以同為真：

(1) { 草低。
除非草不低，否則見牛羊。　　(2) { 有的人愛真理。
有的人不愛真理。

　　當我們可以把述句的內容，繪成范氏圖的時候，我們也可以利用此一圖解法，檢查剛剛界定的這些介於述句間的關係。

　　在一個范氏圖的某一區域，若畫了線；而在另一個同樣的范氏圖的同一區域，則標了叉號；或者反是為之；而且除此以外，兩范氏圖沒有其他分別；那麼這兩個范氏圖所表達的述句，互相矛盾。比如，下列兩圖具有上述的條件：

(1)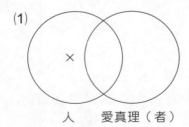

人　　愛真理（者）

(2)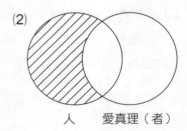

人　　愛真理（者）

那麼該兩圖所代表的述句，彼此矛盾。它所根據的理論基礎如下：

(T5)　　　T = 0 與 T ≠ 0 互相矛盾。

其中 T 是任意的語詞，比如 'S'，或 'SM' 或 'SPM' 等等。(T5) 之為真，顯然很容易證明。

　　下一定律可以用來做為范氏圖解法，證明兩述句等值的基礎：

(T6)　　　T = 0 等值於 T = 0；T ≠ 0 等值於 T ≠ 0。

也就是說，當兩個同樣的范氏圖的同一區域，同時是斜線或同時是叉號，而且除此之外，兩圖全無其他差異；那麼此兩圖所表示的述句等值。比如，下列兩組范氏圖所代表的述句，兩兩等值：

(1)

(2)

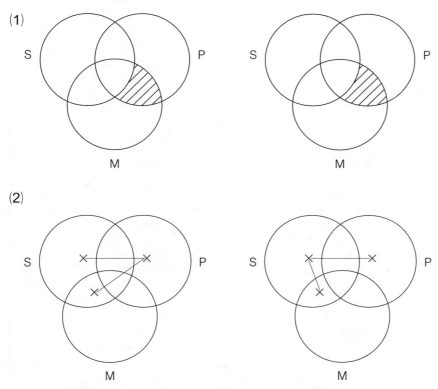

　　我們也可以應用范氏圖，檢查述句之間的正值對反和負值對反關係（參見問題⑾），以及介於述句之間的其他關係（參見問題⑿）。

【　問題與討論　】

⑴試設計「四元范氏圖」，「五元范氏圖」，……，「n 元范氏圖」。

⑵繪製范氏圖有無機械程序可尋？若有，將它寫出來。

⑶試以簡潔的語句，描述下列諸范氏圖所斷說為何：

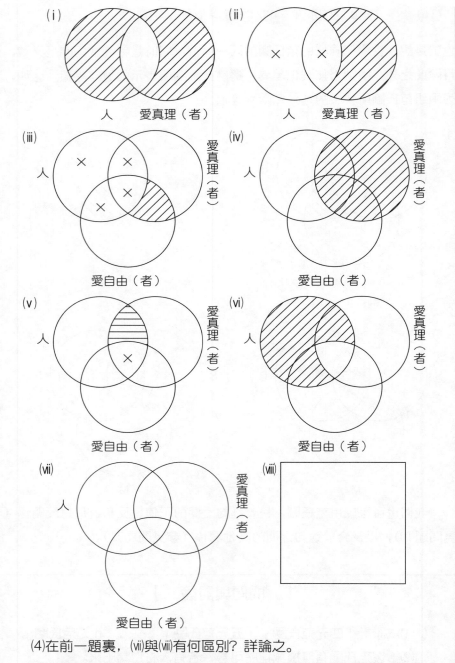

(4)在前一題裏，(vii)與(viii)有何區別？詳論之。

(5)下列兩個范氏圖有何不同？那一個可以用來表達：百分之百的人

愛真理? 試言其故。

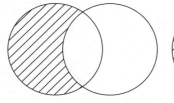 

人　　　愛真理（者）　　　　人　　　愛真理（者）

(6)繪出下列述句的范氏圖：

①凡人皆愛真理，（並且）有人愛真理。

②人存在，（並且）凡人愛真理。

③凡人愛真理，（並且）凡愛真理者皆是人。

④有人愛真理，（並且）有人愛自由。

⑤沒有人愛自由，而不愛真理。

⑥沒有人愛真理，而不愛自由。

⑦有人愛自由而不愛真理，有人愛真理而不愛自由。

⑧有人愛自由，有人既愛真理又愛自由。

⑨有愛真理而不愛自由的人，但沒有愛自由而不愛真理的人。

⑩凡人愛真理，（並且）有人不愛真理。

⑪有人愛自由，（但是）沒人愛真理。

⑫愛自由者有之，愛真理者有之。

⑬有學生，有非學生，有愛真理者，有不愛真理者。

⑭不是學生的人，不愛真理。

(7)在上列(6)裏，那些述句互相矛盾? 那些述句彼此等值? 另外有那些對述句之間，存有涵蘊關係? （提示：使用圖解的結果幫助指認。）

(8)下列各圖有無分別? 試加討論。

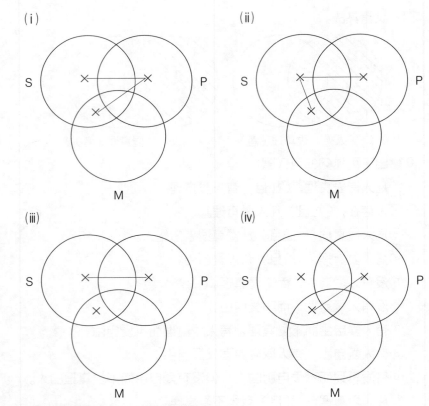

並試將各圖內容寫成一簡潔的述句。

(9)矛盾，等值，正值對反，負值對反這些關係，各有什麼特性：自反？對稱？傳遞？

(10)我們在正文裏提及在什麼條件之下，兩范氏圖所代表的述句彼此矛盾，或等值。我們所做的斷言並不嚴格，甚至有漏洞。試將此兩條件加以重寫，加以改進。（提示：應用 (T5) 與 (T6)，但注意一些不必要的約束。比如，我們總是拿「同樣的兩個范氏圖」做比較。可是這裏 '同樣' 是什麼意思呢？下列(a)組的兩圖也許無從比較，可是(b)組的兩圖，雖然不同，但卻可以比較：

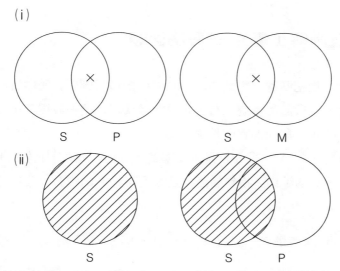

為了使陳構出來的條件，簡潔醒目；不妨先介紹一下描述范氏圖的術語。比方，什麼叫做兩圖「全等」，什麼叫做兩圖「相反」等等。）

(11)依據同樣方式，指出如何使用范氏圖解，檢查兩個述句是否正值對反，或者負值對反。列出它們的理論根據，並且對此理論根據加以證明或闡釋。（提示：考慮下列規律：

　　　(T7) TS ＝ 0 和 $T\overline{S} ＝ 0$ 互為正值對反。

　　　(T8) TS ≠ 0 和 $T\overline{S} ≠ 0$ 互為負值對反。

其中 T 與 S 乃任意語詞。）

(12)范氏圖解法，除了可用以檢查矛盾，等值，正值對反，負值對反之外，還可以用來檢查涵蘊關係。試陳示如何把范氏圖當做此一用途。（提示：回顧下一斷言：當 A 涵蘊 B 時，B 的內容不超過 A 的內容。也就是說，B 的內容已經「含在」A 的內容之中。）

(13)分析真句與分析假句的范氏圖，各為何？（提示：前者沒有內容，後者有最大的內容。）

(14)四種定言述句 A, E, I, O 的范氏圖，各為何？它們彼此之間有何關係？（提示：檢查下列各對語句之間的關係：A 與 O；E 與 I；A 與 E；I 與 O。又設主詞具有存在內含，再檢查 A 與 I 和 E 與 O 之間的關係。）

50. 范氏圖解（續）：三段論回顧

首先讓我們把四種定言述句，A, E, I, O 的范氏圖解，明白說出；因為它們是（定言）三段論的基礎。有了它們的范氏圖，接著我們就可以進而利用它們，做為檢查三段論的對確性之工具。

全稱肯定述句 A：'凡 S 皆是 P'，意思就是說，S 的分子全是 P 的分子。或者說，S 是 P 的子集。換句話說，是 S 而不是 P 的沒有。我們可以將之寫成界說如下：

(D1)　　　凡 S 皆是 P $=_{\mathrm{Df}}$ S $\subseteq$ P 或者 S$\overline{\mathrm{P}}$ = 0 (S $\cap$ $\overline{\mathrm{P}}$ = ϕ)。

很顯然地，當我們將它表現為范氏圖時，我們應該劃去 S$\overline{\mathrm{P}}$ 的部分，即：

（圖 1）

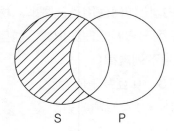

S　　P

全稱否定述句 E：'沒有 S 是 P'，意即既是 S 又是 P 的沒有，或者沒有既屬於 S 又屬於 P 的分子。我們將之界定如下：

(D2)　　　沒有 S 是 P $=_{\mathrm{Df}}$ SP = 0 (S $\cap$ P = ϕ)。

在范氏圖裏，我們應將代表 SP 的部分劃去，即：

（圖2）

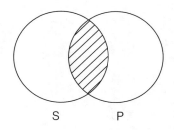

特稱肯定述句 I：'有的 S 是 P'，意即有既屬於 S 又屬於 P 的分子，或者既是 S 又是 P 的，不是沒有。即：

(D3)　　　有的 S 是 P = $_{Df}$ SP ≠ 0 (S ∩ P ≠ ϕ)。

其范氏圖解如下：

（圖3）

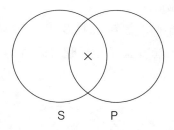

特稱否定述句 O：'有的 S 不是 P'，意即既是 S 又不是 P 的不是沒有。界說如下：

(D4)　　　有的 S 不是 P = $_{Df}$ S$\overline{P}$ ≠ 0 (S ∩ $\overline{P}$ ≠ ϕ)。

其范氏圖解：

（圖4）

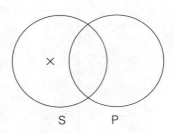

S　　P

　　從上述的 (D1)—(D4)，特別是從上列的（圖1）—（圖4），再依據前一節我們所揭示的原則；我們可以顯明地看出介於這四種定言述句之間的一些關係。A 和 O，E 和 I 是彼此互為矛盾的，A 與 E 彼此正值對反，而 I 與 O 相互間負值對反。

　　以前我們說過，有時我們在全稱述句裏，引介所謂的「存在假定」，假定某一全稱述句的主詞不是個空詞。現在讓我們觀察一下，具有這種存在意含的全稱述句，其范氏圖為何。

　　要繪出含有存在意含的 A 述句：‘凡 S 皆是 P’的范氏圖時，我們只要將 S ≠0 的范氏圖，加入原來代表 A 的范氏圖（即圖1）即可。其范氏圖如下：

（圖5）

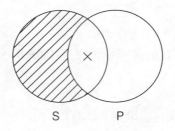

S　　P

本來叉號應畫在整個代表 S 的範圍，即 $\overline{SP}$ 或 SP 兩區域，但是我們依 A 述句之原意，業已知道 $\overline{SP}$ 部分沒有東西存在，因此只有 SP 是有東西存在的「非空域」。

　　讓我們把具有存在意含的全稱述句，稱為「存有全稱述句」。而以 ‘A°’代表「存有全稱肯定述句」，‘E°’代表「存有全稱否定述句」；那麼我們可以

分別為 A^e 和 E^e 界定如下：

(D5)　　存有全稱肯定述句 A^e：凡 S^e 皆是 P ＝ $_{Df}$ 凡 S 皆是 P，並且 S ≠ 0。
(D6)　　存有全稱否定述句 E^e：沒有 S^e 是 P ＝ $_{Df}$ 沒有 S 是 P，並且 S ≠ 0。

E^e：'沒有 S^e 是 P' 的范氏圖如下：

（圖 6）

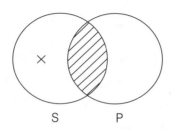

在原來的全稱述句裏，依據原來的述句意義，我們並沒有明白的消息，指出其主詞到底是空詞，還是非空詞。上述的 A^e 和 E^e 依界說，明白規定其主詞係非空詞。現在讓我們反是行之，規定全稱述句的主詞係空詞，並且以 '空無全稱肯定述句' 和 '空無全稱否定述句' 分別指稱具有這個條件的 A 和 E。讓我們將它們分別寫成 'A^o' 和 'E^o'。兩者的界說如下：

(D7)　　空無全稱肯定述句 A^o：凡 S^o 皆是 P ＝ $_{Df}$ 凡 S 皆是 P，並且 S ＝ 0。
(D8)　　空無全稱否定述句 E^o：凡 S^o 皆是 P ＝ $_{Df}$ 凡 S 皆是 P，並且 S ＝ 0。

A^o 的范氏圖如下：

（圖 7）

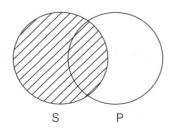

而 E^o 的范氏圖是:

（圖 8）

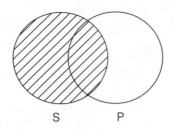

$$S \qquad P$$

（圖 7）和（圖 8）全等。這就是說 A^o 與 E^o 等值。

在上一節裏，我們提到如何使用范氏圖解，來檢定述句之間的種種關係，比如矛盾關係，等值關係，正值對反關係，以及負值對反關係。現在我們要介紹范氏圖解的另一用途：用來檢查述句之間的涵蘊關係，以及論證（尤其是三段論）的對確性。

首先讓我們觀察上列的（圖 5）和（圖 3），它們分別是 A^e 述句和 I 述句的范氏圖。我們可以看得出，凡是（圖 3）說到的，（圖 5）都說到了（雖然反之不必然）。這就是說，（圖 3）之中所含的消息，全都含在（圖 5）之中。換句話說，（圖 3）的內容，完全包含在（圖 5）的內容裏；（圖 3）並沒有增加任何新的內容。在這種情況下，我們說（圖 5）所表達的述句涵蘊著（圖 3）所表達的述句。也就是說：

(T1)　　　A^e 涵蘊 I。

同樣地，我們也可以證明：

(T2)　　　E^e 涵蘊 O。

不僅如此，我們還可以證明，如果 $S = 0$，那麼 A 述句：'凡 S 皆是 P' 必定為真。亦即：

(T3)　　　$(S = 0) \supset (S\overline{P} = 0)$ 是分析地真。

為了證明 (T3)，讓我們首先闡明下一（集論）真理，其中 X 代表任意集合：

$$(L1) \qquad \phi \cap X = \phi$$

任何集與空集的交集，仍是空集。也就是說，任何集和空集的共同分子是沒有的。

　　(T3) 的證法簡單。它可以翻譯成 $(S = \phi) \supset (S \cap \overline{P} = \phi)$。讓我們使用「條件證法」。假定 $S = \phi$，那麼根據上列的 (L1)，那麼必然地，$\phi \cap \overline{P} = \phi$。也就是說 $S = \phi$ 涵蘊 $S \cap \overline{P} = \phi$；因此 $(S = \phi) \supset (S \cap \overline{P} = \phi)$ 是一分析真句。

　　依同理，我們也可以證明：

　　(T4)　　　$(S = 0) \supset (SP = 0)$ 是分析地真。

而 $SP = 0$ 正代表著 E 述句：'沒有 S 是 P'。所以若 $S = 0$，則 E 必然為真。

　　相反地，也依同理，我們知道，若 $S = 0$，則 I 述句：有的 S 是 P，以及 O 述句：有的 S 不是 P，全都為必然地假。亦即：

　　(T5)　　　$(S = 0) \supset (SP \neq 0)$ 是分析地假。
　　(T6)　　　$(S = 0) \supset (S\overline{P} \neq 0)$ 是分析地假。

　　現在我們利用范氏圖解，來檢定三段論的對確性。作圖檢驗的方法，簡單不過：①把前提（的內容）畫入范氏圖裏。②觀察所得的范氏圖，看看結論（的內容）是否已在其中。若是，則那個三段論是對確的；否則它就不是對確的。

　　現在讓我們察看這種方法的應用：

　　⑴　　凡愛真理者皆愛自由。
　　　　　　凡哲學家皆愛真理。
　　　　　∴凡哲學家皆愛自由。

為了簡明起見，我們把⑴翻譯成論證形式如下：

　　凡 M 皆是 P。　　　　　　　　$M\bar{P} = 0$

　　凡 S 皆是 M。　　或者　　　$S\bar{M} = 0$

∴凡 S 皆是 P。　　　　　　　∴$S\bar{P} = 0$

（在此，我們是以 S, P, M 分別代表小詞，大詞與中詞。）將此論證的前提畫入范氏圖，則得：

（圖 1）

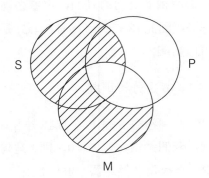

觀察（圖 1），我們看得出結論'凡 S 皆是 P'（或 $S\bar{P} = 0$）已在其中。所以論證(1)是對確的。

　　⑵　凡愛真理者皆愛自由。

　　　　有的人愛真理。

　　∴有的人愛自由。

亦即：

　　$M\bar{P} = 0$

　　$SM \neq 0$

∴ $SP \neq 0$

將前提畫入范氏圖，即成：

（圖2）

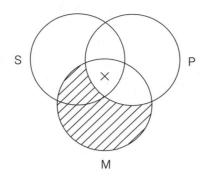

結論的內容，已含在（圖2）之中，所以(2)也是對確的。

(3)　凡愛真理者皆愛自由。　　　　　　　$M\overline{P} = 0$

　　　凡哲學家皆愛真理。　　　亦即　　　$S\overline{M} = 0$

　　∴有的哲學家愛自由。　　　　　　　∴ $SP \ne 0$

將前提畫入范氏圖，則得與（圖 1）完全相同的范氏圖，其中並不包含結論的內容，因此(3)不是個對確的論證。

　　最後，讓我們檢定一下另一個三段論的對確性：

(4)　有的人愛真理。　　　　　　　　　$MS \ne 0$

　　　有的人愛自由。　　　　亦即　　　$MP \ne 0$

　　∴有的愛真理者愛自由。　　　　　∴ $SP \ne 0$

將前提畫入范氏圖，則得：

（圖 3）

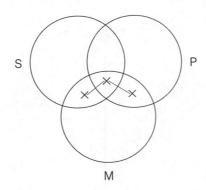

結論的內容並不在（圖 3）裏（參見問題(26)），因此(4)不是個對確的論證。

【　問題與討論　】

(1)試證下列各對述句，彼此等值：

(i)
$\begin{cases} \text{沒有 S 是 P。} \\ \text{沒有 P 是 S。} \end{cases}$

(ii)
$\begin{cases} \text{有的 S 是 P。} \\ \text{有的 P 是 S。} \end{cases}$

但下列各對述句，則彼此不等值：

(iii)
$\begin{cases} \text{凡 S 皆是 P。} \\ \text{凡 P 皆是 S。} \end{cases}$

(iv)
$\begin{cases} \text{有的 S 不是 P。} \\ \text{有的 P 不是 S。} \end{cases}$

每一對裏，由第一述句轉換為第二述句的變化程序，稱為「位換」(conversion)。上面的證明指出 E 與 I 的位換是種「真假值保持映射」，A 與 O 的位換則否。位換是種什麼變換程序，試界定之。（注意：位換是種「述句樣式保持映射」，何故？）

(2)但是在上列(1)的(iii)裏，如果我們把第一述句加上存在假定，把第二述句改成與其相應的 I 述句，即：

$$(\text{iii}')\begin{cases}\text{凡 } S^e \text{ 皆是 P。}\\[4pt]\text{有的 P 是 S。}\end{cases}$$

則第一述句涵蘊第二述句。試證之。(iii′) 所代表的變換程序稱為「有限位換」。有限位換是種「真值保持映射」，但非述句樣式保持映射。原來是 A 述句的，經過有限位換，變成 I 述句了。試界定有限位換。

(3)下列的述句變換程序，稱為「質換」(obversion)：

$$(\text{i})\begin{cases}\text{凡 S 皆是 P。}\\[4pt]\text{沒有 S 是 }\overline{P}\text{。}\end{cases}\qquad(\text{ii})\begin{cases}\text{沒有 S 是 P。}\\[4pt]\text{凡 S 皆是 }\overline{P}\text{。}\end{cases}$$

$$(\text{iii})\begin{cases}\text{有的 S 是 P。}\\[4pt]\text{有的 S 不是 }\overline{P}\text{。}\end{cases}\qquad(\text{iv})\begin{cases}\text{有的 S 不是 P。}\\[4pt]\text{有的 S 是 }\overline{P}\text{。}\end{cases}$$

試界定何謂質換。證明質換是種「述句量保持映射」（所謂（定言）述句的量 (quantity)，是指它到底是全稱或特稱）。但卻不是「述句質保持映射」（所謂述句的質 (quality)，是指它到底是肯定的，或是否定的）。再證：質換是種「真假值保持映射」。因此上述各對述句，兩兩等值。

(4)下列的述句變換程序，稱為「異質位換」(contraposition)：

$$(\text{i})\begin{cases}\text{凡 S 皆是 P。}\\[4pt]\text{凡 }\overline{P}\text{ 皆是 }\overline{S}\text{。}\end{cases}\qquad(\text{ii})\begin{cases}\text{有的 S 不是 P。}\\[4pt]\text{有的 }\overline{P}\text{ 不是 }\overline{S}\text{。}\end{cases}$$

$$(\text{iii})\begin{cases}\text{沒有 S 是 P。}\\[4pt]\text{沒有 }\overline{P}\text{ 是 }\overline{S}\text{。}\end{cases}\qquad(\text{iv})\begin{cases}\text{有的 S 是 P。}\\[4pt]\text{有的 }\overline{P}\text{ 是 }\overline{S}\text{。}\end{cases}$$

試界定「異質位換」。並說明它是保持何種性質的映射。證明(i)和(ii)兩對述句兩兩等值，(iii)和(iv)兩對則否。

(5)倘若我們將(4)裏的(iii)改成下列的 (iii′)：

$$(\text{iii}')\begin{cases}\text{沒有 } S^e \text{ 是 P。}\\[4pt]\text{有的 }\overline{P}\text{ 不是 }\overline{S}\text{。}\end{cases}$$

並且稱之為「有限異質位換」，試問這是一種什麼樣的映射？（提示：參見上述(2)，比較其異同之處。）

(6)試取一定言述句，加以質換；所得結果加以位換；然後，再將得到的述句加以質換。試問最後所得的述句，和原來的述句之間，具有什麼關係？（提示：我們可以利用位換與質換，界定異質位換。）

　　(7)傳統的邏輯裏頭，區別「直接推論」(immediate inference) 和「間接推論」(「中介推論」) (mediate inference)。所謂直接推論，係指由單一的前提（而沒有其他中介前提），而做的推論。比如，下列論證所代表的，均是直接推論的例子：

$$\frac{\text{沒有 S 是 P。}}{\therefore \text{沒有 P 是 S。}} \qquad \frac{\text{沒有 P 是 S。}}{\therefore \text{沒有 S 是 P。}}$$

$$\frac{\text{凡 } S^e \text{ 皆是 P。}}{\therefore \text{有的 S 是 P。}} \qquad \frac{\text{凡 } S^e \text{ 皆是 P。}}{\therefore \text{有的 P 是 S。}}$$

試以目前所具備的邏輯知識為基礎，將所有（定言述句的）直接推論或直接論證，一一列舉出來，列得愈多愈佳。

　　(8)試界定間接推論，並舉出三個間接推論的例子。

　　(9)證明：A^e 涵蘊 I，並且 E^e 涵蘊 O。再證：A 並不涵蘊 I，而且 E 也不涵蘊 O。

　　(10)證明 A^o 涵蘊 A，A^o 也涵蘊 E，同時 E^o 涵蘊 E，E^o 也涵蘊 A。

　　(11)闡釋下列斷言，其中 X 是任意語詞：

　　　D(X) = 0，若且唯若 X = 0

這個陳式裏，有無歧義性發生？

　　(12)證明下列定律：

　　　(T4) (S = 0) ⊃ (SP = 0) 是分析地真。

　　　(T5) (S = 0) ⊃ (SP ≠ 0) 是分析地假。

　　　(T6) (S = 0) ⊃ ($S\overline{P}$ ≠ 0) 是分析地假。

　　(13)闡釋為什麼我們可以用范氏圖解來檢定論證的對確性。當我們繪圖檢定論證的對確性時，我們為什麼只畫上前提，而不必畫上結論？假定我們也畫上結論，以證明某論證之對確性，則我們可以說觸犯了所謂「竊題謬誤」(fallacy of begging the question)，何故？

　　(14)設 P_1, P_2 ⊢ C 為一對確的三段論，這時 P_1, P_2 和 C 之間的關係為何？是種涵蘊關係，或是一種涵衍關係？試詳細加以分析。

　　(15)試證以前介紹的規則法，和范氏圖解法，對於檢定三段論的對確性而言，其效果相同。對於其他的什麼目的言之，它們可能有不同的功效？

⒃比較使用范氏圖解法證明對確性，和使用規則法證明對確性，兩者各有何優劣之處。

⒄試證下列論證是否對確：

(i)　凡 S 皆是 P。

　　　沒有 S 是 P。

∴ S＝0。

(ii)　有的 S 是 P。

　　　有的 S 不是 P。

∴ S≠0 並且 P≠0。

(iii)　凡 S^e 皆是 P。

　　　沒有 S^e 皆是 P。

∴有的 S 不是 P。

⒅我們是否可以使用范氏圖，證明下列斷言？試說明或例釋之：

(i)分析假句涵蘊任何述句。

(ii)任何述句涵蘊分析真句。

此題的答案與上述⒁有無關聯？試詳加分析。

⒆應用范氏圖解法，重做第 48 節問題⒅。

⒇應用范氏圖解法，重做第 48 節裏的問題⒇與㉑。

㉑范氏圖解法是否為一「機械程序」？若是，試將此一對確性判定程序明文陳示出來。

㉒在正文的論證(b)裏，我們說其結論的內容已含在（圖 b）裏。這時事實上牽涉到另一個補助原則。就是：

　　　SPM≠0 涵蘊 SP≠0

令 X 和 Y 為任意語詞，試證下列兩式成立：

　　　(T7) XY≠0 涵蘊 X≠0。

　　　(T8) X$\overline{Y}$≠0 涵蘊 X≠0。

並將此兩定律與第 49 節裏的 (T3) 相對照。

㉓應用范氏圖解法，檢定二十個不含在第 48 節問題⒇的清單內的三段論，看看它們是否對確。

㉔應用范氏圖解法，看看除了列在第 48 節問題㉑裏的九個三段論外，還有沒有其他的三段論，本來不對確，可是加上存在假定後，卻可以變成對確的。

⑵以范氏圖解法為依據，闡釋下列斷言：當 A 涵蘊 B 時，B 所含的內容，沒有超過 A 所含的內容。

⑵說明為什麼正文裏的（圖 d），並不包括下列范氏圖所含的內容：

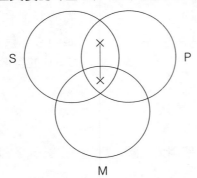

⑵有一種極為簡便的對確性判定方法，值得在此介紹。首先讓我們把 'S$\overline{P}$ = 0'，'SP = 0'，'SP ≠ 0' 和 'S$\overline{P}$ ≠ 0' 分別稱為 A, E, I, O 四種定言述句：'凡 S 皆是 P'，'沒有 S 是 P'，'有的 S 是 P' 和 '有的 S 不是 P' 的「零式」。那麼現在所要介紹的方法，不妨名之為「零式判定法」。這一方法的使用程序如下：

　　⒜拿來改寫成為零式的論證，將其結論加以否定（等式改為不等式，不等式改成等式）。

　　⒝檢查下列兩條件是否滿足：

　　　⒤在諸等式中，至少有一正反語詞成對（如 S 與 $\overline{S}$, P 與 $\overline{P}$ 等）。

　　　⒥諸等式中，未成對的各個語詞，依原樣一一出現在不等式中。

假如⑵裏的兩個條件皆滿足，那麼原來那個論證就是對確的。比如，要檢查正文裏的⒝之對確性，則先將它譯成零式如下：

$$M\overline{P} = 0$$
$$\underline{SM \neq 0}$$
$$\therefore SP \neq 0$$

第一步，否定結論，則成：

　　(a) M$\overline{P}$ = 0

　　(b) SM ≠ 0

(c) SP = 0

在等式中（即(1)與(3)裏），有一成對語詞，即 P 與 P̄。未成對的語詞是 S 和 M，它們分別出現在不等式(2)之中。兩個條件均滿足，因此原來的論證(b)是對確的。

試證零式判定法保持對確性。（提示：基本上這是一種歸謬法的運用。）

(28)改用零式判定法，重做(20)，(23)和(24)。

(29)比起規則法與范氏圖解法，零式判定法有什麼特色？有什麼優點？

(30)傳統的規則法和范氏圖解法，主要目的在於判斷三段論的對確性。如果一個論證具有三個或多於三個前提時，我們就將它拆開，分成幾個三段論。比如：

(a)　凡哲學家皆愛真理。

　　　凡邏輯家皆是哲學家。

　　　有的愛真理者愛自由。

　　∴有的邏輯家愛自由。

這並不是個三段論，因此我們不能直接應用傳統的規則法，或一般的三元范氏圖解。可是，我們可以將(a)拆開，分成兩個三段論，如下：

(b)　凡哲學家皆愛真理。

　　　凡邏輯家皆是哲學家。

　　∴凡邏輯家皆愛真理。

(c)　凡邏輯家皆愛真理。

　　　有的愛真理者愛自由。

　　∴有的邏輯家愛自由。

因為(b)和(c)都是對確的，因此(a)也是對確的。

我們是拿(a)的兩個前提，先得出一個暫時的中介結論，再以此中介結論與另一前提為基礎，推得另一結論。這樣的中介推演，可以牽延甚長，直到原來的結論推出為止。這樣的連鎖式綴疊論證，傳統上稱為「連鎖論證」(sorites)。試準確精密地界定連鎖論證。

(31)使用零式判定法，決定連鎖推論的對確性時，要不要加上什麼程

序上的變動?

(32)如果我們能夠完整地畫出 n 元范氏圖, 則我們可以使用它來檢驗具有 n−1 個前提之 (定言) 論證。試例釋之。

(33)我們是否可以將規則法, 加以擴充, 用以檢定含有三個或三個以上的前提之 (定言) 論證的對確性? 試設想那樣的一套規則。

(34)傳統邏輯裏, 所謂的「假言三段論」和「選言三段論」分別具有下列(a)和(b)的形式:

(a)　　若 p 則 q。　　　　　　　若 p 則 q。

　　　　若 q 則 r。　　或者　　　　p。
　　　　∴若 p 則 r。　　　　　　　∴ q。

　　　　　　　　　若 p 則 q。

　　或者　　　　非 q。
　　　　　　　　∴非 p。

(b)　　p 或 q (不是 p, 就是 q)。　　　　　　　p 或 q。

　　　　非 p。　　　　　　　　或者　　　非 q。
　　　　∴ q。　　　　　　　　　　　　∴ p。

其中 p 與 q 不是語詞, 而是述句, 如:

(a_1)　若風吹, 則草低。

　　　　若草低, 則見牛羊。
　　　　∴若風吹, 則見牛羊。

(b_1)　木訥者不是大智若愚, 就是大愚若智。

　　　　木訥者不是大愚若智。
　　　　∴木訥者大智若愚。

試說明能否使用我們介紹過的規則法, 范氏圖解法, 或者零式判定法, 判斷這兩種三段論的對確性。何故? (提示: 首先考察這兩種三段論和我們處理過的定言三段論, 有何根本的差異。)

51. 邏輯字詞，邏輯結構與邏輯解析

我們不止一次提到邏輯字詞 (logical word) 與邏輯結構 (logical structure)（或邏輯形式 (logical form)）；並且暗示兩者之間的關係。現在，我們要正式討論它們，指出它們的關係，以及兩者在研究推論或論證裏的重要性。

首先我們要注意，沒有任何字詞本身一定是個邏輯字詞，或者不是個邏輯字詞。某一字詞是否為一邏輯字詞，並不是決定於它的外型結構，也不是決定於它的意義。我們把某些字詞指定為邏輯字詞，目的在於應用它們來浮現（述句的）邏輯結構；而邏輯結構的顯現，目的則在於不藉實質內容，指認種種邏輯關係與邏輯性質，比如，述句之間的邏輯涵蘊關係，論證的對確性等等。因此，我們可以說，當我們把某些字詞，規定為邏輯字詞時，我們是有特殊用意在心，就是要研討種種邏輯關係與邏輯性質。

舉個我們業已熟悉的例子來說，為了探究三段論的對確性，我們把定言述句分為四種：全稱肯定述句，全稱否定述句，特稱肯定述句與特稱否定述句。這樣的分類，目的是要把各種定言述句的邏輯結構，顯現出來。用來擔任顯現邏輯結構的，就是像 '凡……皆是 ————'，'有的……是 ————' 這類的語詞。於是我們就把它們收納為邏輯字詞。

我們要把那些字詞，規定為邏輯字詞，那是要看我們的邏輯興趣來決定的。比方，為了處理下列這種論證的對確性問題時，我們只要把 '若……，則 ————' 看成邏輯字詞即可：

⑴　若凡人皆愛真理，則有人不愛邪說。
　　凡人皆愛真理。
　∴有人不愛邪說。

因為這樣一來，我們就可以把⒜的邏輯結構藉之浮現出來，即是：

(1′)　若……，則 ————。　　　　　　　　若 p，則 q。
　　　……。　　　　　　　或者　　　　　p。
　∴ ————。　　　　　　　　　　　　∴ q。

其中的虛線，或 p 與 q 代表述句。我們不必把⑴裏的其他字詞——比如‘凡……（是）————’或‘有的……（是）————’當做邏輯字詞來處理。可是，如果我們所要評判的，是下列這種論證：

⑵　凡人皆知道美之為美。
　　凡知道美之為美者皆相信善之為善。
　∴有的人相信善之為善。

那麼，我們就得將‘凡……（是）————’和‘有的……（是）————’當做邏輯字詞，而把⒝的邏輯結構，顯現如下：

(2′)　凡 S 皆是 M。
　　凡 M 皆是 P。
　∴有的 S 是 P。

其中 S, M, P，正如我們所知道的不是表示述句，而是表示語詞。對於⑵而言，我們只要把上列兩者看成邏輯字詞，就足以顯示它的邏輯結構，以便用來檢定⑵的對確性。我們不必把⑵裏的其他字詞，像‘知道’或‘相信’，也當做邏輯字詞來處理。可是，試觀下列論證：

⑶　蘇格拉底知道靈魂不滅。
　∴蘇格拉底相信靈魂不滅。

為要看出前提與結論之間的邏輯關係，我們就得將‘知道’和‘相信’看成邏輯字詞，而將⑶的邏輯結構表現如下：

(3′)　s 知道 p。
　∴s 相信 p。

　　由這些例子，我們可以看出來，邏輯字詞的選定，在於陳示邏輯的結構。述句的邏輯結構，就是由其所含的邏輯字詞來界定或標定的。所謂「邏輯解析」(logical analysis) 的主要目的之一，就是藉著邏輯結構的呈現，考察某些邏輯性質和邏輯關係。

可是由以上的例子，我們也可以看出來，邏輯結構可以有深淺的不同。比如在上述(1)裏，我們只把‘若……，則 ----’當邏輯字詞，而不把‘凡……（是）----’和‘有的……（是）----’當邏輯字詞；可是在(2)裏，我們卻把後兩者當做邏輯字詞，但不把‘知道’與‘相信’當做邏輯字詞。最後，到(3)裏，我們把這兩者也當做邏輯字詞了。

由於邏輯結構可以有深淺的不同，因此邏輯解析也有程度的差別。為了追尋某種邏輯關係或邏輯性質，有時我們只要做到很淺顯的解析；可是有時候，我們卻得深入內層的邏輯結構，才能發掘我們所尋覓的關係或性質。比如，論證的對確性之判斷就是一例。

有時候，邏輯解析似乎並不在於尋求與一般推論直接相干的邏輯性質與邏輯關係。可是這種印象往往流於膚淺，而疏於細察。比方，如果我們樂意，我們可以說，邏輯解析的目的在於尋求與判斷邏輯真理 (logical truth)。可是這並不表示，那樣的解析活動與（比方）述句間的涵蘊關係，或論證的對確性，截然無關。我們知道：

(T1)　　　$P_1, P_2, \cdots\cdots, P_k \vdash C$ 是邏輯地對確的，若且唯若 $P_1, P_2, \cdots\cdots, P_k$（共同）邏輯地涵蘊 C。

同時，

(T2)　　　$P_1, P_2, \cdots\cdots, P_k$（共同）邏輯地涵蘊 C，若且唯若 $(P_1 \cdot P_2 \cdots\cdots \cdot P_k) \supset C$ 是個邏輯真理。

於是，我們看出了邏輯真理與涵蘊關係，以及邏輯真理與對確性之間的關聯。

可是，我們通常所要考察的是涵蘊關係，而不只是邏輯涵蘊關係；是論證的對確性，而不只是它的邏輯對確性。我們早已說過，上述兩對關聯中，後者分別只是前者的充分條件，而不是必要條件。換句話說，我們所要追尋的，常常是分析真理，而不只是邏輯真理而已。由於這個緣故，由於邏輯真理只是分析真理的充分條件，而不是必要條件；於是，我們試圖發明更尖銳的邏輯工具，構作更精細的邏輯語言，以便進行更深度的邏輯解析，使所得到的邏輯真理，更忠實地反映著直覺上的分析真理。

　　我們剛剛提到「邏輯語言」(logical language 或 language of logic)。這是一個值得我們加以闡明的項目。一般，當我們在做邏輯解析的時候，我們並不是直接處理以日常語言陳構出來的問題，而是將這些問題「翻譯」到某一種邏輯語言裏。然後對翻譯過的問題，加以探討，分析和判斷。我們以往討論論證的對確性時，正是利用這樣的程序。我們首先把一個以日常語言陳構出來的論證，翻譯（釋寫）為它的邏輯形式（這時它已在某一邏輯語言之中）。然後才對這個翻譯出來的邏輯結構加以分析，加以判斷。這是因為我們的一切邏輯規則是針對邏輯語言，以及它所陳構出來的問題而發的。

　　邏輯語言常被稱為「理想語言」(ideal language)。它是一種邏輯的專技語言。採取和構作這種語言的目的，並不只在於將日常的語言「符號化」。以便易於運用和處理。使用特別的符號和精密的表達方式，的確是邏輯語言的特色之一。可是它之所以被稱為理想語言，是有另外的原因的。當我們構作一個理想語言的時候，我們有種種的考慮和種種規求。其中最重要的是，希望所構作出來的邏輯語言的文法結構，等於其邏輯結構（這是一般日常語言沒有具備的特點）。由於這兩種結構的合一，那麼接著，我們希望辦到邏輯真理成為分析真理的充分而又必要條件。我們姑且將此二重點寫成規律如下：

(T3)　　　在邏輯語言裏，文法結構等於邏輯結構。

(T4)　　　在邏輯語言裏，邏輯真理等於分析真理。

　　當然 (T3) 與 (T4) 所揭示的，是些令人欣喜和鼓舞的性質。可是具有這種特性的理想語言，能否有效地用來處理一般我們遭遇到的「邏輯問題」呢？這就要看我們構作出來的語言，夠不夠豐富，夠不夠細膩，它是不是收容了日常語言中，與邏輯相干的種種特色。以及我們是不是有種翻譯程序，足以在日常語言和邏輯語言之間，建立一種（姑且稱之為）「邏輯性保持」映射 (logicality-preserving mapping)。

　　這些是後設邏輯 (meta-logic) 裏的一些較為專門問題，我們暫時不在此地討論。

【　問題與討論　】

(1)闡釋下一斷言：「沒有一個字詞本來就是（或不是）個邏輯字詞。它是否為一邏輯字詞，並不決定於它的外形或意義，而是決定於我們探討邏輯關係與邏輯性質，這種目的之上」。

(2)討論下列三者之關係：邏輯字詞、邏輯結構與形式邏輯。

(3)舉例說明邏輯解析的性質、目的與方法。

(4)試以論證對確性的判定為例，說明邏輯解析可以有深淺的層次差異。

(5)舉例說明邏輯真理與對確性的關聯。（提示：首先證明正文裏的 (T1) 與 (T2)。）

(6)"邏輯真理"還可以用來闡釋或界定，其他什麼邏輯關係或邏輯性質？例釋之。

(7)試述在什麼樣的條件之下，邏輯真理才能忠實地反映分析真理？或者前者才是後者的充要條件？

(8)舉例說明邏輯解析是應用某種邏輯語言進行的，而不是在一般的日常語言裏進行的。是不是只要在討論裏使用一些特殊的專門符號，也就表示那樣的解析使用的是邏輯語言，而不是日常語言？試詳細討論之。

(9)邏輯解析與事實真理有無關聯？試加說明。

(10)試述「理想語言」所具備的條件。這樣的語言，有些什麼優點？有些什麼短處？分別論述之。

(11)把陳構在日常語言裏的述句，翻譯成理想語言裏的述句，這中間會有些什麼問題發生？試詳細討論之。

(12)試述如何構作一種理想語言，使之滿足 (T3) 與 (T4) 兩條件。

(13) (T3) 涵不涵蘊 (T4)？ (T4) 涵不涵蘊 (T3)？

(14)如果 (T3) 與 (T4) 滿足了，那麼下列兩式是否也跟著成立：

　　(T5) 邏輯涵蘊關係等於涵蘊關係。

　　(T6) 邏輯對確性等於對確性。

(15)所謂"分析真理"是不是一個很精確的概念？"邏輯真理"呢？並

論述設法將分析真理，等同為邏輯真理的可能性與可行性。

(16)倘若我們要對數學（純數學），加以邏輯解析，那麼除了慣常的邏輯字詞外，還要將那些字詞收為邏輯字詞？（提示：試考慮 'ε'（即：'是……之分子'）。）

(17)假如我們要對知識論，加以邏輯解析，那麼除了一般的邏輯字詞而外，還需要些什麼額外的邏輯字詞？（提示：考察像 '知道' 這類的「表知邏輯」(epistemic logic) 字詞，以及像 '相信' 這類的「表信邏輯」(doxastic logic) 字詞。）

(18)假如我們的邏輯解析的對象是規範倫理，那麼我們又得加進些什麼新的邏輯字詞？（提示：設想像 '當為'，'可為' 等「規範邏輯」(deontic logic) 字詞。）

(19)若我們解析的是「導引說辭」(directive utterence)，「時態 (tense) 說辭」，「變易 (change) 說辭」呢？

(20)邏輯解析是否屬於純理科學？但是它又可以用來處理和探討經驗問題，何故？試說明在「應用的邏輯解析」中，翻譯或釋寫所占的地位。（提示：首先區分純粹邏輯解析與應用邏輯解析。）

52. 語句邏輯與真值函數邏輯

在上一節裏，我們討論了邏輯解析的目的與方法。我們說過，那樣的解析可以有層次的深淺與剖析的粗細之別。判斷這種深淺粗細的標準之一，就是那拿來做為邏輯解析的單位。

有時候，邏輯解析的基本單位，是一個一個的述句。我們在解析的時候，只要把述句當做根本的單元，或最簡單的項目，而不必再深入探察，揭開述句的內部較小（而本身已非述句）的結構。比方，為要考察下列論證的對確性：

(1)　若凡人皆愛真理，則沒有人愛邪說。

　　　不是沒有人愛邪說。

　　∴不是凡人皆愛真理。

我們首先把含在其中的基本述句指認出來，它們是‘凡人皆愛真理’和‘沒有人愛邪說’。我們分別以 p 和 q 代表這兩個述句，於是上列的論證就可以寫成下列的形式：

若 p，則 q。
不是 q。
∴不是 p。

我們不必分別揭開 p 與 q 的內部結構，只要把它們當做基本的元素，就可以進而考察論證(1)或其邏輯結構的對確性了。這就是以述句為最小的單位，進行邏輯解析的例子。

可是，另外有時候，以一個一個的述句做為邏輯解析的基本單位，就有欠粗漏。這時我們必須進一步，揭開述句的外衣，窺看它的內部結構，以這樣更細小的結構做為解析的基本單位，才能達成邏輯解析的目的。比方，為要檢查下列論證的對確性：

(2)　凡人皆愛真理。
沒有愛真理者愛邪說。
∴沒有人愛邪說。

如果試圖以述句做為邏輯解析的單位，那麼論證(2)裏只含有三個基本述句。即：‘凡人皆愛真理’，‘沒有人愛邪說’和‘沒有愛真理者愛邪說’。我們若分別以 p, q 和 r 代表之，那麼上列的論證就變成具有下列的邏輯形式：

p
r
∴q

應用邏輯規則，我們無法判定它是個對確的邏輯結構，雖然(2)是個對確的論證。為了看出(2)的對確性，我們必須對 p, q, r 三個述句的內部結構，加以探討。比方，我們可以依據在討論定言述句時所說的，把(2)翻譯釋寫如下（以 S 代表人，P 代表愛邪說者，而 M 代表愛真理者）：

$$S\overline{M} = 0$$
$$MP = 0$$
$$\therefore SP = 0$$

經此解析，該一邏輯結構的對確性，也就歷歷在目。原來的論證(b)的對確性，也因而可以獲得解答。

可是我們要注意，這時我們已經不再是以述句為邏輯解析的單位，而是將之打破揭開，提取更細小更基本的單元。

從這些例子裏，我們不但看出了邏輯解析的粗細與深淺，我們也體會到它的恰當與否。比方，把論證(b)釋寫為：

$$p, r \vdash q$$

來判斷其對確性，就是不當的。相反地，為了同樣的目的，把它釋寫為：

$$S\overline{M} = 0, MP = 0 \vdash SP = 0$$

就是恰當的。可是，為了要檢查論證(a)的對確性，將之釋寫為：

若 p，則 q；不是 q ⊢ 不是 p

就足以達成我們的目的。若我們進一步地深入解析，探究述句的內部結構等等，也屬不必與枉然。

以述句為最簡單的分析和討論單位的邏輯，稱為「語句邏輯」(sentential logic)，或稱「命題邏輯」(propositional logic)。這樣的邏輯適合做為以述句為單元的邏輯解析之工具。

由於語句邏輯是以述句為討論或分析的基本單位，在陳構這種邏輯的時候，我們不再揭發述句的內部結構；又由於我們陳構邏輯的時候，只注重邏輯形式，而這種形式（或結構）是由一些邏輯字詞所標定的；因此，很顯然地，我們只要介紹某種設計用以代表一個一個原封不動的述句，而不必對那樣的設計，所裝載的內容加以分析。也就是說，在這樣的邏輯裏，我們只要有一些「無言的述句」即可。此後，我們要以 p, q, r, s 等等字母，或其帶有足碼者，如 p_1, q_5, r_{12}, s_3 等，來代表單純述句——也就是本身不再可以分析為其他述句的述句。我們稱之為「語句變數」(sentential variable)。在語句邏輯的語言裏，這些是唯一的變數。

　　相反地，對於那些用來在語句邏輯裏，標定邏輯結構的「字詞」，我們就不能只是令其「無言地」聊備一格而已。我們必須分析它們準確的系統意義，考察它們彼此之間的關係；因為它們構成支撐語句邏輯的間架，它們是語句邏輯賴以築成的基石。

　　這類的邏輯字詞，主要是用來與述句結合，而形成新述句的。由於它的運作對象是述句，我們可以稱之為「語句運符」(sentential operator)。不過，由於大多數的語句運符是用來連接幾個述句，形成新述句的，它們是述句與述句之間的「掛鈎」；因此，我們也稱之為「語句連詞」(sentential connective)。

　　試觀下列例子：

　　　⑴今天是 1973 年 7 月 27 日，並且今天是星期五。

　　　⑵今天是 1973 年 7 月 27 日，因為今天是星期五。

　　　⑶假如今天是 1973 年 7 月 27 日，那麼今天是星期五。

　　　⑷今天是 1973 年 7 月 27 日，或者今天是星期五。

　　　⑸今天並不是 1973 年 7 月 27 日。

　　　⑹何天休以為今天是星期五。

在上述的⑴—⑹的例子裏，分別出現其中的‘並且’，‘因為’，‘假如……，那麼 —————’，‘或者’，‘並不’和‘何天休以為’，都是一些我們所謂的語句運符或語句連詞。其中前四個都是用來，以不同的方式或意義，連接‘今天是 1973 年 7 月 27 日’和‘今天是星期五’，這兩個述句的。可是最後兩個就有點不同，它們只應用於一個述句之上，而沒有把它與其他述句相連。不過，由於使用它的結果，原來的述句改變了姿態，具有了新的內容。一般我們就將這樣的運符看成是種語句連詞的特例。

　　一個連詞所連結的述句之多寡，並沒有一定的限制。一個連結 n 個述句，而構成一個新述句的連詞，我們稱之為「n 元語句連詞」(n-ary connective)。於是，我們可以有一元語句連詞，二元語句連詞，三元語句連詞等等。

　　接著我們要把語句連詞，區分為兩大類。設 $\otimes^n$ 為一 n 元語句連詞，A_1, A_2, ……, A_n 分別為述句，$\otimes^n(A_1, A_2, ……, A_n)$ 為該連詞連結那 n 個述句所成的述句。那麼，讓我們以下列的界說，區別「真值函數的語句連詞」(truth-functional sentential connective)——簡稱「真函語句連詞」，和「非真值

函數的語句連詞」(「非真函連詞」):

> (D1)　　$\otimes^n$ 為一 n 元真值函數的語句連詞 $=_{Df}$ 述句 $\otimes^n(A_1, A_2, \ldots\ldots, A_n)$ 的真假值,端賴 $A_1, A_2, \ldots\ldots, A_n$ 等述句的真假值而決定。
>
> (D2)　　$\otimes^n$ 是個非真值函數的語句連詞 $=_{Df}$ $\otimes^n$ 不是個真值函數的語句連詞。

依據這樣的界說,那麼上列的'並且','假如……,那麼 ————'和'並不'就是(或至少可以是)些真函連詞,相反的,'因為'與'何天休以為'就不是。現在讓我們對此稍加闡釋。

先舉'不','不是','並不','非'這種所謂「否定連詞」(negation connective)為例。為了方便與劃一,我們仍然要以彎肩符 '～' 代表上述在日常語言裏,紛雜繁多,不一而足的否定連詞。比如,我們要把上列的(4)寫成:

　　(4a)　·～(今天是 1973 年 7 月 27 日)

現在讓我們以 'p' 代表 '今天是 1973 年 7 月 27 日',則 (4a) 成為:

　　(4b)　～p

(彎肩符後面只有一個述句單位時,我們就不使用括號,因為不會有誤解發生)。

很顯然地,(4b) 的真假值,完全由 'p' 的真假值決定的;如果 'p' 為真,那麼 (4b) 則為假;如果 'p' 為假,那麼 (4b) 就為真。依據我們剛剛所下的界說 (D1),這就是說,否定連詞 '～' 是個(一元)真值函數連詞。

再看看上述(1)的例子。同樣地,我們要以圓點 '·' 代表像'並且','而且','和','同時','不但……,而且' 等等變樣的所謂「合取連詞」(conjunction connective)。於是(1)就可以寫成:

　　(1′)　·(今天是 1973 年 7 月 27 日,今天是星期五)

可是,習慣上我們不把一個二元連詞,放置於整個述句的句首,而把它夾置於它所連結的兩個述句之間。因此,我們要把(1)改寫為:

　　(1a)　(今天是 1973 年 7 月 27 日) · (今天是星期五)

同樣地,我們以 'p' 和 'q',分別代表 (1a) 裏的兩個述句,而將它寫成:

　　(1b)　(p · q)

(注意,我們脫去了 (1a) 裏的括號,因為那些是多餘的。可是我們卻在整個

述句的外層加上一對括號，以避免當此述句與其他述句，同排並列時，可能引起的誤解）。

我們知道，當 'p' 和 'q' 都為真時，則 (1b) 為真；否則 (1b) 就為假。(1b) 的真假值，完全由 'p' 和 'q' 的真假值來決定的。因此，依據我們的界說，合取連詞 '·' 是個（二元）真值函數連詞。

同樣地，上述的(4)也是一樣。讓我們以楔劈 '∨' 代替像 '或者'，'抑或'，'否則'，'不是……就是 ————' 這一類的所謂「分取連詞」(disjunction connective)。同時應用上面界定過的 'p' 和 'q'；那麼我們可以將(4)寫成：

(4b) (p ∨ q)

當 'p' 和 'q' 至少有一個為真時，則 (4b) 為真；不然的話 (4b) 就為假。所以 (4b) 的真假值，也是完全由它所含的 'p' 和 'q' 決定的。於是，依據我們的界說，分取連詞 '∨' 也是一個（二元）真值函數的語句連詞。

同樣地，上述的(3)裏所含的連詞也是一樣。讓我們以「蹄鐵號」'⊃' 代替像 '假如……，則 ————'，'倘使……，那麼 ————'，'若……，則 ————' 等等所謂「條件連詞」(conditional connective)；同時仍然使用上面所界定過的 'p' 和 'q'，那麼，我們可以將(3)寫成：

(3a) (p ⊃ q)

(3a) 的真假值，也是完全由 'p' 和 'q' 的真假值所決定的；因此，條件連詞 '⊃' 也是個（二元）真值函數連詞。

相反地，像上述的(2)和(6)裏所含的語句連詞，就不是真值函數的連詞。比如以(6)為例。我們將它翻譯為：

(6a) 何天休以為 q。

這時 (6a) 的真假值，並不完全由 'q' 的真假值決定的。也許今天的確是星期五，而何天休不以為然；也許今天是星期五，他也以為是星期五；也許今天不是星期五，但他卻以為是星期五；也許今天不是星期五，而他也以為不是星期五。總之，(6a) 的真假，不能只由 'q' 的真假來決定。我們還得考慮其他的因素，如何天休的信念結構，心理狀態，知識程度，和實際目的等等。

(2)的情形也是一樣。

一個由真值函數連詞所構成的述句，讓我們稱之為「真值函數述句」

(truth-functional statement)。簡稱為「真函述句」。在此，我們要容納一個特殊的情況，一個不含連詞的述句，也算是真函述句。

　　設 A, B, C, D 或其帶有足碼者，為任何述句，我們把「～A」，「(A・B)」，「(A ∨ B)」和「(A ⊃ B)」，分別稱為「否定句」(negation)，「合取句」(conjunction)，「分取句」(disjunction) 和「條件句」(conditional)。這些述句都是些真函述句（當然還有無窮多種真函述句）。

　　以真函述句為分析和討論的對象之邏輯，我們稱之為「真值函數邏輯」(truth-functional logic)；簡稱「真函邏輯」。現在我們所要討論的正是這種邏輯。

【　問題與討論　】

　　⑴舉例闡釋邏輯解析的深淺與精粗之別。並說明在什麼意義之下，邏輯解析具有恰當與否之分。

　　⑵如何判斷邏輯解析的恰當性？其標準為何？（提示：首先考察邏輯解析的目的。）

　　⑶有沒有一種機械程序，可以用來判斷某種邏輯解析，相對於某一目的而言，是恰當的？試申論之。

　　⑷何謂語句邏輯？它為什麼是以述句為單元的邏輯解析的工具？申論之。

　　⑸在語句邏輯裏，除了引介語句變數這種方式而外，我們還可以用什麼方法介紹這種「無言的述句」？試比較各種方法的異同。

　　⑹在一個系統裏，常數與變數的分別何在？舉例說明之。

　　⑺試舉一些三元語句連詞與四元語句連詞的例子，並且分別陳示其用法。

　　⑻試述真值函數的語句連詞，與非真值函數的語句連詞的差別。並且舉出十個非真值函數的語句連詞的例子，說明它們為什麼不是真值函數的連詞。

　　⑼說明正文裏的⑵，為什麼不是一個「真函述句」。

　　⑽為什麼我們要保留下列的特例：不含連詞的述句，也算是真函述句？

(11)試陳示真函述句的「歸納界說」。（提示：設法完成下列界說：

　(i) p, q, r, s, p_1, ……是真函述句。

　(ii)假如 A 是真函述句，則「～A」也是真函述句。

　(iii)假如 B 和 C 都是真函述句，則……。

　(iv)……。

最後的(iv)是所謂的終極條款。）

(12)在正文裏和上列的(11)的提示中，我們使用了 '「……」' 這樣的表式，如「～A」，「(A・B)」，「(A∨B)」和「(A⊃B)」等等。我們可以把 '「……」' 稱做是種「選取提指號」(selective mention-sign)，試言何故，並詳述其用法。（提示：在此，選取提引號只提指對象語言裏的表式，而不提指後設語言的表式。'「～A」' 的意思是：'～' 這符號跟著是 A 這述句（而不是 'A' 這符號）。因此「～A」與 '～A' 是截然不同的。A 若等於 '(p⊃q)'，則「～A」是 '～(p⊃q)'；類似的，若 A 為 '(p・(q∨r))'，則「～A」是 '～(p・(q∨r))'；相反地 '～A' 只是由 '～' 與 'A' 這兩個符號構成的單一表式而已。）

(13)指出下列各對表式之異同，並詳細加以解說：

(i) $\begin{cases} '\sim\sim p' \\ \ulcorner\sim\sim p\urcorner \end{cases}$　(ii) $\begin{cases} '\sim A' \\ \ulcorner\sim A\urcorner \end{cases}$　(iii) $\begin{cases} \ulcorner(\sim p\vee A)\urcorner \\ '\ulcorner(\sim p\vee A)\urcorner' \end{cases}$

(iv) $\begin{cases} \ulcorner A・B\urcorner \\ \text{述句 A 跟隨以 '・'，再跟隨以述句 B，所成的述句。} \end{cases}$

(14)在什麼情況下，上述的選取提引號是多餘的？在什麼情況下，它等於一般提引號？

(15)界定「真值函數邏輯」。並說明它適合做為什麼樣的邏輯解析之工具。

53. 真值函數的邏輯語言

　　經過上一節非正式的陳構，我們已經可以看出真函邏輯的某些特色。但

是，為了嚴密和精確起見，現在我們要首先正式把這種邏輯語言的內容，公佈出來。然後，在這個真值函數的邏輯語言裏，陳示和界定種種的邏輯概念，指出各個概念彼此之間的關聯，以及由這些概念為基礎，所發展出來的邏輯真理。最後，我們要指出這樣的真函邏輯與應用的邏輯解析之關係，我們怎樣拿它來做為邏輯解析的工具。

讓我們把這個真值函數的邏輯語言，簡稱為「真函語言」(truth-functional language，簡稱 TL)。TL 所含的語彙至為簡單，如下：

'p'，'q'，'r'，'s'，'p₁'，……，'～'，'·'，'∨'，'(' 和 ')'

這些符號稱為 TL 的「基始符號」(primitive symbol)。我們可以將它們分類如下：

（一）TL 的語彙（基始符號）

(i)語句變數：'p'，'q'，'r'，'s'，'p₁'，'q₁'，'r₁'，'s₁'，'p₂'，……。

(ii)一元語句連詞：'～'。

(iii)二元語句連詞：'·'，'∨'。

(iv)組合指示符 (grouping indicator)：'('，')'。

注意，在上述的分類裏，我們所使用的中文並不在真函語言 TL 裏，連提指號也不在其語彙中。這些是用來討論 TL 的，它們屬於後設語言之中。這時 TL 才是對象語言。

基於上列 TL 的語彙，我們可以依據下列的界說（或規則），構成 TL 的述句，通常它們稱為邏輯語言的「完構式」(well-formed formula，簡稱 wff)。

（二）TL 的形成規則 (formation rule)

(i)語句變數單獨陳列者，係一完構式。

(ii)若 A 為完構式，則「～A」亦為完構式。

(iii)若 B 和 C 均為完構式，則「(B·C)」和「(B∨C)」亦均為完構式。

(iv)一個表式若係完構式，則它係依據上述(i)—(iii)所構成者。

（同樣地，我們要注意，規則中所應用的說明文字，包括選取提指號，都屬於 TL 的後設語言裏，並不屬於 TL 本身。另外還有一點值得注意的是，當我們說某某項目係一完構式時，我們指的當然是「係 TL 的完構式」。）

依據上述的規則(i)，'p'，'r_{180}' 等是 TL 的完構式；同樣地依據(iii)，'((p ∨ q)．p)' 也是完構式，因為 '(p ∨ q)' 與 'p' 皆是完構式。而 '(p ∨ q)' 依據(iii)是為完構式；這又因為 'p' 和 'q' 分別是完構式之故。同理，由於 '((p ∨ q)．p)' 係完構式，依據(ii)，'～((p ∨ q)．p)' 也是個完構式。

到此為止，TL 裏的語彙和一切表式，都只是一些符號的連串，而不具備任何的內容。不過，由於我們把某些符號稱為述句變數，我們已經知道，我們依據形成規則所構作出來的完構式，也是一些「無言的述句」。現在我們要正式對 TL 這些無言述句，注入一些「語意內容」(semantical content)。不過，因為我們所要構作的是個形式邏輯，或是一種「形式語言」(formal language)，我們並不在 TL 的語意論裏，引進一般意義下的意義，我們所要引介的是真假值。

（三）TL 的語意論 (semantics)

⑴語句變數具有真假值真，或真假值假。它不能既真又假，也不能既非真又非假。

⑵若 A 為真，則「～A」為假；若 A 為假，則「～A」為真。

⑶若 B 與 C 均為真，則「(B．C)」為真；否則「(B．C)」就為假。

⑷若 B 與 C 均為假，則「(B ∨ C)」為假；否則「(B ∨ C)」就為真。

基於這些語意規則，我們可以判定許多完構式的真假值。可是也有許多完構式，其真假值無法只依照上述的語意論，加以判定。比如，我們可以判定 '(p ∨ ～p)' 為真；因為依據上述(i)，'p' 要嗎是真，要嗎是假。假如它為真，那麼依據(iv)，'(p ∨ ～p)' 就為真；相反地，如果 'p' 是假，則依據(ii)，'～p' 就為真；再依據(iv)，'(p ∨ ～p)' 也為真。總而言之，'(p ∨ ～p)' 皆為真。我們可以把這種真，稱為「真值函數地恆真」（簡稱「真函恆真」），那是一種邏輯地真。而像 '(p ∨ ～p)' 這樣的真句（真理），可以名之為「真值函數恆真句（理）」(truth-functional logical truth，簡稱「真函恆真句（理）」(TL-truth))。真函恆真理常被稱為「套套絡基」(tautology)。那是一種邏輯真理。

相反地，像 '(p．～p)' 這樣的完構式，依據上述的語意論，一定為假（讀者自證之）。它是真函地恆假。因此該完構式是個「真函恆假句（理）」(TL-falsehood)。真函恆假理常被稱為「矛盾式」(contradiction)。它是邏輯假

理的一種。

　　一個完構式，若是真函地恆真 (TL-true) 或真函地恆假 (TL-false)，則我們稱它是「真函地邏輯決定」(TL-determinate)。一個述句若不是真函地邏輯可決定，則它是「真函地邏輯不可決定」(TL-indeterminate)。真函地邏輯不可決定，也可以稱為「真函地適然的」(TL-contingent)。像 'p'，'p ∨ ～q'，'～p ∨ (p ∨ s)' 都是真函地邏輯不可決定的。

　　我們知道真函地恆真是必然地真，真函地恆假是必然地假。真函地邏輯不可決定者，既非必然為真，也非必然為假。

　　要注意的是，真函恆真性只是必然真句（理）性的充分條件，而不是必要條件；同樣地，真函恆假性也只是必然假句（理）性的充分條件，而不是必要條件。同樣值得注意的是，真函地邏輯不可決定性卻不是適然性 (contingency) 的充分條件，而是它的必要條件。瞭解這樣的關係，對於認識真值函數的邏輯解析，極為重要。我們將回頭討論這點。

　　基於上列公佈的語彙，我們知道真函邏輯 TL 的語彙中，只有一種變數，那就是語句變數；同時它有兩種常數，一是連詞，一是組合指示符。常數的「意義」和用法是固定的。TL 的語意論，也可以說就是連詞的意義或用法的規則；而 TL 的形成規則，則把組合指示符的用法，揭露無遺。

　　依據 TL 的語意論，我們看得出，語句連詞 '～'，'·' 和 '∨' 分別是要用來捕捉，我們平時推理時所使用的 '不'，'與' 和 '或'，或者它們的變樣的。可是 TL 並不是構作來反映我們整個的語言的。當我們構作 TL 時，只是把我們語言的一部分，甚至更縮小些，把這一部分的某一種用法，做為藍本；而構作一個精密的理想語言，試圖以它做為上述那部分用法的日常語言之範例或模型。我們可以把剛剛提及的日常語言的那部分用法，粗略地稱做是「句式的真值函數用法」(sentential truth-functional use)。這只是日常語言繁雜殊多的用法的一小部分；但在推理上，它卻占著很重要的地位。正因為我們所想要陳構的那部分語言，或其用法，是上述的「句式真函的」，因此我們構作出來的邏輯語言，稱為「真函邏輯」，它是「語句邏輯」的一種。

　　由於我們的目標是有限度的，因此我們切勿將真值函數的邏輯語言，誤認是整個日常語言的理想化；同樣地，我們也不能把我們在 TL 裏，所引介的

諸連詞：‘～’，‘·’，‘∨’，認為是與日常語言裏的‘不’，‘與’，‘或’完全同義。依據 TL 的語意論，前者只有真函的用法，而後者除了真函用法之外，可能還有別的用法。不僅如此，TL 裏所含的連詞，有時只代表其相應的日常語言裏的連詞之真函用法中的一部分而已。比如，‘∨’與‘或’的情形就是一例。

舉例來說：‘～’與日常語言裏的‘不’（或‘非’）的真函用法，在意義和邏輯用法上，幾乎沒有兩樣（雖然其文法用法有所不同）。可是‘不’字除了真函用法而外，還可以有其他的用法。比如，在‘可不是嗎’中的‘不’字，就不是真函的用法，它不是一個「否定連詞」。‘與’（或‘並且’）一詞的用法也是一樣，它具有非真值的用法。

‘或’（‘或者’）在日常語言裏，有兩種真函用法。當我們說「A 或 B」時，我們的意義可能是，①：要嗎 A，要嗎 B，但不是既 A 又 B。比如，有人若說：「他理應到達了，或者他沒趕上這班車」時，通常就是這個用法。這時，他不是到達了，就是沒趕上車，而不是兩者皆是。可是，‘或’字另外還有一種用法，就是②：是 A，還是 B，還是兩者皆是。比如有人若說：「看她曬得那麼紅，她到底是在洋臺上日光浴，或是到海邊游水去了」。這時並沒有排斥她既行了日光浴，又去海濱游水的雙重可能。（注意，兩者都是真函的用法，雖然其意義有別。）

為了區分這兩種不同的用法，人們常常把①裏例釋的用法，稱為‘或’字的「排斥用法」；或者直接稱呼那樣的‘或’為「排斥‘或’」(exclusive ‘or’)。相反地，②裏所例釋的用法，稱為‘或’字的「非排斥用法」；那樣用法的‘或’字，稱為「非排斥‘或’」(non-exclusive ‘or’)。有時為了精確明白，人們把非排斥的‘或’字，不嫌麻煩地寫成‘與／或’或是‘與或’(‘and/or’)。

TL 裏的‘∨’，相應於日常語言裏的‘與或’，即‘或’字的非排斥性用法。

在日常語言裏，還有其他許多語句連詞，具有真值函數的用法。比如‘若……，則 ----’，‘……，若且唯若 ----’，‘既非……，又非 ----’，‘並非既是……又是 ----’等等就是。可是我們在陳構 TL 時，並沒有收入與它們相應的連詞，做為其語彙的一部分（基始符號）；這是因為以 TL 的基始符號

為基礎，我們可以界定其他這些語句連詞的緣故。現在讓我們提出界說，界定其中最重要的兩個未收入 TL 語彙裏的連詞。

(D1)　　　「(A ⊃ B)」 = _{Df} 「 (∼A ∨ B)」

「若 A 則 B」，依界說意即「非 A 或 B」。

　　在此，界說是種介紹縮略寫法或簡寫的橋樑。(D1) 的意思是說，我們可以把「(∼A ∨ B)」這樣的完構式，簡寫成：「(A ⊃ B)」。但是，由於 '⊃' 並不是 TL 的語彙成員，像 '(p ⊃ q)'，'(p ⊃ (q・r))' 這樣含有 '⊃' 的表式，並不屬於 TL 的表式，它們只是分別代表了某些 TL 的表式，就是：'(∼p ∨ q)' 和 '(∼p ∨ (q・r))'。

　　另外一個有用的連詞是 '≡'，界定如下：

(D2)　　　「(A ≡ B)」 = _{Df} 「((A ⊃ B)・(B ⊃ A))」

「A 若且唯若 B」，依界說意即：「若 A 則 B，而且若 B 則 A」。

　　從現在開始，除非有必要防止誤解，否則我們在書寫 TL 表式時，要省去最外邊的一對括號。我們不再使用 '(p ∨ ∼q)' 這樣的書法，而要將之縮簡為 'p ∨ ∼q'。

　　現在讓我們引介幾個重要的概念。可是我們暫時不加以直覺的說明，我們只以定律方式將它們陳示出來。等在下一節裏，再詳加解說：

(T1)　　A₁, A₂, ……, Aₖ （共同）真值函數地涵蘊 (truth-functionally imply) B，若且唯若「(A₁・A₂・……・Aₖ) ⊃ B」是真涵恆真式。

(T2)　　A 與 B 真值函數地互相涵蘊，若且唯若「A ≡ B」是真函恆真式。

(T3)　　A 與 B 真值函數地（彼此）等值 (truth-functionally equivalent)，若且唯若 A 與 B 真函地互相涵蘊。

　　真函涵蘊與真函等值，分別是邏輯涵蘊和邏輯等值的一種。從 (T1)—(T3)，我們也可以看出 '⊃' 和 '≡' 這兩個邏輯語彙的功用。

【　問題與討論　】

⑴試問我們真函語言 TL 的語彙中，共有多少個符號？有窮個或無窮個？若屬無窮，有沒有辦法將它化為有窮多個？

⑵有沒有一種機械程序，可以用來枚舉真函語言的「基始符號」？試論述之。

⑶應用 TL 的形成規則，檢定下列表式是否為一完構式：

$\sim\sim\sim(\sim p)$ $\qquad$ $(p \cdot \sim \lor q)$

$(\sim p)$ $\qquad$ $(\sim p \cdot (\sim q \lor r))$

$p \lor (p_1 \cdot \sim q_2)$ $\qquad$ $(p \lor q) \sim (r \lor s)$

$(r \lor \sim(s \cdot p))$ $\qquad$ $(pq \lor qr) \lor s$

⑷用來在上列⑶裏，檢驗完構性 (well-formedness) 的辦法，是不是一種機械程序？若是，試將此種「判定程序」陳示出來。

⑸為什麼我們在 TL 的語意論裏，只引介真假值，而沒有引介述句意義？試就構作此種語言之目的為觀點，對此問題加以解析。（提示：比如為要陳構 TL 的邏輯真理性，或 TL 的涵蘊關係，我們是否只要考慮 TL 完構式之真假值即可？）

⑹試界定‘真函恆真理’，‘真函恆假理’，‘真函地邏輯可決定’，‘真函地邏輯不可決定’，‘套套絡基’，和‘矛盾式’。並各舉出十個例子來。

⑺‘套套絡基’也可以稱為‘真函恆真式’；‘矛盾式’也可以稱為‘真函恆假式’，何故？

⑻闡明並例釋：「真函恆真性只是必然真句性的充分條件，而不是必要條件；真函恆假性只是必然假句性的充分條件，而不是必要條件」。

⑼闡明並例釋下一斷言：「真函地邏輯不可決定性（真函適然性）不是適然性的充分條件，而是它的必要條件」。

⑽為什麼我們說，TL 裏的‘$\sim$’，‘$\cdot$’和‘$\lor$’，並非與日常語言裏的‘不’，‘與’，‘或’（或其變樣），完全同義？

⑾舉例說明日常語言中的「句式真函用法」。它的特色為何？

(12)例釋‘不’，‘與’，‘或’三詞的非真函用法。

(13)盡可能多樣地列舉‘∼’，‘·’和‘∨’在日常語言裏的相應表式（及各種變樣），並一一例釋之。（提示：有時語句連詞並沒有明顯出現。）

(14)我們沒有把‘⊃’和‘≡’等收為 TL 的基始符號裏，這是因為我們可以使用 TL 的基始符號，來界定它們的緣故。事實上 ｛‘∼’，‘·’，‘∨’｝這一集連詞，不但充分，而且有嫌過多。我們只要挑選 ｛‘∼’，‘·’｝或 ｛‘∼’，‘∨’｝就已足夠。試言何做？（提示：‘∨’是否可以用 ｛‘∼’，‘·’｝來加以界定？‘·’是否可以用 ｛‘∼’，‘∨’｝來加以界定？）

(15)上列(14)裏，所謂 ｛‘∼’，‘·’｝或 ｛‘∼’，‘∨’｝就已足夠。這時所謂「足夠」是什麼意思？試申論之。（提示：設想一下，如果 TL 只含有一個連詞‘∼’，或‘∨’，或‘·’，那麼有些完構式或其等值式，是否無法寫出？這時我們是否可以說，那樣的單一連詞，是不夠的？）

(16)假如我們以「(A／B)」代表「並非既是 A 又是 B」，以「(A↙B)」代表「既非 A 又非 B」。試陳示兩個界說，以 ｛‘∼’，‘·’，‘∨’｝分別界定‘／’和‘↙’。

(17)陳示界說，界定「排斥‘或’」。

(18)‘≡’是否也可界定如下：

$$（D2'）\quad 「(A \equiv B)」 =_{Df} 「((A \supset B) \cdot (\sim A \supset \sim B))」$$

那一個比較更接近日常語言的用法，以及我們直覺的瞭解？

(19)試計算一下，下列 TL 的陳構式，各含有幾次 TL 語彙中的符號出現：

(i) $(p \lor \sim\sim\sim q)$ (ii) $(p \supset ((q \supset r) \equiv s_{120}))$

(iii) $p \lor (q \cdot r_5)$ (iv) $p \supset q$

（提示：‘p⊃q’含有六個 TL 的符號出現次數。）

(20)說明什麼叫做「真函涵蘊」？什麼叫做「真函等值」？它與一般的邏輯涵蘊與邏輯等值之差異何在？彼此之間的相互關係為何？

54. 真值表與定規證法

現在我們要介紹一種方法，幫助闡明一些真函邏輯裏的基本概念，並且使用它來證明此種邏輯裏的許多重要關係和性質。此種方法稱為「真值表法」(truth-tabular method)。

我們知道，語句變數、語句連詞和組合指示符是真函邏輯 TL 裏，僅有的基始符號。又因為這些連詞，全是所謂的真函連詞；因此，我們知道，TL 裏的每一個述句（完構式）之真假值，都是由構成它的語句變數的真假值所決定的。我們可以說，TL 裏的每一述句都是其所含語句變數的「真值函數」(truth function)。

比如，當我們知道 $T(p) = t$（即 'p' 的真假值為真），$T(q) = f$ 時，那麼 $T(p \lor (q \cdot \sim q))$ 就為 t；而 $T(\sim p \lor q)$ 則為 f。把一個語句變數的真假值確定或規定為真或為假，這一程序稱為對語句變數的「賦值」(value assignment) 或「解釋」(interpretation)。在 TL 裏，當一個述句所含的變數（當然是語句變數），有了賦值或解釋時，那麼該述句的真假值，也就因而可以決定。「真值表」(truth table) 的用途，就是要以列表的方式，計算在某某對變數之解釋下，某一含此變數之述句之真假值為何。

為了簡易清楚起見，首先我們以真值表的方式，複習一下 TL 的語意論中，最緊要的部分。TL 的語意論規定，每一語句變數的真假值，非真即假；不可能既真又假，也不可能既非真又非假。設 a, b, c 等為語句變數（此時 'a'，'b'，'c' 等乃後設語文符號，比如 a 代表 'p_{12}'，b 代表 's_5' 等）。我們可以將這一規定列表如下：

（表 1）

a
t
f

此表由縱橫兩條線段劃為四區，左上區列寫構成某述句之基本部分（通常是用來列寫構成某述句的所有語句變數），左下區陳列對於這些基本部分的賦值或解釋；右上區用來陳放某一等待計值的述句（參閱以後要列舉的圖表），而右下區則是根據左下區的賦值，對等待計值的述句之計值過程和結果的記錄（參閱以後圖表）。

（表 1）所示的是當我們只考慮一個變數 a 時的「真值情況」。那時只有兩種真值情況，即：a = t 或者 a = f。倘若我們考慮的是 a, b 兩個變數，那麼這時我們就有四個不同的真值情況，即：(a = t, b = t), (a = f, b = t), (a = t, b = f), (a = f, b = f)。列表如下：

（表 2）

a	b	
t	t	
f	t	
t	f	
f	f	

依此類推，當我們考慮三個不同的變數時，則有八個不同的真值情況，列表如下：

（表 3）

a	b	c	
t	t	t	
f	t	t	
t	f	t	
f	f	t	
t	t	f	
f	t	f	
t	f	f	
f	f	f	

若有四個不同變數，則有十六個不同的真值情況，等等。

　　TL 的語意論中，對於「～A」，「A・B」和「A∨B」的語意規定，可以分別列表如下：

（表 4）

A	～A
t	f
f	t

此表說：當 A 為真時，「～A」為假；當 A 為假時，則「～A」為真。這正是 TL 語意論中的(ii)所要敘述者（參閱前一節）。同樣地，下列的真值表，反映了 TL 語意論中的(iii)：

（表 5）

A	B	A・B
t	t	t
f	t	f
t	f	f
f	f	f

而下列的（表 6），則對應於 TL 語意論中的(iv)：

（表 6）

A	B	A∨B
t	t	t
f	t	t
t	f	t
f	f	f

（表 4）—（表 6）可以分別稱為否定句，合取句和分取句的「界定真值表」
(defining truth table)。它們用來界定何謂否定句，何謂合取句，何謂分取句。

根據上一節的 (D1) 和 (D2)，我們也可以將「條件句」(conditional)「A ⊃
B」和「雙條件句」 (biconditional)「A ≡ B」的界定真值表分別陳構如下：

（表 7）

A B	A ⊃ B
t t	t
f t	t
t f	f
f f	t

（表 8）

A B	A ≡ B
t t	t
f t	f
t f	f
f f	t

現在讓我們看一看，如何使用真值表的方法，來對一個 TL 裏的述句「計
值」(evaluation)——假定我們已經知道，這述句所含有的所有語句變數的真
假值為何。設我們要知道下列述句的真假值：

　　　　p ⊃ (q・(∼p ∨ ∼q))

而我們知道 T(p) = t 而 T(q) = f。這時，我們就構作一個如下的（部分）真值
表：

（表 9）

p q	p ⊃ (q・(∼p ∨ ∼q))
t f	

然後由最基本的成分開始，依次計值。先計算出 '∼p'，'∼q' 的真假值，
然後算出 '(∼p ∨ ∼q)' 的真假值，接著決定 'q・(∼p ∨ ∼q)' 的真假值；
最後可以算出整個 'p ⊃ (q・(∼p ∨ ∼q))' 的真假值。

當我們在計值的時候，固然可以畫製數個真值表，每一個表反映上述的
一個計值程序，比如：

（表 10）

(1)

p	q	~p
t	f	f

(2)

p	q	~q
t	f	t

(3)

p	q	~p ∨ ~q
t	f	t

(4)

p	q	q・(~p ∨ ~q)
t	f	f

(5)

p	q	p ⊃ (q・(~p ∨ ~q))
t	f	f

在這一連串的圖表中，(3)的答案依賴著(1)和(2)的答案。(5)的答案依賴(4)和
T(p) 的答案等等。當然這些真值表的賦值部分都相等，因此我們可以將（表
10）中的(1)—(5)縮寫成為：

（表 11）

p	q	~p	~q	~p ∨ ~q	q・(~p ∨ ~q)	p ⊃ (q・(~p ∨ ~q))
t	f	f	t	t	f	f

但是我們仍然認為（表 11）所示者，依舊有欠浪費。我們可以將它更加濃縮
如下：

（表 12）

p	q	p ⊃ (q・(~p ∨ ~q))
t	f	f　f f t t

　　　　　　(5)　　(4) (1)　(3)(2)

對於某一述句之計值，就寫在該一述句的「徵定連詞」之下。比如‘~p’的
‘~’是用來徵定它為否定句的，因此當我們計算這一否定句的真假值時，
就把結果寫在該一否定連詞之下。其他單位的計值，也是一樣。（在上列（表
12）裏，(1)，(2)，……，(5)是用來指出一般的計值先後秩序。）

　　在（表 12）裏所表現的是，當 $T(p) = t$, $T(q) = f$ 時，$T(p \supset (q \cdot (\sim p \vee \sim q))$
$= f$。若 $T(p) = f$, $T(q) = t$ 時，$T(p \supset (q \cdot (\sim p \vee \sim q))$ 就不同了。這時它為 t 如
下：

（表 13）

p	q	p ⊃ (∼p ∨ ∼q))
f	t	t　　t　t　t　f

以這樣的辦法計值，那麼在「計值欄」裏的 't' 和 'f'，永遠出現在某一連
詞之下，而不會出現在語句變數之下。最後寫上真假值的那個連詞，是整個
述句的徵定連詞。它如果是個 x 連詞，則那述句是個 x 述句——如上列的徵
定連詞是個「條件連詞」，因此整個述句是個「條件述句」。

　　一個述句的徵定連詞，常常被稱為該述句的「主連詞」(main connective)。
我們要在一個做好的真值表上，看出某一述句的真假值為何時，我們只要觀
察，記寫在它的主連詞下的真假值即可。

　　在上一節裏，我們界定了 "真函恆真"，"真函恆假"，"真函適然" 等概
念。現在我們進一步，更直覺性地闡釋這些概念。

　　首先觀察下列真值表，它們分別是 'p ⊃ (∼q ∨ p)'，'∼(p ≡ p)' 和 'p ∨
(q · p)' 的真值表：

（表 14）

p	q	p ⊃ (∼q ∨ p)
t	t	t　f　t
f	t	t　f　f
t	f	t　t　t
f	f	t　t　t

（表15）

p	~(p ≡ p)
t	f　t
f	f　t

（表16）

p	q	p ∨ (q · p)
t	t	t　t
f	t	f　f
t	f	t　f
f	f	f　f

（表 14）指出在所有對其所含的語句變數之解釋（賦值）之下，'p⊃(~q∨p)' 均為真。這是真函恆真句的例子。（表 15）指出，在所有的對其變數的解釋下，'~(p≡p)' 均為假，它是真函恆假。相反地，（表 16）指出，'p∨(q·p)' 並不是在所有對其變數的解釋之下，皆為真；也不是在所有的解釋之下，全為假。所以它是個真函地適然述句。

在上一段文字裏，「所有……解釋之下」是個很重要的條件。如果不加上這個條件，則我們不能確定某一述句的真函恆真性，或真函恆假性。

在一個真值表裏，如果賦值欄內，陳列了所示變數的一切可能賦值，那麼該一真值表，叫做「完全真值表」，否則就是不完全真值表，或稱「部分真值表」。像上述的（表 14）—（表 16）都是完全真值表，（表 12）和（表 13）則只是些部分真值表。我們是以完全的真值表來判定真函恆真性與真函恆假性的。

在一個做好的完全真值表裏，如果主連詞下的計值欄內，只出現 't' 而不出現 'f'，那麼計值欄上的那一述句就是個真函恆真句。相反地，如果主連詞下，只有 'f' 而沒有 't'，那麼該述句是個真函恆假句。如果在主連詞下，'t' 和 'f' 兩者都出現，那麼那述句就是真函適然句。

現在我們可以很精確地界定真函恆真，真函恆假與真函適然如下：設 $a_1, a_2, \cdots\cdots, a_k$ 為出現在 A 裏的全部語句變數，設 Σ 為對於 $a_1, a_2, \cdots\cdots, a_k$ 的賦值（解釋）（比如 Σ_1 為 $\{T(a_1) = t, T(a_2) = t, \cdots\cdots, T(a_k) = t\}$，$\Sigma_2$ 為 $\{T(a_1) = f, T(a_2) = t, \cdots\cdots, T(a_k) = t\}$，等等）。那麼：

(D1)　　　　A 是真函恆真句 $=_{Df}$ 在每一個 Σ 之下，A 均為真。

(D2)　　　A 是真函恆假句 =_Df 在每一個 Σ 之下，A 均為假。

(D3)　　　A 是真函適然句 =_Df 在有的 Σ 之下，A 為真；可是在另外有的 Σ
　　　　　之下，A 卻為假。

　　我們也可以應用同樣的方式界定真函涵蘊和真函等值，如下：設 a_1, a_2,
……, a_k 為出現在 A 或出現在 B 裏的所有語句變數，設 Σ 為對於這些變數的
賦值，那麼：

(D4)　　　A 真函地涵蘊 B=_Df 在每一個 Σ 之下，A 若為真，B 必然跟著為真。

(D5)　　　A 與 B 真函地等值 =_Df 在每一個 Σ 之下，T(A) = T(B)。

　　由這些界說，我們知道可以使用真值表來檢查述句間的真函涵蘊和真函
等值關係。檢查的方法如下：

　　(I) 涵蘊關係　如果我們要檢定 A 是否真函地涵蘊 B，我們構作一個完全
真值表，其中賦值欄上方含有出現在 A 或 B 裏的所有述句變數。然後對 A 和
B，依據每一個對其變數的解釋，一一計值。最後比較 A 和 B 最後所得的真
假值，看看是不是有 A 真而 B 假的情形。如果有的話，A 就不真函地涵蘊 B；
若沒有，則真函涵蘊成立。

　　比方，我們要檢查 'p·q' 是否真函地涵蘊 'p∨q'，我們就構作下列的
真值表：

（表 17）

p	q	p·q	p∨q
t	t	t	t
f	t	f	t
t	f	f	t
f	f	f	f

接著我們檢查兩個述句的真假值，看看是不是在每一個解釋之下，'p·q' 若
為真，'p∨q' 也跟著為真。我們發覺的確如此。因此前者真函地涵蘊後者。

相反地，倘若我們發問的是 'p∨q' 是否真函涵蘊 'p·q'，那麼答案就是否定的，因為在上表裏，我們可以看得出，在某些解釋之下，'p∨q' 雖為真，但 'p·q' 卻為假。

(II) 等值關係　如果我們要檢查的是 A 與 B 兩個述句，是否真函等值；我們依據像上面說的同樣辦法，構作 A 與 B 的真值表。所不同的是，最後我們所要留心的，不是前者若為真，後者是否也跟著為真；而是，在每一個解釋之下，A 與 B 的真假值是否完全一樣。若是，則 A 與 B 真函地等值；若不是，則否。

比如，我們要檢查 'p⊃q' 和 '～p∨q' 是否真函等值，則我們構作如下的真值表：

（表 18）

p	q	p⊃q	～p∨q
t	t	t	t
f	t	t	t
t	f	f	f
f	f	t	t

觀察上表，我們發覺在每一解釋之下，'p⊃q' 若為真，'～p∨q' 亦為真；而且前者若為假，後者亦為假。因此，兩者真函地等值。

說到這裏，我們大約也已看得出，真值表試驗法也可以用來檢查論證的對確性。但在還沒有討論怎樣進行試驗之前，首先讓我們陳示一個界說：

(D6)　　$A_1, A_2, \cdots\cdots, A_k \vdash B$ 是真函對確的 (TL-valid)$=_{Df}$ 在所有的 Σ 之下，$A_1, A_2, \cdots\cdots, A_k$ 若全真，B 也必然跟著為真（而 Σ 是對於出現在 $A_i (1 \leq i \leq k)$ 或 B 內的語句變數之賦值）。

這時如何使用真值表，檢查真函對確性，已經歷歷在目，不必贅述了。同時，我們可以把上述的 (D4) 加以一般化為：

(D4a)　　　　A_1, A_2, ……, A_k 共同地真函涵蘊 $B=_{Df}$ ……（與 (D6) 的界定端完全相同）……。

由 (D4a) 與 (D6) 我們知道:

(T1)　　　　A_1, A_2, ……, $A_k \vdash B$ 是真函對確的，若且唯若 A_1, A_2, ……, A_k 共同地真函涵蘊 B。

我們也很容易看得出:

(T2)　　　　A_1, A_2, ……, A_k 共同地真函涵蘊 B，若且唯若「$A_1 \cdot A_2 \cdot$ …… $\cdot A_k$」真函涵蘊 B❶。

　　基於 (T2)，我們也可以有試驗真函對確性的另一方式。

　　在使用真值表試驗法的時候，我們只要按部就班，步步前進，不必多加思索，不必運用聰明才智。一切有規格典範可尋。這種機械性的證明法，正是我們以往所說的「定規證法」的特色。

【　問題與討論　】

　　⑴什麼叫做「真值函數」? 說明在什麼意義下 'p∨～q' 是 'p' 和 'q' 的真值函數。反之，'p' 是不是 'p∨～q' 的真值函數?（提示: 首先闡明 '函數' 一詞的意義。）

　　⑵為什麼三個語句變數，一共有八個不同的真值情況? 若我們有 k 個不同的變數，則共有幾個不同的真值情況? 何故?（提示: 考慮下一數目: 2^k。）

　　⑶當我們陳列否定句的界定真值表時，為什麼採用下列的⑴而不採用下列的⑾或⑾:

---

❶　「$A_1 \cdot A_2 \cdot$ …… $\cdot A_k$」是「(……($A_1 \cdot A_2$)$\cdot$ …… $\cdot A_k$)」的縮寫。此一簡寫雖然歧義，但卻無害。

(i)

A	~A
t	f
f	t

(ii)

p	~p
t	f
f	t

(iii)

a	~a
t	f
f	t

(4)為什麼我們把「A⊃B」和「A≡B」分別稱為「條件句」和「雙條件句」？兩者與「必要條件」，「充分條件」和「充要條件」的關係如何？（提示：設 m, n 代表事態（或事件），'1' 指謂「事實」（或發生），'0' 指謂「非事實」（或不發生），令 'X ⟶ Y' 代表「X 是 Y 的充分條件」這一事態，'X ⟷ Y' 代表「X 是 Y 的充要條件」這一事態；則我們可以構作下列的「條件關係表」：

m	n	m ⟶ n
1	1	1
0	1	1
1	0	0
0	0	1

m	n	n ⟶ m
1	1	1
0	1	0
1	0	1
0	0	1

m	n	m ⟷ n
1	1	1
0	1	0
1	0	0
0	0	1

試比較這些圖表與 'p⊃q'，'q⊃p' 與 'p≡q' 的真值表。）

(5)舉例說明什麼叫做完全真值表，什麼叫做部分真值表。

(6)試舉出一個機械程序，可用以構作任何述句之完全真值表。

(7)使用真值表，判定下列述句，那一個是真函恆真句，那一個是真函恆假句，那一個是真函適然句：

(i)(p∨q)⊃(~q∨~p)

(ii)p⊃~p

(iii) (p・q) ≡ ～(～p ∨ ～q)

(iv) (p ⊃ q) ⊃ (q ∨ ～p)

(v) (p・q) ∨ (～p・q)

(vi) (p ≡ q)・((p・～q) ∨ (～p・q))

(vii) ((p ⊃ q)・(q ⊃ r)) ⊃ (p ⊃ r)

(8)有時候，我們不必按部就班地構作真值表，也可以達到使用真值表的目的。例如，依據界說，我們知道一個條件句「A ⊃ B」，只有在「前件」(antecedent) A 為真，而「後件」(consequent) B 為假時，才為假；在其他情況下，它都為真。因此，如果我們發覺 A 為假，不必理會 B 是真是假，我們也就馬上可以判定「A ⊃ B」為真；同樣地，當我們發覺 B 為真時，不管 A 是假是真，我們立即可以判定「A ⊃ B」為真。試問對於「A・B」，「A ∨ B」和「A ≡ B」，我們可以列出一些什麼「捷徑判定程序」?（提示：設 '(t)' 代表其真假值為真的任何述句，'(f)' 代表任何假述句，試考慮下列情況：

(i) (f)・A　　　　A・(f)

(ii) (t) ∨ A　　　　A ∨ (t)

(iii) (t) ≡ (t)　　　(f) ≡ (f)

設法將尋找出來的捷徑，有系統地陳示出來。）

(9)對於什麼目的而言，部分真值表就足以成事？對於其他什麼目的而言，我們必須採用完全的真值表？申論之。

(10)真函恆真與一般恆真，真函恆假與一般恆假，真函適然與一般適然，兩兩各有何不同？各有何關係？試例釋之。

(11)真值表可否用來檢定一般恆真性，一般恆假性，一般適然性?何故？

(12)舉出一些具有下列性質的述句：

(i)非真函恆真但卻恆真。

(ii)非真函恆假也非恆假。

(iii)真函適然，但卻恆真。

(iv)真函適然，但卻恆假。

(v)真函適然，也是一般適然。

⒀使用真值表試驗法，檢查下列論證的對確性：

(i) $p \supset q$

$\sim p$

$\therefore \sim q$

(ii) $p \supset q$

$q \supset r$

$\therefore p \supset r$

(iii) $p \supset (q \supset r)$

$q \supset (r \supset s)$

$\therefore p \supset s$

(iv) $p \supset q$

q

$\therefore p$

(v) $p \supset q$

$r \supset s$

$p \lor r$

$\therefore q \lor s$

(vi) $p \supset q$

$r \supset s$

$\sim q \lor \sim s$

$\therefore \sim p \lor \sim r$

(vii) p

$\therefore p \lor q$

(viii) $p \supset q$

$\therefore p \supset (p \cdot q)$

（其中(i)與(iv)分別稱為「否定前件的謬誤」與「肯定後件的謬誤」；(v)和(vi)是種「二難式」(dilemma)。）

⒁事實上，利用真值表的原則，我們可以有多種的真函對確性檢查法。試以下列的 (T3) 為根據，創造另一種檢查方式：

(T3) A_1, A_2, ……, $A_k \vdash B$ 是真函對確的，若且唯若「$A_1 \cdot A_2 \cdot$ …… $\cdot A_k$」 $\supset B$ 是真函恆真式。

⒂同樣地，真函等值的檢查法也有多種，試列舉之。

⒃當我們把「$A \supset B$」界定為「$\sim A \lor B$」時，兩個述句必須彼此等值。這是引介界說的真值條件。今試以 $\{\supset, \sim\}$ 界定「$A \cdot B$」和「$A \lor B$」，並以真值表法檢驗所構成的界說。（提示：考察下列述句：「$\sim A \supset B$」，「$\sim(A \supset \sim B)$」，「$(A \supset B) \supset B$」和「$\sim(B \supset (B \supset A))$」。）

⒄試以‘／’和‘↙’分別單獨界定「$\sim A$」，「$A \cdot B$」和「$A \lor B$」。（提示：考察下列各述句：「$A／A$」，「$A↙A$」，「$(A／A)／(B／B)$」，「$(A／B)／(A／B)$」，「$(A↙B)↙(A↙B)$」，「$(A↙A)↙(A↙A)$」。）

⒅假若我們把「$\sim(A \equiv B)$」寫成「$A \not\equiv B$」。我們可以把‘$\not\equiv$’看成是一個二元連詞。試以真值表法界定此一連詞。

⒆比較‘$\not\equiv$’與排斥‘或’。它們有何異同？

⒇倘若我們界定‘$\curlywedge$’和‘&’如下：

p	q	p∧q	p & q
t	t	t	t
f	t	f	f
t	f	f	f
f	f	f	f

試論此兩連詞與 TL 中的 ‘・’，有何異同。

　　㉑我們只介紹了一個一元連詞，即‘～’；另外介紹了數個二元連詞，如‘・’，‘∨’，‘⊃’，‘≡’，‘≢’，‘／’，‘↙’等。但這並非連詞的全部。試問一共有多少個一元連詞，有多少個二元連詞？（提示：含有一個語句變數的真值表可以有幾個？比如：

p		～p		
t	t	f	t	f
f	t	t	f	f

含有兩個語句變數的真值表有幾個？比如：

p	q		p／q		
t	t	t	f	t	……
f	t	t	t	f	……
t	f	t	t	t	……
f	f	t	t	t	……

試將此表繼續繁衍下去。）

　　㉒ n 元真值函數的語句連詞，一共有幾個？（提示：考察下一數目：2^{2^n}。）

　　㉓ n 元非真函連詞的數目呢？它們有無一定數目？試申論之。

　　㉔設 A 為任何述句，證明我們可以構作一述句 B，令 B 真函等值於 A，而且 B 裏所含的連詞不超過｛～，・，∨｝裏這三個。（提示：考察下列‘p ⊃ (q ∨ p)’的真值表：

p	q	$\sim p \supset (q \vee p)$
t	t	t
f	t	t
t	f	t
f	f	f

觀察此表與下一述句的關係：$(p \cdot q) \vee (\sim p \cdot q) \vee (p \cdot \sim q)$。這個述句和 '$p \supset (q \vee p)$' 等值。）

(25)重證上述(24)，但將 '不超過 $\{\sim, \cdot, \vee\}$ 裏這三個' 改為 '不超過 $\{\sim, \supset\}$ 裏這兩個'。（提示：參考(16)之答案。）

(26)重證(24)改為 $\{/\}$。（提示：參照(17)的答案。）

(27)重證(24)改為 $\{\swarrow\}$。（提示：同(26)之提示。）

(28)如果 TL 裏只含 '$\cdot$' 和 '$\vee$' 這兩個連詞，而不含有 '$\sim$'，試問有些什麼述句無法構作出來，也無法構作出其等值式？如果 TL 只含 $\{\supset\}$ 呢？只含 $\{\equiv\}$ 呢？若 TL 只含 $\{/\}$ 或 $\{\swarrow\}$ 情況是否兩樣？申論之。

(29)以上述(28)的答案為基礎，考察一個邏輯語言的「表達力」(expressive power)。（提示：可以先建立連詞之 "功能完備性" 的概念。參見(24)，(25)等題的答案。）

(30)連詞的功能完備性，和邏輯語言的表達力之間，是否有種必然的關聯？試申論之。（提示：答案是否定的，何故？）

(31)試以 '$\underset{\text{TL}}{\Longrightarrow}$' 和 '$\underset{\text{TL}}{\Longleftrightarrow}$' 分別代表 '真函涵蘊' 和 '真函相互涵蘊'，證明下列斷言：

(ⅰ) A 與 B 真函等值，若且唯若 $A \underset{\text{TL}}{\Longleftrightarrow} B$。

(ⅱ) $A \underset{\text{TL}}{\Longrightarrow} B$，若且唯若「$A \supset B$」為一真函恆真句。

(ⅲ) $A \underset{\text{TL}}{\Longleftrightarrow} B$，若且唯若「$A \equiv B$」為一真函恆真句。

(ⅳ) $A_1, A_2, \cdots\cdots, A_k \underset{\text{TL}}{\Longrightarrow} B$，若且唯若 $A_1, A_2, \cdots\cdots, A_{k-1} \underset{\text{TL}}{\Longrightarrow}$ 「$A_k \supset B$」。

(ⅴ) $A_1, A_2, \cdots\cdots, A_k \vdash B$ 是真函對確的，若且唯若 $A_1, A_2, \cdots\cdots,$

$A_{k-1} \vdash \ulcorner A_k \supset B \urcorner$ 是真函對確的。

（提示：基於(v)，則下列兩個證論具有完全相同的邏輯效能：

(a)　$p \supset q$

　　　$\sim q$
　　─────
　　∴$\sim p$

(b)　$\dfrac{p \supset q}{\therefore (\sim q \supset \sim p)}$

(a)如果是對確的，(b)也是對確的。反之亦然。）

(32)以真值表試驗法，證明下列諸斷言：

(i) $A \underset{TL}{\Longleftrightarrow} \ulcorner A \cdot A \urcorner$　　　　　　　　　（‘·’之等冪律）

$A \underset{TL}{\Longleftrightarrow} \ulcorner A \vee A \urcorner$　　　　　　　　　（‘∨’之等冪律）

(ii) $\ulcorner A \cdot B \urcorner \underset{TL}{\Longleftrightarrow} \ulcorner B \cdot A \urcorner$　　　　　　　（‘·’之可換律）

$\ulcorner A \vee B \urcorner \underset{TL}{\Longleftrightarrow} \ulcorner B \vee A \urcorner$　　　　　　　（‘∨’之可換律）

(iii) $\ulcorner (A \cdot B) \cdot C \urcorner \underset{TL}{\Longleftrightarrow} \ulcorner A \cdot (B \cdot C) \urcorner$　　（‘·’之結合律）

$\ulcorner (A \vee B) \vee C \urcorner \underset{TL}{\Longleftrightarrow} \ulcorner A \vee (B \vee C) \urcorner$　　（‘∨’之結合律）

(iv) $\ulcorner A \cdot (B \vee C) \urcorner \underset{TL}{\Longleftrightarrow} \ulcorner (A \cdot B) \vee (A \cdot C) \urcorner$

（‘·’對‘∨’之分配律）

$\ulcorner A \vee (B \cdot C) \urcorner \underset{TL}{\Longleftrightarrow} \ulcorner (A \vee B) \cdot (A \vee C) \urcorner$

（‘∨’對‘·’之分配律）

(v) $A \underset{TL}{\Longleftrightarrow} \ulcorner \sim\sim A \urcorner$　　　　　　　　　（雙否定律）

(vi) $\ulcorner \sim(A \cdot B) \urcorner \underset{TL}{\Longleftrightarrow} \ulcorner \sim A \vee \sim B \urcorner$　　　（笛摩根律）

$\ulcorner \sim(A \vee B) \urcorner \underset{TL}{\Longleftrightarrow} \ulcorner \sim A \cdot \sim B \urcorner$　　　（笛摩根律）

(33)以日常生活裏的例子，例釋(32)中的諸斷言。

(34)討論真值表試驗法的功能、特點和限制。

(35)真值表試驗法，雖然是種有效的檢驗和證明法。但是當我們遇到一個含有多個變數的述句時，這種辦法運用起來，極為煩人。比如，一個述句若含有三個變數，則它的（完全）真值表就有八列。假若一個述句含有五個變數，則其真值表有 32 列。這樣的真值表繪製起來顯然令人

生厭。好在對於許多目的而言，我們只需構作部分真值表，而不必繪製完全真值表（參照上述(9)的答案）。事實上，真值表法可以加上多方面的簡化，簡化的方式完全看我們使用真值表的目的而定。比如，當我們的目的是檢定真函對確性時，我們就往往不必繪製完全真值表。比如，我們想要知道'$(p \lor q) \cdot q$'是否真函地涵蘊'$p \supset q$'。這時，我們只要令 $T(p) = t$，而令 $T(q) = f$，將這一賦值應用到'$(p \lor q) \cdot q$'上，此述句成假。於是我們知道上述的涵蘊關係成立。因為上列的賦值是唯一令'$p \supset q$'成假的賦值。結論為假，則前提也必然跟著為假，那麼前提若真，結論也一定跟著為真。這正是對確性的定義。所以'$(p \lor q) \cdot q$'真函地涵蘊'$p \supset q$'。這時，我們所得構作的，事實上，只是下列的簡化部分真值表：

p	q	$(p \lor q) \cdot q$	$p \supset q$
t	f	f	f

我們甚至不必正式繪出圖表來。

　　試問此一簡化真值表法的使用，應該注意些什麼事項？

　　(36)試證下列兩對斷言兩兩等值：

(i) ｛ 前提若為真，結論必然跟著為真。
　　｛ 結論若為假，前提必然跟著為假。

(ii) ｛ 前提若全真，結論必然跟著為真。
　　｛ 結論若為假，前提必然跟著有假。

(ii)中末行裏'……必然跟著有假'的'有'字是什麼意思？可否將之改為'全'字？試言其故。(ii)對上面提出的對確性的簡化判定法，有何提示？（提示：如果我們要追問'$p \supset q$'和'$\sim q$'是否涵蘊'$\sim p$'。這時我們使用 $T(p) = t$ 這一賦值。試問是否此一賦值必須能令'$p \supset q$'和'$\sim q$'全為假，上列的涵蘊關係才成立？）

　　(37)試依據各種不同的目的，設法簡化真值表的構作程序。並且將各種簡化步驟與應行注意事項一一明白列舉出來。

　　(38)發明一些不是真值表，但可用來有效地判定真函邏輯內的性質與

關係的試驗法或證明法。

55. 謂詞與謂詞邏輯

在上兩節裏，我們討論了真值函數的邏輯。我們並且介紹了真值表試驗法，用來有效地檢查真函邏輯裏的許多邏輯性質和邏輯關係。可是我們知道，這種邏輯和這種試驗法，本身都有它本質上的限制。比如，訴諸真函邏輯，我們所做的邏輯解析，無法檢定一個論證的不對確性，只能檢查出它的真函不對確性。然而，一個論證即使是真函地不對確，它仍然可能是對確的（當然，一個論證若是真函對確的，它一定是對確的）。

基於這一類的理由，於是當我們的邏輯解析的題材，超越了真值函數的範圍時，我們就不能單憑真函邏輯去立論持說，試驗檢查；這時像真值表這樣的檢驗辦法，也因而常常失之無用。我們必須將邏輯的基礎加以增廣擴大，以應付我們解析的需要；發掘另外的試驗和檢查的辦法。現在我們要在這一節裏介紹的，就是一種包含真函邏輯，但卻比它更豐富的邏輯語言。這個邏輯我們稱為「謂詞邏輯」(predicate logic)。

在討論真函邏輯時，我們說過，真函邏輯是拿一個一個的述句，做為它的基本處理單元的。述句本身的內部結構，並不加以揭開。這樣做法所構成的邏輯只能應付我們一部分的解析需要。我們還有其他的許多邏輯解析，是要揭露述句的內部結構之後，才能圓滿進行的。三段論證式的邏輯解析就是一例。而今，我們所要構做的謂詞邏輯，就是要以述句的內部結構為基礎。更確切地說，它是要以「謂詞」做為邏輯解析的基本單元。可是到底什麼是謂詞呢？

記得我們在前面說過「單詞」(singular term) 及其用法。一個單詞本身，或者幾個單詞湊合在一起，成不了一個完整的述句。它（們）必須與其他的表詞結伴起來，才能成為述句。粗略地說，這些與單詞結伴起來，而可以結合為述句的語文表式，就是我們所謂的「謂詞」(predicate)（或稱「述詞」）❷。

---

❷　這一用法的「述詞」，與定言述句中的述詞是不同的，雖然它們彼此相關。

　　比如，‘柏拉圖’是個單詞，而不是個述句，可是若將它與‘是個哲學家’連接起來，就變成了‘柏拉圖是個哲學家’這一述句。因此‘是個哲學家’（或更確切地說‘……是個哲學家’，以明白單詞置放位置），就是個謂詞。同樣地，‘柏拉圖’和‘亞里士多德’是兩個單詞，它們本身結合起來，並不構成述句。可是如果我們以‘……是 ──── 的老師’這個表式，把那兩個單詞含攝接連其中，那麼，就成了‘柏拉圖是亞里士多德的老師’，或者‘亞里士多德是柏拉圖的老師’這樣的述句。因此‘……是 ──── 的老師’也是個謂詞。再舉一個例子：‘1’，‘2’和‘3’都是單詞，但是當我們以‘…… + ──── = ──’將彼等含攝接連起來，就成了‘1 + 2 = 3’或‘2 + 1 = 3’或‘1 + 3 = 2’等等的述句。因此，那樣的表式也是個謂詞。

　　從上面這些例子裏，我們可以看出來，所謂謂詞是含有給單詞的空位之準述句。一把這些空位填滿，這時這一準述句，就變成了道道地地的述句了。為了避免以各種不同的虛線或實線，代表單詞空位的麻煩，我們可以採用邏輯家槐英 (Quine) 的辦法，以加圈的數碼來代替空位。也就是說，加圈的數碼成了單詞空位指示符。比如，我們就寫：‘①是哲學家’，‘①是②的老師’和‘① + ② = ③’等等。

　　在這裏，有兩點要說明的。第一，當我們說，謂詞是含有單詞空位的準述句時，我們並沒有說，該一準述句不能含有其他單詞（而不是單詞空位）。也就是說，並不是在一個述句中，把所有的單詞以加圈數碼加以取代，才成為謂詞。在一個述句裏，不管含有多少單詞，只要至少有一個是被加圈數碼所取代，所得的表式就是謂詞。比如下列全是謂詞的例子：

(i)① + 5 = 2 × 3

(ii)① + ② = 2 × 3

(iii)① + ② = ③ × 3

(iv)① + ② = ③ × ④

要注意的是，千萬不要把數字與加圈數碼混為一談。比如在(iii)裏，‘3’是代表 3 這個數目，而‘③’卻是用來指出第三個單詞空位。同樣地，下列的表式，也都全是謂詞的例子：

(v)①是②和③的父親。

(vi)①是②和蘇轍的父親。

(vii)①是蘇軾和蘇轍的父親。

不但如此（這是我們所要提醒的第二點），加圈數碼並沒有一定的出現次序或出現次數。不過，我們有一個規定，含有‘②’的謂詞，必須含有‘①’；含有‘③’的謂詞，必須含有‘②’和‘①’，等等。所以，下列的全是謂詞：

(viii)①不欣賞①。

(ix)②不欣賞①。

但是底下幾個就都不是謂詞：

(xi)②不欣賞②。

③不欣賞①。

正像語句連詞可以有一元，二元，以至多元；謂詞也是一樣。如果一個謂詞只含有一個加圈數碼（不管它出現幾次），那麼它是個一元謂詞；假如它含有兩個加圈數碼（也不管它們分別出現幾次），那麼它就是個二元謂詞；依此類推。也就是說，一個謂詞到底是幾元的（可稱之為謂詞「度數」），可以依其所含的最高加圈數碼而定。一個謂詞若含有‘③’但不含‘④’則它是個三元謂詞；一個謂詞若含有‘⑩’但不含‘⑪’，則它是個十元謂詞等等。

在討論語句邏輯時，我們曾經區分真值函數的語句連詞，和非真值函數的語句連詞。而我們在真函邏輯裏，只採用真值函數的連詞。同樣地，謂詞也可以分為兩種。一種可以稱做「明晰謂詞」，另一種是非明晰謂詞（也稱為「暗晦謂詞」）。我們在謂詞邏輯裏，將只採用前者。

為了劃分明晰謂詞與暗晦謂詞，我們首先要察看，謂詞這種準述句，如何變成道地的述句。它的真假值怎樣決定。

我們知道一個 n 元謂詞和 n 個單詞的結合，可以成為一個述句。一個述句是有真有假的。粗略地說，這樣的述句的真假值，決定於那些單詞所指的事項（或事項之間），是否具有那個謂詞所標明的性質（或關係）。讓我們舉出一些例子來，幫助瞭解。

讓我們以‘$F_①$’代表‘①是哲學家’，‘a’代表柏拉圖，‘b’代表楊貴妃，那麼‘Fa’（即‘柏拉圖是哲學家’）即為真；可是‘Fb’（即‘楊貴妃是哲學家’）卻為假。這是因為 a（不是‘a’）具有‘F’所標定的性質（或：a 具有

F 這一性質），而 b 不具有 'F' 所標定的性質的緣故。同樣地，我們若以 '$G_{①②}$' 代表 '①比②年長'，而 'a' 與 'b' 分別如前述，那麼 'Gab' 即為真，而 'Gba' 就為假。這是因為 〈a, b〉 具有 'G' 所標示的關係，而 〈b, a〉 卻沒有。同樣地，多元謂詞的情形也是一樣。一般地說，設 '$P_{①②……ⓝ}$' 為一個 n 元謂詞，'$Pa_1a_2……a_n$' 為真，若且唯若 〈$a_1, a_2, ……, a_n$〉 具有 '$P_{①②……ⓝ}$' 所標示的關係。當 n 是 1 時，我們就把 〈a_1〉 直接當做 a_1，而把一元關係，稱做是種「性質」。

現在我們可以區分明晰謂詞和暗晦謂詞如下：設 '$P_{①②……ⓝ}$' 為一 n 元謂詞，假如 '$Pa_1a_2……a_n$' 的真假值只決定於 〈$a_1, a_2, ……, a_n$〉 所具有的關係，而不決定於用來代表 $a_1, a_2, ……, a_n$ 等的單詞（也就是說，與 a_i ($1 \leq i \leq n$) 的稱呼或描述是無關的），那麼 '$P_{①②……ⓝ}$' 就是一個明晰謂詞 (transparent predicate)。比如，令 '$G_{①②}$' 如上述，意為 "①比②年長"，而設 a 與 b 分別為柏拉圖與亞里士多德。那麼我們知道 'Gab' 為真，因為柏拉圖比亞里士多德年長。假如我們不是使用 '柏拉圖' 這一單詞，而是使用《共和國》一書的作者'（它們所指涉的相同──同一個人）。'Gab' 的真假值也不會改變。對於 '亞里士多德' 這一單詞也是一樣，我們也可以改用 '傳統邏輯之鼻祖' 這一單詞，而仍然不改變 'Gab' 的真假值。這就是說，'Gab' 的真假，只決定於 〈a, b〉 所具有的關係，與 a, b 分別以什麼單詞來稱呼，是沒有關係的。因此我們說 '$G_{①②}$' 是個明晰謂詞。

相反地，倘若我們把 '$H_①$' 解釋為 "柏拉圖知道①是個奇數"，又設 a 為 9。那麼顯然 'Ha' 為真。可是 '9' 所指涉的與 '行星數目' 所指涉的，是同一數目。不過，如果我們說 '柏拉圖知道行星數目是個奇數'，這就可能為假。也就是說，'9' 與 '行星數目' 雖然指謂著同一事物，可是使用那一個單詞，與 'Ha' 是否為真，是密切相干的。所以 '$H_①$' 就不是個明晰謂詞。

不是明晰的謂詞，就稱為暗晦謂詞 (opaque predicate)。

在我們所要介紹的謂詞邏輯裏，我們將只收納明晰謂詞。因此，當我們以後提及謂詞時，除非我們另有明文規定，否則我們是指明晰謂詞而言。

接著我們要介紹一個與謂詞有關聯的概念。設 '$F_①$' 代表 '①是哲學家'，那麼有一些事物 a 會令 'Fa' 為真，即那些哲學家，比如柏拉圖，亞里士多德，

莊子，老子等等。這些足以令 'Fa' 為真的事物集合，我們稱之為謂詞 '$F_①$' 的「外範」(extension)。也就是說，哲學家這一集合，就是 '①是哲學家' 這一謂詞的外範。多元謂詞的外範也是一樣。比如 '$G_{①②}$' 表示 '①比②年長'，那麼所有的 〈a, b〉 這樣的序偶，足以令 'Gab' 為真者，就屬於它的外範之中。因此，'Gab' 的外範是這樣的集合，{〈a, b〉, 〈a_1, b_1〉, 〈a_2, b_2〉, ……, 〈a_k, b_k〉, ……} 其中每一序偶的第一元素年長於其第二元素。例如〈亞里士多德，笛卡兒〉,〈孔子，荀子〉,〈司馬遷，李鴻章〉等等皆在其中。

　　又如 '① + ② = ③' 這一謂詞的外範是: {〈1, 1, 2〉, 〈1, 2, 3〉, 〈2, 1, 3〉, 〈2, 2, 4〉, ……}，它同時也是 '② + ① = ③' 的外範。可是卻不是 '③ + ① = ②' 的外範。

　　一般言之，設 '$P_{①②……ⓝ}$' 為一 n 元謂詞，所有像 〈a_1, a_2, ……, a_n〉 這樣的 n 配列的集合，其分子足以令 '$Pa_1a_2……a_n$' 為真者，我們稱為 '$P_{①②……ⓝ}$' 的外範。

　　設 ϕ 為某一 n 元謂詞，$E(\phi)$ 為其外範（這時 $E(\phi)$ 就是含有 n 配列為元素的集合），那麼我們可以提出下列的真句條件（或真理條件）:

(T1)　　　　$\phi_{a_1, a_2, ……, a_n}$ 為真，若且唯若 〈a_1, a_2, ……, a_n〉$\in E(\phi)$。

　　舉一個簡單的例子來說 'Fa' 為真，若且唯若 $a \in E(F_①)$。依上述的例子，'柏拉圖是哲學家' 為真，若且唯若柏拉圖是哲學家的一分子（屬於哲學家這一集合）。多元謂詞的情況，也是一樣。

　　我們常常提及像 a, b 這樣的「個物」，它們是單詞指涉的對象。我們要將它們稱為「個物」或「個體」(individual)。在我們所要介紹的這個謂詞裏，我們的討論界域 (universe of discourse)（簡稱「論域」(UD)），就是一些這樣的個體之集合。因此我們的論域也常稱為「個體界域」(domain of individuals)。

　　在我們進行討論時，理想上應該把討論界域規定清楚。這樣可以避免許多誤解和錯亂。因為同一個問題在不同的論域裏，可能有不同的答案; 同一個述句，在不同的論域裏，也可能具有不同的真假值。舉一個簡單的例子來說，當我們只論及人類時（即以人這一集合為論域時），一切個體都是理性的動物，因此 '沒有東西不是理性的' 這一述句就為真。可是我們若把論域擴

大，包括平時我們心目中的宇宙萬物，那麼上述的述句就為假。又如，一個謂詞的外範到底是那一個集合，也要看我們的論域的內容而定。比如，'① = ②' 這一謂詞的外範分別是下列的(i)和(ii)，當論域是自然數和正偶數時：

　　(i) $\{\langle 1, 1\rangle, \langle 2, 2\rangle, \langle 3, 3\rangle, \langle 4, 4\rangle, \cdots\cdots\}$

　　(ii) $\{\langle 2, 2\rangle, \langle 4, 4\rangle, \langle 6, 6\rangle, \langle 8, 8\rangle, \cdots\cdots\}$

而當論域是 $\{100, 2\}$ 時，則其外範是 $\{\langle 100, 100\rangle, \langle 2, 2\rangle\}$。

　　決定了論域之後，像 '所有的' 和 '有的' 才有明白的意義。也就是說，量化詞（全稱量化詞或存在量化詞等）才有確定的邏輯內容。不但如此，像涵蘊關係和對確性，這樣重要的邏輯項目，也不是完全獨立我們對於論域的規定的。

【　問題與討論　】

　　(1)舉例說明一個論證可以是真函地不對確，但卻是對確的。

　　(2)試述謂詞與開放述句之異同。

　　(3)為什麼在一個謂詞裏，含有 '②' 的，必須含有 '①'；含有 '③' 的，必須含有 '②' 和 '①' 等等。

　　(4)為什麼我們把 '①等於①' 當做一元謂詞，而把 '①等於②' 當做二元謂詞？它們的主要分別何在？

　　(5)我們曾經拿語句連詞和謂詞，相比較相對照；這兩種項目在其各自的邏輯語言裏，所扮演的角色有何不同？

　　(6)試界定 'n 元謂詞'，並且界定 '明晰謂詞' 和 '暗晦謂詞'。

　　(7)闡釋下列斷言：「'$Pa_1a_2\cdots\cdots a_n$' 為真，若且唯若$\langle a_1, a_2, \cdots\cdots, a_n\rangle$具有 '$P_{①②\cdots\cdots ⓝ}$' 所標示的關係」。並設法將此一斷言，用日常語言淺顯地表達出來。

　　(8)當我們說 '$\langle a_1, a_2, \cdots\cdots, a_n\rangle$ 所具有的關係' 時，其確義為何？舉例闡釋之。

　　(9)下列那一個謂詞是明晰謂詞，那一個是暗晦謂詞？試言其故。

　　(i)①想知道②是不是就是③。

(ii)①是②。

(iii)①必然是②。

(iv)上帝知道①必然是②。

(10)為什麼我們在謂詞邏輯裏,只收容明晰謂詞,而不容納暗晦謂詞?（提示: 設想如果兩者並收,會有些什麼困難與麻煩。）

(11)試界定並例釋什麼是一個明晰謂詞的外範。一個暗晦謂詞有沒有外範可言? 試申言其故。

(12)分別指出下列集合是那一（些）謂詞的外範:

(i)偶素數

(ii) { 1, 2, 3, 4, 5, 6, 7, ……}

(iii) {⟨1, 1⟩, ⟨2, 2⟩, ⟨3, 3⟩, ⟨4, 4⟩, ⟨5, 5⟩, ……}

(iv) {⟨2, 1⟩, ⟨3, 1⟩, ⟨3, 2⟩, ⟨4, 1⟩, ⟨4, 2⟩, ⟨4, 3⟩, ⟨5, 1⟩, ⟨5, 2⟩, ⟨5, 3⟩, ⟨5, 4⟩, ……}

(v) { }（空集）

(vi) V（全集）

(13)一個集合可不可以同時是幾個不同謂詞的外範? 一個謂詞可否具有不同的外範? 申論之,例釋之。

(14)設 ϕ 與 ψ 為兩個（同度數的）謂詞, 設 E(ϕ) 與 E(ψ) 分別為其外範, 試問:

(i)若 E(ϕ) $\subseteq$ E(ψ),則 ϕ 與 ψ 有何關係?

(ii)若 E(ϕ) = E(ψ),則 ϕ 與 ψ 的關係如何?

(iii)若 E(ϕ) $\cap$ E(ψ) = ϕ,則 ϕ 與 ψ 的關係如何?

(iv)若 E(ϕ) $\cup$ E(ψ) = V,則 ϕ 與 ψ 有何關係?

(15)舉例說明論域的規定, 和討論之成效有何相干。

(16)論域的規定和謂詞的外範以及邏輯的對確性, 有何關係? 舉例說明之。

56. 謂詞邏輯的語言

現在我們要正式介紹一個謂詞邏輯的理想語言。我們仍然要像以前介紹真函邏輯的語言似的，分別開列這個語言的基本語彙（基始符號），形成規則和語意論。由下列的陳示，我們就知道這個謂詞邏輯語言，是包含著真函邏輯語言的。後者是前者的「子語言」(sub-language)。因為這個謂詞邏輯也常稱為「量化論」(quantification theory) 或「量化邏輯」，讓我們將它簡稱為 'QL'。

（一）QL 的語彙

　　(i)語句變數（同 TL）。

　　(ii)一元語句連詞（同 TL）。

　　(iii)二元語句連詞：'·'，'∨'，'⊃'，'≡' ❸。

　　(iv)個體變數：'x'，'y'，'z'，'x_1'，'y_1'，'z_1'，'x_2'，……。

　　(v)謂詞變數：對於任一正整數 n 而言，'F^n'，'G^n'，'H^n'，'F_1^n'，'G_1^n'，'H_1^n'，'F_2^n'，…… 均為謂詞變數（其中 n 是謂詞變數的度數）❹。

　　(vi)量化符：'∃'。

　　(vii)組合指示符（同 TL）。

　　基於這些基始符號，我們可以根據下列的規則，構成 QL 的完構式：

（二）QL 的形成規則

　　(i)（同 TL 的形成規則(i)）即：語句變數係完構式。

　　(ii)若 ϕ 為 n 元謂詞變數，a_1, a_2, ……, a_n 分別為個體變數，則「$\phi_{a_1 a_2 \cdots a_n}$」係一完構式。

---

❸　事實上我們不必引介這麼多連詞，理由已經說過。此處將它們齊列，只是為了使用上的方便。

❹　比如 '$F^1_①$'，'$H^1_①$' 就是一元謂詞，'$F^3_{①②③}$'，'$G^3_{②①③}$' 就是三元謂詞。但因謂詞度數可以從加圈數碼一眼看穿，因此謂詞的肩碼常常可以省略。只寫成（比如）'$F_①$'，'$H_①$'，'$F_{①②③}$'，'$G_{②①③}$' 等。謂詞變數的情形，也是一樣。

(iii)若 A 與 B 為完構式，則「～A」，「(A・B)」，「(A∨B)」，「(A⊃B)」和「(A≡B)」，均為完構式。

(iv)若 A 為完構式，b 為個體變數，則「(∃b)A」為一完構式。

(v)沒有其他的表式是 QL 的完構式。

我們知道，在「(∃b)A」這類的完構式裏，「(∃b)」稱為存在量化詞，b 稱為「量化變數」(variable of quantification)。同時我們說 A 是在「(∃b)」這一量化詞的「廣度」(scope) 之中。簡單地說，一個量化詞的廣度，就是跟在它後面的那個最小的完構式。比方，在 '(∃x)Fx ⊃ Gy' 這個完構式裏，'Fx' 是在 '(∃x)' 的廣度之中。也就是說，它的廣度止於 'Fx'，因為這是跟在該量化詞之後的最小完構式。'Gy' 就不在它的廣度之中。相反地，在 '(∃x)(Fx ⊃ Gy)' 裏，'(∃x)' 的廣度是 '(Fx ⊃ Gy)'；因為它是 '(∃x)' 之後的最小完構式。（注意：'(Fx' 不是個完構式。）

在一個 QL 完構式裏，有些變數的出現稱為自由出現；另外有些變數的出現，則稱為約束出現。設 v 為變數，A 為完構式，讓我們界定如下：v 在 A 裏的某一出現稱為「約束出現」(bound occurrence)，若且唯若(i) v 的那一出現是 A 所含有的量化詞的一部分（量化變數），或(ii) v 的那一出現是在 A 所含有的某一量化詞的廣度之中，而此量化詞的量化變數，正是 v。比如，在 '(∃x)Fx ∨ Gx' 裏，第一次出現的 'x' 是個約束出現，因為它是量化詞的一部分；第二次出現的 'x' 也是個約束出現，因為它在量化詞 '(∃x)' 的廣度之中，而其量化變數正是 'x'。相反地，第三次出現的 'x' 就不是個約束出現，因為它既不屬於量化詞的一部分，也不在量化變數是 'x' 的量化詞的廣度之中。

又如，在下列完構式裏，只有第一次，第二次，第三次和第四次出現的 'x'，以及第二次和第三次出現的 'y'，是約束出現。其他的 'x'，'y' 和 'z' 全不是約束出現：

(∃x)(Fxy ⊃ (∃y)(∃x)Gxy)・Hxyz

不是約束出現的，我們稱之為「自由出現」(free occurrence)。

在完構式 A 裏，有著自由出現的變數，稱為「自由變數」；有著約束出現的變數，稱為「約束變數」。在我們現在談論的謂詞邏輯裏，只有個體變數出

現為量化變數，因此只有它們可以成為約束變數。這樣的邏輯稱為「初階邏輯」(first-order logic)。或稱「低次謂詞邏輯」(lower predicate logic)。在初階邏輯裏，謂詞變數就不當做量化變數，那是在「二階邏輯」(second-order logic) 之內，才發生的事。二階邏輯是種高次謂詞邏輯 (higher predicate logic)。

上面對於量化詞的談論裏，我們只以存在量化詞為例。但是我們知道，平時我們還常用另一個量化詞，即是「全稱量化詞」。在像「(b)A」這類的完構式裏「(b)」就是一個以 b 為量化變數的全稱量化詞。當然這兩種量化詞，可以混合使用。比如，'(x)(∃y)Fxy' 就是一例。

我們可以利用存在量化詞，將全稱量化詞界定如下：

(D1) 「(b)A」= $_{Df}$「～(∃b)～A」

上面我們以存在量化詞為例所說的，比如自由與約束等，也一樣可以應用在全稱量化詞之上。

（三）QL 的語意論

在真函邏輯裏，我們已經熟悉了賦值或解釋。一個述句或完構式，在某一解釋之下，具有或真或假的真假值。QL 的語意論，比起 TL 的語意論來，稍為複雜一些。這是因為在謂詞邏輯裏，我們對於述句的分析較為細微深入的緣故。在 TL 裏，當我們要決定一個完構式的真假時，我們只要注意語句連詞的意義，和某一解釋對語句變數的賦值。現在，在 QL 裏，我們不但要注意這兩者，同時也要考慮量化詞的意義，計較某一解釋，對一個完構式中所含有的謂詞變數，以及個體變數的賦值；不但如此，在 TL 裏，什麼是我們的論域，並沒有直接影響對其完構式的解釋；可是在 QL 裏，情況就完全不同。我們在標定一個解釋時，必須明文規定什麼是我們心目中的論域。因為不同的論域，會使得同一個完構式產生不同的真假值（在其他條件不變之下）。由於這樣的緣故，因此在 QL 裏，所謂對於一個完構式的解釋 (interpretation)，包括規定一個論域，和對出現於該完構式內的所有自由變數，加以賦值。比方，下列的 Σ_1 和 Σ_2 分別是對 'Fxy ⊃ Gyx' 的解釋：

Σ_1：論域：人　　　　　　　Σ_2：論域：正整數

$F_{①②}$：①比②美貌　　　　$F_{①②}$：①是②的倍數

$G_{①②}$：①比②聰明　　　　$G_{①②}$：①可整除②

x：周小后　　　　　　　x：6

y：周大后　　　　　　　y：3

當一個完構式被賦與解釋之後，該完構式也就具有了意義。比如，在 Σ_1 的解釋之下，上列的完構式斷說：假若周小后比周大后美貌，那麼周大后比周小后聰明。同樣地，在 Σ_2 之下，該完構式說：如果 6 是 3 的倍數，則 3 可以整除 6。

下列的 Σ_3 則是 '(∃x)Fxy' 的一個解釋：

Σ_3：論域：｛楊貴妃，唐明皇｝

$F_{①②}$：①受寵於②

y：唐明皇

依據這一解釋，上述的 '(∃x)Fxy' 道說：（在楊貴妃與唐明皇之中）有受寵於唐明皇者。當然，前述的 Σ_1 和 Σ_2 也分別可以是 '(∃x)Fxy' 的解釋，只是那時有些賦值（如對 '$G_{①②}$'，和對 'x' 的賦值）是多餘的。相反地，Σ_3 就不是對於 'Fxy ⊃ Gyx' 的解釋，因為 Σ_3 並沒有對此一完構式所含的所有自由變數，加以賦值。下列的 Σ_4 是 '(x)(∃y)Fxy' 的一個解釋：

Σ_4：論域：正整數

$F_{①②}$：②大於①

在這一解釋之下，上述的完構式道說：對於每一個正整數而言，有一個比它大的正整數。同理，下列的 Σ_5，也是 '(x)(∃y)Fxy' 的一個解釋：

Σ_5：論域：｛　　｝（空集）

$F_{①②}$：①戀愛著②

在此解釋下，上述完構式說：對於任何的事物而言，有個被其戀愛著的事物。

儘管空集也可以合理合法地，成為我們所要的解釋中的論域；可是一般為了實用上的考慮，總多以非空集做為論域。除非為了特殊說明比較上的需要而外，我們也將只以非空集做為論域。

有一點值得在此提出來討論。當我們為一個 QL 的完構式，提供解釋的

時候，我們只要求對於該完構式裏的每一個自由變數，加以賦值。我們並沒有要求對它們加以意義上的解釋。舉一個簡單的例子來說，當我們的論域是正整數時，我們可以標明某一謂詞變數（如 '$F_{①②}$'）的外範，而不必陳明它的意義。比如，在上列的 Σ_4 裏，我們可以將 Σ_4 對於 '$F_{①②}$' 的賦值，不規定為 '②大於①'——這是為 '$F_{①②}$' 提供了意義；而規定為：

$$F_{①②}: \quad \{\langle 1, 2 \rangle, \langle 1, 3 \rangle, \langle 2, 3 \rangle, \langle 1, 4 \rangle, \langle 2, 4 \rangle, \langle 3, 4 \rangle, \langle 1, 5 \rangle, \langle 2, 5 \rangle, \langle 3, 5 \rangle, \langle 4, 5 \rangle, \langle 1, 6 \rangle, \dots \dots\}$$

可是一個謂詞的外範，常常是個無窮集，用上述的標示方法既不完全，也不方便。另外一個考慮就是明顯和醒目。給謂詞變數加以意含，我們也就很容易讀出某一完構式所道說的是什麼。何況謂詞的意含一經決定，其外範也就跟著決定。（反之不必然！）因此，我們常常採取賦與意含的辦法，當做為謂詞賦值的一種手段。

對於個體變數的賦值，有時也是一樣。

但是我們要記得，對於所謂「外範邏輯」(extensional logic) 而言，我們對於 QL 之完構式的解釋，可以只止於①規定一個論域，②為語句變數賦與真假值，③為個體變數賦與論域中的某某個體（做為它的值），和④為謂詞變數賦與外範（外範乃一集合，其分子是由論域中的個體所成的配列）。我們不必為語句變數，個體變數和謂詞變數，加上意含。

為一個完構式提供解釋，往往（而不是一定）只是標明了該完構式的意義，而並未提供判定該完構式的真假值之充分條件。現在讓我們陳構一些真句規則，用以判定 QL 的完構式的真假值。我們只要注意上一節裏的真句條件 (T1)，量化詞的意義，以及 TL 裏的真句性規則，那麼這一組規則也就呼之欲出了。這樣的一組規則可以稱為「真理界說」或「真句界說」(truth definition)。QL 的真句界說可以表構如下：

設 Σ 為 QL 的完構式 A 的解釋：

⑴若 A 是個語句變數，則 A 在 Σ 下的值，就是 Σ 賦給 A 的真假值。

⑵若 A 是個簡單完構式 $\phi_{a_1 a_2 \dots \dots a_n}$（其中 ϕ 是 n 元謂詞變數，a_1, a_2, ……，a_n 分別為個體變數）❺，那麼 A 在 Σ 下的值為真，若且唯若 $\langle \alpha_1$,

---

❺　所謂簡單完構式，就是指不含有語句連詞，也不含有量化詞的完構式。

α_2, ……, $\alpha_n\rangle$ 是 $E(\phi)$ 的分子，而 $E(\phi)$ 是 Σ 賦給 ϕ 的外範，α_1, α_2, ……, α_n 則分別是 Σ 賦給 a_1, a_2, ……, a_n 的個體。不然的話，A 在 Σ 之下，就為假。

(3)若 A 是「～B」，那麼 A 在 Σ 下的值為真，若且唯若 B 在 Σ 下的值為假。否則 A 在 Σ 下的值就為假。(注意：這時 Σ 也是 B 的解釋。)

(4)若 A 是「(B・C)」，那麼 A 在 Σ 之下為真，若且唯若 B 在 Σ 下為真，並且 C 在 Σ 下也為真。不然 A 在 Σ 下就為假。(注意：這時 Σ 也是 A 的解釋。)

(5)—(7)（給 '∨'，'⊃' 和 '≡' 的真句條件，可以參照上列的(4)與 TL 裏的真句條件為之。構造起來極為簡單，茲從略。）

為了陳構全稱量化的完構式，以及存在量化的完構式之真句條件，讓我們介紹一個概念，以便簡化真句條件的陳構。設 Σ 為一解釋，Σ^b 為除了對於個體變數 b 可能有（不是一定有）不同的賦值而外，其他的一切賦值與 Σ 所做的賦值完全相同的解釋。那麼我們說 Σ^b 是 Σ 的一個「b–變樣」(b-variant)。比如下列的 Σ^x_1 和 Σ^x_2 都是 Σ 的 x–變樣：

Σ：論域：正整數　　　Σ^x_1：論域：正整數

　　$F_{①②}$：① > ②　　　　　$F_{①②}$：① > ②

　　x：5　　　　　　　　　　x：8

　　y：3　　　　　　　　　　y：3

Σ^x_2：論域：正整數

　　$F_{①②}$：① > ②

　　x：10

　　y：3

　　z：2

（注意：我們並沒有說，Σ 的 b–變樣不能對 Σ 所沒加賦值的變數，加以賦值。）相反地，下列的 Σ_3 和 Σ_4 都不是 Σ 的變樣：

Σ_3： 論域： 正整數　　　　Σ_4： 論域： 人

　　　$F_{①②}$： ① = ②　　　　　　　$F_{①②}$： ①傾慕②

　　　x： 5　　　　　　　　　　　x： 曹操

　　　y： 3　　　　　　　　　　　y： 大喬

下列的 Σ^y 則是 Σ 的 y–變樣：

　　　Σ^y： 論域： 正整數

　　　$F_{①②}$： ① > ②

　　　x： 5

　　　y： 4

現在讓我們繼續陳構 QL 的真句規則：

　　(8)若 A 是「(∃b)B」，那麼 A 在 Σ 下為真，若且唯若 B 至少在 Σ 的一個
　　　b–變樣 Σ^b 下為真；否則，A 在 Σ 下就為假。（注意 b–變樣的 b，就
　　　是量化變數。）

　　(9)若 A 是「(b)B」，那麼 A 在 Σ 下為真，若且唯若 B 在 Σ 的每一個
　　　b–變樣 Σ^b 下皆為真；否則 A 在 Σ 下就為假。

　　現在讓我們察看一下，如何使用上述這些真句規則，來判定 QL 裏的完
構式的真假值。首先讓我們檢查 'Fxy ⊃ Gyx' 在 Σ_1 下的真假，設 Σ_1 如下：

　　　Σ_1： 論域： 正整數

　　　$F_{①②}$： ①是②的倍數

　　　$G_{①②}$： ① = ②

　　　x： 5

　　　y： 2

在此一解釋下，'Fxy ⊃ Gyx' 道說：若 5 是 2 的倍數，則 5 等於 2。依照真
句規則(2)，我們知道 'Fxy' 為假，因為 ⟨5, 2⟩，並沒有在 '$F_{①②}$' 的外範之
中。（'$F_{①②}$' 的外範，依照上列的解釋，當是 {⟨1, 1⟩，⟨2, 1⟩，⟨3, 1⟩，⟨4,
1⟩，……，⟨2, 2⟩，⟨4, 2⟩，⟨6, 2⟩，⟨8, 2⟩，……，⟨3, 3⟩，⟨6, 3⟩，⟨9, 3⟩，……}，
其中並不包括 ⟨5, 2⟩ 為其分子。）因為 'Fxy' 為假，不管 'Gyx' 的真假值
為何，依據(6)（參見問題(15)），我們知道 'Fxy ⊃ Gyx' 的真假值為真。

　　接著，讓我們檢查一下 '(x)(∃y)Gyx' 在下列解釋 Σ_2 下的真假值：

Σ_2：論域：正整數

$G_{①②}$：②＞①

依據⑼我們知道‘(x)(∃y)Gyx’在 Σ_2 下為真，若且唯若‘(∃y)Gyx’在 Σ_2 的每一個 x-變樣 Σ^x 下均為真。再依據⑻，我們知道‘(∃y)Gyx’在某一 Σ_2 的 x-變樣 Σ^x 下為真，若且唯若‘Gyx’在 Σ^x 的至少一個 y-變樣 Σ^y 下為真。因此，讓我們從‘Gyx’的真假值的計算開始。

我們令 Σ^y 為‘Gyx’的解釋：

Σ^y：論域：正整數

$G_{①②}$：②＞①

x：k

y：k＋1

顯然在 Σ^y 之下，‘Gyx’為真。因此根據⑻，‘(∃y)Gyx’為真。（注意，這時 Σ^y 必須是‘(∃y)Gyx’的解釋之 y-變樣。Σ^y 顯然是的（參見底下的 Σ^x）。）

現在接著我們令下列的 Σ^x 為‘(∃y)Gyx’的解釋：

Σ^x_1：論域：正整數　　Σ^x_2：（其他與 Σ^x_1 同）

$G_{①②}$：②＞①　　　　　x：2

x：1　　　　　　　　（y：3）

（y：2）

Σ^x_3：（其他與 Σ^x_1 同）

x：3

（y：4）

等等，這些都是‘(x)(∃y)Gyx’的解釋之 x-變樣。‘(∃y)Gyx’在這些解釋之下，皆為真（比如在 Σ^x_2 裏，令 y 為 2；在 Σ^x_1 裏，令 y 為 3 等等）。由於‘(∃y)Gyx’在‘(x)(∃y)Gyx’的解釋的每一 x-變樣下，皆為真，因此，根據⑼，‘(x)(∃y)Gyx’為真。

第三個例子：‘～(∃x)(y)Fxy’。其解釋 Σ_3 如下：

Σ_3：論域：正整數

$F_{①②}$：①＞②

我們知道‘～(∃x)(y)Fxy’，在 Σ_3 下為真，若且唯若‘(∃x)(y)Fxy’在 Σ_3 下

為假。又：'$(\exists x)(y)Fxy$' 在 Σ_3 為真，若且唯若 '$(y)Fxy$' 在 Σ_3 的至少一個 x–變樣 Σ^x 下為真。而且，'$(y)Fxy$' 在 Σ^x 下為真，若且唯若 'Fxy' 在 Σ^x 的每一個 y–變樣 Σ^y 下為真。可是 'Fxy' 顯然不是在每一個 Σ^y 下均為真。比如在下列的 Σ_1^y 之下，它顯然為假：

Σ_1^y：　論域：正整數

$F_{①②}$：　① > ②

x：4

y：4

顯然 〈4, 4〉並沒有在 '$F_{①②}$' 的外範裏，事實上沒有一個 〈k, k〉這樣的有序偶，是其外範的分子。所以，'Fxy' 不是在 '$(y)Fxy$' 的解釋之每一 y–變樣之下皆為真。因而 '$(y)Fxy$' 在其解釋 Σ^x 之下皆為假。對於每一個 Σ^x 而言，都是如此。是以 '$(\exists x)(y)Fxy$' 就不是在 '$(y)Fxy$' 的至少一個 x–變樣下為真。因之，'$(\exists x)(y)Fxy$' 在上述的 Σ_3 之下就為假。這樣一來，原來的完構式 '$\sim(\exists x)(y)Fxy$' 就為真。

這些例子，說明起來似乎煩瑣不堪。可是如果我們善用 QL 的語意論中的真句規則，一步一步地追索，那麼我們不難找出進行的方向。不過有一點要在這裏提醒的是，不像在 TL 裏似的，出現在某一完構式裏的每一自由變數一經賦值，該一完構式的真假值之判定，也就屈指可就。在 QL 裏，有些完構式的自由變數，即使完全加以賦值，該完構式的真假值可能仍然墜在五里霧中，無法明辨。比如以 '$(\exists x)Fx$' 為例。設其解釋 Σ_4 如下：

Σ_4：　論域：人。

$F_①$：　①結過 50 次婚。

依照 QL 的真句規則，我們知道 '$(\exists x)Fx$' 在 Σ_4 下為真，若且唯若 'Fx' 在 Σ_4 的至少一個 x–變樣 Σ^x 下為真。設某一 Σ^x 如下：

Σ^x：（其他與 Σ_4 同）

x：那結過 50 次婚的人，稱其為 b。

問題是到底有沒有 b 存在呢？若有，則 'Fx' 在 Σ^x 下為真，因此 '$(\exists x)Fx$' 在 Σ_4 下為真。否則 '$(\exists x)Fx$' 在 Σ_4 下就為假。然而我們卻不知它到底是真是假。

另舉一個例子：設我們試圖決定 '$(y)Gy$' 在下例 Σ_5 下的真假值：

Σ_5：論域：偶數。

$G_①$：①是兩個素數的和。

依照 QL 的真句規則，我們知道 '(y)Gy' 在 Σ_5 下為真，若且唯若 'Gy' 在 Σ_5 的每一 y–變樣 Σ^y 下為真。試觀下列的 Σ^y，它們全都是 Σ_5 的 y–變樣：

Σ_1^y：（其他與 Σ_5 同）　　　　Σ_2^y：（其他與 Σ_5 同）

　　y：2　　　　　　　　　　　　　　y：4

Σ_3^y：（其他與 Σ_5 同）

　　y：6

等等，無窮多個 Σ^y。我們永遠觀察不完這些解釋。至今也沒有一種邏輯的辦法，可以證明有一個偶數 b，會令 'Gb' 為假；也沒有一種邏輯的論證，證明其反面的結果。因此我們不知道 '(y)Gy' 在 Σ_5 之下，到底是真是假。這正是著名的「句德巴哈臆設」(Goldbach's conjecture)：「每一偶數都是兩個素數之和」。此一斷言至今未被證明，也未被反證。

　　現在讓我們列舉一些 QL 裏的真理。我們以 '$\underset{QL}{\Longrightarrow}$' 代表 'QL 地涵蘊'，'$\underset{QL}{\Longleftrightarrow}$' 則為 'QL 地相互涵蘊'：

(T1)	$(x)(Fx \supset Gx) \underset{QL}{\Longrightarrow} (x)Fx \supset (x)Gx$
(T2)	若 A 不含 'x' 之自由出現，$A \underset{QL}{\Longleftrightarrow} (x)A$ 並且 $A \underset{QL}{\Longleftrightarrow} (\exists x)A$
(T3)	$\sim(x)Fx \underset{QL}{\Longleftrightarrow} (\exists x)\sim Fx$
(T4)	$\sim(\exists x)Fx \underset{QL}{\Longleftrightarrow} (x)\sim Fx$
(T5)	$(x)Fx \underset{QL}{\Longleftrightarrow} \sim(\exists x)\sim Fx$
(T6)	$(\exists x)Fx \underset{QL}{\Longleftrightarrow} \sim(x)\sim Fx$
(T7)	$A \underset{QL}{\Longrightarrow} (\exists x)A$
(T8)	$(x)A \underset{QL}{\Longrightarrow} A$
(T9)	$(x)Fx \underset{QL}{\Longrightarrow} (\exists x)Fx$
(T10)	$(x)(y)Fxy \underset{QL}{\Longleftrightarrow} (y)(x)Fxy$
(T11)	$(\exists x)(\exists y)Fxy \underset{QL}{\Longleftrightarrow} (\exists y)(\exists x)Fxy$
(T12)	$(\exists x)(y)Fxy \underset{QL}{\Longrightarrow} (y)(\exists x)Fxy$

(T13) $\quad$ (x)(Fx $\cdot$ Gx) $\underset{QL}{\Longleftrightarrow}$ (x)Fx $\cdot$ (x)Gx

(T14) $\quad$ ($\exists$x)(Fx $\vee$ Gx) $\underset{QL}{\Longleftrightarrow}$ ($\exists$x)Fx $\vee$ ($\exists$x)Gx

(T15) $\quad$ (x)Fx $\vee$ (x)Gx $\underset{QL}{\Longrightarrow}$ (x)(Fx $\vee$ Gx)

(T16) $\quad$ ($\exists$x)(Fx $\cdot$ Gx) $\underset{QL}{\Longrightarrow}$ ($\exists$x)Fx $\cdot$ ($\exists$x)Gx

當然，我們知道：A $\underset{QL}{\Longrightarrow}$ B 成立，若且唯若「A⊃B」是個 QL 恆真句。並且 A $\underset{QL}{\Longleftrightarrow}$ B 成立，若且唯若「A≡B」是個 QL 恆真句。

【　問題與討論　】

(1)界定‘自由變數’與‘約束變數’。

(2)下列完構式中，那一個變數出現是個自由出現，那一個是約束出現：

　　(i) ($\exists$x)(y)(Fxy ⊃ Gyx) ⊃ p

　　(ii) ($\exists$x)(Fx $\vee$ q)

　　(iii) (x)(Fxy ⊃ ($\exists$y)Gyx)

　　(iv) (x)($\exists$y)(p ⊃ Fz) $\vee$ Gxy

　　(v) (p ⊃ (x)Fy) ≡ (y)Gx

(3)在某一完構式 A 之中，某一變數 v 可不可以既是自由變數，又是約束變數？某一變數的某一出現，可否既是自由出現，又是約束出現？

(4)在什麼意義之下，我們可以說 TL 是 QL 的一個子語言？

(5)試述什麼叫做對於一個 QL 完構式的解釋。例釋之。

(6)證明在 QL 裏，堪稱為解釋者，不可能是個空集。

(7)當論域是個空集時，下列的完構式有些什麼特性：

　　(i) (b)A　　　　　　(iv) (b)A $\vee$ p

　　(ii) ($\exists$b)A　　　　　(v) ($\exists$b) $\cdot$ p

　　(iii) ($\exists$b)A ⊃ p　　　(vi) (b)A ≡ ($\exists$b)A

其中 A 裏只含有 b 這個個體變數。

(8)闡釋下列斷言：「為一個完構式提供解釋，往往（而不是一定）只是標明了該完構式的意義，而並未提供判定其真假的充分條件」。試問我

們為什麼說‘往往，而不是一定’？在什麼情況下，一個解釋就自動成為判定某一完構式的真假之充分條件？（提示：試考察一個只有其語句變數和謂詞變數是自由變數的完構式。）

⑼當一個解釋給一個謂詞變數賦與意義時，是否也就決定了該謂詞的外範？反之，當一個解釋給一個謂詞變數賦與外範時，是否跟著也決定了該謂詞的意義？申論並例釋之。

⑽什麼叫做「外範邏輯」？以 QL 的語意論為依據，說明一個外範邏輯的特色。

⑾‘外範’的對反是‘內涵’。那麼什麼樣的邏輯堪稱為「內涵邏輯」(intensional logic)？在一個內涵邏輯裏，所謂明晰謂詞與暗晦謂詞之分，是否具有我們現在所需的迫切意義？申論之。

⑿為什麼給謂詞賦與意義，往往比為它提供外範，簡潔方便？（提示：參照以前說過的，所謂「外範界說」的不完整性。）

⒀為什麼當 A 是「～B」時，是「～B」的解釋的，也是 A 的解釋？而且當 A 是「B・C」，或「B∨C」或「B⊃C」或「B≡C」等等時，是 B 和 C 的解釋的，也跟著是 A 的解釋？是否反之亦然：當 A 是「～B」時，是 A 的解釋的，也跟著是「～B」的解釋？當 A 是「B・C」等等時，是 A 的解釋的，也跟著是 B 和 C 的解釋？

⒁當 A 是「(b)B」或「(∃b)B」時，是 A 的解釋的，是否跟著就是 B 的解釋？反之如何？試細論之。（提示：注意 b 在 B 裏的出現情形，即：b 有沒有出現在 A 之中。若 b 不出現在 B 之中，我們可以將「(b)」或「(∃b)」稱為是個「空洞出現」的量化詞。參見下列⒅。）

⒂試將 QL 的真句規則中的⑸—⑺補足起來。

⒃為什麼有時候我們對於某一完構式的每一自由變數，完全加以賦值，可是仍然無法判定其真假？（提示：這與論域和某些謂詞之外範是些無窮集合，有無關聯？）

⒄假若我們的論域，永遠只限於有窮集合。試問量化詞在理論上，是否可以去除，而不影響 QL 的表達能力？（提示：設論域為 {a, b}，‘(x)Fx’與‘Fa・Fb’是否同義？‘(∃x)Fx’與‘Fa∨Fb’是否相等？）

⒅某一量化詞的出現，稱為「空洞出現」(vacuous occurrence)，假若在其廣度之內，沒有此一量化詞的量化變數之自由出現。比如，在下列完構式裏，第一次和第三次的量化詞出現，是些空洞出現。其他的量化詞出現則否：

$$(x)(\exists x)Fx \lor (z)(\exists y)Gyx$$

試問：為什麼第一個量化詞出現（即 '(x)'）是個空洞出現？

⒆在「$(b)A$」和「$(\exists b)A$」中，設「(b)」和「$(\exists b)$」都是空洞出現，試證在任何解釋 Σ 之下，「$(b)A$」，「$(\exists b)A$」和 A 的真假值完全相等。

⒇應用 QL 的真句規則，判定下列完構式，分別在其所標定的解釋之下的真假值：

   (i) $(x)(y)Fxy$ 論域是正整數，'$F_{①②}$' 表示 '$① < ②$'。

   (ⅱ) $(\exists x)(y)Fxy$ 與⑴同一解釋。

   (ⅲ) $(y)(Gy \supset (\exists x)Fyx)$ 與⑴的解釋同，但 '$G_①$' 表示 '$①$是素數'。

   (ⅳ) $(x)(y)(Fxy \supset (\exists z)Fzz)$ 論域：人，'$F_{①②}$' 表示 '$①$愛$②$'。

   (ⅴ) $(x)Gx \equiv (y)Gy$ 論域：人，'$G_①$' 表示 '$①$是哲學家'。

   (ⅵ) $(x)Gx \equiv \sim(\exists x)\sim Gx$ 與前一解釋同。

57. 模型論證法

在上一節裏，我們界定了 QL 完構式的「解釋」。我們說，對某一完構式的 (QL) 的解釋，包括規定一個非空集做為論域，並且（至少）對該完構式所含的自由變數，加以賦值。我們也頒佈了 QL 的真句規則，並且例釋了如何使用那一組真句規則，判定一個完構式在某一解釋下的真假值。現在讓我們進一步介紹一些與之相干的概念，以便為 QL 裏的對確性概念開路。

當一個完構式 A 在某一解釋 Σ 下為真時，則我們說，該解釋是該完構式的一個「模型」(model)。因此，所謂模型，就是使某一完構式在它之下為真的解釋（有時候，我們就簡稱這樣的解釋為「真的解釋」）。一個完構式如果具有模型，那麼我們稱它為「可滿足的」(satisfiable)。也就是說，有個解釋可

滿足它，使它為真。正好像我們在數學裏說，當 y 為 3 時，滿足了 'y + 2 = 5'；意思就是說，在 y 為 3 這一解釋之下（這時論域沒有明白說出，但卻知道是整數），所得述句為真。

舉例來說，像 '(x)(∃y)Fxy' 這個完構式就是可滿足的。我們在上一節裏為它所提供的解釋，就是它的一個模型。相反地，像 '(∃x)Gx ≡ (x)∼Gx'，就是不可滿足的完構式，因為沒有一個解釋可以令它為真。也就是說，該一完構式沒有模型。

以 "模型" 這一概念，或者由它所界定的概念（如 "可滿足性" 等等），來探討某些邏輯性質或邏輯關係的理論，稱為「模型論」(model theory)。使用模型論所發展的結果，來證題或解題的辦法，可以稱為「模型論證法」(model theoretical proof)。我們要在這一節裏，指出如何使用這種辦法來證明涵蘊關係的成立，或論證的對確性。

可是在還沒有進行這個工作之前，首先讓我們進一步釐清某些概念。當我們說某一完構式 A 有模型，或可滿足時，我們已經隱含著論域的概念；因為論域是解釋的一部分。現在為了清晰明確，並且提醒我們的注意起見，讓我們明白地將論域標示出來。所以我們要重新界定 '模型' 和 '可滿足性'。不把它們當做絕對語詞，而把它們看成相對語詞。設 Σ 為 QL 裏的解釋，它的論域是某一非空集合 Δ。假若某一完構式 A 在 Σ 之下為真，那麼讓我們說，A 在 Δ 裏有模型。我們也說，A 在 Δ 裏可滿足。這樣的「在 Δ 裏之模型」(model in Δ) 和「在 Δ 裏的可滿足性」(satisfiability in Δ)，顯然是相對的概念。為了醒目起見，我們分別將它們列為界說如下：

> (D1)　　A 在 Δ 裏有模型 =_Df A 在某一解釋 Σ 下為真，而 Δ 是 Σ 裏所規定的論域。
>
> (D2)　　A 在 Δ 裏可滿足 =_Df A 在 Δ 裏有模型。

我們所以要明文地引介這兩個相對的概念，是因為有些完構式，在某一（非空）論域裏有模型的；在另一（非空）論域裏，不一定有模型（參見問題(5)的答案）。另外有些完構式，則在每一個（非空）論域裏皆有模型。其他還有一些完構式，不管在空域或非空域裏，皆有模型。

　　事實上某一完構式有沒有模型，或是可否滿足，除了對於其所含的自由變數的賦值而外，並不是取決於某一論域 Δ 的實際內容或其他經驗性質，而是取決於它的某一邏輯（或數學）性質。這一性質就是 Δ 的基數 (cardinality)。也就是 Δ 的分子數目。一個完構式 A，若在 Δ 裏有模型，而 Δ 的基數與 Γ 的基數相同，那麼 A 在 Γ 裏也有模型。因此，當我們談及論域的時候，我們只要計較它的基數即可，而不必考慮它的其他方面之性質。

　　設 Δ^c 為論域 Δ 的基數（我們一直假定著 $\Delta^c \neq 0$），我們可以引介下列的概念："Δ^c–模型"，"Δ^c–可滿足（性）"（或 "Δ^c 地可滿足性"）如下：

(D3)　　　A 有個 Δ^c–模型 $=_{Df}$ A 在某一個 Δ 裏有模型。

(D4)　　　A 是 Δ^c–可滿足的 $=_{Df}$ A 在某一個 Δ 裏可滿足。

因此，我們可以談及完構式 A 的 1–模型，2–模型，k–模型，$\aleph_0$–模型，或 $2^{\aleph_0}$–模型等。同樣地，我們也可以談及 1–可滿足，k–可滿足等等。

　　現在我們應用 k–可滿足性，來界定 QL 之 k–恆真性與恆假性。

(D5)　　　A 是（QL 地）k–恆真 $=_{Df}$ 在每一個解釋 Σ 之下，A 都是 k–可滿足。

這時 Σ 的論域基數當然是 k。

(D6)　　　A 是（QL 地）k–恆假 $=_{Df}$ 沒有一個解釋 Σ，可以令 A 為 k–可滿足。

淺明地說，一個完構式 A，在某一含有 k 個分子的論域 Δ 裏，是恆真的；若且唯若 A 在以 Δ 為論域的每一個解釋 Σ 之下，皆為真。也就是說，不管 Σ 給 A 的自由變數的賦值為何，A 在 Σ 下均為真。這時我們說，A 是個 k–恆真式。相反地，一個完構式 A，在某一含有 k 個分子的論域 Δ 裏，是恆假的；若且唯若 A 在以 Δ 為論域的每一解釋之下，皆為假。這時我們說，A 是個 k–恆假式。

　　這表示，我們剛剛界定的恆真與恆假的概念，仍然是個相對的概念。某一個完構式可以是在論域 Δ 裏恆真，但在另一論域 Γ 裏，卻非恆真。恆假性也是一樣。在 Δ 裏恆假的，在 Γ 裏不一定恆假（$\Delta^c \neq \Gamma^c$）。可是，有時我們需要應用到無條件限制的（亦即絕對的）恆真，恆假或可滿足等概念。這時它們可以分別由其相應的相對的概念，界定如下：

(D7)　　　A 是可滿足的 =_Df 對於某一 k (k ≥ 1) 而言，A 是 k–可滿足的。

(D8)　　　A 是 (QL) 恆真的 =_Df 對於每一個 k (k ≥ 1) 而言，A 是 k–恆真的。

(D9)　　　A 是 (QL) 恆假的 =_Df 對於每一個 k (k ≥ 1) 而言，A 是 k–恆假的。

界定了這些概念之後，我們接著要指出一些，從上面的界說和其他的邏輯關係，可以推論出來的結果：

(T1)　　　A 是 (QL) 恆真的，若且唯若「～A」是不可滿足的。

(T2)　　　「(A ∨ B)」是可滿足的，若且唯若 A 或 B 是可滿足的。

(T3)　　　「(A · B)」是恆真的，若且唯若 A 和 B 都是恆真的。

(T4)　　　「(∃b)A」是可滿足的。若且唯若 A 是可滿足的。

(T5)　　　「(b)A」是恆真的，若且唯若 A 是恆真的。

現在我們要接著考察，論證的對確性問題，以及如何使用模型論法，檢查論證的對確性。首先觀察下列界說：

(D10)　　　A QL 地涵蘊著 B=_Df 對於任何解釋 Σ 而言，若 A 在 Σ 下為真，那麼 B 在 Σ 下也必然跟著為真。

(D11)　　　$P_1, P_2, \ldots\ldots, P_k \vdash C$ 是 QL 對確的 =_Df $P_1, P_2, \ldots\ldots, P_k$ 共同地 QL 涵蘊 C（即：$(P_1 \cdot P_2 \cdot \ldots\ldots \cdot P_k)$ QL 地涵蘊 C）。

顯然由此我們可以推論出：

(T6)　　　$P_1, P_2, \ldots\ldots, P_k \vdash C$ 是 QL 對確的，若且唯若「$(P_1 \cdot P_2 \cdot \ldots\ldots \cdot P_k) \supset C$」是 QL 恆真的。

再由 (T6) 和 (T1)，我們知道：

(T7)　　　$P_1, P_2, \ldots\ldots, P_k \vdash C$ 是 QL 對確的，若且唯若「$P_1 \cdot P_2 \cdot \ldots\ldots \cdot P_k \cdot \sim C$」是不可滿足的。

這個結果令我們尋出一個對確性的檢驗法。為了證明 $P_1, P_2, \ldots\ldots, P_k \vdash C$ 是對確的，我們只要證明「$P_1 \cdot P_2 \cdot \ldots\ldots \cdot P_k \cdot \sim C$」是不可滿足即可。所謂不

可滿足，就是沒有模型。

　　為了證明某一完構式沒有模型，我們往往可以訴諸「歸謬法」：假定它有模型，然後導出一個矛盾來。

　　第二個辦法是，證明任何是「$(P_1 \cdot P_2 \cdot \cdots\cdots \cdot P_k)$」的模型的，也是 C 的模型。因此，如果有個解釋 Σ 令 C 為假，那麼它一定不能是「$(P_1 \cdot P_2 \cdot \cdots\cdots \cdot P_k)$」的模型。我們也可以使用歸謬法：假如 Σ 令 C 為假，設 Σ 是「$(P_1 \cdot P_2 \cdot \cdots\cdots \cdot P_k)$」的模型，然後導出一個矛盾來。

　　在做這類的推理時，有一個定律，常常對我們的解題有所幫助。它是：

(T8)　　　假若 A 是可滿足的，那麼它是 $\aleph_0$-可滿足。

這是所謂的「羅溫漢定理」(Löwenheim Theorem)。淺白地說，一個完構式若是在某一論域裏可滿足，那麼它在（正）整數域裏，也可滿足。正整數域是種所謂「可計數」(denumerable) 的界域。羅氏的定理說，任何的完構式，若它是可滿足的話，則它是可計數地可滿足（我們通常以 ' $\aleph_0$ ' 代表可計數的無窮，即最小的無窮）。

　　由於這個定理，我們在設想可滿足性時，往往可以直接以正整數域，做為論域。不必再向上超升。比方，不必以實數域做為論域。因而當我們談及論域時，我們可以將其分子，做一枚舉，如 $a_1, a_2, \cdots\cdots, a_k, \cdots\cdots$（相反地，若談及實數，就無法枚舉了）。

　　可是模型論證法，並不是一個有效的辦法，它不是一個機械程序。然而這卻是件無可奈何的事。在謂詞邏輯裏，我們沒有一個普遍而有效的辦法，可以用來像真值表法似地，機械性地判定完構式的恆真性（以及其他可依之界定的性質）。這樣的方法不是尚未發掘，還待努力，而是已經證明必定不存在的，即使努力，也是枉然。

　　由於這樣的困境，邏輯家通常把謂詞邏輯，分門別類。指出其中的那一部分可以有判定程序，辦法如何等等。比如，我們已經說，三段論的判定問題有解。它是謂詞邏輯的一小部分。還有其他的部分，也有判定程序，比如只含所謂單元謂詞 (monadic predicate)（一元謂詞）的謂詞邏輯就是一例。在這一節裏，我們的主要目的，在於陳示模型論的理論基礎，而不在於介紹判

定技巧，因此我們將不再深入地，分別介紹各種判定辦法的性質，理論依據，和應用方法。讀者可以在現代邏輯的專著裏，獲取這方面的知識。

儘管如此，有幾種常用的推論規則，值得在此加以介紹。下列四條規則都是有關於量化詞的消除與引入的。在陳構這些規則時，我們設‘c’為個體常數。「Ab」和「Ac」分別代表含有 b 和 c 的自由出現之完構式 A。

(R1)　全稱例化規則 (rule of universal instantiation)：從「(b)Ab」我們可以推論出「Ac」。

依據 (R1)，下列的推論形式都是對確的（當然還有其他的）：

$$\frac{(x)Fx}{\therefore Fc} \qquad \frac{(x)(\exists y)Gxy}{\therefore (\exists y)Gcy} \qquad \frac{(y)(Fy \supset Gy)}{\therefore Fc \supset Gc}$$

例如，從‘每一樣東西都占有空間’，我們可以推論出‘桌子占有空間’（設論域為物理事物）。從‘凡哲學家都愛真理’，我們可以推論出‘若亞里士多德是哲學家，則他愛真理’（論域：人）。

這個規則允許我們脫去全稱量化詞，因此也可以稱之為「全稱量化詞消除律」。

(R2)　存在推廣規則 (rule of existential generalization)：從「Ac」，我們可以推論出「(∃b)Ab」。

依此規則，下列的論證形式（還有其他的）全都是對確的：

$$\frac{Fc}{\therefore (\exists y)Fy} \qquad \frac{(\exists x)Fcx}{\therefore (\exists y)(\exists x)Fyx} \qquad \frac{Fc \cdot Gc}{\therefore (\exists x)(Fx \cdot Gx)}$$

（注意在第二個論證裏，我們沒有推出‘(∃x)(∃x)Fxx’這樣的結論來。）比如，從‘亞里士多德是哲學家’，我們可以推論出‘有人是哲學家’（論域：人）。從‘有的數比 6 大’，我們推論出‘有的數比有的數大’（論域：數）。

這個規律允許我們引入存在量化詞，所以我們可以稱之為「存在量化詞引入律」。

　　我們可以沒有限制地應用上述的 (R1) 和 (R2)。可是使用下列的兩條規則時，我們必須注意它們分別所附帶的條件或限制。

(R3)　　存在例化規則 (rule of existential instantiation)：假如 'c' 未出現在論證的先前步驟裏，那麼由「(∃b)Ab」，我們可以推論出「Ac」。

依據 (R3)，則像下列這樣的論證，是對確的：

$$\left. \begin{matrix} \vdots \\ \end{matrix} \right\} 未有 'c' 出現。 \qquad \left. \begin{matrix} \vdots \\ \end{matrix} \right\} 未有 'c' 出現。$$

$$\frac{(\exists x)Fx}{\therefore Fc} \qquad\qquad \frac{(\exists x)(y)Fxy}{\therefore (y)Fcy}$$

這種論證的理由根據是這樣的（比如以上列第一個論證形式來說），如果有東西是 F，那麼就讓那東西以 'c' 名之，所以我們可以說 'c 是 F'。但是 'c' 不能已出現在先前的論證過程中，因為在那些步驟裏，我們可能已經賦給 c 某種特有的性質了。說不定與 F 這一性質不能並存。比方，下列的論證，顯然是謬誤的：

$$\frac{\begin{matrix} (\exists x)(x \text{ 是圓的}) \\ (\exists x)(x \text{ 是方的}) \end{matrix}}{\therefore c \text{ 是圓的，同時 } c \text{ 是方的（c 是方的圓）。}}$$

這個謬誤之所以產生，是因為在使用 (R3) 時，我們用了 'c' 兩次的緣故。因而違犯了該條推論規則的明文限制。它的推論過程如下：

　　⑴ (∃x)(x 是圓的)　　　　　前提

　　⑵ (∃x)(x 是方的)　　　　　前提

　　⑶ c 是圓的　　　　　　　　由⑴，使用 (R3)

　　⑷ c 是方的　　　　　　　　由⑵，使用 (R3)

　　⑸ c 是圓的，同時 c 是方的。　由⑶與⑷，使用真函邏輯

顯然第⑷步驟違反了 (R3) 的規定。假若我們將⑷改為：

　　⑷′ d 是方的　　　　　　　　由⑵，使用 (R3)

則它是合法的。不過這時我們就推論不出上列的(5)。只能推論出：

       (5′) c 是圓的，同時 d 是方的。   由(3)與 (4′)，使用真函邏輯這樣的
                                  推論是對確的。

要注意的是，這時我們可以把像 'c' 這樣的個體常數，看成是未確定的
事物之名。但卻不能未經明察，隨便以一個含有特定意義的專名取代之。例
如，由 '有人是哲學家'，我們可以推論出 'c 是哲學家'。我們要以 'c' 代
表柏拉圖，亞里士多德，……這樣的人物。我們當然不能由上述前提推論出
'李後主是哲學家'。(R3) 也沒有允許我們，由那前提直接推論到 '柏拉圖是
哲學家'。

這個推論規則，指示我們如何脫除存在量化詞，因此我們可以稱之為「存
在量化詞消除律」。

(R4)   全稱推廣規則 (rule of universal generalization)：假如 'c' 是個任
            意的（不是特定的）個體常數，那麼從「Ac」，我們可以推論出
            「(b)Ab」。

根據這條規則，那麼我們可以做如下的推論：

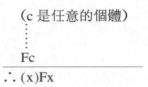

        (c 是任意的個體)
           ⋮
        Fc
        ──────────────
      ∴ (x)Fx

舉例來說，當我們要證明偶數具有某一性質 F 時，我們經常這樣推論：設 k
為任意的偶數。因為 k 是個偶數，所以……，所以……；因此 k 是 F。由此
我們下結論道：'凡是偶數皆是 F'。要注意的是，k 必須是個任意偶數，而不
是個特定的偶數。正如，在幾何裏證題時，我們常常繪一個任意三角形，幫
助我們推論。所得的結論是對所有三角形都為真的。這時，我們不能繪一個
特殊三角形（比如正三角形，或等腰三角形）。而以它的特殊性質為基礎，推
論出凡三角形均具有該性質。

在應用 (R4) 時，我們特別要注意，'c' 不能是由 (R3) 得來的。

我們可以把 (R4) 稱為「全稱量化詞引入律」。

下列另外四條規則，在證題時，也很有用。它們是依據前一節的 (D1) 和真函邏輯得來的：

(R5)　　從「(b)A」，我們可以推論出「～(∃b)A」；反之亦然。

(R6)　　從「～(b)A」，我們可以推論出「(∃b)～A」；反之亦然。

(R7)　　從「(b)～A」，我們可以推論出「～(∃b)A」；反之亦然。

(R8)　　從「～(b)～A」，我們可以推論出「(∃b)A」；反之亦然。

(R5)—(R8) 這四條推論規則，全是有關全稱量化詞和存在量化詞的互相改換的，我們可以通稱之為「量化詞互換律」。

【　問題與討論　】

⑴使用上一節的真句規則，判斷一個完構式在某一解釋下的真假值。試問這種辦法是否為一機械程序？申論之。

⑵一個完構式可以有幾個模型？有沒有完構式是沒有模型的？試申論之。

⑶證明：如果一個完構式具有一個模型，則它具有無窮多個模型。

⑷為什麼我們稱一個完構式是「可滿足的」，而不把它稱為是「真的」，或稱為是「可為真的」？申論之。

⑸舉例說明某一完構式，在某一論域裏有模型（可滿足）的，在另一論域裏，不一定（雖然不是一定不）也有模型（也可滿足）。

⑹舉例說明某些完構式，在任何（非空）論域裏皆有模型。另外舉例說明有的完構式在所有不管是空或非空論域裏，皆有模型。

⑺證明：若 A 在 △ 裏可滿足，而 $\triangle^c = \Gamma^c$，那麼 A 在 Γ 裏也可滿足。其中 $\triangle^c$ 與 Γ^c 分別為 △ 與 Γ 的基數。

⑻證明：若 A 在 △ 裏可滿足，而 $\triangle^c < \Gamma^c$，那麼 A 在 Γ 裏也可滿足。反之如何？

⑼設 k > 1，證明：如果 A 是 1–恆真，則它一定是 k–恆真。（提示：

參照(8)的答案，並考慮可滿足性與恆真性的關係，即 (T1) 所示者。）

　　(10)下列斷言是否為真？ 若是，證明之；若否，反證之。

　　　(i)若 A 和 B 都是可滿足的，則「(A・B)」也是可滿足的。

　　　(ii)若 A 和 B 都是 k–可滿足，則「(A・B)」也是 k–可滿足。

　　　(iii)若 A 和 B 在 Σ 之下皆為真，則「(A・B)」在 Σ 之下也為真。

　　　(iv)若 A 是恆真的，則「(A ∨ B)」是恆真的。

　　　(v)若「(A ∨ B)」是恆真的，則 A 是恆真的，或 B 是恆真的。

　　　(vi)若 A 是不可滿足的，則「(A・B)」也是不可滿足的。

（提示：注意(i)，(ii)和(iii)之不同。）

　　(11)證明本文裏的 (T1)—(T6)。

　　(12)證明正文中的 (R1)—(R8) 這八條推論規則，全是「對確性保持規則」。

　　(13)例釋 (R1)—(R8) 的用法。並例釋 (R3) 與 (R4) 的誤用。

　　(14)試述 TL 涵蘊與 QL 涵蘊，以及 TL 對確與 QL 對確的差異，與或彼此之間的關係。

　　(15)「等同」(identity) 是個很重要的邏輯概念，比如傳統邏輯裏的「思想三律」的第一律，叫做「同一律」(law of identity)，可以構寫如下：

　　　$(x)(x = x)$（每一個個體等同於它自己）。

（其他兩律為：「排中律」(law of excluded middle)：

　　　A ∨ ∼A（不是某一述句為真，就是其否定句為真）。

和「矛盾律」(law of contradiction)——宜稱為「非矛盾律」(law of non-contradiction)：

　　　∼(A・∼A)（一個述句與其否定句，不同為真）。

注意：第一律不屬於真函邏輯範圍，第二，三律則是。）

　　在我們所陳示的謂詞邏輯語言裏，為了陳構等同性，我們可以令某一謂詞變數（比如）'G5' 具有下列意含：

　　　$G5_{\textcircled{1}\textcircled{2}}$ 表示①等同於②

然後所有有關等同性的陳述，就可以在我們的謂詞語言裏表達出來。可是我們要注意，我們發展邏輯規則時，並沒有特別注意某一謂詞變數的

解釋，因此等同性所特有的邏輯性質，並沒有顯現在我們的謂詞邏輯裏。為了彌補這個缺陷，我們可以在 QL 的語彙中，加進一個謂詞常數，即上述的 'G5'。而把 'G5$_{①②}$' 依據平時的習慣簡寫為 '① = ②'。經過這樣的添加的語言，不再是 QL，而可以稱為帶有等同的 QL。我們將它簡稱 QL$^=$。QL$^=$ 所表構的謂詞邏輯，通常稱為「帶有等同的量化邏輯」(quantificational logic with identity)，或「帶有等同的謂詞邏輯」，「帶有等同的初階邏輯」等等。

在這樣的邏輯裏，我們可以陳構下列附帶的推論規則：

(R9) 從「Ab」與「b = a」，我們可以推論出「Aa」。

(R10) 從「Ab」與「∼Aa」，我們可以推論出「∼(b = a)」。

(R11) 從「(b = a)」，我們可以推論出「(a = b)」。

(R12) 從任何完構式 A，我們可以推論出「(b = b)」。

試列舉數個論證，說明 (R9)—(R12) 的用法。

⒃試問在 QL$^=$ 裏，下列斷言是否仍然成立：

　(i)設 k > 1，假若 A 是 1–可滿足，則 A 也是 k–可滿足。

　(ii)設 k > 1，假若 A 是 k–恆真，則 A 也是 1–恆真。

　(iii)設 A 是 k–可滿足，則 A 為 $\aleph_0$–可滿足。

⒄界定 QL$^=$ 涵蘊和 QL$^=$ 對確性。並比較彼等與 QL 涵蘊和 QL 對確性的關係。

⒅舉出一些完構式，它們只在無窮域裏可滿足，而在任何有窮域裏皆不可滿足。（提示：檢查此一完構式：'(x)(y)(z)(Fxy・Fyz ⊃ Fxz)・(x)(∃y)Fyx・(x)∼Fxx'）。

58. 語言的邏輯和邏輯的語言：邏輯解析回顧

在討論語言的用法的時候，我們已經說過，日常語言可以用來充做許許多多的功能。比方，我們可以應用語言說笑，自語，寄情，遣懷；甚至用它來氣人，罵人，騙人與傷人。當我們把語言用做這類場合的時候，我們所講

求的不是條理或「邏輯」，而是有效與中用。因此，往往為了（比方）出語驚人，不惜打破文法習慣，踰越邏輯常軌，以求新穎動聽，奇巧奪目。這時，語言的使用，只要不違背邏輯規則到足以抵消原來預料中的效果，我們通常是不去考究它是否「合乎邏輯」的。

可是語言還有一種很重要的用途。那就是以前所說的認知用法。我們使用語言來傳知達意，談論說理。這種語言的用法，就必須注重條理，講究邏輯。否則就無法獲致認知方面的功能。比方，我們要告訴他人明天郊遊的心意，我們卻說：

(1)明天我一定去郊遊，但是可能不去。

或者在告訴人家，什麼是人生最高的美德時，我們說：

(2)人生最高的美德是誠實，但是更高的美德卻是仁愛。

或者，我們說：

(3)你如果去，我就不去；你如果不去，我也不去。所以，不管你去或不去，我都要去。

或者：

(4)我家一共三個人：爸爸，媽媽，弟弟和我。

或者：

(5)我知道今天是星期四，但是我相信不是。

像(1)—(5)這樣的述句，顯然達不到傳知表信等認知功能（它們是否可做其他用途，那是另一回事）。它們帶給我們認知上的迷亂與困惑。這是因為我們在(1)—(5)裏，行文持說時，沒有講究「邏輯」的緣故。

一般的文法（有時也稱「語法」）課程，很少注意這方面的事。但並不是沒有。比如，上列的(2)是不合文法規則的。因為文法上有關形容詞等級之討論，告訴我們，在最上級之上，不能再有更高等級的形容。又如，下列的(6)也是不合文法的：

(6)蘇東坡的父親是詩人，她與蘇東坡齊名。

如果'她'指的是蘇東坡父親，這顯然違反文法規則：因為依據文法，'她'只用來指稱女性的人物，而父親當然不是女性。(6)不但不合文法，它也不合「邏輯」。

　　可是在文法裏，對於邏輯的處理，總是零零碎碎，沒有系統；而且通常沒有陳構出嚴格精密的規則，可供一般人採納和遵循。於是有關語言的邏輯之探討，總是落在邏輯家或哲學家的肩上。

　　可是，我們要發問：語言為什麼要講究邏輯呢？

　　在這裏，我們指的當然是就認知用法的語言而言。當做認知用法使用的語言，為什麼得講究邏輯。這個問題的答案，可以從認知用法的語言功能推想出來。我們一般所謂的認知活動，是指那些用來建立信念與知識的活動。比如，我們對於某一題材的觀察，分析和比較，是有助於成立信念和建構知識的。因此，觀察，分析，比較等等這一類的活動，就是一種認知的活動。相反地，暇思，夢幻與空想，是和建立知識或信念無關的。因此，那一類的活動，也就不是種認知的活動。

　　認知活動的目的，在於建立知識或信念。充做認知用法的語言，目的就在於直接或間接地，幫助完成知識與信念的建立。那麼，讓我們設想，如果這樣的語言，不講究邏輯的話，我們的目的有沒有辦法達成。我們在上面已經舉例說過，不合邏輯的述句，帶給我們困惑與迷亂；而不能用來建立知識和信念。比方說，如果一本物理學的書，前後充滿了自相矛盾的陳述，那麼我們讀了之後，怎能建立起物理知識。或者，一位歷史教員的講述，完全邏輯混亂，我們聽了，怎能培養歷史的認知。語言如果沒有邏輯，那麼我們也就失去了以它做為傳知表信的憑藉。這是使用語言所以要有邏輯的理由，它可以說是一種「語用考慮」(pragmatical consideration)。

　　如果我們可以不藉助語言，來幫助知識的建立；如果語言並不負有認知方面的功能；那麼語言可以不嚴格講究邏輯。可是不巧，語言經常是人們彼此之間，建立認知上的所謂「客觀性」之唯一媒介。沒有邏輯的語言，本身只是一堆亂木，搭蓋不起這樣的一座橋樑。

　　語言的邏輯儘管如此重要，語言的認知用法儘管範圍廣大，影響深遠；可是一般人對於語言的邏輯，一直缺少很有系統的研究。大家只依循平時的用語習慣，和一些常識與直覺，使自己的語言使用，趨於合理。可是研究邏輯和學習邏輯的一個很重大的意義，就是把這裏所指的語言的邏輯，明文地表露和陳構出現。正式地拿來討論和研究。

　　「傳統邏輯」(traditional logic) 對於語言的邏輯之處理方式，是把日常語言當做是一個頗可依賴的工具。因此，他們把邏輯直接建立在日常語言的基礎上。許多邏輯裏頭的特別設計，比如專門術語，特別符號等等的應用，只是為了方便而已。它假定就理論上言之，日常語言是自給自足的。

　　這樣的處理邏輯的方式，自有它的好處。在這種方式下所建構出來的邏輯，一直與我們的常識和直覺緊密相關。因此，我們接受起來似乎比較自然。傳統邏輯裏，對於三段論的發展，就是一個很突出的例子。可是，在日常語言的基礎上，來建構邏輯，也有一個很嚴重的缺點，那就是很難清白無染地，只就邏輯來談論邏輯。因為我們知道，日常語言的用途混雜，語文表式的意義含混歧義不一。加以陳構上不嚴格，用語上失精確；文法完構與有義無義無干，文法形式（結構）與邏輯形式（結構）殊異。於是，為了建構邏輯，我們往往花費許多時間與精力，在存菁去蕪的釐清工作之上，對於邏輯本身的討論，反而不能開門見山，一針見血。這樣，對於邏輯的建構與發展來說，往往浪費精力，事倍功半。

　　現代的邏輯則一反這樣的做法。不把邏輯建構在日常語言的基礎上，而把它看成一種有意創作的「理想語言」(ideal language)。我們已經說過，這樣的理想語言的最大特色，就是文法結構與邏輯結構的合一。由於這個特點，我們構作邏輯和對它加以討論的時候，自然避免了許多不相干的問題，節省了許多力氣，避免了無數的麻煩。

　　許多人常愛把「現代邏輯」(modern logic) 稱為「符號邏輯」(symbolic logic)，以便與「傳統邏輯」相對立。可是，這樣的命名往往容易引起人們的誤會，以為現代邏輯的特點，只是在於特別符號的應用；甚至以為傳統邏輯是不使用符號的。事實上，這兩個信念都是錯誤的。傳統邏輯自其鼻祖亞里士多德以降，一直加雜著特別符號的使用。而現代邏輯的普遍採用特別符號，一方面固然是為了簡單與精確；另一方面，更重要的卻是，在建構一個理想語言的時候，我們必須選擇新的語文表式，以免這樣的理想語言，和平時所用的日常語言，無意間又變得真珠魚目，涇渭難分。

　　舉一個很簡單的例子，我們在真函邏輯裏，我們引入了 '⊃' 這一條件連詞，而不再沿用 '若……，則 ----'。這並不是為了標新立異，強求不同之故。

當然，使用那個蹄鐵號，帶給我們許多運作上的簡單與方便。可是更重要的是，它具有獨立於日常語言，而被嚴格界定的系統意義。它只當做真值函數的語句連詞使用。相反地‘若……，則————’則含有許多蕪雜的意含。它不只是個真函連詞而已。邏輯語彙如此，邏輯概念也是如此。因此我們要不辭麻煩地說「TL 涵蘊」，「QL 涵蘊」，「TL 對確性」，「QL 對確性」，原因在此。

　　然而，我們卻遇到一些很基本而重要的問題。其中重要的兩個是：

　　⑴我們怎知道，這樣構作出來的理想邏輯語言，可以用來做為我們邏輯解析的利器呢？我們平時的思考，並不是藉助理想語言來進行，來表達的；我們怎知道邏輯的理想語言，對於我們的思考與問題而言，不是個與之完全脫節的空洞語言呢？

　　⑵如果⑴有令人滿意的答案，那麼：我們怎知道那一種理想語言，該被接受為我們進行邏輯解析的工具呢？——因為我們可以構作出很不同的許多理想語言。或者，讓我們更確切地問：QL 是我們所需要的邏輯解析之利器嗎？

對於這兩個問題，我們都沒有一個武斷而簡單的答案，但是讓我們對它們分別討論如下：

　　當我們在構作邏輯語言（理想語言）的時候，我們並不是憑空亂創，閉門造車；不顧需要與目的，只重「系統」，只重結構，做著巧妙的邏輯語言（文字）遊戲。當我們要建構一個邏輯語言的時候，首先我們要考慮，它所要陳構的是些什麼（邏輯）概念，以及它所要表露的是些什麼（邏輯）關係。只有這樣的問題決定了之後，邏輯語言的發明與創作，才不是盲目的。我們也因此才能檢查，我們所構作出來的邏輯語言，是否成功。

　　舉個例子來說，在真函邏輯裏，我們的主要目的在於陳構一種介乎述句與述句之間的涵蘊關係，以及基於述句做為單元，就可確認的對確性。有了這樣的目的在心，我們就有建構邏輯語言的方向。在第⑸⑵節—第⑸⑷節，特別是第⑸⑶節裏，我們所介紹的真函邏輯的語言，正是要來把上述的概念，加以嚴格化與系統化。於是我們界定了 "TL 涵蘊" 和 "TL 對確性"。其他的概念，幾乎都是為了用來幫助顯現這兩個主要的概念（甚至可以減少為其中的一個）而設的。我們要檢討那個真函邏輯的構作是否成功，只得比較我們在直覺上

構想的述句間的涵蘊與相關的對確性，與 TL 涵蘊和 TL 對確性。看看後者是否為前者的有系統，充分精確的理論「化身」。基於這樣的比較，我們才能判定我們構作出來的邏輯語言是否成功。

當然，決定邏輯語言的構作是否成功，這一問題是沒有「判定程序」可循的。我們需要動用聰明才智，加以抉擇。

由上面所說的，我們可以領略到，在構作邏輯語言時，我們並不是盲目而無標的的。我們有直覺的概念做為粗略的基礎，有特定的理論目的做為動因（動機）。因此，不像有些人士所相信的，邏輯的創作並不是完全超脫我們的直覺。可是邏輯語言的創作一經出步，往往很快起飛，迅速進入直覺所沒達到過的無人地帶，這時我們的直覺也就失去了帶路與指引的作用。有時，我們甚至發覺邏輯的發展結果，有些地方與直覺相駁，甚至帶出一些「詭論」(paradox) 來。

比如，依據真函邏輯的發展，我們已經說過，下列兩個斷言都證明成立的：

(1)恆假句涵蘊任何的述句。

(2)任何述句都涵蘊恆真句。

可是我們的直覺對這兩個斷言的內容，似乎毫無所說，因此乍然無法接受；甚至覺得它們違背「常理」，不值得採納。這兩個斷言，可以稱為「涵蘊詭論」(paradox of implication)。

邏輯家常常必須考慮建構邏輯的目的，並且在這個觀點下，衡量一個邏輯系統的那些內容應該修正，以符合我們的理性上的要求。

現在讓我們接著討論，我們在上面所發問的第二個問題。我們已經討論過謂詞邏輯（或量化論的邏輯）語言 QL（或兼帶等同的 $QL^=$）——當然 QL ($QL^=$) 包羅 TL，後者是前者的子語言。讓我們發問：這就是我們所要的邏輯嗎？這就是我們要用來做為邏輯解析的工具或「理論基礎」的東西嗎？我們怎知道，QL ($QL^=$) 是相應於我們日常語言之認知用法的一種理想語言呢？對於這樣的問題，我們也一樣地沒有一個簡明而武斷的答案。我們仍然得根據智慧，衡量比較，加以判斷選擇。

不過有一點值得在此提出來，做為上列問題的部分答案。我們在討論語言時，業已說過，語句和語詞是我們日常語言裏最重要的單位。因此，當我

們要做邏輯解析時，我們就得設法「釋寫」（翻譯）這兩種語文單元。粗略地說，真函邏輯的構作，主要是用來應付認知用法的語句的；而謂詞邏輯，則是要兼而應付認知用法的語詞的。從這個觀點看，QL (QL$^=$) 的構作已經注意到了，日常語言的淺層和深部結構。假若邏輯的構作成功，應該可以用來做為有力的邏輯解析的工具。

可是，我們也一直提醒過，我們只收容真函連詞，而沒有採納不是真函的連詞；在我們的邏輯裏，只有明晰謂詞，而沒有暗晦謂詞；我們的邏輯解析只能停留於「斷說句」，而無法兼顧其他樣態的語句（如「必然句」，「導引句」，「疑問句」等等）；我們所推出的邏輯，是種外範邏輯，而不是一種內涵邏輯……。因此，我們根據 QL (QL$^=$) 所能做的邏輯解析，是有一定的界限的。好在我們通常的討論，大多停落在它的範圍之內，因此 QL (QL$^=$) 運用起來，常常有得心應手之妙。然而，我們卻不能以既定的邏輯，局限我們理性和精神的發展。站在邏輯的地平線上，眼前永遠是一片廣大的原野和遼闊的天空，等待我們去開展，去創造，去發掘。

【　問題與討論　】

(1)不是用來說理談論的語言，通常不必計較是否「合乎邏輯」。可是有時冒犯了邏輯，卻足以減弱甚至打消了原來預想中的語言功能。試舉出五個例子，幫助說明此種情形。

(2)為什麼用來傳知達意，談論說理的語言，必須注意是否合乎邏輯？如果違反邏輯，有些什麼結果？

(3)當我們說，行文論說必須「合乎邏輯」，這是不是意味著「邏輯」是種獨立於語言的東西？申論之。

(4)語言為什麼要講究邏輯？試詳細討論之。

(5)什麼叫做「語用考慮」？申論之。（提示：回顧 '語用學' 的界說。）

(6)闡釋下列斷言：「如果我們不藉助語言，來幫助知識的建立；如果語言不負有認知方面的功能；那麼語言可以不嚴格講究邏輯」。

(7)批評下一斷語：「語言經常是人們建立客觀性的唯一媒介」。試問，

我們可有其他獲致客觀性的辦法？（提示：有人主張以頓悟，心照，神領等方法，獲取客觀認知。其可能性與可行性如何？）

(8) ‘語言的邏輯’一詞的明確意義為何？應該是語言的用法，要講究邏輯，或是語言的本身之結構？或是什麼？

(9)從語言意義的主觀性看來，認知的純粹客觀性或絕對客觀性，是個空洞的夢想。試言其故？（提示：首先回顧我們以前對於語文意義的主觀性和交互主觀性之討論。）

(10)我們需要絕對客觀性嗎？在什麼場合需要？它是什麼？它是不是建立知識的必要條件？申論之。

(11)試述傳統邏輯與現代邏輯的主要區別何在？細細比較之。

(12)現代邏輯的理想語言，有些什麼重大的特色，試一一列舉說明之。

(13)試分別分析我們在正文裏 (P.327)，所發問的兩個問題(1)與(2)的重要性；並且檢討我們對該兩問題，所做的答案。

(14)把直覺上的概念，加以精確化，陳構為系統裏的嚴密概念，這樣的程序卡納普 (Rudolf Carnap) 稱為「闡釋」(explication)。比如“介乎述句間的涵蘊”可能只是直覺上的粗略概念，它是「系統外的」或「系統前的」(pre-systematic) 概念。我們將之精化，提出 “TL 涵蘊” 這個概念，它則是在系統裏嚴格界定的，它有準確的意義。前一種概念，稱為「被闡釋項」(*explicandum*)；後一種概念，稱為「闡釋項」(*explicatum*)。被闡釋項與闡釋項之間，總有差異與偏廢，試問何故？（提示：如果被闡釋項與闡釋項完全符合，此一闡釋是否多餘？）

(15)怎樣的闡釋才可算是「合理的闡釋」？試提出一些闡釋某一概念，所應滿足的條件。

(16)有人把闡釋稱為「理性之重構」(rational reconstruction)。試問何以名之為‘理性的’？‘重構’又當何解？

(17)試舉出三個一般所熟悉的闡釋例子，並說明它們各個闡釋是否成功。

(18)在什麼意義之下，我們可以說邏輯的語言是我們對於語言的邏輯，加以「理性之重構」的結果？試詳細討論之。

(19)理性的重構是否成功，有沒有判定程序？試言其故。

⒇卡納普所謂的「闡釋」，與我們常常在「問題與討論」中，使用的「闡釋」(‘如闡釋下列斷言：……。’參見下列㉑）有何分別？它們有無相似之處？

㉑闡釋下列斷言：「邏輯的創作並不是完全脫離直覺，可是它的發展很容易迅速抵達直覺不入之地。這時直覺失去了帶引的功用。有時甚至與邏輯的發展相抵觸。」並例釋之。

㉒試寫一論文，題目是：「邏輯與直覺」。

㉓為什麼有人會以為，正文裏 (P.328) 的⑴和⑵是種「詭論」？此處‘詭論’指的是什麼？(提示：回顧以前對「涵蘊」與「涵衍」的討論。)

㉔對於我們平時的討論而言，QL（或 $QL^=$）是否已經算是頗為完備的邏輯解析工具？詳細討論之。

㉕ QL ($QL^=$) 的論域是任何的非空域，而我們平常用來討論的日常語言的邏輯，有沒有假定著什麼論域呢？論域問題是個經驗問題（事實問題)，或者不是？它有什麼理論上的重要性？

59. 邏輯與系統

人們在持說立論的時候，往往相信其所發的言論，並不是一個一個單獨或孤立的斷言，而是一連串彼此相關的理論的一部分。這個廣包的理論，常常被稱為「系統」或「體系」。比如，我們說某人的「哲學系統」，或他的「思想體系」，就是這個意思。

可是，在一般的用法裏，‘系統’（或‘體系’）一詞的意義，並不清晰明確。往往有種種性質上並不相同的東西，但卻一概以‘系統’之名呼之。我們在這一節裏，所要做的並不是為‘系統’一詞下一個明確的界說，或者規定一個嚴格的用法；而是陳示系統的模式，做為人們談論系統時的例樣。

在各種不同的系統當中，以邏輯的系統和數學的系統，結構最為清楚，組織最為嚴密。尤其是邏輯的系統，特別講究陳構的精確，方法的嚴格，以及設定部分與衍生部分的劃分。因此，我們要在此處，拿一個邏輯系統做為

例子，說明所謂系統到底是何物。選擇邏輯系統做為例釋，另外還有一個原因，就是可以藉此與我們前幾節的題材，關聯起來。把那些題材，加以「系統化」。不過，就是在邏輯的範圍裏，也有種種不同性質的系統。我們要在這裏陳示的，叫做「設理系統」(axiomatic system)，也稱為「公理系統」。

我們的目的是，將 QL 加以設理地系統外，看一看所成的系統之結構和組織，並且以它為範例，說明系統的某些重要性質。由於 TL 可以獨自成為一個系統，因此，我們首先將它設理化。

真值函數邏輯的設理系統（稱其為 TL_A，腳碼 'A' 表示設理化的），具有下列的組織與結構：

（一）TL_A 的語彙

(i)語句變數：'p'，'q'，'r'，'s'，'p_1'，'q_1'，'r_1'，'s_1'，'p_2'，……。

(ii)一元語句連詞：'～'。

(iii)二元語句連詞：'⊃'。

(iv)組合指示符：'('，')'。

這一組基始符號，和以前在第 53 節裏的陳示，唯一不同的是，這回我們選擇了 '⊃' 而沒有選擇 '·' 與或 '∨'，做為其中的基本連詞。原因是，我們仍然要把 '⊃' 解釋為條件連詞，而條件述句跟涵蘊關係以及對確性之間，有著極為密切的關係（這點我們早已說過）。我們若採用 '⊃' 做為基本的連詞，對於闡釋涵蘊關係與對確性，將顯得簡單明白，直截了當。

另一點要提出來討論的是，在上述的語彙清單裏，除了第一個項目（即語句變數）而外，其他各項的數目都是有限的。不過，如果一定需要（參見以後的討論），我們也可以使用有限多的符號，來枚舉無窮多的語句變數（參見問題(3)的討論）。這樣一來，TL_A 的語彙就可以很簡單地加以枚舉。而 TL_A 的基始符號，就可以化為有窮多個。

（二）TL_A 的形成規則

(i)語句變數單獨陳列者，係一完構式。

(ii)若 A 為完構式，則「～A」亦為完構式。

(iii)若 B 和 C 皆為完構式，則「(B⊃C)」亦為完構式。

(iv)只有依上述(i)—(iv)所構成者，是為完構式。

（三）TL$_A$ 的語意論

設 Σ 為完構式 A 的解釋，那麼：

(i)若 A 是語句變數 α，則 A 在 Σ 下的值，就是 Σ 對 α 所賦給的真假值。

(ii)若 A 是「～B」，則 A 在 Σ 下的值為真，若且唯若 B 在 Σ 下的值為假；否則的話，A 在 Σ 下的值就為假。

(iii)若 A 是「(B⊃C)」，則 A 在 Σ 下的值為真，若且唯若 B 在 Σ 下的值為假，或者 C 在 Σ 下的值為真；否則的話，A 在 Σ 下的值就為假。

在這裏，所謂對 A 的解釋，是指對於出現在 A 裏的每一語句變數的賦值（賦給真假值），以及因此賦值而得出的結果。當然我們假定真假二值，沒有第三值。

（四）界說

(Def: ·)　　　「(A · B)」=$_{Df}$「～(A ⊃ ～B)」

(Def: ∨)　　　「(A ∨ B)」=$_{Df}$「(～A ⊃ B)」

(Def: ≡)　　　「(A ≡ B)」=$_{Df}$「(A ⊃ B) · (B ⊃ A)」

(Def: ≢)　　　「(A ≢ B)」=$_{Df}$「～(A ≡ B)」

(Def: /)　　　「(A / B)」=$_{Df}$「(A ⊃ ～B)」

(Def: ↙)　　　「(A ↙ B)」=$_{Df}$「～(～A ⊃ B)」

我們可以把這些界說，看成是介紹縮寫的約定。比如，我們避免寫出 '～(～(p⊃q)⊃(q⊃p))' 時，就可以依 (Def:↙)，將之寫成 '((p⊃q) ↙ (q⊃p))'。

（五）TL$_A$ 的設理（公理）

設理可以看做是一個系統裏的基本斷言。它們不待證明地，被設定成立。當然，我們選擇設理時，並不是盲目任意的。我們要藉著這些設理，展現和衍生其他更多的斷言。因此，它們都具有特定的性質（參見底下的討論）。

凡是具有下列述句形式的，全是 TL$_A$ 的設理：

(A1)　　　　(A ⊃ B) ⊃ ((B ⊃ C) ⊃ (A ⊃ C))

(A2)　　　(～A⊃A)⊃A

(A3)　　　A⊃(～A⊃B)❻

因此，我們知道這個系統，含有無窮多個分別具有上列三種形式的定理。比如下列的完構式都是 TL$_A$ 的設理：

⑴ (p⊃q)⊃((q⊃r)⊃(p⊃r))　　　(A1)

⑵ (～s⊃s)⊃s　　　(A2)

⑶ (～(q⊃p)⊃(q⊃p))⊃(q⊃p)　　　(A2)

⑷～p⊃(～～p⊃～p)　　　(A3)

在⑷裏，A 是‘～p’，B 也是‘～p’。

像 (A1)—(A3) 這樣的設理，往往稱為「設理架式」(axiom schema)，而不稱為「設理」。因為它們並不是一個個特定的完構式，而是一群群完構式之名。它們不是在 TL$_A$ 的（對象）語言裏，而是在討論 TL$_A$ 的後設語言當中。

當然，如果我們喜歡，也可以使用設理，而不是設理架式，來為一個系統舖設其基本斷言。（參見問題⑼。）

（六）TL$_A$ 的推論規則

推論規則 (rule of inference) 有時也稱為「形變規則」(transformation rule)——以與「形成規則」相對立。它告訴我們由什麼樣的完構式，我們可以推論出另外什麼樣的完構式來。也就是說，推論規則規定，完構式間的什麼樣的「形變」是受允許的。

TL$_A$ 的推論規則只有一條，就是我們業已熟悉的「離斷律」(*modus ponens*，簡稱 MP)，亦即：

MP 從「(A⊃B)」和 A，我們可以推論出 B 來。

比如，我們有了‘(p⊃q)⊃(r⊃(q⊃(p⊃q)))’和‘p⊃q’，那麼依據 MP，我們可以推論出‘r⊃(q⊃(p⊃q))’。

（七）TL$_A$ 的定理

為了展示 TL$_A$ 的定理，我們首先界定 TL$_A$ 裏的‘證明’(proof)。我們要

---

❻　這一集的設理，最先是波蘭邏輯家吳卡謝威奇 (Jan Łukasiewicz) 所創。

說，所謂 TL_A 的證明是指一序列的 TL_A 完構式，其中每一個完構若不是 TL_A 的設理，就是依據 MP，由此序列先前的完構式，推論出來者。

比方，下列的完構式序列(a)與(b)全是 TL_A 裏的證明：

(a)(1) $p \supset (\sim p \supset q)$　　　　　　　　　　　　　設理 (A3)

　(2) $(p \supset (\sim p \supset q)) \supset (((\sim p \supset q) \supset r) \supset (p \supset r))$　設理 (A1)

　(3) $((\sim p \supset q) \supset r) \supset (p \supset r)$　　　　　由(1)與(2)，使用 MP

(b)(1) $(\sim p \supset p) \supset p$　　　　　　　　　　　　設理 (A2)

而 TL_A 的「定理」(theorem) 則是指一個 TL_A 證明的最末一個完構式。比如上列的 '$((\sim p \supset q) \supset r) \supset (p \supset r)$' 與 '$(\sim p \supset p) \supset p$' 都是 TL_A 的定理。當然 TL_A 含有無限多個定理。現在我們列舉一些比較有用的如下：

(T1)　　　$p \supset p$

(T2)　　　$p \supset (q \supset p)$

(T3)　　　$(\sim p \supset \sim q) \supset (q \supset p)$

(T4)　　　$\sim p \supset (p \supset q)$

(T5)　　　$((p \supset q) \supset p) \supset p$

(T6)　　　$(p \supset (p \supset q)) \supset (p \supset q)$

(T7)　　　$p \supset ((p \supset q) \supset q)$

(T8)　　　$(p \supset (q \supset r)) \supset (q \supset (p \supset r))$

(T9)　　　$(q \supset r) \supset ((p \supset q) \supset (p \supset r))$　　（比較 (A1)）

(T10)　　 $(p \supset (q \supset r)) \supset ((p \supset q) \supset (p \supset r))$

(T11)　　 $\sim \sim p \supset p$

(T12)　　 $p \supset \sim \sim p$

(T13)　　 $(p \supset q) \supset (\sim q \supset \sim p)$

(T14)　　 $(p \supset q) \supset ((p \supset \sim q) \supset \sim p)$

(T15)　　 $\sim (p \cdot \sim p)$　　注意：這是一個定理縮寫式（下同）。

(T16)　　 $p \vee \sim p$

(T17)　　 $((p \cdot q) \supset r) \supset (p \supset (q \supset r))$

(T18)　　 $(p \supset (q \supset r)) \supset ((p \cdot q) \supset r)$　　（比較 (T17)）

(T19)	$((p \supset q) \cdot (p \supset r)) \supset (p \supset (q \cdot r))$
(T20)	$\sim(p \cdot q) \equiv (\sim p \vee \sim q)$
(T21)	$\sim(p \vee q) \equiv (\sim p \cdot \sim q)$
(T22)	$(p \supset q) \vee (q \supset p)$
(T23)	$(p \supset \sim(r \supset r)) \supset \sim p$

事實上，我們不但可以有類似上述的定理，我們可以有對應於每一個定理的「定理架式」(theorem schema)。比如：

(T1*)	$A \supset A$	（條件式自反律）
(T3*)	$(\sim B \supset \sim A) \supset (A \supset B)$	（逆異質位換律）
(T4*)	$\sim A \supset (A \supset B)$	（前件否定律）
(T11*)	$\sim\sim A \supset A$	（雙否定律）
(T12*)	$A \supset \sim\sim A$	（逆雙否定律）
(T13*)	$(A \supset B) \supset (\sim B \supset \sim A)$	（異質位換律）
(T14*)	$(A \supset B) \supset ((A \supset \sim B) \supset \sim A)$	（歸謬律）
(T15*)	$\sim(A \cdot \sim A)$	（矛盾律）
(T16*)	$A \vee \sim A$	（排中律）
(T17*)	$((A \cdot B) \supset C) \supset (A \supset (B \supset C))$	（輸出律）
(T20*)	$\sim(A \cdot B) \equiv (\sim A \vee \sim B)$	（笛摩根律）
(T21*)	$\sim(A \vee B) \equiv (\sim A \cdot \sim B)$	（同上）

像這樣的定理架式，對於一般推理極有助益。因此，我們分別一一稱之為某某定律。其重要性將可在底下的討論裏，更加顯見。

現在讓我們趁機窺看一下，TL_A 這一邏輯系統的一些性質。我們要把這些性質寫成一條條的定理。可是由於這些定理不是 TL_A 裏的述句（完構式），而是有關它或論及它的述句，因此它們是「後設定理」(meta-theorem)。它是「後設理論」(meta-theory) 裏的述句。後設理論所用的語言，是後設語言。

為了陳示那些 TL_A 的後設定理，首先我們要界定一些有關邏輯系統的概念。設 ϕ 為某一邏輯性質（比如「真函恆真性」，「真函恆假性」等等），而 S 為某一邏輯系統；假若 S 裏的每一個定理，全都具有 ϕ 這性質，那麼我們說

對於 ϕ 這一性質而言，S 是「一貫的」(consistent)。也就是說，當 S 對 ϕ 這性質而言，是一貫時，那麼：對於任何的完構式 A 而言，若 A 是 S 的定理，則 A 具有 ϕ 這性質。反之，假若每一個具有 ϕ 的完構式，全都是 S 的定理，那麼我們說，對於 ϕ 這一性質而言，S 是「完全的」(complete)。也就是說，當 S 對於 ϕ 這性質言之，是完全時，那麼：對於任何的完構式 A 而言，若 A 具有 ϕ 這性質，則 A 是 S 的定理。我們至今所構作的 TL_A，對於真函恆真性而言，正是具有上述兩個邏輯性質：它既是一貫的，又是完全的。讓我們將此寫成兩個後設定理如下：

（後設定理 1）：TL_A 的每一個定理都是真函恆真句。（一貫性定理）

（後設定理 2）：每一個真函恆真句都是 TL_A 的定理。（完全性定理）

這兩個定理（即一貫性與完全性之證明）通常是一個邏輯系統裏，最重要的兩個定理，它們分別道出了一個邏輯系統最堪足稱道的兩個性質。比如，我們構作 TL_A 的目的，在於很有系統地捕捉真函恆真句。而上述的兩個後設定理告訴我們，TL_A 的構作完全成功。因為我們囊括了所有的真函恆真句（完全性），並且我們所捕捉到的全都是真函恆真句，而沒有別的其他種述句（一貫性）。（關於 TL_A 的一貫性定理之證明，可參見問題(31)。完全性定理之證明通常比一貫性的證明困難得多。因此在本書中，由於篇幅關係，我們不加舉證。有興趣的讀者，可參見下列一書：Alonzo Church: *Introduction to Mathematical Logic*, Vol. I, 1956.）

現在讓我們檢查一下，這樣的邏輯系統和用來推理的論證，有何關聯。我們以前說過，一個論證若是對確的，那麼其前提（共同地）涵蘊其結論。同時，我們也說過，涵蘊關係與條件述句間的密切關聯；亦即：A 涵蘊 B，若且唯若「A ⊃ B」必定為真。而且我們知道真函恆真性是恆真性的充分條件，因此我們知道，一個論證若在真函基礎上是對確的，那麼它一定可以在 TL_A 裏得到支持。理由如下：設 $A_1, A_2, \ldots\ldots, A_k \vdash B$ 為一在真函基礎上是對確的論證，那麼我們知道「$(A_1 \cdot A_2 \cdot \ldots\ldots \cdot A_k) \supset B$」是一真函恆真句。可是我們知道每一個真函恆真句，都是 TL_A 的定理（因為 TL_A 是完全的），因此「$(A_1 \cdot A_2 \cdot \ldots\ldots \cdot A_k) \supset B$」也必定是 TL_A 的定理。（參見問題(33)的補充說明。）這就是說，要證明 $A_1, A_2, \ldots\ldots, A_k \vdash B$ 是否真函地對確，我們可以檢查

一下，看看「$(A_1 \cdot A_2 \cdot \cdots\cdots \cdot A_k) \supset B$」是不是 TL_A 的定理。

當然就檢查真函邏輯對確性而言，這樣的辦法是多餘的。因為我們已經知道有種機械程序，可以用來有效地檢查一個論證是否真函地對確。那就是真值表試驗法。可是並不是每一種對確性，都附帶有一種有效的判定程序，比如 QL 恆真性就沒有一般的判定程序可循（因此 QL 對確性亦是）。這時，我們若能夠將 QL 恆真性這一邏輯性質系統化，構作一個邏輯系統，並且證明對於此一性質而言，該系統既是一貫，又是完全的。那麼這樣的系統對於檢查 QL 對確性，顯然是一大補益（就是一個只是一貫而並不完全的系統，也常有極大的功用）。

當然，並不是每一個性質，我們都可以將之一貫而完全地，加以系統化。比如，邏輯學家格德爾 (Kurt Gödel) 證明過，對於「算術真理」(arithmetic truth) 這一性質而言，我們就無法構作一個系統，令其對該性質而言，既一貫又完全。這就是「格德爾不完全性定理」(Gödel's imcompleteness theorem) 的要旨之一。

以上我們舉出來的，只是對於真函邏輯的設理化。要對量化邏輯加以設理化，除了在 TL_A 的語彙，形成規則和語意論裏，加入相關的項目與條款之外（此一添加極為簡單，讀者可參照第 56 節所示行之），我們引介下列的設理：

(A4)　　　(a)A ⊃ B　　而 B 是 A 的個例（參見第 57 節的討論）

(A5)　　　(a)(A ⊃ B) ⊃ ((a)A ⊃ (a)B)

(A6)　　　(a)(A ⊃ B) ⊃ (A ⊃ (a)B)　　若 a 在 A 裏並無自由出現

讓我們稱此系統為設理化的量化論，簡稱 QL_A。我們可以依據 QL_A 的語意論，界定 QL 恆真性（即在每一解釋之下為真）。那麼我們也證明得出 QL_A 對於 QL 恆真性而言，既是一貫，又是完全（QL_A 的一貫性定理和完全性定理）。

我們在上面所例釋的，是種設理化的系統。當然並不是每一種系統都是設理化系統。就是設理化系統，有時也並沒有很正式地將該系統的語彙，形成規則，設理，推論規則和語意論，完整地標示出來。比如一般的數學設理系統，常常就是如此。可是一個結構清楚，陳示嚴格的系統往往可以拿來做為討論一般系統（或體系）的範例或借鏡。這就是我們陳示上列的「正式設理化系統」的主要理由。

一般提起某某系統或體系時，有兩個主要的建構項目值得注意。一是該系統所含有的基本概念，二是該系統所斷說的基本命題（或原理）。由這些基本概念，我們可以藉著界說，釐定其他「衍生」的概念；由這些基本命題，我們可以推論（或演繹）出其他的命題。這兩個項目約略等於經過解釋了的基本語彙中的變數（賦過了值的變數），和（經過解釋了的）設理。同時，一個系統總是要用來陳示某種真理的，這時我們也可以考察，相對於那一真理（性）而言，該系統是否一貫，或者甚而發問，它是否完全。比方，我們說「夫子之道一以貫之」，或者說某某系統「博大廣包」，這樣的用字雖然粗疏草率，但在使用者的心目中，應該要有頗為明確的邏輯意義。

【　問題與討論　】

　　⑴我們在本節裏，並未將系統與體系分開，但是必要時，我們可以做出下列的區分：一個系統的著重點在於組織與結構，尤其是設定部分與衍生部分的關係。可是一個體系，除了組織與結構而外，還要注意它所「系統化」的題材。試舉出一些體系的例子，說明上述的區別。

　　⑵如果我們業已劃分系統與體系，那麼兩者之間的關係如何？

　　⑶ TL_A 的語句變數雖然有無窮多個，但是我們可以很簡單地將它們化為幾個基本符號的結構物。比如，我們事先設定 'p' 和 '′' 為語彙中的語句變數構成符。那麼一個 TL_A 的語句變數，可以「歸納地」界定如下：

　　　⑴ 'p' 單獨陳列時，是一語句變數。

　　　⑾若 α 係一語句變數，則「α'」亦是語句變數。

　　　⑿沒有其他的表式，是語句變數。

根據上列的「規則」或界說，那麼下列諸項皆為 TL_A 的語句變數：'p'，'p″'，'p‴'，'p⁗'，'p‴‴' 等等；相反地，'q'，'r_{20}'，'s_{135}' 等等，都不是此系統的語句變數。可是由於書寫上的不方便，我們可以介紹一個縮寫的系統。

比如：

$$p, \ p', p'', p''', p''''\cdots\cdots$$
$$\downarrow \quad \downarrow \quad \downarrow \quad \downarrow \quad \downarrow$$
$$p_0, \ p_1, \ p_2, \ p_3, \ p_4\cdots\cdots$$

或者：

$$p, p', p'', p''', p'''', p'''''', \cdots\cdots$$
$$\downarrow \ \downarrow \ \downarrow \ \downarrow \ \downarrow \ \downarrow$$
$$p, q, \ r, \ s, \ p_1, \ q_1, \ \cdots\cdots$$

試問這樣界定語句變數的辦法，有何好處？試試設計另外的辦法，來獲致同樣的目的。

(4)我們說：條件句「(B⊃C)」為真，若且唯若 B 為假，或 C 為真；否則的話，該條件句就為假。在這樣的標定裏，'否則的話，該條件句就為假'，這句話是不是多餘的？試分析之。

(5)假如在 TL_A 裏，為了簡單與方便，我們要引入 '·' 和 '∨'。可是我們的縮寫界說，不是下列兩者：

$$\ulcorner(A \cdot B)\urcorner =_{Df} \ulcorner\sim(A \supset \sim B)\urcorner$$

$$\ulcorner(A \vee B)\urcorner =_{Df} \ulcorner(\sim A \supset B)\urcorner$$

而是：

$$\ulcorner(A \supset B)\urcorner =_{Df} \ulcorner\sim(A \cdot \sim B)\urcorner$$

$$\ulcorner(A \supset B)\urcorner =_{Df} \ulcorner(\sim A \vee B)\urcorner$$

這樣做，能不能達到引介 '·' 和 '∨' 的目的？試言其故。

(6)設理一般亦名 '公理'。試比較 '設理' 與 '公理' 兩個語詞，在應用起來可能產生什麼不同的聯想與附會。在我們的討論裏，我們宜採用那一語詞？何故？

(7)證明 TL_A 含有無窮多個設理。

(8)嚴格地說，正文裏的 (A1)－(A3) 並不是 TL_A 的完構式。何故？（提示：在陳示它們時，我們沒有明說地採用了一個什麼縮寫約定？）

(9)我們也可以將下列完構式，規定為設理：

(A1*)　　　$(p \supset q) \supset ((q \supset r) \supset (p \supset r))$

(A2*)　　　$(\sim p \supset p) \supset p$

(A3*)　　　$p \supset (\sim p \supset q)$

試問 (A1)—(A3) 與 (A1*)—(A3*) 比較起來，各有何優點？

　　⑽ (A1)—(A3) 與 (A1*)—(A3*) 是否同在一語言層次之上？設理架式可否在對象語言中表達出來？申論之。

　　⑾我們可否完全不用後設語言，陳構推論規則？試言其故。

　　⑿證明 TL_A 含有無窮多的定理。

　　⒀如果一個系統只有上列⑼裏的設理 (A1*)—(A3*)，同時也只有一條推論規則，即離斷律；試問此一系統含有多少定理？

　　⒁證明 (T1)—(T22)。（提示：比如下列的完構式序列，就是 (T1) 的證明。其中右端的「說明」部分，並不屬於證明的一部分，它只是用來幫助我們看出，每一個完構式的由來根據。這樣的「說明」稱為證明的「解註」(annotation)。底下是 (T1) 的證明與其解註：

　　　⑴ $(p \supset (\sim p \supset p) \supset (((\sim p \supset p) \supset p) \supset (p \supset p))$　　設理 (A1)
　　　⑵ $p \supset (\sim p \supset p)$　　　　　　　　　　　　　設理 (A3)
　　　⑶ $((\sim p \supset p) \supset p) \supset (p \supset p)$　　　　⑴⑵，使用 MP
　　　⑷ $(\sim p \supset p) \supset p$　　　　　　　　　　　　設理 (A2)
　　　⑸ $p \supset p$　　　　　　　　　　　　　　　　　⑷⑶，使用 MP

依據解註所說的，詳細檢查每一步驟的合法性。）

　　⒂設 TL_A* 為一與 TL_A 極為相似的系統，它所含的設理是上述⑼裏的 (A1*)—(A3*)。它的推論規則有兩個。一是我們所熟悉的離斷律，另一是所謂「代換律」(rule of substitution，簡稱 Sub)，此一推論規律如下：

　　Sub：從 A，我們可以推論出 B 來，假如 B 是以完構式 C 取代 A
　　　　　中的某一個語句變數 α 的每一出現，所得的結果。

比如，下列三者都是 Sub 的應用：

　　　$\vdots$
　　(k)　　　　$p \supset (q \supset p)$　　……
　　(k + 1)　$(r \supset q) \supset (q \supset (r \supset q))$　由 (k)，使用 Sub，以 '$(r \supset q)$'
　　　　　　　　　　　　　　　　　　　　　　　代 'p'。

(h)　　　　(s ⊃ p) ⊃ (～p ⊃ ～s)　　……

(m)　　　　(s ⊃ s) ⊃ (～s ⊃ ～s)　　由 (h)，使用 Sub，以‘s’代
　　　　　　　　　　　　　　　　　　‘p’。

(l)　　　　p ⊃ ～～p　　……

(n)　　　　～～～p ⊃ ～～～～～p　　由(1)，使用 Sub，以‘～～
　　　　　　　　　　　　　　　　　　～p’代‘p’。

相反地，底下的「推論」則不是根據上述的代換律：

(k)　　　　～p ⊃ ～p　　……

(n)　　　　p ⊃ p　　由 (k)，使用 Sub，以‘p’代‘～p’。（錯誤
　　　　　　　　　　　用法！）

(j)　　　　～p ⊃ ((q ⊃ r) ⊃ ～p)　　……

(m)　　　　～s ⊃ (r ⊃ ～p)　　由 (j)，使用 Sub，以‘s’代‘p’，
　　　　　　　　　　　　　　　　　以‘r’代‘(q ⊃ r)’。（錯誤用法！）

試問：為什麼最後兩者是種錯誤的用法？下列推論是否「合法」：

(i)　　　　p ⊃ (q ⊃ p)　　……

(n)　　　　q ⊃ (p ⊃ q)　　由 (i) 使用 Sub，以‘q’代‘p’，以‘p’
　　　　　　　　　　　　　　代‘q’。

(j)　　　　～p ⊃ (p ⊃ q)　　……

(i)　　　　～(s ⊃ p) ⊃ ((s ⊃ p) ⊃ (p ⊃ q))　　由 (j)，使用 Sub，以
　　　　　　　　　　　　　　　　　　　　　　　‘(s ⊃ p)’代‘p’，
　　　　　　　　　　　　　　　　　　　　　　以‘(p ⊃ q)’代‘q’。

⒃試在 TL_A* 裏，證明 (T1)－(T23)。（提示："證明" 這一概念參見正文所界定者，只需略做擴充。）

⒄試證：凡是 TL_A 的定理，也是 TL_A* 的定理；而且，反之亦然。我們可以說，此兩系統「相等」。

⒅為了方便 TL_A* 裏的證明之進行，我們可以引進一條簡便的推論規則，稱為「聯立代換律」(rule of simultaneous substitution)。它與代換律（也稱「簡單代換律」）之不同，在於我們可以同時代換某一完構式中，不同的語句變數。上述⒂中，最後兩個推論，就是聯立代換律的應用例子。試嚴格陳述此一推論規則。

⒆試證：某一推論若可由聯立代換律證得者，亦可由（簡單）代換律證明之。因此前者可以說是一種「衍生律」(derived rule)。

⒇試說明聯立代換律的好處，並例釋之。

(21)為什麼 TL_A 裏，不需要代換律，或聯立代換律？試言其故。

(22)如果在 TL_A* 裏，以聯立代換律，取代（簡單）代換律，結果有何影響？詳細討論之。

(23)試述定理與後設定理的分別。舉一些邏輯以外的例子說明之。

(24)我們在正文裏所界定的 "一貫性" 和 "完全性" 兩個概念，是種相對的概念，亦即對於真函恆真性而言的一貫與完全。試再舉出另外一些相對的一貫性，以及與之相應的完全性。並且說明那一種一貫性，是邏輯系統所宜具備的；那一種是邏輯系統所不宜具備的。並試言其故。

(25)一個邏輯系統的一貫性與完全性之間的關聯，可以表述如下：一個邏輯系統在某一意義下是完全的，若且唯若如果將一個不是它的定理，加到它的設理裏頭，則所成的系統，就變成在該一意義下的不一貫。試以 TL_A 為例，說明這一關聯。

(26)我們說一個邏輯系統 S 是「絕對地一貫」(absolutely consistent)，若且唯若至少有一個 S 的完構式，不是 S 的定理。相應地，一個系統 S 是「絕對地完全」(absolutely complete)，若且唯若把一個不是 S 的定理，加進 S 的設理之中，所得的系統變成絕對地不一貫（即所有的完構式，全都是定理）。試證：TL_A 既是絕對地一貫，也是絕對地完全。

(27)不一貫性是不是一定是種要不得的性質？絕對地不一貫性呢？試詳加討論之。

(28)假若我們將「(A⊃A)⊃B」加進 TL_A 的設理之中，試證所成的系統既是對真函恆真性的不一貫，也是絕對地不一貫。這樣的系統就什麼性質而言是一貫的？

(29)依據 TL_A 的語意論，證明 TL_A 的所有設理，都是真函恆真句。

(30)證明離斷律保持真函恆真性。（提示：也就是說，假若「A⊃B」和 A 分別都是真函恆真句，則 B 也一定是真函恆真句。可以使用間接證法。）

(31)證明正文裏所陳述的 TL_A 之一貫性定理。（提示：應用上述(29)與(30)的答案。）

(32)證明 TL_A* 的一貫性定理。（提示：首先證明代換律也保持真函恆真性。可用間接證法。）

(33)嚴格地說，「$(A_1 \cdot A_2 \cdot \cdots \cdots \cdot A_k) \supset A$」並非 TL_A 的定理，它只是某一 TL_A 的定理的縮寫。試問那一定理是什麼？（提示：注意 '·' 與 '⊃' 的關係，而前者並非 TL_A 裏的連詞。）

(34)試例釋如何應用 TL_A 的定理，來證明論證的對確性。

(35)一個邏輯系統是不是一定要是完全的，它才有用？細細分析討論之。

(36)試證 QL_A 的一貫性定理。

(37)在討論邏輯系統的時候，我們注重一個系統的一貫性和完全性。可是在構作系統時，人們也往往考慮到其他的要素，比如經濟上的考慮與或美學上的考慮。這兩種考慮，往往匯聚一起，成為常為人所標榜的「簡單性」(simplicity) 的考慮。比如，我們可以只採用 '～' 和 '⊃' 兩個連詞，就不必多事地增加 '·'。我們只要三條設理就足夠，也就不必另外添加。推論規則也是一樣。可是簡單性並不是個很簡單的概念。往往在某一意義下是簡單的，在另一意義下，就顯得並不簡單。比如，我們可以只採取 '╱' 或 '╲' 做為唯一的語句連詞，它們本身分別都是功能完備的。可是一寫起完構式來，原來可以是很簡單的，可能就變得很複雜。比如，'p⊃(q⊃r)' 變成了 'p╱((q╱(r╱r))╱(q╱(r╱r)))'。所以就所含連詞數目而言是簡單的，對於陳示完構式的手續（或完構式

的長度）而言，並不簡單。試對簡單性加以解析與分類，並道出幾種與構作系統有相干的簡單性。

⒆在系統構作裏，如果有不同種類的簡單性，彼此衝突時，我們有沒有選擇取捨的標準？若有，試試陳構該一標準。若無，試言其故。

⒆一個準備給人類認識或演算的系統，與一個準備給機器（如電腦）運作的系統，其所應遵從信守的簡單性判準是否相似或相同？（提示：有沒有對於人類而言很簡單的，對於電腦而言，卻頗複雜——甚至不可能？反之如何？）

⒇與簡單性相干的，是一般所謂的「獨立」(independence) 這個概念。我們說，在一集設理 { A_1, A_2, ……, A_k } 裏，A_i 獨立於任何的 A_j (1 ≤ i, j ≤ k; i ≠ j)，若且唯若 A_i 不是可由 { A_1, A_2, ……, A_k } – { A_i } 所推論出來的定理。試說明我們可以採取什麼方略，證明 TL_A 裏的每一條設理，都是獨立的（即獨立於其他的設理）。（提示：顯然我們得考慮 TL_A 所含有的是那些推論規則。）

⒇獨立性也可以應用到推論規則之上。試界定推論規則的獨立性，並且證明在 TL_A* 裏，兩條規則（離斷律和代換律）都分別是獨立的。

⒇獨立性是否也可以應用到基本語彙或基本概念之上呢？我們應該如何界定概念的獨立性？試詳細說明並例釋之。

⒇區別「正式設理系統」與「非正式設理系統」，並加例釋，以顯現其中的差異。

⒇假如我們對一個正式設理系統的語彙，完構式，設理，證明與定理這些項目，都可以有效地加以枚舉和指認，那麼該一系統稱為「邏輯斯的克系統」(logistic system)。試問 TL_A 是否為一邏輯斯的克系統？

⒇我們說，依據格德爾的證明，一個意欲將算術真理這一性質，加以系統化的設理系統，不可能既一貫又完整。試問下列陳列的系統是否為一反證：

　　語彙：（從略）

　　形成規則：（從略）

　　設理：所有的算術真理。

推論規則：無。

定理：同設理。

試問這樣的系統有何嚴重的缺陷？它是否為一邏輯斯的克系統？

(46)舉出一個不是邏輯，也不是數學的系統或體系，詳細分析它的結構。並且舉出它所含的基本概念與基本命題。

60. 演繹推論與歸納推論

我們至今所討論過的推論方式，同屬於一種類型；就是一般所謂的「演繹推論」(deductive inference)。用來陳構演繹推論的論證，稱為「演繹論證」。演繹推論有合理與不合理之分，用來陳構合理的演繹推論的論證，我們稱之為「對確的論證」。

一個論證如果是對確的，那麼其前提若全真，其結論也一定跟著為真。因此我們說，前提涵蘊著結論。這樣的論證的用途和效力，我們業已瞭解，不待贅言。我們所要提醒的是，在人們形成見解，建立信念和構造知識的過程中，只依靠演繹推論是不足以成事的。我們還得補助以其他類別的推論方式。這個理由極為明顯。現在我們只列舉其中兩個比較重要的理由：

記得我們以前曾經區分理性的真理和事實的真理；以及與之對應地，區別純理科學和經驗科學。純理科學所斷言的，皆是必然的理性真理，它們在每一個可能的世界裏都為真。相反地，經驗科學所道說的，只是適然的事實真理，它在我們的經驗世界裏為真；可是在其他的可能世界裏，就不一定為真。由於理性的真理在每一個可能的世界裏都為真，它反而並沒有對我們所居住其間的這個（現實）世界，有所特別道說。它所斷言的，是每一個可能世界的通性，而不是我們這個經驗世界的特性（當然，也許還有別的可能世界，有相似或相同的某些特性）。因此，對於我們要求瞭解現實世界，這一目的而言，純理科學反而顯得無力，甚至微不足道。雖然理性的真理，放諸「一切可能世界」而皆準，可是正因為它說遍一切，它反而沒有特別說到我們這個經驗世界的特點。比如，邏輯或數學就不能告訴我們，行星如何運行，也

不能為我們解答胃癌應該如何醫療。它不能提供我們事實或經驗上的知識。所以，為了要瞭解經驗世界，為了要建立經驗的知識，純理科學是不夠的——雖然它在建構的過程中，極有幫助。

假如我們只運用演繹推理，我們最多只能建立純理科學。要建立經驗科學，我們必須也訴諸非演繹的推理方式。

第二個理由，也是一樣的淺顯易懂的。我們說過，在演繹的推論裏（當然是指對確的推論），含在結論裏的（經驗）內容，永遠不會超過含在前提裏的（經驗）內容。因此，如果我們只採用演繹推論，我們將無法建立比我們已知的（或已獲有的）更多的經驗知識，獲取更豐富的經驗內容。然而我們「格物致知」的目的，不只在於把原有的知識，加以翻新；同時也在於進一步尋取更深入更豐富的內容；因此我們不能只局限於演繹推論，我們還得訴諸非演繹的推理方法。

當然我們這樣舉證時，我們是假定在知識的建構過程中，少不了推論的應用。關於這一斷言，留待讀者自證之。

除了上列的兩大理由而外，我們還可以舉出一些與之相關的其他理由。比如，倘若我們端賴演繹，那麼我們據之推論的前提，由何方式得來？如果它們也是得之演繹，那麼此一演繹的前提又如何呢？層層上推，直至最後，總有前提不是經由演繹方式得來的。於是我們不得不承認不是屬於演繹的推論方式之運用。

非演繹的推論方式，往往被通稱為「歸納推論」(inductive inference)。用來陳構歸納推論的論證，叫做「歸納論證」。現在讓我們考察一下，歸納論證的特性，以及它與演繹論證之間的異同。我們可以從許多不同的觀點，來加以比較。

首先，從邏輯的觀點來看，這兩種論證具有不同的結構。讓我們從下列兩個論證例子的闡釋，著手分析彼等的差異。(1)是個演繹的論證，相反地，(2)則是個歸納的論證：

(1)　每天太陽都從東方升起。

　　　　　　明天也有太陽升起。
　　　　　　∴明天太陽從東方升起。

這是個對確的論證。我們可以將它分析如下：

　　　(1a) 假若‘每天太陽都從東方升起’和‘明天也有太陽升起’這兩個
　　　　　　前提皆為真，那麼‘明天太陽從東方升起’這一結論，也必定跟
　　　　　　著為真。

這樣的陳述，也可以表露如下：

　　　(1b) 必然地（若‘每天太陽從東方升起’和‘明天也有太陽升起’都
　　　　　　為真，則‘明天太陽從東方升起’也跟著為真）。

將這樣的斷言加以推廣，一般化；即成為下列對於對確性的界說（我們只寫
出其界定端）：

　　(D1)　　必然地（若前提全真，結論亦跟著為真）。

再基於必然性和可能性之間的邏輯關聯，(D1) 等於下列的 (D1a)，這正是以前
我們對於對確性所下的界說（我們仍然只陳示其界定端，以下的 (D2) 與 (D2a)
亦同）：

　　(D1a)　　不可能地（前提全真，而結論為假）。

　　相反地，我們觀察一下歸納的論證，看看情形怎樣：

　　(2)　　古來太陽都從東方升起。
　　　　　　明天也有太陽升起。
　　　　　　(∴) 明天太陽從東方升起。

我們若比較一下上述的(1)與(2)，就不難發覺，雖然前個論證具有同樣的結論，
可是由於其所依據的前提並不相同，我們可以看得出，它們都具有的邏輯效
力，也不一樣。在論證(1)裏，前提之為真，足以保證結論之為真。可是，在
(2)裏，即使前提全真，結論也不必然跟著為真。不過，前提之為真，給與結
論之為真一個很有力的支持。也就是說，在像(2)這樣的合理之（歸納）論證

裏，前提若全為真，那麼高度概然 (highly probable) 地，其結論也跟著為真。

以前我們說過，一個述句的概然率介於 0 與 1 之間。上面所說的「高度概然」，所指的當然是比零大得多，甚至趨近於一。在上面的情況裏，當其概然率等於一時，那麼它不再只是一個合理的歸納論證，而是一個對確的演繹論證。所以，基於這樣的理由，有些人認為我們可以把對確的演繹論證，看做是合理的歸納論證的一種極端特例。這樣的見解固然有其可取之處，可是它也帶來一些不便與困難。尤其是當我們把‘歸納論證’界定為‘非演繹論證’時，假若我們說對確的演繹論證，是合理的歸納論證的一個特例；那麼我們也就得承認演繹論證是非演繹論證的一種。這樣的說法，在用字上就已經自我矛盾。其荒謬之處正如我們說，人是非人的一種一樣（人不是人）！

基於這樣的考慮，當我們以‘歸納論證’泛指一切的非演繹論證時（我們目前就是如此做），我們要把‘高度概然’一詞瞭解為其概然率遠大於零，但卻恆小於一。有了這樣的約定，那麼上述(2)這一合理的歸納論證可以闡述如下：

> (2a) 假若‘古來太陽都從東方升起’和‘明天也有太陽升起’這兩個前提皆為真，那麼‘明天太陽從東方升起’這一結論，也高度概然地跟著為真。

換言之，(2)也可以被闡釋如下：

> (2b) 高度概然地（若‘古來太陽都從東方升起’和‘明天也有太陽升起’都為真，則‘明天太陽從東方升起’也跟著為真）。

因此，我們可以一般化地，界定合理的歸納論證如下：

(D2)　　高度概然地（若前提全真，結論亦跟著為真）。

概然的反面是不概然 (improbable)。因此，上列的界說也可以寫成：

(D2a)　　高度不概然地（前提全真，而結論卻假）。

當然，我們也可以把‘低度概然’當做是‘高度不概然’的同義語。於是 (D2a) 等於下列的 (D2b)：

(D2b)　　低度概然地（前提全真，而結論卻假）。

在這樣的脈絡裏，‘高度不概然’或‘低度概然’，所指的是其概然率遠小於一，但恆大於零。

在 (D2) 裏，所謂的「高度概然」；或在 (D2b) 裏，所謂「低度概然」，雖然有一個界限，但卻沒有一個數值上的定量。主要的原因是我們必須參照實際的情境，以及實用上的目的等等條件，才能決定到底高到什麼程度（或低到什麼程度），才算是高度概然（低度概然），因而我們才肯接受某一論證，認為是個合理的歸納論證。

上面所說的，是依據邏輯的結構之不同，區分對確的演繹論證，和合理的歸納論證。它們之間的差異，可以明顯地從 (D1) 與 (D2) 裏觀察出來。

接著，讓我們從經驗的內容方面著眼，比較這兩種論證的不同。我們業已說過，在一個對確的論證裏，結論所含的經驗內容，不超過前提所含的經驗內容。可是，在一個合理的歸納論證裏，結論所含的經驗內容，卻超過前提所含的經驗內容。比如在上列的論證(2)裏，‘明天太陽從東方升起’這一結論所具有的經驗內容，超過了前提‘古來太陽都從東方升起’和‘明天也有太陽升起’兩者所具有的經驗內容。在這兩個前提裏，對於明天太陽是否由東方升起，並沒法給與決定性的證據。由於這一性質，因此，只有歸納的論證才能導出新的經驗內容。運用歸納論證，我們才可望獲取新的知識。也因為這個道理，一個演繹論證，如果是對確的話，那麼不管我們再加入其他什麼前提，所得的論證，仍然是個對確的論證。比方，上述的(1)是個對確的論證。那麼不管我們在其前提裏，加入其他什麼前提，比如‘明天天下雨’，甚至‘明天太陽從西方升起’，所得的論證仍然是個對確的論證。（讀者自己說明其故。）反之，一個合理的歸納論證，可能在新的論據之前，失卻了原有的合理性。也就是說，當加進新的前提時，原來的合理程度可能因而減低——甚至減低得很多。比方，上列的(2)是個合理的歸納論證，可是如果我們加進‘明天自然現象有極大的改變’這一前提。那麼所得的論證，就沒有原來的論證那麼合理了。這就是為什麼新發掘的證據，常常能夠使我們的知識更深入，更正確。也因此我們要不斷的尋索，而不能武斷地關閉新來證據之門。

　　對確的演繹論證和合理的歸納論證，還有其他方面的差異。但是上述的區分，理該足夠令我們清楚地看出兩者的不同。

　　歸納的論證最好是在科學方法論中，加以探討和闡釋。同時歸納法的理論基礎，也牽連到許多哲學問題。因此我們將這些問題留待來日，而不在本書中加以討論。

【　問題與討論　】

　　⑴為什麼只依憑演繹的推論，並不足以建構知識？除了正文裏所提及的兩點之外，還有沒有其他的理由？

　　⑵相反地，如果只有歸納推論，而無演繹推論，能否建立知識？舉例說明之。

　　⑶舉出二十個例子，說明在日常生活中運用歸納推論的情境。

　　⑷證明推論的運用，是建構知識的必要條件。（提示：首先回顧以前討論過的，建立知識之合理基礎或依據。考察其中每一類目是否都牽涉到推論──當然不一定是演繹推論──的運用。）

　　⑸詳細比較對確的演繹論證，與合理的歸納論證，兩者的異同。我們能否也類似地比較不對確的演繹論證，和不合理的歸納論證？

　　⑹我們能否比較演繹論證與歸納論證？（而不是像上列的⑸似的，比較對確的演繹論證，與合理的歸納論證。）這樣做有何困難？試分析之。

　　⑺有些人認為演繹推論是由「通則」到「個例」，而歸納推論則反是為之，由個例到通則。也就是說，演繹推論是由通稱前提推到特稱結論，而歸納推論則由特稱前提推到通稱結論。試將這一見解的精確意義陳述出來，並且舉例補充說明之。

　　⑻在上述⑺裏所表述的見解實屬錯誤，試言其故。（提示：可用反例法否證之。）

　　⑼把對確的演繹論證，看成是合理的歸納論證的特例，這樣的見解有何可取之處，有何不便的地方？試分析之。

　　⑽我們是把演繹與歸納之分，看成是既互相排斥，又共同窮盡。試

檢照一下這樣的假定是否方便，是否妥當。

⑾有人也許會反對我們把 (D2b) 中的‘低度概然’界定為其概然率遠小於一，但恆大於零（尤其是「恆大於零」這一條件）；認為這條件過分拘束了歸納論證的範圍。試分析此一見解是否妥當。（提示：試證明當其概然率等於零時，則那一相關的論證是個演繹論證，而非歸納論證。）

⑿試試設想有些什麼考慮，足以影響我們，決定在 (D2) 裏，到底高到什麼程度，才算是「高度概然」；因而我們才接受其論證為合理的論證。

⒀在正文裏所陳示的兩個論證例子⑴與⑵裏，我們分別使用了‘∵’與‘（∴）’。試述此兩符號有何不同的意義與用法。

⒁在下列的陳述裏，所謂「新的經驗內容」或「新的知識」，所指為何？「新」與「舊」的分別何在：「只有歸納論證才能導出新的經驗內容；運用歸納論證，我們才可望獲取新的知識」。

⒂證明：如果一個論證是對確的，那麼不管加進什麼前提，所得的論證仍然是對確的。並試試設想為什麼如此。

⒃為什麼一個歸納論證的合理性，會被新增的前提所左右？

記號・意識與典範　何秀煌／著

對於從事哲學活動的人來說，他的思考總是在文明傳統和時代困局之間徘徊；他的情懷也不斷在人生的開展和人性的演化之間停落。這本文集所收編的內容就是這兩年來作者這類思考和這類情懷的心跡寫照。雖然文章是這兩年之內寫成的，可是其中所表達的思考和情懷卻是作者近二、三十年的心聲的延伸、加強和詮釋。作者試圖由不同的問題入手，發揮那種思考，表露那種情懷。

從通識教育的觀點看　何秀煌／著

本書旨在反省當今之世的「教育生態」。作者將「通識教育」當作是一種旨在進行教育生態「環保」運動的文明教育和人性教育。通識教育必須透過反省潮流，匡正時弊，才能培養平衡的心智，拓展開明的理性，孕育合理的感情，造就廣含的道德，塑造超凡的意志。書中倡議開拓交感互動的教學文化，提倡人生的身教，鼓吹生命的榜樣，如此才能建立完人教育的教育理念和教學文化。

規範邏輯導論（英文版）　何秀煌／著

「義務」、「許可」、「禁止」，這些道德語詞充斥於日常生活中，被人們自然而然的使用。但是，我們真的了解它們的涵意嗎？我們又是否正確的使用了這些詞語？如果這些語詞那麼簡單，為什麼遠自中世紀直到現代，都還是許多哲學家關心、研究的課題呢？或許何秀煌教授的這本《規範邏輯導論》能夠提供我們一個答案。

哲學在哪裡？ 葉海煙／著

阿哲遇到了被教會開除的斯賓諾莎，這位難以立足於世的虔敬者，縱使只能靠著磨鏡片的卑微工作過活，也不願意放棄心中最堅定的信仰。在廣大的平原上，他聽聞了尼采對世界的熱情，便熱切的想拜訪他，卻沒想到在精神病的折磨下，尼采早已過世……。在咖啡屋，有人勾起阿哲「已被喝光的咖啡是否存在」的好奇心，他們又是誰？到底還有什麼奇遇，等待著阿哲呢？

平等與差異 劉亞蘭／著

老媽對家庭的付出，是愛的表現還是另類的被剝削？如果生養子女是女人的天職，那男人呢？本書從自由主義、馬克思主義、激進女性主義等觀點，帶領讀者一同了解哲學和性別之間的思辯過程。希望讀者朋友在了解女性主義者為女性發聲的奮鬥歷史之後，也能一起思考：兩性之間的發展、人與人之間的對待，是否能更和諧、更多元？

少年達力的思想探險 鄭光明／著

殘敗的燈火，忽明或暗。蕭瑟的街道，角落堆著垃圾，腐臭的味道撲鼻而來。建築物表面粗糙，鋼筋裸露，卻在牆磚隙縫裡冒出不知名的綠色植物，纖細的對稱葉片隨著強風顫抖，再一刻就要吹落……在這個世界裡，達力是否存在？周遭一切會不會如夢如幻、只不過是惡魔的玩笑？有什麼是確定的？達力開始懷疑……。

思考的祕密　　傅皓政／著

本書專為所有對邏輯有興趣、有疑惑的讀者設計，從小故事著眼，帶領讀者一探邏輯之祕。異於坊間邏輯教科書，本書沒有大量繁複的演算題目，只有分段細述人類思考問題時候的詳細過程，全書簡單而透徹，讓您輕鬆掌握邏輯推演步驟及系統設計的理念。全書共分九章，讓您解碼邏輯，易如反掌！

科幻世界的哲學凝視　　陳瑞麟／著

科幻是未來的哲學；哲學中含有許多科幻想像。科幻與哲學如何結合？相信許多人會感到好奇。本書試圖分析《正子人》、《童年末日》、《基地》、《基地與帝國》、《第二基地》、《千鈞一髮》、《魔鬼總動員》、《強殖入侵》、《駭客任務》等作品，與讀者一起探討「我是誰」、「人性是什麼」、「人在宇宙中的地位」、「真實是什麼」、「歷史限定了個人的行為自由嗎」等根本的哲學問題。

人心難測　　彭孟堯／著

身處科技與幻想發達的時代，我們夢想著有一天能夠創造出會思考的機器人——例如擊敗過世界棋王的電腦「深藍」，我們更夢想著有一天機器人能夠更像人：除了思考，還有喜怒哀樂、七情六欲。人類真的能夠辦到嗎？是我們的想像力太豐富了，還是目前的科技還不夠發達？更重要的是，人類本身的心與認知發展又是如何呢？

信不信由你　游淙祺／著

西方哲學從古希臘到十九世紀末為止，其論辯、批判與質疑的焦點集中在「上帝是否存在」上。而二十世紀的西方哲學家，在乎的是「宗教人的神聖經驗」、「宗教語言」、「宗教象徵與神話」等新議題。至於身為世界公民的我們，如何面對宗教多元的現象？應該怎樣思考宗教多樣性與彼此相互關係的問題呢？一切，就從本書開始吧⋯⋯